eXamen.press

eXamen.press ist eine Reihe, die Theorie und Praxis aus allen Bereichen der Informatik für die Hochschulausbildung vermittelt.

Erhard Rahm · Gunter Saake · Kai-Uwe Sattler

Verteiltes und Paralleles Datenmanagement

Von verteilten Datenbanken zu Big Data und Cloud

Erhard Rahm
Institut für Informatik
Universität Leipzig
Leipzig, Deutschland

Gunter Saake
Fakultät für Informatik
Otto-von-Guericke Universität
Magdeburg, Deutschland

Kai-Uwe Sattler
Fakultät für Informatik und Automatisierung
Technische Universität Ilmenau
Ilmenau, Deutschland

ISSN 1614-5216
ISBN 978-3-642-45241-3   ISBN 978-3-642-45242-0 (eBook)
DOI 10.1007/978-3-642-45242-0

Die Deutsche Nationalbibliothek verzeichnet diese Publikation in der Deutschen Nationalbibliografie;
detaillierte bibliografische Daten sind im Internet über http://dnb.d-nb.de abrufbar.

Springer Vieweg
© Springer-Verlag Berlin Heidelberg 2015
Springer Fachmedien Wiesbaden GmbH ist Teil der Fachverlagsgruppe Springer Science+Business Media
(www.springer.com)

Vorwort

Verteilte und parallele Verarbeitung in Datenbanken erlebte eine erste Blüte in den 80er-Jahren, als parallele Verarbeitung und geografisch verteilte Speicherung von relationalen Daten erstmals intensiv untersucht wurden. In dieser Ära erschienen ein ganze Reihe von fundamentalen Veröffentlichungen und Lehrbüchern, die die Grundlagen für derartige Verfahren legten. In den darauffolgenden Jahren wurden diese Verfahren genutzt, ohne dass dabei ein erneuter Hype zu beobachten war. Dies änderte sich in den letzten Jahren mit Konzepten wie der Cloud-Speicherung und der Analyse in Big-Data-Szenarien, die nun moderne Anforderungen an die Skalierbarkeit mit 20 Jahre altem Lehrbuchwissen konfrontierten. Auch wenn viele der damaligen Entwicklungen auch nach dieser Zeit unverändert gültig sind, fügen diese neuen Szenarien neue Aspekte hinzu, die damals nicht vorhersehbar waren. Es ist nunmehr Zeit für eine neue Generation von Lehrwissen, das die grundlegenden Methoden mit neuen Entwicklungen in gemeinsamem Kontext behandelt. Das vorliegende Buch ist ein Versuch, diesem Bedarf gerecht zu werden.

Die Entstehung dieses Buchs basiert auf zwei Entwicklungen. Einer der Autoren, Erhard Rahm, veröffentlichte bereits 1994 ein umfangreiches Lehrbuch zu Mehrrechnerdatenbanken, das bereits lange aus dem Vertrieb genommen wurde und in den Jahren, als das Thema kein Hype-Thema war, auch nicht aktualisiert wurde. Die anderen beiden Autoren hatten in der letzten Überarbeitung des Buchs „Datenbanken-Implementierungstechniken" aus Platzmangel die Kapitel zu Aspekten verteilter Datenhaltung, die in den ersten Auflagen noch enthalten waren, stark zusammenkürzen müssen. Gemeinsam haben wir beschlossen, aus dieser Situation das Beste zu machen und Ideen und teilweise auch Inhalte, die nicht mehr als aktueller Lehrbuchinhalt verfügbar waren, gemeinsam in ein neues Lehrbuch zu integrieren – die Idee zum vorliegenden Buch war geboren.

Das vorliegende Buch ist in vier Teile gegliedert. Teil I ist eine breit angelegte Einführung, die die wesentlichen Architekturen, insbesondere Verteilte und Parallele DBS, aber auch neuere NoSQL- und Big-Data-Ansätze, überblicksartig einführt und klassifiziert. Der Teil II vertieft die Methoden der Datenverteilung als Grundlage verteilter Datenzugriffe. Ausführlich wird die Datenallokation für Parallele Datenbanksysteme, inklusive NoSQL-Systemen, betrachtet.

Teil III behandelt die Methoden der verteilten und parallelen Anfragebearbeitung. Der Anfragebearbeitung in verteilten Systemen, in Parallelen DBS sowie der parallelen Analyse mit MapReduce ist jeweils ein umfangreiches Kapitel gewidmet.

Der abschließende Teil IV ist den Fragen der Konsistenz gewidmet. Verteilte Transaktionen und deren Synchronisation werden in zwei Kapiteln behandelt. Replikation ist zentral für eine effiziente Anfragebearbeitung in verteilten Systemen und zwingend für eine hohe Verfügbarkeit und wird daher in einem Kapitel behandelt. Die speziellen Anforderungen an die Transaktionsverarbeitung für Shared-Disk-Architekturen werden in einem separaten Kapitel ausführlich betrachtet. Die Frage der Konsistenz in Cloud-Datenbanken, die zugunsten der Verfügbarkeit Kompromisse in der Konsistenz des Datenbestandes eingehen, wird in einem gesonderten Kapitel behandelt. Alle Kapitel sind mit Übungsaufgaben zur Vertiefung und Anwendung des erworbenen Wissens versehen.

Gedacht ist das Buch als Basis für eine Master-Vorlesung bzw. fortgeschrittenen Bachelor-Veranstaltung in Informatikstudiengängen. Einzelthemen der verteilten und parallelen Datenhaltung spielen auch eine Rolle in Vorlesungen zur Datenbankimplementierung und zur skalierbaren Analyse im Big-Data-Umfeld. Das Buch ist aber auch für Praktiker geeignet, die sich einen Überblick über Methoden und Techniken der skalierbaren Datenhaltung unter Nutzung von Verteilung und Parallelisierung verschaffen wollen.

Eine ganze Reihe von Mitarbeitern in den drei Arbeitsgruppen haben Kapitel Korrektur gelesen. Unser Dank gilt hier Patrick Arnold, Fabian Benduhn, David Broneske, Victor Christen, Anika Groß, Martin Junghanns, Veit Köppen, Markus Nentwig, Eric Peukert, Ziad Sehili und Christian Wartner. In der Anfangszeit war David Broneske intensiv in das Buchprojekt eingebunden. Sebastian Schultz half uns später beim Setzen der Abbildungen.

Leipzig, Magdeburg und Ilmenau, im Januar 2015

Erhard Rahm, Gunter Saake und Kai-Uwe Sattler

Inhaltsverzeichnis

Teil III   Anfrageverarbeitung

Teil I
Einführung

Der einführende Teil des Buchs umfasst drei Kapitel. In der Einleitung werden die Beschränkungen zentralisierter Ansätze sowie die Anforderungen an die verteilte und parallele Datenverarbeitung, auch für sogenannte Big-Data-Anwendungen, vorgestellt. Daneben werden schon wichtige Vertreter verteilter und paralleler Datenmanagementsysteme kurz vorgestellt sowie grundlegende Maße der Parallelverarbeitung (Speedup, Scaleup) eingeführt.

Kapitel 2 widmet sich den Grundlagen von Datenbanken (relationale Datenbanksysteme, Transaktionskonzept) und verteilten Systemen, die für das weitere Verständnis benötigt werden. Es wird dabei auch auf wesentliche Einsatzformen von Datenbanksystemen (OLTP, OLAP) und NoSQL-Systeme eingegangen. In Kap. 3 werden dann wesentliche Architekturen zur verteilten und parallelen Datenverarbeitung klassifiziert und verglichen. Ebenso werden verschiedene Arten der Parallelverarbeitung unterschieden.

Einleitung

1

Unternehmen und Einrichtungen verarbeiten eine ständig wachsende Menge an Daten, die klassischerweise von *Datenbanksystemen* (*DBS*) verwaltet werden. Das DBS besteht dabei aus der eigentlichen *Datenbank* (*DB*) sowie dem *Datenbankverwaltungs-* bzw. *Datenbankmanagementsystem* (*DBMS*). In der Praxis dominieren relationale DBS, welche die Datenbanken gemäß dem relationalen Datenmodell strukturieren und die standardisierte und mächtige Anfragesprache SQL für den DB-Zugriff unterstützen. Die Verarbeitung erfolgt innerhalb von Transaktionen, die i. Allg. aus mehreren DB-Operationen der Anfragesprache bestehen. Das DBS garantiert, dass Änderungen erfolgreich beendeter Transaktionen die Konsistenz der Datenbank bewahren und permanent sind, also auch durch Fehler wie Rechner- oder Externspeicherausfälle nicht verloren gehen.

Die sichere und schnelle Verarbeitung von Transaktionen ist zur Realisierung operationaler Anwendungen für die meisten Unternehmen unabdingbar, z. B. zur Bearbeitung von Bankaufträgen wie Überweisungen sowie von Reservierungs- und Bestellvorgängen im E-Commerce. Für solche zunehmend über Webschnittstellen genutzten *OLTP-Anwendungen (Online Transaction Processing)* ist es notwendig, sehr kurze Bearbeitungszeiten sowie eine Skalierbarkeit für sehr viele gleichzeitig aktive Nutzer zu unterstützen. Zudem ist eine ständige Verfügbarkeit der OLTP-Anwendungen und damit der beteiligten Datenbanken essenziell.

Neben OLTP-Transaktionen sind auf Datenbanken zur Unterstützung von Unternehmensentscheidungen (Decision Support) auch umfassende Analysen durchzuführen. In Abgrenzung zu OLTP spricht man dann von *OLAP (Online Analytical Processing)*. Die Analysen werden häufig in *Data-Warehouse-Systemen*, auf einer eigenen für die Analysen ausgerichteten Datenbank, durchgeführt. Zur verbesserten Aussagekraft der Analysen integriert ein Data Warehouse dabei Daten aus unterschiedlichen Quellen und erfordert somit eine geeignete Integration heterogener Daten. Die Durchführung von Analysen stellt aufgrund der typischerweise großen Datenmengen und hohen Anfragekomplexität sehr hohe Leistungsanforderungen.

© Springer-Verlag Berlin Heidelberg 2015

E. Rahm, G. Saake, K.-U. Sattler, *Verteiltes und Paralleles Datenmanagement*, eXamen.press, DOI 10.1007/978-3-642-45242-0_1

Abb. 1.1 Zentralisierte Datenbankverarbeitung

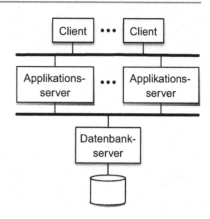

Die traditionelle DB-Verarbeitung ist zentralisiert, d. h., die Datenbank wird von einem DBMS auf einem Serverrechner verwaltet. Wie in Abb. 1.1 gezeigt, laufen die Anwendungsprogramme, die auf die Datenbank zugreifen, in der Regel auf eigenen Applikationsservern. Nutzer (Clients) können über Browser von unterschiedlichen Geräten (z. B. PCs oder Smartphones) auf die Anwendungen und damit die Datenbank zugreifen. Anwendungsseitig kann die Skalierbarkeit einer solchen Konfiguration durch zusätzliche Applikationsserver verbessert werden.

Die Anforderungen von OLTP- und Analyseanwendungen können zunehmend nicht mehr von zentralisierten DBS erfüllt werden. Somit werden verteilte und parallele Ansätze zur Datenbankverarbeitung benötigt, deren Behandlung den Schwerpunkt dieses Buchs darstellt. Wir werden daneben auch aktuelle Ansätze zur parallelen und verteilten Datenverarbeitung in sogenannten *NoSQL-Systemen* berücksichtigen. Diese basieren nicht auf relationalen Datenbanken, sondern verwalten Sätze (als Schlüssel-Wert-Paare), Dokumente oder Graphen in eigenen Arten von *Datenmanagementsystemen* (*DMS*) (s. Abschn. 2.5). Die entsprechenden Ansätze wurden vorrangig im Webumfeld, u. a. von Unternehmen wie Google und Amazon, zur Unterstützung einer hohen Skalierbarkeit bezüglich des Datenvolumens und der Anzahl von Nutzern entwickelt. Das Buch behandelt somit nicht nur parallele und verteilte Datenbanksysteme, sondern allgemeinere parallele und verteilte DMS. Der Betrieb dieser Systeme kann entweder in den Unternehmen und Einrichtungen erfolgen, in denen die Daten anfallen und verarbeitet werden, oder aber innerhalb von über das Internet erreichbaren Cloud-Plattformen. Wir werden daher auch auf die Nutzung von in der Cloud betriebenen Datencentern eingehen.

In diesem einleitenden Kapitel sollen zunächst die Beschränkungen zentralisierter DBS diskutiert und einige Vertreter von parallelen und verteilten DMS kurz vorgestellt werden. Genauere Definitionen sowie eine Klassifikation und Abgrenzung der wesentlichen Alternativen erfolgen in Kap. 3. Der Abschn. 1.2 detailliert die Anforderungen an parallele und verteilte DMS, die von den einzelnen Architekturen und Realisierungsansätzen in unterschiedlichem Umfang adressiert werden. Abschließend werden noch grundlegende

Maße zur Bewertung der parallelen Datenverarbeitung, Speedup und Scaleup, sowie die sogenannten Gesetze von Amdahl und Gustafson vorgestellt.

1.1 Von der zentralisierten zur verteilten Datenverarbeitung

Die zentralisierte Datenbankverwaltung hat den Vorteil der Einfachheit, sowohl in der Nutzung durch Anwendungen als auch in der Administration. Allerdings führt ein einziger DB-Server oft zu inakzeptablen Leistungs- und Verfügbarkeitsproblemen. Die Leistungsanforderungen können bei großen Datenmengen und Nutzerzahlen selbst bei den üblichen Multiprozessorrechnern vielfach nicht ausreichend erfüllt werden. Weiterhin führt die zentralisierte Lösung zu einer geringen Verfügbarkeit, da bei Ausfall des zentralen DB-Servers kein Datenzugriff mehr möglich ist, wenn nicht ein Reserverechner die Verarbeitung fortsetzen kann. Längere Ausfallzeiten beim Datenbankbetrieb sind jedoch in vielen OLTP-Anwendungsbereichen, wie etwa im E-Commerce oder im Finanzsektor, völlig inakzeptabel. Eine weitere Beschränkung zentralisierter DBS liegt darin, dass sie der Organisationsform großer Unternehmen nicht gerecht werden. Diese verlangen oft, die Daten dort zu verwalten, wo sie anfallen und hauptsächlich verwendet werden, was geografisch verteilte Datenbanken an mehreren Standorten erfordert. Dennoch soll es dabei für übergreifende Aufgaben möglich bleiben, auf die Daten anderer Standorte zuzugreifen.

Aufgrund der Beschränkungen zentralisierter Datenbanksysteme wurden unterschiedliche Typen verteilter und paralleler DBS bzw. sogenannter *Mehrrechner-Datenbanksysteme* [14] entwickelt, bei denen die Daten über mehrere Rechner hinweg verteilt gespeichert bzw. koordiniert verarbeitet werden. Hierzu zählen Parallele DBS und Verteilte DBS, die wir im Folgenden kurz einführen. Zudem lassen sich diese Ansätze kombinieren, etwa in geografisch verteilten Datencentern mit replizierten Daten. Für NoSQL-DMS werden architekturseitig ähnliche Alternativen verfolgt wie für Parallele und Verteilte DBS, trotz Unterschieden hinsichtlich der angestrebten Funktionalität und damit der Realisierung. Wir sprechen daher auch die DBS-Nutzung in der Cloud sowie den Einsatz von NoSQL-DMS an.

Parallele Datenbanksysteme
Die Leistungs- und Verfügbarkeitsbeschränkungen zentralisierter DBS lassen sich durch den Einsatz eines *Parallelen DBS* [5] weitgehend beheben, in dem Transaktionen und Anfragen einer Datenbank parallel auf mehreren Prozessoren bzw. Rechnern in einem lokalen Cluster bzw. Datencenter ausgeführt werden (Abb. 1.2). Dabei werden i. Allg. mehrere DB-Server genutzt, die über ein Hochgeschwindigkeitsnetz gekoppelt sind. Pro Knoten wird eine identische Instanz des DBMS ausgeführt. Die DBMS-Instanzen arbeiten eng zusammen, um gegenüber Anwendungen sämtliche Aspekte der Verteilung zu verbergen. Für die Zuordnung der physischen Datenbank auf den Externspeichern

Abb. 1.2 Einsatz eines Parallelen Datenbanksystems (vom
Typ Shared Disk)

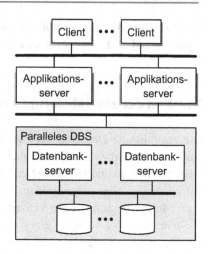

(i. Allg. Magnetplatten) zu den DBMS bestehen zwei wesentliche Alternativen. In sogenannten *Shared-Nothing*-Systemen werden die Externspeicher und Daten partitioniert,
sodass jedes DBMS eine Partition der Daten zugeordnet bekommt. Dagegen kann in
Shared-Disk-Systemen, wie in Abb. 1.2 gezeigt, jeder DB-Server direkt auf sämtliche
Externspeicher und damit die gesamte Datenbank zugreifen.

Bei der Nutzung mehrerer Prozessoren eines einzigen DB-Servers spricht man bereits
ebenfalls von einem Parallelen DBS (vom Typ *Shared Everything*, s. Kap. 3), da hierbei auch eine Parallelverarbeitung beim DB-Zugriff unterstützt wird. Trotz der generell
zunehmenden Anzahl von Prozessoren und Cores pro Rechner bleiben jedoch wesentliche Nachteile zentralisierter DBS bezüglich Verfügbarkeit und Skalierbarkeit bestehen,
sodass Shared Disk und Shared Nothing als Hauptalternativen von Parallelen DBS anzusehen sind.

Allen Parallelen DBS ist gemein, dass die Rechner und Prozessoren einerseits zur
parallelen (gleichzeitigen) Verarbeitung vieler unabhängiger Transaktionen und Anfragen genutzt werden kann, was insbesondere für hohe Transaktionsraten und damit die
Skalierbarkeit von OLTP-Anwendungen wesentlich ist. Andererseits kann eine parallele
Bearbeitung einzelner, aufwendiger DB-Operationen erfolgen, um deren Ausführungszeit
zu reduzieren. Dies ist vor allem für komplexe Analysen auf großen Datenmengen, insbesondere für Data Warehouses, erforderlich. Durch den Einsatz mehrerer DB-Server kann
für Shared Nothing und Shared Disk auch der Ausfall einzelner Rechner zur Sicherstellung einer hohen Verfügbarkeit überbrückt werden.

Verteilte Datenbanksysteme
Verteilte Datenbanksysteme [4, 12] unterstützen, anders als Parallele DBS, eine geografisch verteilte Datenbankverarbeitung sowie eine Anpassung an dezentrale Organisationsstrukturen. Wie Abb. 1.3 zeigt, besteht ein Verteiltes DBS aus einer über ein allgemeines (Weitverkehrs-)Netzwerk gekoppelten Menge von Rechnerknoten, die – ähnlich

Abb. 1.3 Grobarchitektur
eines Verteilten Datenbanksystems

zu Shared-Nothing-Systemen – jeweils eine eigene DBMS-Instanz ausführen sowie einen
Teil der Datenbank verwalten. Somit können die an verschiedenen Unternehmensorten
anfallenden Daten durch jeweils einen Knoten lokal verwaltet werden. Die DBMS kooperieren miteinander, um dennoch auf die Daten aller Knoten zugreifen zu können.

Im Gegensatz zu Parallelen DBS sollen die Knoten in Verteilten DBS eine größere
Unabhängigkeit oder Autonomie zur Verwaltung ihrer Daten erhalten, um lokalen Anforderungen Rechnung zu tragen. Somit könnte etwa jeder Standort die Daten seiner Mitar-
beiter und Projekte selbstständig verwalten und dabei zu beachtende Besonderheiten unterstützen. Zugleich kann insgesamt der Kommunikationsaufwand zur DB-Verarbeitung
begrenzt werden, wenn die Mehrzahl der Zugriffe auf lokale Daten entfällt. Gegenüber
zentralisierten DBS erlaubt der Einsatz mehrerer Verarbeitungsrechner eine gesteigerte
Leistungsfähigkeit und Verfügbarkeit. Der Ausfall eines Rechners betrifft lediglich dessen lokale Daten; auf die restliche Datenbank kann weiterhin zugegriffen werden. Durch
replizierte Speicherung der Daten an verschiedenen Knoten lässt sich die Verfügbarkeit
weiter verbessern. Nachteilig im Vergleich zu Parallelen DBS ist die gegenüber lokalen Clustern meist weit langsamere Kommunikation in Weitverkehrsnetzen. Zudem ist
die Kommunikation i. Allg. weniger zuverlässig, und es kann zu sogenannten *Netzwerk-
Partitionierungen* kommen, sodass Teile des Systems zeitweise nicht mehr miteinander
kommunizieren können. Auch ist die Datenbankadministration in Verteilten DBS aufwendiger als in Parallelen DBS, da pro Knoten eine eigene Systemverwaltung vorzusehen ist,
um lokalen Anforderungen Rechnung zu tragen.

Ein potenzielles Problem von Parallelen DBS liegt in der eingeschränkten Verfügbarkeit gegenüber „katastrophalen" Fehlern wie Erdbeben, Überschwemmungen oder Ter-
roranschlägen, die zum vollständigen Ausfall eines Clusters und damit zum kompletten
Verlust der Daten führen können. Dieses Problem kann durch die Replikation der Daten an geografisch entfernten Systemen (*Geo-Replikation*, vgl. Abschn. 13.7.3) behandelt
werden. Hieraus resultiert eine Kombination aus Parallelen und Verteilten DBS mit z. B.
zwei oder mehr geografisch verteilten Datencentern, die jeweils von einem Parallelen DBS
verwaltet werden (Abb. 1.4). Die Daten werden dabei zwischen den Datencentern repliziert, wobei durchgeführte Änderungen fortwährend auszutauschen sind, um die Replikate
aktuell zu halten und einen Datenverlust im Katastrophenfall zu vermeiden.

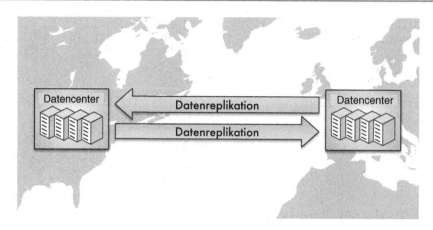

Abb. 1.4 Replizierte Datenhaltung in mehreren Datencenter

Datenbanksysteme in der Cloud

Klassischerweise erfolgt die Verwaltung der Daten und damit der Betrieb von DBS in den jeweiligen Unternehmen und Einrichtungen, in denen die Daten anfallen und verarbeitet werden. Durch die in den letzten Jahren erfolgte massive Verbreitung von Cloud-Infrastrukturen kann jedoch auch die Verwaltung von Daten und Datenbanken in entsprechende Datencenter in der Cloud ausgelagert werden. Die *Datencenter* sind dabei in der Regel sehr leistungsfähige Cluster aus vielen Standardrechnern, die über Virtualisierungskomponenten gleichzeitig für zahlreiche Nutzer und Anwendungen nutzbar gemacht werden [10]. Damit können signifikante Vorteile in den Betriebskosten und in der Bereitstellung administrativer Leistungen (z. B. zur Datensicherung) erreicht werden. Zudem besteht eine hohe Flexibilität zur variablen, bedarfsgerechten Bereitstellung benötigter Hardwareressourcen, insbesondere um wachsende Leistungsanforderungen schnell abdecken zu können. Umgekehrt bestehen jedoch auch Probleme, insbesondere zur Datensicherheit und Datenkontrolle, wenn geschäftskritische Daten aus Unternehmen zu den Betreibern der Cloud-Plattformen verlagert werden.

Für die Datenbankverwaltung innerhalb von Cloud-Infrastrukturen bestehen im Wesentlichen die gleichen Alternativen wie ohne Cloud-Nutzung. Insbesondere können in einem Datencenter zentralisierte DBS auf einzelnen Knoten betrieben werden oder aber auch Parallele DBS auf mehreren Rechnerknoten. Zudem können für höchste Verfügbarkeitsanforderungen die Daten über mehrere geografisch verteilte Datencenter repliziert werden [1], ähnlich wie in Abb. 1.4 gezeigt. Mit mehreren Datencentern können Nutzerinteraktionen auch durch das geografisch nächstgelegene Center bearbeitet werden, um somit die Bearbeitungszeiten zu reduzieren. Diese Alternativen bestehen sowohl für relationale DBS als auch für alternative NoSQL-DMS, auf die nachfolgend eingegangen werden soll.

Verteilte und parallele NoSQL-DMS

Die parallele und verteilte Datenverarbeitung erfolgte ursprünglich vorrangig für relationale Datenbanken, wird jedoch auch schon umfassend zur Verwaltung großer Datenmengen in NoSQL-Systemen genutzt. Diese Ansätze haben in den letzten Jahren unter dem Schlagwort „Big Data" eine erhebliche Aufmerksamkeit und Verbreitung gefunden [2]. Neben strukturierten Daten geht es dabei vor allem um die effiziente Verarbeitung großer Mengen teilstrukturierter bzw. unstrukturierter Daten (z. B. Texte, Fotos, Videos) aus dem Web und sozialen Netzwerken, deren Umfang in den letzten Jahren explosionsartig zugenommen hat. Bei diesen Ansätzen steht somit eine hohe Skalierbarkeit bezüglich Datenvolumen und der Nutzeranzahl im Vordergrund. Zudem ist eine ständige Erreichbarkeit bzw. Verfügbarkeit der Informationen essenziell. Andererseits werden gegenüber relationalen DBS funktionale Abstriche in Kauf genommen bzw. als entbehrlich angesehen. Insbesondere werden anstatt einer mächtigen Anfragesprache wie SQL meist nur einfachere Datenzugriffe unterstützt und auf die vollständige Unterstützung von Transaktionen verzichtet.

Zur Verarbeitung dieser Daten wurde eine Reihe angepasster *verteilter NoSQL-DMS* wie Key Value Stores entwickelt, u. a. von großen Webunternehmen wie Google und Amazon (Abschn. 2.5). Vielfach wird dabei auch auf shared-nothing-basierten Datencentern in der Cloud aufgebaut. Dabei werden Zehn- bis Hunderttausende von Rechnerknoten eingesetzt und somit die üblichen Größenordnungen von Parallelen DBS bei Weitem überschritten. Zur massiven Parallelverarbeitung wurde von Google das umfassend nutzbare *MapReduce-Programmiermodell* entwickelt (siehe Kap. 10). Dieses Verarbeitungsmodell ist auch Teil der Open-Source-Umgebung *Hadoop*, welche für zahlreiche „Big Data"-Anwendungen eingesetzt wird. Aus Verfügbarkeitsgründen werden die Daten sowohl innerhalb der Datencenter als auch (wie bereits diskutiert) zwischen Datencentern repliziert gespeichert.

1.2 Anforderungen an verteilte und parallele DMS

Die bisherige Diskussion ging bereits auf wesentliche Beschränkungen zentralisierter DBS und entsprechende Anforderungen an verteilte und parallele DMS ein. Zudem stellten wir bereits verschiedene Systemklassen wie Parallele und Verteilte DBS und Untervarianten vor, die teilweise unterschiedliche Anforderungen adressieren. Damit wurde bereits deutlich, dass die Vielzahl an Anforderungen nicht von einem einzigen Systemansatz erfüllt werden kann, sondern zu einem Spektrum von Alternativen führt, das wir in Kap. 3 klassifizieren und im Rest des Buchs vertiefen werden. Dies liegt auch daran, dass einige Anforderungen gegensätzlicher Art sind, z. B. Unterstützung von dezentralen Organisationsformen vs. Parallelverarbeitung.

Zur besseren Motivation und späteren Beurteilung verschiedener Ansätze wollen wir in diesem Abschnitt die wesentlichen Anforderungen näher und vollzähliger vorstellen. Wir besprechen zunächst acht allgemeine Anforderungen, die für Verteilte/Parallele DBS und DMS von Bedeutung sind. Danach diskutieren wir noch Anforderungen, die an „Big Data"-Lösungen erhoben werden und setzen sie mit den vorher behandelten in Bezug.

Hohe Leistungsfähigkeit

Für die beiden Haupteinsatzfelder von Datenbanken, OLTP und Analysen, sind vielfach hohe Anforderungen hinsichtlich Durchsatz und Bearbeitungszeiten zu gewährleisten. OLTP-Transaktionen wie Bestellvorgänge, Geldüberweisungen oder auch die Abwicklung von (abzurechnenden) Telefonanrufen sind relativ einfach, jedoch mit sehr großer Häufigkeit auszuführen, sodass sehr hohe Durchsatzwerte bzw. Transaktionsraten zu unterstützen sind. Zugleich sind aufgrund der interaktiven Durchführung der Transaktionen sehr kurze Antwortzeiten im Sekundenbereich oder darunter zu gewährleisten. Da selbst einfache Transaktionen oft einen CPU-Bedarf von über 100.000 Instruktionen aufweisen, können die von Hochleistungssystemen geforderten Transaktionsraten (z. B. von Zehntausenden Transaktionen pro Sekunde) nur durch Einsatz mehrerer Verarbeitungsrechner erreicht werden. Um eine effektive Nutzung von deren Kapazität zu ermöglichen, muss die verteilte Transaktionsbearbeitung dabei mit einem Minimum an Kommunikationsvorgängen erfolgen. Ferner sollte die Transaktionslast möglichst gleichmäßig unter den Rechnern aufgeteilt werden, sodass die Überlastung einzelner Rechner vermieden wird (Lastbalancierung).

Die Durchführung komplexer Anfragen auf sehr großen Datenmengen führt bei sequenzieller Ausführung oft zu intolerabel langen Bearbeitungszeiten. So erfordert allein das sequenzielle Einlesen von 1 Terabyte Daten von Magnetplatten bei einer Bandbreite von 100 MB/s eine Bearbeitungszeit von fast drei Stunden. Um für solche Anfragen ausreichend kurze Antwortzeiten erreichen zu können, ist eine Parallelisierung der Anfrageverarbeitung notwendig, wobei sowohl Parallelität bezüglich der Daten-E/A als auch bei der Verarbeitung selbst zu unterstützen ist.

Hohe Leistungsfähigkeit ist auch eine wesentliche Forderung in NoSQL-Systemen, da im Web und sozialen Netzwerken sehr große Datenmengen zu verarbeiten sind. Zudem werden Suchmaschinen, E-Mail-Dienste, Vergleichsportale, soziale Netze oder große Auktions- und E-Commerce-Plattformen oft von vielen Millionen Nutzern aufgesucht, für die sehr kurze Bedienzeiten zu gewährleisten sind. Somit sind ähnlich wie für OLTP-Transaktionen sehr hohe Durchsatz- und Bedienraten zu gewährleisten, die nur durch massiven Einsatz von Parallelverarbeitung auf vielen Rechnern erreichbar ist. Weiterhin sind aufwendige Analysen auf großen Datenmengen zu unterstützen, z. B. um das Nutzerverhalten im Internet oder auf einer Verkaufsplattform auszuwerten. Die dabei gewonnenen Ergebnisse können z. B. zur gezielten Platzierung von Werbeanzeigen und Produktempfehlungen genutzt werden. Andere Verarbeitungsvorgänge betreffen etwa die Erkennung von Spam-E-Mails, die Indexierung von Webseiten für Suchmaschinen oder die Generierung von Kontaktempfehlungen in sozialen Netzwerken. Auch wenn diese Auswertungen oft im Batch-Betrieb erfolgen können, sind sie sehr häufig auf großen Datenmengen und damit ebenfalls massiv parallel durchzuführen.

Skalierbarkeit

Die Leistungsfähigkeit des Systems sollte durch Hinzunahme zusätzlicher Verarbeitungsrechner inkrementell erweiterbar sein, um wachsende Anforderungen durch größere Datenmengen und eine erhöhte Benutzeranzahl erfüllen zu können. Idealerweise steigt dabei
der Durchsatz linear mit der Rechneranzahl bzw. die parallele Verarbeitung komplexer
Anfragen kann proportional mit der Rechneranzahl beschleunigt werden. Für webskalier-
bare Systeme wie Suchmaschinen oder sehr große soziale Netzwerke wird eine Skalierbarkeit auf bis zu Millionen von Rechnerknoten gefordert [3].

Hohe Verfügbarkeit

Die starke Verbreitung von DMS führt in den jeweiligen Umgebungen auch zu entsprechenden Abhängigkeiten von der Verfügbarkeit des Systems. In Bereichen, wo Umsatz
und Gewinn direkt von der Möglichkeit des Datenzugriffs abhängen, wird daher vielfach
eine „permanente" Verfügbarkeit von 24 Stunden pro Tag an jedem Tag im Jahr verlangt.
Die Verfügbarkeit eines Systems oder einer Systemkomponente ist dabei durch die zu er-
wartende *MTTF* (*Meantime To Failure*) sowie die *MTTR* (*Meantime To Repair*) wie folgt
bestimmt:

$$\text{Verfügbarkeit} = \frac{MTTF}{MTTF + MTTR}$$

Die Summe von MTTF und MTTR wird auch als *MTBF* (*Meantime Between Failures*)
bezeichnet. Eine Reparatur- und damit Unterbrechungszeit von 1 Stunde pro Jahr resultiert
somit in einer Verfügbarkeit von

$$\frac{8759\,\text{h}}{8760\,\text{h}} = 0{,}9999$$

oder 99,99 %. Selbst eine solche, scheinbar hohe Verfügbarkeit ist nicht immer ausreichend, da z. B. im Aktienhandel oder zur Kreditkartenautorisierung der finanzielle Verlust
pro Stunde typischerweise mehr als 1 Mio. US-Dollar umfasst [9].

Obwohl einzelne Komponenten oft eine sehr hohe Zuverlässigkeit und damit gute
MTTF-Werte aufweisen, ist die Verfügbarkeit eines Gesamtsystems von der Zuverlässigkeit jeder Komponente abhängig. Somit ergibt sich bei sehr vielen Komponenten mit Tausenden von Rechnern, Externspeichereinheiten, Kontrollern, Stromversorgung etc. schnell
eine signifikante Beeinträchtigung der Verfügbarkeit, wenn der Ausfall nicht durch Er-
satzkomponenten behandelt werden kann. Wenn z. B. eine Magnetplatte eine MTTF von
200.000 Stunden (ca. 23 Jahre) hat, ist bei 5000 Platten bereits alle 40 Stunden ein Platten-
ausfall zu erwarten. Die Gesamtfehlerrate steigt durch mögliche Ausfälle der zusätzlichen
Systemkomponenten noch weiter an.

Eine permanente Verfügbarkeit kann daher nur durch ausreichende Redundanz in allen
wichtigen Hardware- und Softwarekomponenten sowie durch redundante Datenspeiche-
rung erreicht werden. Insbesondere muss der Ausfall einzelner Rechner ohne Auswirkungen für die Datenverfügbarkeit bleiben, in dem die Verarbeitung in den überlebenden

Knoten unterbrechungsfrei fortgeführt wird. Bei höchstem Verfügbarkeitsbedarf ist auch ein Schutz gegenüber „Katastrophen" mit Ausfall eines kompletten Datencenters (Erdbeben, Überschwemmung oder Terroranschlag) erforderlich. Wie schon diskutiert, kann dies durch eine Geo-Replikation der Daten unterstützt werden (Abb. 1.4).

Verteilungstransparenz

Die Tatsache, dass die Datenverarbeitung auf mehreren Rechnern erfolgt, sollte gegenüber Anwendungen und Benutzern weitgehend oder vollkommen unsichtbar bleiben. Diese Forderung der Verteilungstransparenz impliziert u. a. *Ortstransparenz*, das heißt, die physische Lokation eines Datenobjektes muss den Anwendungen gegenüber verborgen bleiben. Werden Daten repliziert gespeichert, ist auch dies gegenüber Anwendungen vollständig zu verbergen (*Replikationstransparenz*); die notwendige Wartung der Replikation nach Änderungen ist Aufgabe des verteilten bzw. parallelen DMS. Daneben sollte die meist notwendige Zerlegung oder Fragmentierung der Daten, z. B. der Tabellen relationaler Datenbanken, nicht sichtbar sein (*Fragmentierungstransparenz*) (Abschn. 5.1.4). Verteilungstransparenz bedeutet ferner, dass die Zusicherungen des Transaktionskonzepts (Abschn. 2.3) auch im verteilten Fall gewahrt bleiben. Die Forderung der Verteilungstransparenz ist wesentlich für die Einfachheit der Anwendungserstellung und -wartung, da so z. B. Änderungen in der Verteilung von Daten ohne Rückwirkungen auf die Anwendungsprogramme bleiben. Die Nutzung des DMS sollte wie im zentralisierten Fall möglich sein.

Unterstützung dezentraler Organisationsstrukturen (Knotenautonomie)

Große Unternehmen und Institutionen sind häufig geografisch verteilt organisiert. Um die Abhängigkeiten von einem zentralen Datencenter zu reduzieren, soll eine Datenverwaltung und Transaktionsbearbeitung vor Ort unterstützt werden [7]. Bei der geografisch verteilten Verwaltung der Daten sollte trotz der notwendigen Kooperation an jedem Standort eine möglichst hohe Unabhängigkeit oder Knotenautonomie [6, 15] unterstützt werden, sodass der Zugriff auf lokale Daten nicht von der Verfügbarkeit externer Knoten abhängt. Zudem sollte auch die Datenstrukturierung auf die Bedürfnisse lokaler Anwendungen ausgerichtet werden können. Die Unterstützung einer hohen Knotenautonomie sowie einer vollständigen Verteilungstransparenz sind zumindest teilweise widersprüchliche Anforderungen, sodass Systemansätze wie Verteilte und Parallele DBS nur eine der beiden Anforderungen bzw. Kompromisslösungen anstreben.

Integrierter Zugriff auf heterogene Daten (Datenintegration)

In vielen Anwendungsfällen sind benötigte Informationen über mehrere unabhängige Datenbanken bzw. Datenquellen verstreut, die von unterschiedlichen DMS verwaltet werden. Es sollte möglich sein, innerhalb einer Transaktion oder Anfrage auf diese unabhängig entwickelten und heterogenen Datenbestände zuzugreifen. Es sollten verteilte Änderungen unter Wahrung der Transaktionseigenschaften zentralisierter DBS unterstützt werden.

Bezüglich Anfragen oder Analysen sollten auch größere Datenmengen ausgewertet werden können.

Eine Hauptschwierigkeit bei der Datenintegration ist die hohe semantische Heterogenität in den einzelnen unabhängig entwickelten Datenquellen. So können Angaben zu Kunden in verschiedenen Datenbanken stark differieren, z. B. bezüglich der Anzahl der Tabellen und Anzahl und Art der Attribute. Zudem sind die Daten oft von geringer Datenqualität, sodass umfassende Datentransformationen und -bereinigungen vor einer Auswertung notwendig werden. Dies gilt insbesondere für semistrukturierte Daten aus dem Web. Integrationsaufgaben betreffen dabei Metadaten wie Schemas sowie die Datenobjekte selbst. So kann durch eine Schemaintegration ein gemeinsames Schema über mehrere Datenquellen ermittelt werden, um darüber übergreifende Anfragen auszuführen. Zur Integration der Datenobjekte ist es u. a. notwendig, entsprechende Objekte verschiedener Quellen zu identifizieren und ggf. zu fusionieren, z. B. bezüglich eines Kunden oder eines Produkts. Eine wesentliche Schwierigkeit bezüglich der Unterstützung verteilter Transaktionen liegt darin, dass in jedem beteiligten Teilsystem unterschiedliche Verfahren zur Transaktionsverarbeitung Verwendung finden können.

Einfache Systemadministration
Gegenüber zentralisierten Systemen ist im verteilten Fall generell mit einer Verkomplizierung der Systemverwaltung zu rechnen, da u. a. eine Zuordnung von Anwendungen, Daten und Anfragen bzw. Transaktionen auf mehrere Rechner festzulegen ist. Um die Komplexität dafür zu begrenzen, sollten diese Aufgaben entweder vollkommen automatisiert erfolgen (z. B. Lastverteilung) oder zumindest durch entsprechende Tools (z. B. zur Verteilung von Daten) unterstützt werden. Entsprechend sollten notwendige Änderungen bei der Last- und Datenverteilung, etwa nach einem Rechnerausfall oder bei dauerhaften Leistungsproblemen, möglichst automatisch durchgeführt werden.

Im geografisch verteilten Fall ergibt sich eine weitergehende Erschwerung der Systemverwaltung, da i. Allg. in jedem Knoten eine eigene Administration notwendig ist. Diese sollte einerseits vor allem die Verarbeitung lokaler Anwendungen und Benutzer unterstützen. Andererseits ist aber auch eine globale Koordinierung zwischen den Knoten erforderlich, z. B. für Änderungen im logischen Datenbankaufbau oder zur Definition globaler Zugriffsberechtigungen. Die Abhängigkeit von anderen Rechnern sollte jedoch möglichst gering bleiben, um ein hohes Maß an Knotenautonomie zu erhalten.

Manuell zu treffende Entscheidungen sollten generell keine Verfügbarkeitseinschränkungen verursachen, d. h., sie müssen im laufenden Betrieb möglich sein.

Hohe Kosteneffektivität
Die hohen Anforderungen sollten mit möglichst geringen Kosten für Hardware, Software und Betrieb eines verteilten und parallelen DMS abgedeckt werden, sodass eine hohe Kosteneffektivität erreicht wird. Hardwareseitig kann dies durch den Einsatz weitverbreiteter, preiswerter Komponenten („commodity hardware") für Rechner (wie PCs), Externspeicher und Verbindungsstrukturen unterstützt werden, insbesondere wenn eine sehr große

Abb. 1.5 Big Data: die fünf
„V"-Herausforderungen
(nach [16])

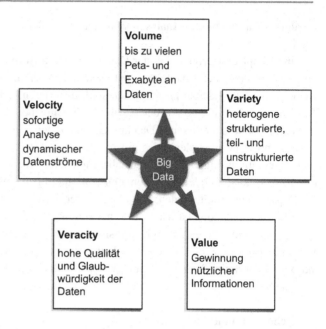

Anzahl von Knoten für eine massive Parallelverarbeitung notwendig ist. Für den laufenden
Betrieb sehr wesentlich sind auch die Energiekosten. Ferner gilt es, die Systemverwaltung
und -wartung weitestgehend zu automatisieren, um den Personalaufwand zu begrenzen.

Cloud-Infrastrukturen mit großen Datencentern versuchen diese Aspekte umzusetzen
und ermöglichen oft signifikante Einsparungen gegenüber Konfigurationen, die von den
nutzenden Unternehmen selbst betrieben werden.

Big-Data-Anforderungen
Die genannten Anforderungen gelten nicht nur für Verteilte und Parallele Datenbanksysteme, sondern auch für NoSQL-Systeme sowie die damit adressierten Big-Data-Anwendungen. Im Big-Data-Kontext werden als wesentliche Herausforderungen häufig die
folgenden „V-Begriffe" (Abb. 1.5) genannt:

- *Volume:* Es müssen sehr hohe Datenvolumina bis hin zu vielen Petabyte und Exabyte
  (1 Exabyte sind 10^{18} Byte oder 1 Mio. Terabyte) unterstützt werden. Hierzu werden
  oft Schätzungen über das weltweit generierte und stark wachsende Datenvolumen an-
  geführt. Nach einer Schätzung in [11] wurden 2012 pro Tag 2,5 Exabyte an Daten
  generiert, wobei sich dieser Wert alle 40 Monate verdoppeln soll. Ein Großteil der
  Daten betrifft Inhalte von Webseiten und sozialen Netzwerken, u. a. Fotos und Videos.
  Viele Daten stammen von der stark zunehmenden Zahl an Smartphones und anderen
  mobilen Geräten sowie von Sensoren wie RFID-Chips.
- *Velocity:* Die Verarbeitung der Daten ist zunehmend in Echtzeit erforderlich, also sehr
  schnell, nachdem diese entstehen. Dies betrifft die Auswertung von Ereignissen oder

Abb. 1.6 Big Data:
Analysepipeline und Herausforderungen (nach [2])

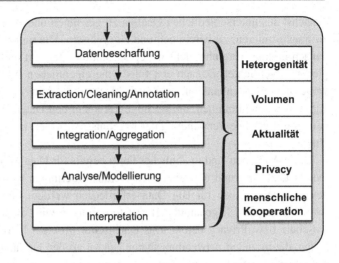

Datenströmen unterschiedlicher Art wie Aktienkurse, Kurznachrichten (z. B. von Twit-
ter) oder Sensordaten. Relevante Ereignisse können auch Webinteraktionen sein, um
einem Nutzer unmittelbar passende Produktempfehlungen anzuzeigen.

- *Variety:* Es ist eine Vielzahl unterschiedlicher Daten zu verarbeiten, nämlich strukturierte Daten aus Datenbanken, semistrukturierte und unstrukturierte Daten sowie Da-
  tenströme. Ferner sind unterschiedliche Daten semantisch korrekt zu integrieren, um
  ihre Aussagekraft für Analysen zu erhöhen.
- *Veracity:* Die Aussagekraft und Nützlichkeit der Daten ist wesentlich von einer hohen
  Glaubwürdigkeit (veracity) bestimmt. Hierzu sollte u. a. eine hohe Qualität der Daten
  gewährleistet sein (Beseitigung fehlerhafter Werte, Vereinheitlichung unterschiedlicher
  Repräsentationen, Eliminierung von Dubletten etc.) und deren Herkunft (*provenance*)
  bekannt sein.
- *Value:* Die Daten müssen nutzbringend einsetzbar sein. Hierzu gilt es, aussagekräfti-
  ge Analysen auf den Daten durchzuführen, deren Ergebnisse für Anwendungen und
  menschliche Nutzer verständlich und umsetzbar sind. Dazu sind die vorgenannten Anforderungen zu erfüllen sowie geeignete Analyseverfahren und visuelle Nutzerschnitt-
  stellen bereitzustellen.

Von diesen Herausforderungen betrifft „Volume" vor allem die zuvor diskutierten Anforderungen Leistungsfähigkeit und Skalierbarkeit. Bezüglich „Velocity" sind die Anforderungen teilweise ähnlich wie für OLTP-Transaktionen, insbesondere schnelle Bearbeitungszeiten und hoher Durchsatz. Die Themen „Variety" und „Veracity" betreffen die
geforderte Unterstützung heterogener Daten und die Datenintegration.

Die genannten Herausforderungen beziehen sich vorrangig auf die Analyse umfassen-
der Datenmengen. Wie im linken Teil von Abb. 1.6 gezeigt, erfordert diese die Realisierung komplexer Datenverarbeitungspipelines oder -workflows. Dabei sind die Daten

zunächst aus unterschiedlichen Quellen zu gewinnen und zu extrahieren, um sie danach zu transformieren, zu bereinigen und zu ergänzen. Die unterschiedlichen Daten werden danach in einer vereinheitlichten Repräsentation integriert und für Auswertungen aggregiert und verdichtet. Danach erst folgen die eigentlichen Auswertungen und Analysen, wobei neben Datenbankabfragen auch Machine-Learning- bzw. Data-Mining-Verfahren zur Anwendung kommen, um wichtige Trends in den Daten zu erkennen oder Vorhersagen zu treffen. Die Verwendung der Ergebnisse erfordert meist eine Interpretation durch Nutzer.

Diese Aufgaben sind in ähnlicher Form bereits für Data-Warehouses zu lösen, werden jedoch jetzt aufgrund der genannten Herausforderungen wesentlich komplexer, sodass neue Lösungsansätze für Big Data erforderlich werden. Bei den im rechten Teil von Abb. 1.6 gemäß [2] genannten Herausforderungen wird auch die Wichtigkeit von Datenschutz bzw. Privacy betont. Das Datenschutzproblem betrifft v. a. personenbezogene Daten, die in vielen Anwendungsbereichen im großen Umfang anfallen. Deren Speicherung über längere Zeit, Verknüpfung mit anderen Informationen und Auswertung dürfen die Persönlichkeitsrechte der Nutzer sowie Datenschutzbestimmungen nicht verletzen. Dies erfordert u. a. Maßnahmen zur Anonymisierung der Daten sowie die Einholung der Nutzereinwilligung zur Verwendung personenbezogener Daten. Besondere Schutzbelange bestehen jedoch auch für Daten, welche für den Geschäftserfolg von Unternehmen von großer Wichtigkeit sind, z. B. Konstruktionsdaten zu fertigender Produkte oder der Source-Code von Softwarelösungen.

1.3 Maße der parallelen Datenverarbeitung: Speedup und Scaleup

Speedup ist ein allgemeines Maß zur Bestimmung, in welchem Umfang die Leistungsfähigkeit von Computersystemen durch eine bestimmte Optimierung verbessert wird [13]. Üblicherweise wird Speedup mit Hinblick auf die Verkürzung von Antwortzeiten verwendet. Mit dem Antwortzeit-Speedup kann insbesondere die Effektivität einer Intra-Anfrageparallelisierung bestimmt werden, in dem ermittelt wird, in welchem Maß sich die Antwortzeit einer bestimmten Anfrage durch Parallelisierung verbessert. Dabei gilt:

$$\text{Antwortzeit-Speedup } (n) = \frac{\text{Antwortzeit bei sequenzieller Verarbeitung}}{\text{Antwortzeit bei paralleler Verarbeitung auf } n \text{ Prozessoren}}$$

Abbildung 1.7 zeigt mögliche Verlaufsformen für den *Antwortzeit-Speedup*. Idealerweise wird bei n Prozessoren ein Speedup-Wert von n erzielt. Bei einem linearen Antwortzeit-Speedup kann die Antwortzeit auch proportional zur Prozessoranzahl verbessert werden, jedoch i. Allg. auf einem geringeren Niveau.[1] Typischerweise lässt sich jedoch die Antwortzeit nur bis zu einer bestimmten Prozessoranzahl verkürzen. Eine weitere Erhöhung

---

[1] In bestimmten Fällen kann die Antwortzeit bei n Prozessoren um mehr als den Faktor n verbessert werden (superlinearer Speedup). Zum Beispiel können bei gleichbleibender DB-Größe bei wachsender Rechnerzahl aufgrund der erhöhten aggregierten Hauptspeicherkapazität E/A-Einsparungen zu überproportionalen Antwortzeitverbesserungen führen.

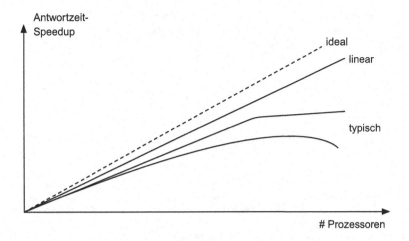

Abb. 1.7 Idealer, linearer und typischer Antwortzeit-Speedup

der Prozessorzahl führt dann ggf. zu einer Reduzierung des Speedups oder sogar zu einer Verschlechterung der Antwortzeit.

Eine suboptimale Speedup-Entwicklung kann mehrere Ursachen haben. Zunächst ist der maximal mögliche Speedup durch den Anteil einer Transaktion bzw. Operation begrenzt, der überhaupt parallelisierbar ist (begrenzte inhärente Parallelität). Besteht zum Beispiel die Antwortzeit einer Transaktion nur zu 5 % aus nichtparallelisierbaren (sequenziellen) Verarbeitungsanteilen, so ist der maximal mögliche Speedup auf 20 beschränkt, unabhängig davon, wie viele Prozessoren eingesetzt werden. Diesen Zusammenhang verdeutlicht *Amdahls Gesetz*, welches den Speedup berechnet, wenn nur ein bestimmter Antwortzeitanteil durch eine Optimierung verkürzt werden kann [9]:

$$\text{Antwortzeit-Speedup} = \frac{1}{1 - F_{\text{opt}} + \frac{F_{\text{opt}}}{S_{\text{opt}}}}$$

$$F_{\text{opt}} = \text{Anteil der optimierten Antwortzeitkomponente} \quad (0 \leq F_{\text{opt}} \leq 1)$$

$$S_{\text{opt}} = \text{Speedup des optimierten Antwortzeitanteils}$$

Im genannten Beispiel gilt $F_{\text{opt}} = 0{,}95$, sodass der Antwortzeit-Speedup nie größer als $\frac{1}{1-0{,}95} = 20$ werden kann.

Außerdem sind es vor allem folgende Faktoren, die den Antwortzeit-Speedup und damit die Skalierbarkeit einer Anwendung beeinträchtigen können [5]:

- *Startup- und Terminierungskosten:* Das Starten und Beenden mehrerer Teiloperationen in verschiedenen Prozessen/Rechnern verursacht einen Overhead, der mit dem Parallelitätsgrad zunimmt. Da umgekehrt die pro Teiloperation zu verrichtende Nutzarbeit (z. B. Anzahl zu verarbeitender Sätze) sinkt, vermindert sich der relative Gewinn einer Parallelisierung mit wachsendem Parallelitätsgrad.

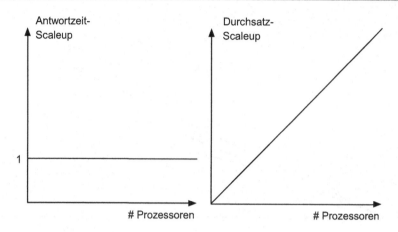

Abb. 1.8 Idealer Verlauf für Antwortzeit- und Durchsatz-Scaleup

- *Interferenz:* Die Erhöhung der Prozessanzahl führt zu verstärkten Wartezeiten auf gemeinsam benutzten Systemressourcen. Vor allem der durch die Parallelisierung eingeführte Kommunikations-Overhead kann sich negativ bemerkbar machen. Neben Wartezeiten auf physischen Ressourcen wie CPU und Speicher kann es auch verstärkt zu Sperrkonflikten zwischen unabhängigen Transaktionen kommen.
- *Skew (Varianz der Ausführungszeiten):* Die langsamste Teiloperation bestimmt die Bearbeitungszeit einer parallelisierten Operation. Varianzen in den Ausführungszeiten, z. B. aufgrund ungleichmäßiger Daten- oder Lastverteilung oder von Sperrkonflikten, führen daher zu Speedup-Einbußen. Das Skew-Problem nimmt i. Allg. mit wachsendem Parallelitätsgrad (Rechnerzahl) zu und beschränkt daher die Skalierbarkeit.

Der Speedup bestimmt den Einfluss der Prozessoranzahl auf eine konstante Problemgröße, nämlich die Ausführung einer bestimmten Transaktion bzw. Operation auf einer Datenbank fester Größe. Dagegen soll bei der *Scaleup*-Metrik die Problemgröße, hier die DB-Größe, linear mit der Prozessoranzahl erhöht werden [5]. Dabei kann zwischen Antwortzeit- und Durchsatz-Scaleup unterschieden werden. Der *Antwortzeit-Scaleup* (batch scaleup) bestimmt die Antwortzeitveränderung bei Einsatz von n Rechnern und n-facher Datenbankgröße verglichen mit dem 1-Rechner-Fall. Dabei soll im Mehrrechnerfall trotz des höheren Datenvolumens aufgrund der Parallelisierung einer Operation möglichst die gleiche Antwortzeit wie bei einem Rechner erreicht werden (Antwortzeit-Scaleup = 1). Der *Durchsatz-Scaleup* bestimmt das Verhältnis zwischen der Transaktionsrate auf n Rechnern (auf einer n-fach größeren Datenbank) gegenüber der Transaktionsrate auf einem Rechner. Dabei sollte idealerweise der Scaleup-Wert n erreicht werden (lineares Durchsatzwachstum). In OLTP-Benchmarks des TPC (Transaction Processing Performance Council) wird eine Skalierung der DB-Größe proportional zur

Transaktionsrate verlangt (www.tpc.org). Abbildung 1.8 illustriert den idealen Verlauf für Durchsatz- und Antwortzeit-Scaleup.

Eine im Vergleich zu Amdahls Gesetz optimistischere Abschätzung des erreichbaren Speedups wird durch das *Gesetz von Gustafson* vorgenommen [8]. Es geht dabei nicht von einem Problem fester Größe aus, sondern unterstellt, dass der Problemumfang (z. B. die zu verarbeitende Datenmenge) linear mit der Prozessoranzahl zunimmt und dabei eine optimale Parallelisierung erreichbar wird. Wenn die Antwortzeit bei einem Prozessor aus einer sequenziellen Komponente s und einer parallelisierbaren Komponente p besteht, wird bei n-facher Problemgröße ohne Parallelverarbeitung eine Bearbeitungszeit von $s + n \times p$ benötigt, bei idealer Parallelverarbeitung mit n Prozessoren dagegen nur von $s + p$. Bezeichnet man mit f den nichtparallelisierbaren Anteil der Bearbeitungszeit, d. h. $f = s/(s + p)$, erhält man für den erreichbaren Speedup (auch als „skalierbarer Speedup" bezeichnet):

$$\text{Antwortzeit-Speedup } (n) = \frac{s + n \times p}{s + p} = f + \frac{n \times p}{s + p} = f + n \times (1 - f)$$

oder

$$\text{Antwortzeit-Speedup } (n) = n - f \times (n - 1)$$

Gemäß dieser Abschätzung wird also ein linearer Speedup unterstützt, da aufgrund der mit n wachsenden Problemgröße jeder Prozessor gleich gut nutzbar bleibt. Dagegen verbleibt für Amdahls Gesetz aufgrund der festen Problemgröße für wachsende n immer weniger Arbeit pro Prozessor und die maximal erreichbare Verbesserung der Antwortzeit wird durch den nichtparallelisierbaren Anteil begrenzt. Gustafson argumentierte, dass in der Praxis eine größere Anzahl von Prozessoren fast immer auf entsprechend größeren Problemen Anwendung finde, sodass die implizite Annahme in Amdahls Gesetz, dass der parallelisierbare Umfang an Nutzarbeit unabhängig von der Prozessorzahl ist, unnötig pessimistisch sei [8]. Andererseits geht seine Abschätzung von Best-Case-Bedingungen aus, da die diskutierten Skalierbarkeitsprobleme wie die mit der Prozessorzahl zunehmenden Inferenz- und Varianzeffekte unberücksichtigt bleiben.

1.4 Übungsaufgaben

Übung 1.1 (Big Data)
Bestimmen Sie drei Big-Data-Anwendungen in verschiedenen Bereichen, welche für wenigstens zwei der Anforderungen Volume, Velocity und Variety Herausforderungen stellen, die von konventionellen DBS bzw. Data-Warehouses unzureichend abgedeckt werden.

Übung 1.2 (Verfügbarkeit)

Ein Externspeichersystem habe zehn Magnetplatten (MTTF je 500.000 h), einen Kontroller (MTTF 500.000 h) sowie eine Stromversorgung (MTTF 250.000 h). Wie hoch ist die resultierende MTTF für das Teilsystem unter der Annahme, dass Fehler unabhängig voneinander auftreten?

Übung 1.3 (Antwortzeit-Speedup)

Ein Scan auf einer Relation mit 100 Mio. Sätzen verursache bei einem Rechner eine Bearbeitungszeit von 50 s, davon 30 s für Plattenzugriffe.

a) Welcher Antwortzeit-Speedup wird bei einem zehnfach schnelleren Rechner erreicht?
b) Welcher Antwortzeit-Speedup ergibt sich bei Nutzung von Datenparallelität auf 10 (100) Rechnern der Ausgangsleistungsstärke? Die durch die Verteilung eingeführte Kommunikationsverzögerung soll bei n Rechnern $50 + n \cdot 5$ ms betragen.

Übung 1.4 (Amdahls vs. Gustafsons Gesetz)

Die Verarbeitung von 100 Mio. Sätzen verursache bei einem Rechner eine optimal parallelisierbare Bearbeitungszeit von 40 s sowie einen festen sequenziell auszuführenden Anteil von 2 s. Bestimmen Sie den Speedup für die Rechnerzahl $n = 100$ einerseits gemäß Amdahls Gesetz, zum anderen gemäß dem Gesetz von Gustafson. In letzterem Fall ist dazu für die nichtparallele (und parallele) Bearbeitungszeit die 100fache Datenmenge anzusetzen.

Literatur

1. Agrawal, D., El Abbadi, A., Mahmoud, H.A., Nawab, F., Salem, K.: Managing geo-replicated data in multi-datacenters. In: Proc. 8th Workshop on Databases in Networked Information Systems (DNIS), pp. 23–43 (2013)

2. Agrawal, D., et al.: Challenges and opportunities with Big Data. Tech. rep., CRA White Paper (2011)

3. Corbett, J.C., Dean, J., Epstein, M., Fikes, A., Frost, C., Furman, J.J., Ghemawat, S., Gubarev, A., Heiser, C., Hochschild, P., Hsieh, W., Kanthak, S., Kogan, E., Li, H., Lloyd, A., Melnik, S., Mwaura, D., Nagle, D., Quinlan, S., Rao, R., Rolig, L., Saito, Y., Szymaniak, M., Taylor, C., Wang, R., Woodford, D.: Spanner: Google's globally distributed database. ACM Trans. Comput. Syst. **31**(3), 8:1–8:22 (2013)

4. Dadam, P.: Verteilte Datenbanken und Client/Server-Systeme: Grundlagen, Konzepte und Realisierungsformen. Springer-Verlag (1996)

5. DeWitt, D.J., Gray, J.: Parallel database systems: The future of high performance database systems. Commun. ACM **35**(6), 85–98 (1992)

6. Garcia-Molina, H., Kogan, B.: Node autonomy in distributed systems. In: DPDS, pp. 158–166 (1988)

7. Gray, J.: An approach to decentralized computer systems. IEEE Trans. Software Eng. **12**(6), 684–692 (1986)

8. Gustafson, J.L.: Reevaluating amdahl's law. Commun. ACM **31**(5), 532–533 (1988)

9. Hennessy, J.L., Patterson, D.A.: Computer Architecture – A Quantitative Approach (5. ed.). Morgan Kaufmann (2011)

10. Lehner, W., Sattler, K.U.: Web-Scale Data Management for the Cloud. Springer (2013)

11. McAfee, A., Brynjolfsson, E.: Big Data: The Management Revolution. Harvard Business Review **90**(10), 60–66 (2012)

12. Özsu, M.T., Valduriez, P.: Principles of Distributed Database Systems, Third Edition. Springer Verlag (2011)

13. Patterson, D.A., Hennessy, J.L.: Computer Architecture: A Quantitative Approach. Morgan Kaufmann (1990)

14. Rahm, E.: Mehrrechner-Datenbanksysteme. Addison-Wesley (1994)

15. Sheth, A.P., Larson, J.A.: Federated database systems for managing distributed, heterogeneous, and autonomous databases. ACM Comput. Surv. **22**(3), 183–236 (1990)

16. Vossen, G.: Big data as the new enabler in business and other intelligence. Vietnam J. Computer Science **1**(1), 3–14 (2014)

Grundlagen zu Datenbanken und verteilten Systemen 2

Dieses Kapitel behandelt kurz Grundlagen zu Datenbanksystemen und Rechnernetzen bzw. verteilten Systemen, die für das weitere Verständnis des Buchs benötigt werden. Das im größten Teil dieses Buchs unterstellte Datenmodell ist das relationale Datenmodell, da die relationale Datenbanktechnologie weiterhin die in der Praxis dominierende Form des Datenmanagements darstellt. Jedoch sind viele Prinzipien der verteilten und parallelen Datenbankverarbeitung auch auf nichtrelationale Systemansätze wie NoSQL-Systeme übertragbar, wie an verschiedenen Stellen verdeutlicht werden wird. Ein wesentlicher Vorteil des relationalen Modells zur verteilten und parallelen Datenbankverarbeitung liegt darin, dass die Anfragen mengenorientiert sind und somit ein weit größeres Optimierungspotenzial besteht als für satzorientierte Zugriffsoperationen und Anfragesprachen [9]. Die Mehrzahl Verteilter und Paralleler Datenbanksysteme basiert daher auch auf dem relationalen Datenmodell.

Wir diskutieren zunächst Grundlagen des relationalen Datenmodells und seiner Operationen. Es folgt die Beschreibung des internen Aufbaus von Datenbanksystemen (DBS), welche aus einem Datenbankverwaltungssystem (Database-Management-System, DBMS) und der Datenbank selbst bestehen. Die zur Transaktionsverwaltung benötigten Funktionen werden mit dem Transaktionskonzept in Abschn. 2.3 erläutert. Nach einer Diskussion wesentlicher DBS-Einsatzformen (OLTP, OLAP) wenden wir uns sogenannten *NoSQL-Systemen* zu, die zunehmend Verbreitung finden und auch meist eine verteilte Datenverwaltung unterstützen. Abschließend diskutieren wir noch Grundlagen von Rechnernetzen, die für das weitere Verständnis hilfreich sind. Mehrere Lehrbücher bieten weitergehende Informationen zur Einführung in Datenbanksysteme, u. a. [18, 26], zu DBS-Implementierungskonzepten für den zentralen Fall [14, 25] sowie zu Rechnernetzen [29, 21].

© Springer-Verlag Berlin Heidelberg 2015   23
E. Rahm, G. Saake, K.-U. Sattler, *Verteiltes und Paralleles Datenmanagement*, eXamen.press,
DOI 10.1007/978-3-642-45242-0_2

2.1 Relationales Datenmodell

In relationalen Datenbanken werden die Daten in Tabellen oder Relationen gespeichert. Jede Relation besteht aus einer bestimmten Anzahl von Spalten oder Attributen sowie einer Menge von Zeilen oder Tupeln (Sätzen). Die Anzahl der Attribute bestimmt den *Grad*, die Anzahl der Tupel die *Kardinalität* einer Relation. Abbildung 2.1 zeigt ein Beispiel zweier Relationen vom Grad 3 und Kardinalität 6 bzw. 5.

Jedem Attribut ist eine sogenannte *Domain* (Definitionsbereich) zugeordnet, die die zulässigen Werte festlegt. Die Beschreibung einer Relation umfasst den Namen der Relation und deren Attribute sowie die zugehörigen Domains. Die Ausprägung der Relation ist durch die Menge der Tupel gegeben und entspricht einer Teilmenge des kartesischen Produktes über den Attribut-Domains. Die Mengeneigenschaft von Relationen bedeutet, dass kein Tupel mehrfach vorkommen darf und dass keine vorgegebene Reihenfolge unter den Tupeln besteht.

Das Relationenmodell schreibt zwei modellinhärente Integritätsbedingungen vor, die sogenannten *relationalen Invarianten*. Die Primärschlüsselbedingung verlangt, dass zu jeder Relation ein Attribut bzw. eine Kombination von Attributen als *Primärschlüssel* fungiert, mit dem Tupel eindeutig identifiziert werden können. In Abb. 2.1 bilden z. B. die Attribute KTONR (Relation KONTO) und KNR (Relation KUNDE) geeignete Primärschlüssel. Die zweite modellinhärente Integritätsbedingung betrifft sogenannte *Fremdschlüssel*, mit denen Beziehungen zwischen Relationen realisiert werden können. In Abb. 2.1 ist das Attribut KNR (Kundennummer) in Relation KONTO ein solcher Fremdschlüssel, mit dem der Inhaber eines Kontos durch einen Verweis auf den Primärschlüssel der Relation KUNDE repräsentiert wird. Die Fremdschlüsselbedingung verlangt, dass das durch einen Fremdschlüsselwert referenzierte Tupel in der Datenbank existieren, d. h. dass in der referenzierten Relation ein entsprechender Primärschlüsselwert definiert sein muss. Dies nennt man referenzielle Integrität.

Zur Beschreibung relationaler Anfragen greifen wir (neben SQL) vor allem auf die *Relationenalgebra* zurück. Die Relationenalgebra erlaubt eine kompakte Darstellung von Operationen und spezifiziert explizit die Basisoperatoren, die bei der Anfragebearbeitung auszuführen sind. Die Operatoren der Relationenalgebra sind mengenorientiert, da sie aus

Abb. 2.1 Beispiele von Relationen

KONTO

KTONR	KNR	KTOSTAND
1234	K2	122,34
2345	K4	-12,43
3231	K1	1222,22
7654	K5	63,79
9876	K2	55,77
5498	K4	-4506,77

KUNDE

KNR	NAME	GEBDAT
K2	Schulz	02.11.1976
K4	Meier	23.08.1972
K3	Müller	04.07.1987
K1	Scholz	24.04.1959
K5	Weber	17.03.1942

Abb. 2.2 Beispiele relationaler Operatoren **a** Selektion, **b** Projektion, **c** natürlicher Verbund, **d** Semi-Join, **e** Anfrage mit mehreren Operatoren (bezogen auf die Relationen aus Abb. 2.1)

a

KTONR	KNR	KTOSTAND
2345	K4	-12,43
5498	K4	-4506,77

$\cdot\ \sigma_{\text{KTOSTAND}<0}(\text{KONTO})$

b

KNR
K2
K4
K1
K5

$\pi_{\text{KNR}}(\text{KONTO})$

c

KTONR	KNR	KTOSTAND	NAME	GEBDAT
1234	K2	122,34	Schulz	02.11.1976
2345	K4	-12,43	Meier	23.08.1972
3231	K1	1222,22	Scholz	24.04.1959
7654	K5	63,79	Weber	17.03.1942
9876	K2	55,77	Schulz	02.11.1976
5498	K4	-4506,77	Meier	23.08.1972

KONTO ⋈ KUNDE

d

KNR	NAME	GEBDAT
K2	Schulz	02.11.1976
K4	Meier	23.08.1972
K1	Scholz	24.04.1959
K5	Weber	17.03.1942

KUNDE ⋉ KONTO

e

NAME
Meier

$\pi_{\text{NAME}}(\sigma_{\text{KTOSTAND}<0}(\text{KONTO} \bowtie \text{KUNDE}))$

einer oder zwei Eingaberelationen wiederum eine Relation erzeugen. Neben allgemeinen mengentheoretischen Operatoren wie Vereinigung ($\cup$), Durchschnitt ($\cap$), kartesisches Produkt ($\times$) oder Differenz ($-$) interessieren vor allem die relationalen Operatoren Selektion, Projektion und Verbund (Join).

Mit der *Selektion* $\sigma_P(R)$ wird eine zeilenweise (horizontale) Teilmenge einer Relation R bestimmt, die alle Tupel enthält, die das Selektionsprädikat P erfüllen. Ein Beispiel dazu findet sich in Abb. 2.2a. Die *Projektion* $\pi_{Attributliste}(R)$ bildet eine spaltenweise (vertikale) Teilmenge der Eingaberelation, wobei alle nicht spezifizierten Attribute „weggefiltert" werden (Beispiel: Abb. 2.2b). Dabei werden zudem Duplikate eliminiert, um die Mengeneigenschaft der Ergebnisrelation zu wahren. Der *Verbund* (⋈) schließlich erlaubt die Verknüpfung zweier Relationen, die Attribute mit übereinstimmenden Domains besitzen. Der mit Abstand wichtigste Verbundtyp ist der *Gleichverbund* (*Equi-Join*), bei dem die Verknüpfung durch eine Gleichheitsbedingung auf den Verbundattributen definiert ist. Der Gleichverbund zwischen Relation R mit Verbundattribut r und Relation S mit Verbundattribut s kann als Selektion auf dem kartesischen Produkt zwischen R und S definiert werden:

$$R \bowtie_{r=s} S = \sigma_{r=s}(R \times S)$$

Der *natürliche Verbund* zwischen zwei Relationen, bei denen die Verbundattribute den gleichen Namen besitzen, ist definiert als Gleichverbund zwischen den Relationen, wobei die Verbundattribute nur einmal im Ergebnis vorkommen. Aufgrund der Namenskonvention kann beim natürlichen Verbund die Join-Bedingung weggelassen werden ($R \bowtie S$). Abbildung 2.2c zeigt ein Beispiel für den natürlichen Verbund.

Der *Semi-Join* zwischen zwei Relationen R und S ($R \ltimes S$) ist definiert als ein Verbund, in dessen Ergebnis nur Attribute der Relation R enthalten sind:

$$R \ltimes_{r=s} S = \pi_{R\text{-Attribute}}(R \bowtie_{r=s} S)$$

Abbildung 2.2d zeigt ein Beispiel für einen (natürlichen) Semi-Join, bei dem die Verbundbeziehung sich auf gleichnamige Attribute in den Eingangstabellen bezieht. Semi-Joins haben vor allem im Kontext von Verteilten Datenbanksystemen Bedeutung erlangt. Sie erlauben eine Verkleinerung der Ergebnismenge gegenüber dem normalen Join, was zu einer Reduzierung der zu übertragenden Datenmengen genutzt werden kann (s. Kap. 8).

Da die Operatoren Relationen als Eingabe verwenden und wiederum Relationen erzeugen, können sie miteinander kombiniert werden, um komplexere Anfragen zu formulieren. Ein Beispiel dazu ist in Abb. 2.2e gezeigt.

In der Praxis werden DB-Anfragen an relationale Datenbanksysteme in der standardisierten und weitverbreiteten Sprache *SQL* formuliert, die wesentlich nutzerfreundlicher als die Relationenalgebra ist. Im Gegensatz zur Relationenalgebra unterstützt SQL auch die Berechnung sogenannter *Aggregatfunktionen* (z. B. **MIN**, **MAX**, **SUM**, **COUNT**, **AVG**) sowie die Sortierung von Ergebnismengen. In diesem Buch werden nur vereinzelt Beispiele in SQL angegeben, die zudem weitgehend selbsterklärend sein dürften. Die Anfrage aus Abb. 2.2e kann in SQL z. B. folgendermaßen formuliert werden:

```
SELECT NAME {Projektion auf Attribut Name}
FROM KONTO NATURAL JOIN KUNDE
     {Angabe der Tabellen und Join-Ausdruck}
WHERE KTOSTAND < 0 {Selektionsbedingung}
```

2.2 Aufbau von Datenbanksystemen

Wir diskutieren zunächst die sogenannte Schemaarchitektur zentralisierter DBS, mit der unterschiedliche Sichtweisen auf eine Datenbank unterstützt werden. Anschließend beschreiben wir den internen DBS-Aufbau anhand eines dreistufigen Schichtenmodells.

2.2.1 Schemaarchitektur

Ein wesentlicher Vorteil moderner Datenbanksysteme liegt in der Bereitstellung einer hohen Datenunabhängigkeit sowie der Möglichkeit, verschiedenen Benutzern unterschiedliche Sichtweisen auf eine Datenbank zu ermöglichen. Dies wird durch eine dreistufige Schemaarchitektur unterstützt (Abb. 2.3), welche vom *ANSI/SPARC-Komitee* vorgeschlagen wurde und in vielen DBS realisiert ist. Im Einzelnen sind dabei drei Arten von Schemata zur Beschreibung des Datenbankaufbaus zu unterscheiden:

- Im Mittelpunkt steht dabei das *konzeptionelle Schema*, das den logischen Aufbau der Datenbank vollständig beschreibt. Im Falle relationaler Datenbanken enthält das konzeptionelle Schema die Definition sämtlicher Relationen, Attribute, Domains, Integritätsbedingungen etc.
- Benutzer bzw. Anwendungsprogramme greifen i. Allg. nicht direkt über das konzeptionelle Schema auf die Datenbank zu, sondern über auf ihre Anforderungen und Zugriffsrechte ausgerichtete *externe Schemata*. Ein externes Schema enthält i. Allg. nur eine Teilmenge der Objekte des konzeptionellen Schemas, wodurch sich für die betreffende Benutzergruppe eine einfachere DB-Benutzung ergibt sowie eine Zugriffskontrolle unterstützt wird. Es wird damit auch ein höherer Grad an Datenunabhängigkeit als mit dem konzeptionellen Schema erreicht, da Änderungen im logischen DB-Aufbau nur dann Rückwirkungen auf Anwendungen haben, falls sie Objekte des jeweiligen externen Schemas betreffen (logische Datenunabhängigkeit).
- Das *interne Schema* beschreibt, wie logische Objekte des konzeptionellen Schemas physisch gespeichert werden sollen (Clusterbildung, Komprimierung etc.) und welche

Abb. 2.3 DB-Schemaarchitektur nach ANSI/SPARC

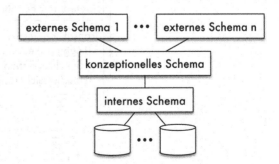

Indexstrukturen vom DBMS zu warten sind. Diese Festlegungen werden automatisch vom DBMS oder vom Datenbankadministrator getroffen und sind für den DB-Benutzer vollkommen transparent (physische Datenunabhängigkeit).

Die Schemaangaben repräsentieren Beschreibungsinformationen oder *Metadaten* über den Datenbankaufbau, die innerhalb eines *Katalogs* (Data Dictionary) geführt werden, ebenso wie benutzerspezifische Angaben (Zugriffsrechte etc.). Die Daten selbst werden physisch gemäß der Spezifikation des internen Schemas gespeichert. Beim Datenzugriff sind durch das DBMS gemäß der Schemaarchitektur entsprechende Abbildungen zwischen externer und interner Repräsentation vorzunehmen.

2.2.2 Funktioneller Aufbau relationaler Datenbanksysteme

Der interne Aufbau eines Datenbankverwaltungssystems kann durch mehrstufige *Schichtenmodelle* beschrieben werden [14]. Dabei werden die Funktionen des DBMS aufeinander aufbauenden Schichten zugeordnet, welche Operationen und Objekte der DBMS-Schnittstelle schrittweise auf interne Strukturen abbilden bis hinunter auf die Bitebene der Externspeicher. Abbildung 2.4 verdeutlicht im mittleren Teil diesen Abbildungsprozess anhand eines dreistufigen Schichtenmodells bestehend aus einem Daten-, Zugriffs- und Speichersystem.

Das *Datensystem* bildet in diesem Modell die oberste Schicht, welche die mengenorientierten DB-Operationen einer deskriptiven Anfragesprache auf Objekten eines externen Schemas zu verarbeiten hat. Diese Operationen werden entweder im Rahmen vordefinier-

Abb. 2.4 Aufbau eines zentralisierten Datenbanksystems

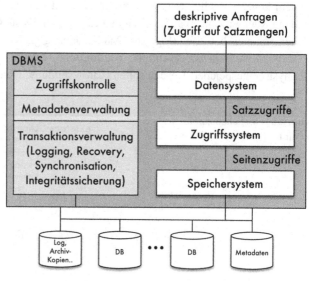

ter Anwendungsprogramme gestellt oder aber interaktiv als Ad-hoc-Anfragen abgesetzt. Aufgabe des Datensystems ist es, zu den DB-Operationen entsprechende Ausführungsplä-ne zu erstellen (Query-Übersetzung und -Optimierung) und zu bearbeiten. Dabei werden u. a. externe Objektbezeichnungen auf interne Namen abgebildet und die Verwendung von Basisoperatoren wie Selektion (Scan), Projektion oder Join festgelegt. Für jeden der Basisoperatoren können mehrere Implementierungsalternativen bestehen, unter denen in Abhängigkeit der DB-Operation, vorhandener Indexstrukturen sowie anderer Faktoren eine Auswahl erfolgt. Die Ausführung der Operatoren erfolgt mit den satzorientierten Operationen des Zugriffssystems.

Das *Zugriffssystem* verwaltet die DB-Sätze innerhalb der Seiten und unterstützt entsprechende Satzoperationen. Daneben werden dort für den schnellen Zugriff Zu-griffspfade und Indexstrukturen für ausgewählte Attribute geführt, meist auf Basis von B*-Bäumen. Clusterbildung (Clusterung) von häufig zusammen referenzierten Sätzen ist ebenfalls eine wirkungsvolle Technik, um die Anzahl von Seiten- und damit Externspei-cherzugriffen zu reduzieren. Alternativ bzw. in Ergänzung zur traditionellen Speicherung ganzer Sätze innerhalb der Seiten (Row-Store-Ansatz) unterstützen relationale DBS zunehmend eine spaltenweise Zerlegung und Speicherung von Sätzen im Rahmen soge-nannter *Column Stores* [28, 1]. Damit werden die Attributwerte von Spalten benachbart in Seiten gespeichert. Damit sind für Anfragen auf einzelnen Attributen signifikant weniger Seiten zu verarbeiten, sodass sich die Ausführungszeiten im Vergleich zu Row Stores oft um ein Vielfaches beschleunigen lassen. Durch den Einsatz von Komprimierungstechni-ken auf den Attributwerten lassen sich diese Effekte weiter steigern [2].

Das *Speichersystem* schließlich ist für die Verwaltung von DB-Seiten zuständig, wobei insbesondere ein DB-Puffer (Systempuffer) im Hauptspeicher verwaltet wird, um Lo-kalität im Referenzverhalten zur Einsparung physischer E/A-Vorgänge zu nutzen. Die Zugriffe auf Externspeicher erfolgen üblicherweise über die Dateiverwaltung des Be-triebssystems, welche eine Abstraktion von physischen Geräteeigenschaften bietet.

Als Externspeicher dienen traditionell Magnetplattenspeicher, die eine sehr hohe Spei-cherkapazität zu geringen Kosten anbieten, jedoch verbunden mit langsamen Zugriffszei-ten von mehreren Millisekunden pro Block (Seite). Für leistungskritische Anwendungen werden daher zunehmend auch Flash-Speicher als *Solid-State-Disk (SSD)* eingesetzt, die im Vergleich zu Magnetplatten wesentlich schnellere Zugriffszeiten und E/A-Raten (bei rückläufigen relativen Zusatzkosten) ermöglichen [22, 11]. Ein weiterer Trend besteht in der zunehmenden Verwendung von *Hauptspeicher-* oder *In-Memory-Datenbanken*, um Externspeicherzugriffe für den Datenbankzugriff komplett auszuschließen [24, 19]. In diesem Fall sind die Dauerhaftigkeit der Daten und die Transaktionseigenschaften (Ab-schn. 2.3) durch eine Replikation der Daten in anderen Rechnern zu gewährleisten, was zu verteilten Systemarchitekturen führt. Daneben erhofft man sich künftig von neuen nicht-flüchtigen Halbleiterspeichertechnologien wie PCM (Phase Change Memory) signifikante Vorteile für den DBS-Einsatz [7]. Wir werden in diesem Buch jedoch meist die klassische und weiterhin dominierende Nutzung von Plattenspeichern zur dauerhaften Datenspeiche-rung voraussetzen.

Ergänzend zu den diskutierten Schichten umfasst ein DBMS Funktionen zur Zugriffs-kontrolle, zur Verwaltung von Metadaten (die in unterschiedlicher Ausprägung in allen Schichten benötigt werden) sowie zur Transaktionsverwaltung, um die ACID-Eigenschaften sicherzustellen.

2.3 Das Transaktionskonzept (ACID)

Die DB-Verarbeitung erfolgt in der Regel durch Transaktionen, welche aus einer oder mehreren Operationen bestehen. Bezüglich der Ausführung von Transaktionen garantie-ren Datenbanksysteme die Einhaltung des sogenannten *Transaktionskonzepts* [15]. Dies betrifft die automatische Gewährleistung der folgenden vier kennzeichnenden ACID-Ei-genschaften (Atomicity, Consistency, Isolation, Durability) von Transaktionen:

1. *Atomarität („Alles oder nichts")*: Änderungen einer Transaktion werden entweder vollkommen oder gar nicht in die Datenbank eingebracht. Diese Eigenschaft ermög-licht eine erhebliche Vereinfachung der Anwendungsprogrammierung, da Fehlersitua-tionen während der Programmausführung (z. B. Rechnerausfall) nicht im Programm abgefangen werden müssen. Das DBMS sorgt dafür, dass die Transaktion in einem solchen Fall vollständig zurückgesetzt wird, sodass keine ihrer Änderungen in der Datenbank verbleibt. Der Programmierer kann somit bei der Realisierung von An-wendungen von einer fehlerfreien Umgebung ausgehen.
2. *Konsistenz*: Die Transaktion ist die Einheit der Datenbankkonsistenz. Dies bedeutet, dass bei Beginn und nach Ende einer Transaktion sämtliche Integritätsbedingungen erfüllt sind.
3. *Isolation*: Datenbanksysteme unterstützen typischerweise eine große Anzahl von Be-nutzern, die gleichzeitig auf die Datenbank zugreifen können. Trotz dieses *Mehrbe-nutzerbetriebes* wird garantiert, dass dadurch keine unerwünschten Nebenwirkungen eintreten (z. B. gegenseitiges Überschreiben derselben Datenbankobjekte). Vielmehr bietet das DBMS jedem Benutzer bzw. Programm einen „logischen Einbenutzerbe-trieb", sodass parallele Datenbankzugriffe anderer Benutzer unsichtbar bleiben. Auch hierdurch ergibt sich eine erhebliche Vereinfachung der Programmierung.
4. *Dauerhaftigkeit*: Die Dauerhaftigkeit von erfolgreich beendeten Transaktionen wird garantiert. Dies bedeutet, dass Änderungen dieser Transaktionen alle erwarteten Fehler (insbesondere Rechnerausfälle, Externspeicherfehler und Nachrichtenverlust) überle-ben.

Die Konsistenzüberwachung (Eigenschaft 2) erfordert die Überprüfung aller anwendungs-seitig definierten Integritätsbedingungen sowie der modellinhärenten Bedingungen (rela-tionale Invarianten) bei der Ausführung von Änderungstransaktionen. Eigenschaften 1 und 4 werden vom Datenbanksystem durch geeignete *Logging- und Recovery*-Maßnahmen eingehalten. Nach einem Rechnerausfall wird insbesondere der jüngste transaktionskonsistente Datenbankzustand hergestellt. Dazu erfolgt ein Zurücksetzen aller Transaktionen, die aufgrund des Rechnerausfalles nicht zu Ende gekommen sind (Undo-Recovery); für erfolgreiche Transaktionen wird eine Redo-Recovery vorgenommen, um deren Änderungen in die Datenbank einzubringen (falls erforderlich).

Zur Gewährung der Isolation im Mehrbenutzerbetrieb (Eigenschaft 3) sind geeignete Verfahren zur *Synchronisation* (Concurrency Control) bereitzustellen. Das allgemein akzeptierte Korrektheitskriterium ist dabei die *Serialisierbarkeit*. Obwohl ein großes Spektrum von Synchronisationsverfahren zur Wahrung der Serialisierbarkeit vorgeschlagen wurde, verwenden existierende Datenbanksysteme vorrangig Sperrverfahren zur Synchronisation. Lese- und Schreibsperren werden dabei üblicherweise bis zum Transaktionsende gehalten, um Serialisierbarkeit zu gewährleisten und Änderungen einer Transaktion nicht vor deren Commit (erfolgreichem Ende) anderen Transaktionen zugänglich zu machen (striktes Zwei-Phasen-Sperrprotokoll). Für eine hohe Leistungsfähigkeit ist es wesentlich, eine Synchronisation mit möglichst wenig Sperrkonflikten und Rücksetzungen zu erreichen. Dies verlangt die Unterstützung feiner Sperrgranulate (z. B. einzelne DB-Sätze) innerhalb eines hierarchischen Verfahrens sowie ggf. Spezialprotokolle für Datenobjekte wie Indexstrukturen [12].

Die Realisierung des Transaktionskonzepts für verteilte DMS wird im Teil IV dieses Buchs ausführlich erläutert. Dabei wird auch auf die Basistechniken aus zentralisierten DBS eingegangen, z. B. zur Synchronisation (Kap. 12).

2.4 DBS-Einsatz: OLTP vs. OLAP

Der operationale Betrieb mit lokalen Datenmodifikationen und die Analyse großer Datenbestände sind zwei verbreitete Szenarien für den Datenbankeinsatz, die stark unterschiedliche Anforderungen aufweisen. Wir werden beide Szenarien im Folgenden kurz skizzieren.

2.4.1 Online Transaction Processing

Traditionellerweise werden DBS intensiv zur effizienten Verarbeitung von Transaktionen im Rahmen sogenannter *OLTP-Anwendungen (Online Transaction Processing)* eingesetzt. Die Anwendungsfunktionen werden durch eine Reihe vordefinierter Anwendungsprogramme realisiert, welche auf die Datenbank für Lese- und Änderungsoperationen zugreifen. Typische OLTP-Anwendungen sind Onlinebanking oder Auskunfts- und Buchungssysteme, deren Dienste meist über Webformulare aufgerufen und mit aktuellen Parametern (z. B. Kontonummer für eine Kontostandsabfrage) versorgt werden. Dem Nutzer bleiben alle Implementierungsdetails der Anwendungsprogramme sowie der indirekt involvierten Datenbanken vollständig verborgen. Die Transaktionen sind meist sehr einfach und umfassen nur wenige Datenbankoperationen. Sie müssen für die interaktive

Ausführung in sehr kurzer Zeit (maximal einige Sekunden) bearbeitet werden. Zudem müssen sehr hohe Transaktionsraten unterstützt werden, um viele Nutzer gleichzeitig zu bedienen. Wesentlich für OLTP ist die Gewährleistung der ACID-Eigenschaften, um alle Datenbankänderungen sicher und korrekt durchzuführen.

OLTP-Anwendungen sind ein klassisches Einsatzgebiet etablierter relationaler DBMS, wie z. B. Oracle, IBM DB2, Microsoft SQL-Server oder MySQL. Jedoch wurde in den letzten Jahren eine Reihe von neueren relationalen DBMS mit Fokus auf OLTP-Anwendungen entwickelt, die auch als *NewSQL*-Systeme bezeichnet werden [13]. Sie versuchen durch den OLTP-Fokus u. a. die Leistungsfähigkeit signifikant zu erhöhen, z. B. um sehr viele Nutzer von Webanwendungen gleichzeitig zu unterstützen. Dies erfolgt zum Teil durch eine parallele und verteilte Transaktionsausführung, wie wir sie in diesem Buch behandeln werden. Zudem werden in Systemen wie *VoltDB* (sowie dem zugehörigen Forschungsprototypen *H-Store* [17]) und *MemSQL* In-Memory-Datenbanken zum weitgehenden Wegfall von I/O-Verzögerungen vorausgesetzt und darauf zugeschnittene Synchronisations- und Recovery-Mechanismen verwendet. Ein aktueller Einsatzschwerpunkt liegt in der schnellen Realzeitverarbeitung von Ereignissen und Sensordaten, wie Aktienkursen, Twitter-Nachrichten, Websiteinteraktionen u. Ä. [5]. Das System *Google Spanner* kann aufgrund seiner Unterstützung von relationenähnlichen Datenstrukturen, von SQL und ACID (s. Kap. 12 und 15.3) auch als ein NewSQL-System angesehen werden, das sich durch eine massive Skalierbarkeit auf viele Tausende Rechner auszeichnet [8].

2.4.2   OLAP und Data Warehouses

Neben OLTP-Transaktionen sind auf Datenbanken auch häufig Analysen durchzuführen, in denen zur Unterstützung von Unternehmensentscheidungen (Decision Support) große Datenmengen gelesen und ausgewertet werden. Diese Auswertungen sollten möglichst auch interaktiv in relativ kurzer Zeit ausführbar sein, wobei man hier zur Abgrenzung zu OLTP von *OLAP (Online Analytical Processing)* spricht. Die gleichzeitige Ausführung von OLAP-Analysen und OLTP-Transaktionen auf demselben Datenbestand kann jedoch zu gegenseitigen Behinderungen führen, die insbesondere die Einhaltung der OLTP-Leistungsziele bezüglich Antwortzeiten und Durchsatz gefährden. Dies ist einer der Gründe dafür, dass Analyseanwendungen häufig auf dedizierten *Data-Warehouse*-Datenbanken [3, 20] durchgeführt werden, die Daten aus den OLTP-Systemen redundant führen. Zudem werden in Data Warehouses meist Daten aus mehreren Datenquellen zusammengeführt und konsolidiert, um übergreifende Auswertungen zu ermöglichen (siehe Abschn. 3.5). Dabei werden die Daten für Analysezwecke gezielt strukturiert, um eine große Flexibilität und schnelle Berechnung von Auswertungen zu erreichen. Insbesondere gilt es für OLAP eine Vielzahl mehrdimensionaler Auswertungen sowie vielfältige Aggregationsmöglichkeiten von Daten zu unterstützen, z. B. um die Umsatz- oder Gewinnentwicklung eines Unternehmens für unterschiedliche Zeiträume, Regionen oder Produktarten auswerten und vergleichen zu können.

Abb. 2.5 Beispiel eines Data-Warehouse-Schemas (Star Schema)

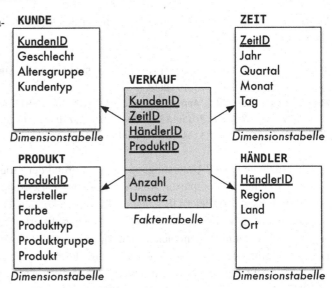

Für Data Warehouses auf Basis von relationalen Datenbanken werden für diese mehr-dimensionalen Auswertungen die Daten meist gemäß eines *Stern-Schemas (Star Schema)* oder einer seiner Varianten wie Schneeflocken- (Snowflake-) oder Galaxie-Schema struk-turiert. Ein einfaches Beispiel für ein derartiges Star Schema zeigt Abb. 2.5. Dabei steht eine sogenannte Faktentabelle im Zentrum, welche alle Einzelsätze zu den auszuwerten-den Kenngrößen enthält, im Beispiel jedes Verkaufsereignis mit der Anzahl verkaufter Produkte und dem damit erzielten Umsatz. Durch Fremdschlüsselverweise auf Dimensi-onstabellen werden die einzelnen Fakten semantisch beschrieben, im Beispiel bezüglich des Verkaufszeitpunkts, des kaufenden Kunden, des verkaufenden Händlers und des ver-kauften Produkts. Die Masse der Daten ist typischerweise in der Faktentabelle angesiedelt, da die meisten Dimensionstabellen bis auf Ausnahmen wie für Produkte oder Kunden eher klein sind.

Alle Attribute der Dimensionstabellen können für die Einschränkung der auszuwerten-den Fakten herangezogen werden, wobei die Wertebereiche der Dimensionen oft hierar-chisch strukturiert sind, um unterschiedliche Auswertungsgranularitäten zu unterstützen. So ist im Beispiel bezüglich der Zeitdimension die Auswertung auf der Ebene von Tagen, Monaten, Quartalen und Jahren möglich; Händler lassen sich nach Ort, Bundesland und Region eingrenzen und produktbezogene Auswertungen können für einzelne Produkte, Produktgruppen oder Produkttypen erfolgen. Die (mehrdimensionalen) Auswertungen re-sultieren in sogenannte *Star Joins*, in denen die Faktentabelle mit den Dimensionstabellen verknüpft werden und auf den selektierten Fakten in der Regel mehrere Gruppierungen und Aggregationen erfolgen. Der folgende Star Join gruppiert und aggregiert die An-zahl verkaufter Produkte und die erzielten Umsätze für die beiden Hersteller Apple und

Samsung nach Quartal und Produkttyp, um Vergleiche bezüglich der genannten drei Dimensionen zu unterstützen.

```
SELECT Quartal, Hersteller, Produkttyp, SUM(Anzahl), SUM(Umsatz)
FROM Verkauf V, Zeit Z, Produkt P
WHERE Hersteller IN ('Apple','Samsung') AND Jahr=2013 AND
      V.ProduktID=P.ProduktID AND V.ZID=Z.ZID {Joinbedingungen}
GROUP BY Quartal, Hersteller, Produkttyp
```

Die effiziente OLAP-Unterstützung stellt aufgrund der großen Datenmengen und der Vielzahl möglicher, komplexer Auswertungen hohe Leistungsanforderungen, die u. a. durch den Einsatz Paralleler DBS abgedeckt werden können. Daneben wurden Techniken wie die Nutzung von Bitlisten-Indizes und materialisierte Sichten mit vorberechneten Aggregationsergebnissen entwickelt und in zahlreichen DBMS unterstützt [3, 20]. Eine weitere signifikante Leistungssteigerung wird durch die Nutzung von In-Memory-Datenbanken und Column Stores ermöglicht [1]. Ähnlich wie mit den NewSQL-Systemen im OLTP-Bereich entstand auch im OLAP-Umfeld eine Vielzahl von neuen Systementwicklungen, die u. a. auf Technologien wie Column Stores und In-Memory-Verarbeitung setzen. Beispielhaft seien genannt *SAP HANA*, *Exasol*, *Greenplum* oder *HP Vertica*. Einige In-Memory-Ansätze wie SAP HANA oder der Prototyp *HyPer* versuchen sowohl OLTP- als auch OLAP-Anwendungen effizient zu unterstützen [24, 19].

2.5 NoSQL-Systeme

Datenbanksysteme fokussieren auf die effiziente und sichere Verarbeitung großer Mengen strukturierter Daten. Der Großteil erzeugter Daten, insbesondere im Web, in sozialen Netzen oder auf mobilen Geräten wie Smartphones, ist jedoch nur teilstrukturiert (E-Mail-Nachrichten, Webseiten, Benutzerprofile, Produktangebote etc.) oder unstrukturiert (z. B. Fotos, Videos). Die Verarbeitung solcher Daten (bzw. generell von Big Data) mit relationalen DBS hat sich vielfach als zu ineffizient und unflexibel erwiesen, was zur Entwicklung von sogenannten NoSQL-Systemen zum Datenmanagement geführt hat. Unter diese Bezeichnung wird eine Vielzahl von Systemen gerechnet, die meist durch folgende Eigenschaften gekennzeichnet sind:

- nichtrelationale Datenorganisation,
- schemafrei,
- verteilte Realisierung,
- hohe Skalierbarkeit auf große Datenmengen,
- replizierte Datenspeicherung für hohe Verfügbarkeit,
- kein SQL,

Abb. 2.6 Grobeinteilung von NoSQL-Systemen (nach [10])

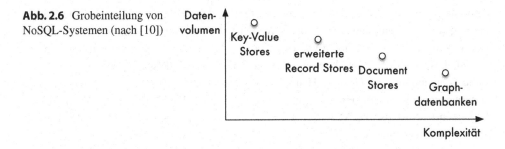

- kein oder nur eingeschränktes ACID,
- Verfügbarkeit einer Open-Source-Version.

Durch die Abkehr vom relationalen Datmodell und der damit verbundenen Notwendigkeit, den Aufbau einer Datenbank vorab in einem Schema zu definieren, ergibt sich eine hohe Flexibilität zur notwendigen Verwaltung vieler teil- und unstrukturierter Daten mit hoher Variabilität. Zur hohen Skalierbarkeit auf große Datenmengen bzw. eine sehr große Anzahl von Nutzern sind verteilte Lösungen erforderlich. Dafür werden Abstriche im Funktionsumfang in Kauf genommen, insbesondere bei den Transaktionseigenschaften sowie den Zugriffs- und Anfragemöglichkeiten (keine SQL-Unterstützung). Anstelle der ACID-Eigenschaften werden dabei teilweise die schwächeren BASE-Eigenschaften (Basically Available, Soft state, Eventually consistent) verfolgt (siehe Kap. 15).

Die meisten NoSQL-Systeme lassen sich einer der folgenden Gruppen zuordnen [4, 16, 13]:

- Key Value Stores oder
- erweiterbare Record Stores (Column Family Stores) oder
- Document Stores oder
- Graph-Datenbanksysteme.

Wie in Abb. 2.6 gezeigt, nimmt für die Systeme in der genannten Reihenfolge die Komplexität der Daten und Zugriffsoperationen zu, während die typischerweise unterstützten Datenvolumina abnehmen. Somit wird von Key Value Stores die größte Skalierbarkeit hinsichtlich des Datenumfangs unterstützt, jedoch für einfach strukturierte Daten und einfache Zugriffsoperationen. Umgekehrt sind Graph-Datenbanken für die komplexesten Daten und Operationen ausgelegt.

Key Value Stores sind daher von den genannten Kategorien am einfachsten bezüglich ihrer Datenstrukturierung und den unterstützten Operationen ausgelegt. Ein Datensatz wird dabei über einen systemweit eindeutigen Schlüssel (Key) identifiziert und besitzt daneben einen für das System meist nicht weiter interpretierbaren Zusatzwert, z. B. zur Speicherung von Zahlen, Strings, Arrays, Webseiten, Texten, Fotos. Somit wird eine schemafreie Speicherung und Verwaltung beliebiger Daten unterstützt. Als Operationen werden nur einfache Lese- und Schreibzugriffe über den Schlüssel unterstützt; die Verarbeitung der den Schlüsseln zugeordneten Werte ist durch die Anwendungen zu realisieren. Die Verteilung auf viele Knoten und eine hohe Skalierbarkeit sind damit sehr einfach zu erreichen. Key Value Stores können noch danach unterschieden werden, ob sie die verteilte Speicherung der Daten im Hauptspeicher (In-Memory Key Value Stores) oder auf Externspeicher vornehmen (persistente Key Value Stores) [13]. Beispiele von In-Memory-Systemen sind Redis und Memcached, zu den Vertretern persistenter Key Value Stores zählen Voldemort und Riak.

Erweiterbare Record Stores gehen auf *Google BigTable* [6] zurück, welches eine flexible Tabellenstruktur mit sogenannten Spaltenfamilien (Column Families) verwendet. Es gibt dabei ein vordefiniertes Tabellenschema, jedoch lassen sich im Rahmen der Spaltenfamilien jederzeit neue Attribute ergänzen. Zudem können unterschiedliche Sätze verschiedene Spaltenfamilien aufweisen, wodurch eine hohe Flexibilität entsteht. Der Zugriff erfolgt wiederum primär über den eindeutigen Key der Sätze. Als Nachbildung von BigTable ist *Apache HBase* ein bekannter Vertreter dieser Kategorie, der Teil des Big-Data-Software-Ökosystems *Hadoop* ist. Verwandte Implementierungen sind *Cassandra* und *DynamoDB*, wenngleich sie eine abgewandelte Tabellenstruktur verwenden.

Document Stores wie *MongoDB*, *CouchDB* oder *MarkLogic* fokussieren auf die schemalose und skalierbare Verwaltung teilstrukturierter Dokumente, z. B. im JSON-Format (JavaScript Object Notation). Damit können Daten für Anwendungen im Web oder in sozialen Netzwerken flexibel verwaltet werden, z. B. Benutzer mit ihren Fotos, Nachrichten. Jedes Dokument hat einen eindeutigen Schlüssel, kann jedoch ansonsten unterschiedlich strukturiert sein. Für den Zugriff auf die Dokumente werden einfache, mengenorientierte Anfragesprachen bereitgestellt, worüber Bedingungen auf den Attributen der Dokumente ausgewertet werden können. Attribute können zur beschleunigten Auswertung von Anfragen indexiert werden.

Graph-Datenbanksysteme wie *Neo4J* oder *HypergraphDB* verwalten die Datenobjekte und die Beziehungen zwischen ihnen gemäß eines Graph-Datenmodells [27]. Besonders populär ist das auch in Neo4J genutzte *Property-Graph-Datenmodell*, bei dem Knoten und Kanten beliebig viele Attribute (Properties) aufweisen können. Graph-DBS eignen sich besonders zur Verwaltung und Auswertung komplexer Beziehungen und Abhängigkeiten, z. B. in sozialen Netzwerken oder für wissenschaftliche Anwendungen mit großen Netzstrukturen wie Proteinnetzwerke. Die Systeme unterstützen dafür i. Allg. komplexe Anfragesprachen, die zum Teil über die Fähigkeiten von SQL hinausgehen. Allerdings stehen hier die Skalierbarkeit und Verteilung oft nicht im Vordergrund. Wir werden diese Systeme daher in diesem Buch auch nicht weiter betrachten.

Die bereits im vorigen Abschnitt diskutierten NewSQL-Systeme verstehen sich zum Teil als Alternative zu den NoSQL-Systemen, da sie ebenfalls eine hohe Skalierbarkeit und Verfügbarkeit anstreben, jedoch unter Beibehaltung von SQL und den ACID-Zusicherungen. Aufgrund des Festhaltens am Relationenmodell bleiben jedoch die Einschränkungen hinsichtlich der Flexibilität und Unterstützung teilstrukturierter Daten.

2.6 Rechnernetze und verteilte Systeme

Ein *Rechnernetz* verbindet mehrere Rechner miteinander und erlaubt den Austausch von Informationen (Nachrichten) zwischen ihnen. Wir diskutieren zunächst unterschiedliche Typen von Rechnernetzen und gehen danach auf Kommunikationsprotokolle ein. Für eine detaillierte Behandlung von Rechnernetzen und Kommunikationsprotokollen muss auf die reichlich vorhandene Literatur verwiesen werden, z. B. [29, 21].

2.6.1 Typen von Rechnernetzen

Rechnernetze lassen sich nach vielerlei Gesichtspunkten klassifizieren, z. B. nach dem verwendeten Übertragungsmedium (Kupferkabel, Glasfaserkabel oder drahtlose Übertragung in WLAN- und Sensornetzen oder über Satelliten), der Netzwerktopologie (Ring, Bus, Sternstruktur, vollvermaschtes Netz etc.), Punkt-zu-Punkt- vs. Broadcast-Verbindung, Leitungs- vs. Paketvermittlung oder nach räumlicher Entfernung [29]. Für unsere Zwecke ist vor allem die Einteilung nach räumlicher Entfernung von Interesse, wobei man grob drei Kategorien unterscheiden kann:

- *Cluster,*
- *Lokales Netzwerk* (Local Area Network, LAN),
- *Weitverkehrsnetz* (Wide Area Network, WAN).

Ein *Cluster* besteht aus mehreren räumlich benachbarten Rechnern, die typischerweise nur wenige Meter voneinander getrennt sind. Die Kommunikation erfolgt über ein Hochgeschwindigkeitsnetz mit hoher Übertragungsbandbreite und kurzen Nachrichtenlaufzeiten. Lokale Netze erlauben größere Entfernungen zwischen den Rechnern bis zu wenigen Kilometern. Darüber hinaus spricht man von Weitverkehrsnetzen, die auch mehrere Kontinente umfassen können. Die Kommunikation im WAN-Bereich erfolgt primär über das öffentliche Internet. Alternativ kann auf langsamere Telefonnetzwerke oder privat betriebene Verbindungen zurückgegriffen werden.

Die genannten Netzwerktypen weisen erhebliche Unterschiede bezüglich Leistungs- und Verfügbarkeitsmerkmalen auf. Grob gesagt nehmen sowohl Leistungsfähigkeit als auch Fehlertoleranz (gegenüber Leitungsausfall, Nachrichtenverlust, Nachrichtenduplizierung etc.) mit zunehmender geografischer Verteilung stark ab. Während innerhalb eines Clusters derzeit Übertragungsbandbreiten von ca. 10–100 Gbit/s erreicht werden, operieren typische LANs auf Ethernet-Basis zwischen 100–1000 Mbit/s. Die Übertragungsgeschwindigkeit von Weitverkehrsnetzen lag um 1990 noch meist zwischen 10 und 100 Kbit/s, hat sich jedoch im Internetkontext deutlich auf Werte im Bereich von 100 Mbit/s gesteigert. Die Übertragungsdauer im Weitverkehrsbereich ist jedoch nicht nur durch die Bandbreite beeinflusst, sondern auch durch die aufgrund der großen geografischen Entfernungen beträchtlichen Signallaufzeiten, die letztlich durch die Licht-

Tab. 2.1 Typische Leistungsmerkmale von Rechnernetzen (1990 vs. 2010)

	Durchmesser (km)	Latenzzeit (ms)	Bandbreite (Mbit/s)		Übertragung 10 KB (ms)	
			1990	2010	1990	2010
Cluster	0,02	0,001	1000	10.000	0,1	0,01
LAN	1	0,01	10	1000	10	0,1
WAN	10.000	100	0,05	100	1700	101

geschwindigkeit begrenzt sind. Die Übertragungsdauer einer Nachricht ist im Internet zudem noch stark von lastbedingten Verzögerungen bei der Weiterleitung der Nachrichten über Vermittlungsknoten beeinflusst. Hinzu kommt der CPU-seitige Aufwand zur Abwicklung des Kommunikationsprotokolls.

Zur Verdeutlichung der Leistungsunterschiede sind in der Tab. 2.1 Schätzwerte für die Latenzzeit (Signallaufzeit), Bandbreite sowie Übertragungsdauer einer Nachricht von 10 KB für die Jahre 1990 und 2010 zusammengestellt. Die Übertragungsdauer enthält dabei die durch die geografische Entfernung bestimmte Signallaufzeit sowie die durch die Bandbreite begrenzte Übertragungszeit als auch CPU-Belegungszeiten zur Abwicklung des Kommunikationsprotokolls. Man erkennt, dass die Übertragungsbandbreite im Weitverkehrsbereich sich besonders gesteigert hat und damit keinen leistungsbegrenzenden Faktor mehr darstellt. Dennoch bleiben Weitverkehrsnetze signifikant langsamer als lokale Netze, da die Übertragungszeiten zunehmend durch die Signallaufzeiten (Lichtgeschwindigkeit) dominiert werden.

2.6.2 Kommunikationsprotokolle

Der Nachrichtenaustausch zwischen zwei Kommunikationspartnern erfolgt nach festgelegten Kommunikationsprotokollen, welche regeln, wie die einzelnen Nachrichten aufgebaut sind und in welcher Reihenfolge sie verschickt werden können. Üblicherweise kommt eine Hierarchie von Protokollen zum Einsatz, die innerhalb einer *Kommunikationsarchitektur* angeordnet sind. Solche Architekturen wurden sowohl herstellerneutral (ISO OSI, TCP/IP etc.) als auch von einzelnen Herstellern für ihre Plattformen definiert. Den Kommunikationsarchitekturen ist gemein, dass sie als Schichtenmodelle realisiert sind. Die einzelnen Kommunikationsprotokolle regeln dabei jeweils die Kommunikation zwischen Instanzen derselben Schicht. Zur Realisierung eines Protokolls der Schicht $i + 1$ werden die Dienste der Schicht i genutzt, ohne die Realisierungseinzelheiten der darunterliegenden Schichten kennen zu müssen.

Die in der Praxis für LANs und WANs bedeutsame Kommunikationsarchitektur basiert auf dem Internetprotokoll *TCP/IP* und umfasst inklusive einer Anwendungsschicht die fünf in Abb. 2.7 gezeigten Schichten. In Vermittlungsknoten wie Switches und Router sind lediglich die unteren zwei bzw. drei Schichten repräsentiert. Die Kommunikation verläuft bei dem in der Transportschicht realisierten TCP-Protokoll „verbindungsorientiert",

Abb. 2.7 Schichten der Inter-
netprotokollarchitektur

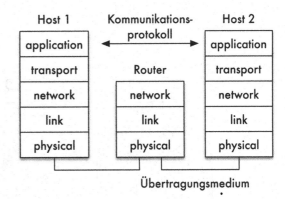

d. h., es sind zunächst logische Verbindungen zwischen den Kommunikationspartnern
aufzubauen, über die dann die Nachrichten ausgetauscht werden. Nach Beendigung der
Datenübertragung werden die Verbindungen wieder abgebaut. Für „verbindungslose" Protokolle wie UCP mit Kommunikation über sogenannte Datagramme entfällt der Aufwand
der Verbindungsverwaltung, dafür besteht eine reduzierte Fehlertoleranz z. B. hinsichtlich
Nachrichtenverlust oder Überholvorgängen. Auf der Anwendungsebene sind zahlreiche
Protokolle angesiedelt, insbesondere zur Unterstützung von klassischen Internetdiensten
wie Web (HTTP), E-Mail (SMTP, IMAP, POP3), Adressauflösung (DNS) oder Dateitrans-
fers (FTP). Auf eine genauere Beschreibung der einzelnen Schichten soll hier verzichtet
werden. Wir verweisen dazu auf Lehrbücher wie [29, 21].

2.6.3 Kommunikation in Clustern und Datencentern

Die Kommunikationstechnologien für LAN können im Prinzip auch zur Kommunikation
zwischen Rechnern in Clustern und Datencentern eingesetzt werden, z. B. zur Realisierung von Parallelen DBS vom Typ Shared Nothing. Der Vorteil liegt dabei in der Nutzung
einer preiswerten Standardtechnologie, z. B. auf Ethernet-Basis. Dabei werden die einzelnen Rechner üblicherweise über einen Switch bzw. bei größerer Knotenzahl eine Hierarchie von Switches miteinander gekoppelt. Abbildung 2.8 [21] zeigt dazu eine mögliche
Realisierung für den Einsatz in einem Datencenter. Dabei besteht das Datencenter aus einer größeren Zahl von Racks mit typischerweise jeweils 20–40 modular austauschbaren
Knoten („blades"), bestehend aus Prozessoren, lokalem Hauptspeicher und Festplatten-
speicher. Die Rechner eines Racks sind direkt mit einem „*Top-of-Rack*"-(TOR-)Switch
gekoppelt, über den innerhalb eines Racks schnell kommuniziert werden kann. Die TOR-
Switches sind untereinander über weitere Switches gekoppelt und letztlich über Router mit
dem Internet und externen Nutzern verbunden. Die Kommunikation zwischen Rechnern
verschiedener Racks ist damit i. Allg. deutlich langsamer als innerhalb eines Racks, da
weitere Switches an der Kommunikation beteiligt sind und es zu gegenseitigen Behinderungen auf den gemeinsam genutzten Switch-Verbindungen kommen kann. Aus diesem

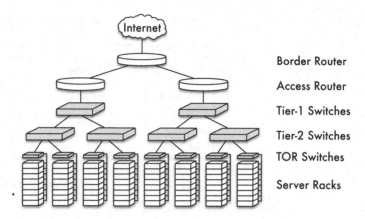

Abb. 2.8 Kommunikationsarchitektur in einem Datencenter (nach [21])

Grund kommen verstärkt leistungsfähigere Verbindungsnetzwerke für Datencenter zum Einsatz, u. a. mit zusätzlichen Verbindungen zwischen den Switches [21].

Im Hochleistungsbereich werden auch für kleinere Cluster, z. B. zur Realisierung von Shared-Disk-Systemen, häufig schnellere Kommunikationsnetzwerke bzw. Spezialprotokolle eingesetzt. So wird der Zugriff von Servern auf gemeinsam genutzte Speichernetzwerke (Storage Area Networks, SANs) meist über Glasfaserverbindungen und Protokolle wie Fiber Channel (FC) mit Übertragungsraten von mehreren Gbit/s realisiert [30]. Ein Vorteil dabei ist, dass die Externspeicher bis zu mehreren Kilometern von den Rechnern entfernt untergebracht werden können, was die Fehlertoleranz des Gesamtsystems erhöht. Zudem werden oft serielle Hochleistungsnetzwerke wie Infiniband-Switches oder herstellerspezifische Technologien (z. B. von Cluster-Herstellern wie HP oder Oracle/Sun) mit hohen Gbit/s-Übertragungsraten unterstützt. Ein weiterer Trend liegt in der Nutzung spezieller Kommunikationsprotokolle, die den Overhead im Betriebssystem und von vielen Schichten eines Protokoll-Stacks umgehen. So wird mit Technologien wie *Remote Direct Memory Access (RDMA)* ein schneller Nachrichten- und Datenaustausch unterstützt, bei dem direkt auf vordefinierte Speicherbereiche anderer Knoten zugegriffen werden kann. Gemäß [23] wird damit eine Datentransferzeit (round trip latency) von 3 Mikrosekunden bei im Vergleich zur Nachrichtenkommunikation wesentlich reduziertem Verarbeitungs-Overhead erreicht.

2.7 Übungsaufgaben

Übung 2.1 (No versus New)
Stellen Sie die Anforderungen an NoSQL denen von NewSQL gegenüber. Geben Sie für beide Systemklassen je eine Anwendungsklasse an, die besonders gut zu diesen Anforderungen passt, und diskutieren Sie, welche Nachteile die Nutzung der jeweils anderen Systemvariante hätte.

Literatur

1. Abadi, D., Boncz, P.A., Harizopoulos, S., Idreos, S., Madden, S.: The design and implementation of modern column-oriented database systems. Foundations and Trends in Databases **5**(3), 197–280 (2013)

2. Abadi, D.J., Madden, S., Ferreira, M.: Integrating compression and execution in column-oriented database systems. In: Proc. ACM SIGMOD Conf., S. 671–682 (2006)

3. Bauer, A., Günzel, H. (eds.): Data-Warehouse-Systeme: Architektur, Entwicklung, Anwendung. 4. Auflage, dpunkt (2013)

4. Cattell, R.: Scalable SQL and nosql data stores. SIGMOD Record **39**(4), 12–27 (2010)

5. Cetintemel, U., Du, J., Kraska, T., Madden, S., Maier, D., Meehan, J., Pavlo, A., Stonebraker, M., Sutherland, E., Tatbul, N., et al.: S-Store: A streaming NewSQL system for big velocity applications. Proc.s of the VLDB Endowment (PVLDB) **7**(13) (2014)

6. Chang, F., Dean, J., Ghemawat, S., Hsieh, W.C., Wallach, D.A., Burrows, M., Chandra, T., Fikes, A., Gruber, R.E.: Bigtable: A distributed storage system for structured data. ACM Transactions on Computer Systems (TOCS) **26**(2), 4 (2008)

7. Chen, S., Gibbons, P.B., Nath, S.: Rethinking database algorithms for phase change memory. In: Proc. CIDR, S. 21–31 (2011)

8. Corbett, J.C., Dean, J., Epstein, M., Fikes, A., Frost, C., Furman, J.J., Ghemawat, S., Gubarev, A., Heiser, C., Hochschild, P., Hsieh, W., Kanthak, S., Kogan, E., Li, H., Lloyd, A., Melnik, S., Mwaura, D., Nagle, D., Quinlan, S., Rao, R., Rolig, L., Saito, Y., Szymaniak, M., Taylor, C., Wang, R., Woodford, D.: Spanner: Google's globally distributed database. ACM Trans. Comput. Syst. **31**(3), 8:1–8:22 (2013)

9. DeWitt, D.J., Gray, J.: Parallel database systems: The future of high performance database systems. Commun. ACM **35**(6), 85–98 (1992)

10. Eifrem, E.: Nosql: scaling to size and scaling to complexity. Neotechnology Blog (2009)

11. Graefe, G., Harizopoulos, S., Kuno, H.A., Shah, M.A., Tsirogiannis, D., Wiener, J.L.: Designing database operators for flash-enabled memory hierarchies. IEEE Data Eng. Bull. **33**(4), 21–27 (2010)

12. Gray, J., Reuter, A.: Transaction Processing: Concepts and Techniques. Morgan Kaufmann (1993)

13. Grolinger, K., Higashino, W.A., Tiwari, A., Capretz, M.A.: Data management in cloud environments: Nosql and newsql data stores. Journal of Cloud Computing: Advances, Systems and Applications **2**(1), 22 (2013)

14. Härder, T., Rahm, E.: Datenbanksysteme – Konzepte und Techniken der Implementierung. 2. Auflage, Springer-Verlag (2001)

15. Härder, T., Reuter, A.: Principles of Transaction-Oriented Database Recovery. ACM Comput. Surv. **15**(4), 287–317 (1983)

16. Hecht, R., Jablonski, S.: Nosql evaluation. In: International Conference on Cloud and Service Computing (2011)

17. Kallman, R., Kimura, H., Natkins, J., Pavlo, A., Rasin, A., Zdonik, S., Jones, E.P., Madden, S., Stonebraker, M., Zhang, Y., et al.: H-store: a high-performance, distributed main memory transaction processing system. Proc. of the VLDB Endowment (PVLDB) **1**(2), 1496–1499 (2008)

18. Kemper, A., Eickler, A.: Datenbanksysteme – Eine Einführung. 8. Auflage, Oldenbourg Wissenschaftsverlag (2011)

19. Kemper, A., Neumann, T.: Hyper: A hybrid OLTP&OLAP main memory database system based on virtual memory snapshots. In: Proc. Int. Conf. Data Engineering (ICDE), S. 195–206 (2011)

20. Köppen, V., Saake, G., Sattler, K.U.: Data Warehouse Technologien. 2. Auflage, MITP (2014)

21. Kurose, J., Ross, K.: Computer Networking (6. Auflage). Pearson (2012)

22. Lee, S.W., Moon, B., Park, C., Kim, J.M., Kim, S.W.: A case for flash memory ssd in enterprise database applications. In: Proc. ACM SIGMOD Conf., S. 1075–1086 (2008)

23. Mitchell, C., Geng, Y., Li, J.: Using one-sided rdma reads to build a fast, cpu-efficient key-value store. In: USENIX Annual Technical Conference, S. 103–114 (2013)

24. Plattner, H., Zeier, A.: In-memory data management: an inflection point for enterprise applications. Springer (2011)

25. Saake, G., Sattler, K., Heuer, A.: Datenbanken: Implementierungstechniken. 3. Auflage, mitp (2011)

26. Saake, G., Sattler, K., Heuer, A.: Datenbanken – Konzepte und Sprachen. 5. Auflage, mitp (2013)

27. Sakr, S., Pardede, E.: Graph Data Management: Techniques and Applications. Information Science Reference (2011)

28. Stonebraker, M., Abadi, D.J., Batkin, A., Chen, X., Cherniack, M., Ferreira, M., Lau, E., Lin, A., Madden, S., O'Neil, E.J., O'Neil, P.E., Rasin, A., Tran, N., Zdonik, S.B.: C-store: A column-oriented DBMS. In: Proc. 31st Int. Conf. on Very Large Data Bases (VLDB), S. 553–564 (2005)

29. Tanenbaum, A., Wetherall, D.: Computer Networks (5. Auflage). Pearson (2011)

30. Tate, J., Beck, P., Ibarra, H.H., Kumaravel, S., Miklas, L.: Introduction to Storage Area Networks and System Networking. IBM Red Book (2012)

Architekturen für verteiltes und paralleles Datenmanagement

3

Zur verteilten und parallelen Datenverwaltung besteht ein breites Spektrum an Architekturen, um den unterschiedlichen Anforderungen wie Skalierbarkeit, Verfügbarkeit, Knotenautonomie u. a. gerecht zu werden. Die wenig einschränkende Randbedingung ist dabei nur, dass die Datenverwaltung kooperativ auf mehreren Prozessoren und Rechnerknoten durchgeführt wird, was bereits bei einem Server mit mehreren Prozessoren bzw. Cores der Fall ist. Wir wollen in diesem Kapitel die wesentlichen Architekturklassen mit ihren Eigenschaften und Varianten unterscheiden, deren Realisierungskonzepte dann in den nachfolgenden Kapiteln vertieft werden.

Bevor wir auf die einzelnen Architekturen eingehen, diskutieren wir zunächst, welche Arten der Parallelverarbeitung zu unterscheiden und nach Möglichkeit zu unterstützen sind. Danach stellen wir die Klassifikationskriterien vor, anhand der wir die verschiedenen Architekturen einordnen und charakterisieren. In Abschn. 3.3 diskutieren wir dann die drei grundlegenden Architekturen für Parallele DBS: Shared Everything, Shared Disk und Shared Nothing. Im Anschluss werden noch Architekturen mit funktional spezialisierten Prozessoren (u. a. Client/Server-DBS und Optionen zur Hardwareunterstützung) sowie Alternativen zur Unterstützung heterogener Datenbanken behandelt. Im Abschn. 3.6 führen wir in die Shared-Nothing-Plattform Hadoop ein, die zur Analyse großer Datenmengen (Big Data) breite Anwendung findet. Abschließend nehmen wir einen Vergleich der Architekturen hinsichtlich der Anforderungen aus Abschn. 1.2 vor.

3.1 Arten der Parallelverarbeitung

Zur Parallelverarbeitung für Transaktionen und Anwendungen gibt es unterschiedliche Möglichkeiten, die wir anhand von drei Unterscheidungskriterien klassifizieren:

- Parallelität innerhalb von bzw. zwischen unterschiedlichen Verarbeitungsgranulaten (Transaktionen, DB-Operationen bzw. Anfragen, Operatoren),

© Springer-Verlag Berlin Heidelberg 2015
E. Rahm, G. Saake, K.-U. Sattler, *Verteiltes und Paralleles Datenmanagement*, eXamen.press, DOI 10.1007/978-3-642-45242-0_3

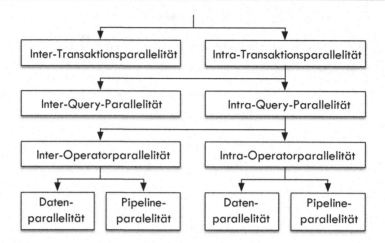

Abb. 3.1 Arten der parallelen DB-Verarbeitung

- Daten- vs. Pipelineparallelität und
- Verarbeitungs- vs. E/A-Parallelität.

Die aus den ersten beiden Kriterien resultierenden Typen der Parallelverarbeitung sind in Abb. 3.1 dargestellt, die im Folgenden näher besprochen werden. Wir fokussieren bei der Darstellung auf die Parallelisierung von Transaktionen und Datenbankoperationen. In parallelen DMS bestehen ähnliche Optionen, z. B. die Nutzung von Daten- und Pipelineparallelität für die Parallelisierung von Operatoren wie Map und Reduce (siehe hierzu auch Abschn. 3.6.2 und Kap. 10).

3.1.1 Transaktions-, Query- und Operatorparallelität

Zunächst sind zwei grundlegende Arten der Parallelverarbeitung, Inter- und Intra-Transaktionsparallelität, zu unterscheiden, die von Parallelen DBS zugleich unterstützt werden sollten. *Inter-Transaktionsparallelität* wird bereits von zentralen DBS in Form eines Mehrbenutzerbetriebs unterstützt und ist unabdingbare Voraussetzung für ein akzeptables Durchsatzverhalten, insbesondere für OLTP-(Online-Transaction-Processing-) Anwendungen. Im Einbenutzerbetrieb wäre es nämlich unmöglich, Transaktionsunterbrechungen etwa für Externspeicherzugriffe zu überbrücken oder die CPU-Kapazität vieler Prozessoren zu nutzen. Die Parallelverarbeitung mehrerer unabhängiger Transaktionen (oder unabhängiger Ad-hoc-Anfragen als Spezialfall von Transaktionen) ist auch von allen Parallelen DBS zu unterstützen. Die Parallelisierung innerhalb von Transaktionen (*Intra-Transaktionsparallelität*) ist die eigentliche Besonderheit von Parallelen DBS, um die Antwortzeit komplexer Transaktionen und Operationen auf sehr großen Datenmengen zu reduzieren. Aufgrund der massiv zunehmenden Datenmengen führt eine sequenzielle Verarbeitung vor allem für Analyseoperationen zur Entscheidungsunterstützung, nämlich zu einer inakzeptabel langsamen Bearbeitungszeit, insbesondere wenn die Daten sequenziell von langsamen Plattenspeichern einzulesen sind.

Beispiel 3.1 Es sollen Daten einer Tabelle von 5 TB analysiert werden. Das sequenzielle Einlesen der Daten würde bei einer nutzbaren E/A-Bandbreite von 50 MB/s bereits 100.000 s oder mehr als einen Tag erfordern. Komplexere Operationen wie Verbund oder Sortierung sind typischerweise noch wesentlich aufwendiger, sodass eine signifikante Reduzierung der Ausführungszeiten erforderlich ist. □

Da eine Transaktion i. Allg. aus mehreren DB-Operationen oder Anfragen besteht, kann man bezüglich *Intra-Transaktionsparallelität* zwischen Inter- und Intra-Query-Parallelität unterscheiden.[1] Bei *Inter-Query-Parallelität* werden verschiedene DB-Operationen derselben Transaktion parallel bearbeitet. Eine Möglichkeit dazu besteht darin, Transaktionen in parallel ausführbare Teiltransaktionen (z. B. realisiert durch Stored Procedures) zu unterteilen, wie auch im Konzept von geschachtelten Transaktionen vorgesehen wurde [37, 25]. Ausführungsabhängigkeiten schränken dabei jedoch die Parallelisierbarkeit ein, wenn etwa das Ergebnis einer Teiltransaktion in einer anderen benötigt wird. Will man die Operationen eines Transaktionsprogramms bzw. einer Teiltransaktion parallel zueinander ausführen, gibt es ebenfalls Beschränkungen aufgrund von Präzedenzabhängigkeiten zwischen den Operationen. Deren Berücksichtigung erfordert i. Allg. eine explizite Festlegung durch den Programmierer, welche Operationen parallel bearbeitet werden können (s. Beispiel in Abb. 3.2). Generell kann mit Inter-Query-Parallelität innerhalb von Transaktionen nur eine geringe Antwortzeitverbesserung erwartet werden, da der maximale Speedup durch die Anzahl der DB-Operationen eines Transaktionsprogramms begrenzt ist. Auch wegen der notwendigen Mitwirkung der Programmierer wird in derzeitigen DBS noch keine Inter-Query-Parallelität innerhalb von Transaktionen unterstützt.

Relationale DBS mit ihren deskriptiven und mengenorientierten Anfragesprachen wie SQL ermöglichen die Nutzung von Parallelarbeit innerhalb einer DB-Operation (*Intra-Query-Parallelität*). Die Bearbeitung einer DB-Operation erfordert i. Allg. die Ausführung mehrerer relationaler Basisoperatoren wie Selektion, Projektion oder Join (Abschn. 2.1), deren Ausführungsreihenfolge durch einen Operatorbaum beschrieben werden kann. Damit lassen sich zwei weitere Arten der Parallelisierung unterscheiden, nämlich Inter- und Intra-Operatorparallelität. In beiden Fällen erfolgt die Parallelisierung vollkommen automatisch durch das DBMS und somit transparent für den Programmierer und DB-Benutzer. Dies ist ein Hauptgrund für den Erfolg paralleler DB-Verarbeitung [14].

Beim Einsatz von *Inter-Operatorparallelität* (gelegentlich auch als *Funktionsparallelität* bezeichnet) werden verschiedene Operatoren einer DB-Operation parallel ausgeführt.

---

[1] Fasst man Ad-hoc-Anfragen als spezielle Transaktionen auf, dann ist für diese Inter-Query-Parallelität gleichbedeutend mit Inter-Transaktionsparallelität und Intra-Transaktions- gleichbedeutend mit Intra-Query-Parallelität.

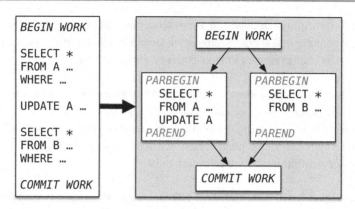

Abb. 3.2 Parallelisierung von Transaktionsprogrammen (Inter-Query-Parallelität)

Auch hier bestehen Präzedenzabhängigkeiten zwischen den einzelnen Operatoren, die die Parallelität einschränken; jedoch sind diese im Gegensatz zur Inter-Query-Parallelität dem DBMS (Query-Optimierer) bekannt. Der erreichbare Parallelitätsgrad ist in jedem Fall durch die Gesamtzahl der Operatoren im Operatorbaum begrenzt. Bei der Intra-Operatorparallelität schließlich erfolgt die parallele Ausführung der einzelnen Basisoperatoren.

3.1.2 Daten- vs. Pipelineparallelität

Wie Abb. 3.1 zeigt, kann sowohl Inter- als auch Intra-Operatorparallelität auf Daten- oder Pipelineparallelität basieren[2]. *Datenparallelität* erfordert eine Partitionierung der Daten, sodass verschiedene Operatoren bzw. Teiloperatoren auf disjunkten Datenpartitionen arbeiten. So können z. B. Selektionsoperatoren auf verschiedenen Relationen parallel ausgeführt werden (Inter-Operatorparallelität). Eine Selektion auf einer einzelnen Relation lässt sich ebenso parallelisieren, wenn die Relation in mehrere Bereiche partitioniert wird (Intra-Operatorparallelität). Diese Form der Parallelisierung hat den großen Vorteil, dass der Parallelitätsgrad proportional zur Relationengröße erhöht werden kann und damit eine sehr gute Skalierbarkeit ermöglicht wird.

Pipelineparallelität sieht eine überlappende Ausführung verschiedener Operatoren bzw. Teiloperatoren vor, um die Ausführungszeit zu verkürzen. Für benachbarte Operatoren im Operatorbaum bzw. Teiloperatoren eines Basisoperators, zwischen denen eine Erzeuger-Verbraucher-Beziehung besteht, werden dabei die Ausgaben des Erzeugers im Datenflussprinzip an den Verbraucher weitergeleitet. Dabei wird die Verarbeitung im Verbraucherprozess nicht verzögert, bis der Erzeuger die gesamte Eingabe bestimmt hat. Vielmehr werden die Sätze der Ergebnismenge fortlaufend weitergeleitet, um eine frühzeitige Weiterverarbeitung zu ermöglichen. Pipelineparallelität kommt primär

---

[2] Datenparallelität wird auch als *horizontale*, Pipelineparallelität als *vertikale Parallelität* bzw. *Datenflussparallelität* bezeichnet.

Abb. 3.3 Beispiel eines parallelisierbaren Operatorbaumes

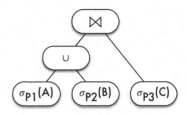

zur Realisierung von Inter-Operatorparallelität in Betracht. Für komplexere Operatoren
(z. B. Join) ist sie prinzipiell jedoch auch zur Realisierung von Intra-Operatorparallelität
anwendbar.

Beispiel 3.2 Für den in Abb. 3.3 gezeigten Operatorbaum lässt sich Pipelineparallelität
zwischen allen gezeigten Operatoren nutzen. So kann jedes Ergebnistupel der drei Selektionsoperatoren sofort an den nächsten Operator im Baum geleitet werden, um dort eine
Weiterverarbeitung zu ermöglichen. Ergebnistupel des Vereinigungsoperators können ferner sofort an den Join-Operator geschickt werden. Daneben lassen sich natürlich die drei
Selektionsoperatoren parallel zueinander ausführen, da sie unterschiedliche Relationen
betreffen (Datenparallelität). Zudem kann ggf. Datenparallelität für jede Selektion genutzt
werden (Intra-Operatorparallelität). □

Pipelineparallelität kann zu einem erheblichen Kommunikationsoverhead führen, wenn
jedes Ergebnistupel einzeln weitergegeben wird, insbesondere wenn die Operatoren in
Prozessen verschiedener Rechner ausgeführt werden. Dieser Aufwand sollte durch die
gebündelte Weiterleitung von jeweils mehreren Tupeln reduziert werden. Zudem sollten
die Zwischenergebnisse möglichst unverzögert weiterverarbeitet werden, da ansonsten ein
hoher E/A-Aufwand zum Zwischenspeichern von Ergebnisdaten auf Externspeichern entstehen kann. Generell sind die mit Pipelineparallelität erreichbaren Speedup-Werte meist
gering, da in relationalen DB-Operationen selten mehr als zehn Operatoren auf diese
Weise überlappt ausgeführt werden können [14]. Dies ist auch dadurch bedingt, dass
einige Operatoren zur Unterbrechung einer Pipeline führen, da sie die vollständigen Ergebnismengen von Vorgängeroperatoren benötigen, bevor sie ein Ergebnis weitergeben
können. Dies sind insbesondere Sortieroperatoren sowie Operatoren zur Duplikateliminierung oder Berechnung von Aggregatfunktionen. Schließlich bestehen oft erhebliche
Unterschiede in den Ausführungszeiten verschiedener Operatoren, wodurch der erreichbare Speedup beeinträchtigt wird (Skew-Effekt).

3.1.3 Verarbeitungs- vs. E/A-Parallelität

Die bisher diskutierten Parallelisierungsformen entsprechen unterschiedlichen Arten von
Verarbeitungsparallelität, die sich vor allem auf die Nutzung mehrerer Prozessoren bezieht. Diese Ansätze können jedoch nur dann ihre Wirksamkeit entfalten, wenn sie durch

Abb. 3.4 **a** Zugriffsparallelität
(Intra-E/A-Parallelität) vs. **b**
Auftragsparallelität (Inter-E/A-
Parallelität)

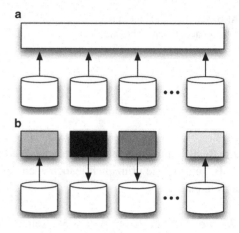

eine entsprechende E/A-Parallelität beim Externspeicherzugriff unterstützt werden. Denn
ansonsten würde die Sequenzialisierung der Externspeicherzugriffe sämtliche Paralleli-
tätsgewinne bei den CPU-bezogenen Verarbeitungsanteilen wieder zunichtemachen. So
führt z. B. die parallele Abwicklung von Teiloperationen, welche den Zugriff auf dieselbe
Platte erfordern, primär zu erhöhten Wartezeiten beim Plattenzugriff statt zu einer Verkürzung der Antwortzeit.

Man kann grob zwei Arten von E/A-Parallelität unterscheiden, welche durch eine geeignete Datenverteilung auf den Externspeichern zu unterstützen sind. Zum einen ist es
notwendig, E/A-Vorgänge auf große Datenmengen parallel von mehreren Externspeichern
wie Platten zu bedienen, um kurze Zugriffszeiten zu erhalten (Abb. 3.4a). Diese Art
der (Intra-)E/A-Parallelität wurde in [52] als *Zugriffsparallelität* bezeichnet und kommt
vor allem bei der Intra-Operatorparallelität zum Tragen. Daneben sollte ein möglichst
hoher Durchsatz bzw. hohe E/A-Raten für unabhängige E/A-Aufträge erzielt werden,
indem diese möglichst von verschiedenen Platten bedient werden (Abb. 3.4b). Diese sogenannte *Auftragsparallelität* ist für Inter-Transaktionsparallelität erforderlich, jedoch auch
für Inter-Query- sowie Inter-Operatorparallelität. Beide Formen der E/A-Parallelität dienen primär der Datenparallelität, also dem parallelen Zugriff auf disjunkte Datenmengen.
Pipelineparallelität arbeitet dagegen auf Zwischenergebnissen während der Anfrageverarbeitung und kommt idealerweise ohne Externspeicherzugriffe aus.

3.2   Klassifikationskriterien

Zur Klassifikation von verteilten und parallelen Architekturen zur Datenverwaltung wollen wir in Anlehnung an [40] folgende Kriterien betrachten:

- *Funktionale Gleichstellung vs. Spezialisierung.* Diese Unterscheidung legt fest, ob unter den zur Datenverarbeitung vorgesehenen Prozessoren eine funktionale Spezialisie-

rung erfolgt oder nicht. Bei funktionaler Gleichstellung besitzt jeder Prozessor und Rechner die gleiche Funktionalität hinsichtlich der Ausführung von DBS-Funktionen, ansonsten erfolgt eine Aufteilung der DBS-Funktionalität unter verschiedene Prozessoren.

- *Daten- bzw. Externspeicherzuordnung (gemeinsam vs. partitioniert).* Der Zugriff auf die Externspeicher und die darauf gespeicherten Daten ist entweder von jedem Prozessor aus möglich oder es erfolgt eine partitionierte Zuordnung, sodass jeder Rechner nur auf einen Teil der Externspeicher und Daten direkten Zugriff hat.
- *Räumliche Verteilung (lokal vs. ortsverteilt).* Die Prozessoren und Rechner sind in unmittelbarer räumlicher Nachbarschaft untergebracht oder können geografisch verteilt angeordnet sein.
- *Rechnerkopplung (eng, nahe, lose).* Die Verbindung der Prozessoren erfolgt über einen gemeinsamen Hauptspeicher (enge Kopplung) oder über Nachrichtenaustausch (lose Kopplung). Bei lokaler Rechneranordnung ist auch die Zwischenform einer nahen Kopplung (lose Kopplung mit Nutzung gemeinsamer Halbleiterspeicher) möglich.
- *Integrierte vs. heterogene/föderierte Datenmanagementsysteme.* Integrierte Ansätze sind dadurch gekennzeichnet, dass aus logischer bzw. konzeptioneller Sicht ein einheitlicher Datenbestand verteilt bzw. parallel verarbeitet wird. Sämtliche Verteilungsaspekte werden idealerweise für die Anwendungen verborgen. Bei den nichtintegrierten bzw. heterogenen/föderierten Ansätzen geht es um die gemeinsame Verarbeitung mehrerer, unabhängig entwickelter Datenbestände bzw. Datenbanken mit jeweils eigenem konzeptionellen Aufbau (Schema).

Da die gleichrangige Berücksichtigung dieser fünf Kriterien zu einer recht unübersichtlichen Klassifikation führen würde, konzentrieren wir uns zunächst auf integrierte Ansätze mit funktionaler Gleichstellung der Prozessoren bzw. Rechner und diskutieren die Alternativen mit funktionaler Spezialisierung sowie zur Unterstützung heterogener Datenbanken in nachfolgenden Abschnitten. Für integrierte Ansätze mit funktionaler Gleichstellung zeigt Abb. 3.5, dass die Kriterien der Externspeicherzuordnung, räumlichen Verteilung und Rechnerkopplung zu drei Architekturklassen führen, nämlich Shared Everything, Shared Disk sowie Shared Nothing. Bei einer räumlich lokalen Anordnung der Prozessoren kennzeichnen diese Architekturen auch die drei wesentlichen Alternativen von Parallelen DBS. Verteilte DBS basieren dagegen auf einer geografischen Verteilung der Rechner.

Die drei Shared-*-Ansätze können auch im Rahmen *hybrider Architekturen* kombiniert werden, z. B. kann jeder Knoten eines Shared-Disk- oder Shared-Nothing-Systems ein Multiprozesssor (Shared Everything) sein. In geografisch verteilten Architekturen kann ferner an jedem Standort ein Shared-Nothing- oder Shared-Disk-Cluster vorliegen, z. B. wie im Falle von Multidatencentern mit Geo-Replikation (Abb. 1.4).

Wir diskutieren im Folgenden die drei den Shared-*-Architekturen zugrunde liegenden Klassifikationskriterien. Im anschließenden Abschn. 3.3 gehen wir dann auf weitere Eigenschaften der drei Architekturen für Parallele DBS ein.

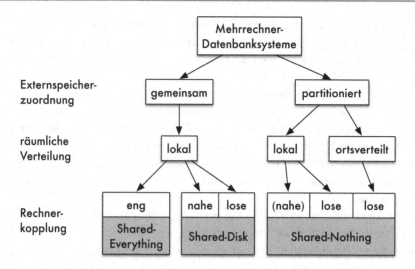

Abb. 3.5 Klassifikation von Shared-*-Systemen

3.2.1 Daten-/Externspeicherzuordnung

Unter der *Externspeicherzuordnung* wird die Zugehörigkeit der externen Speichermedien, wie z. B. Magnetplatten bzw. Disk-Arrays oder SSDs, zu den Prozessoren oder Rechnern verstanden. Wir unterscheiden dabei zwischen partitioniertem und gemeinsamem Zugriff. Beim *partitionierten Zugriff*, der die Klasse der Shared-Nothing-Systeme kennzeichnet, ist jedes Speichermedium und die darauf gespeicherten Daten genau einem Rechner zugeordnet. Jeder Rechner hat nur auf die Daten seiner Externspeicher direkten Zugriff. Der Zugriff auf Daten anderer Externspeicherpartitionen erfordert Kommunikation mit dem Besitzer der jeweiligen Partition, was zu einer verteilten Ausführung der jeweiligen Anfrage bzw. Transaktion führt. Die Partitionierung der Externspeicher impliziert nicht notwendigerweise die Partitionierung der Daten, da diese auch repliziert an mehreren Rechnern gespeichert werden können. Eine solche Replikation kann zur Einsparung von Kommunikationsvorgängen für Lesezugriffe sowie zur Erhöhung der Fehlertoleranz genutzt werden, allerdings auf Kosten eines erhöhten Speicherplatzbedarfs und Änderungsaufwandes.

Beim *gemeinsamen Zugriff* hat jeder Prozessor oder Rechner direkten Zugriff auf alle Externspeicher und damit den gesamten Datenbestand. Damit entfällt die Notwendigkeit einer verteilten Transaktionsverarbeitung wie bei der partitionierten Externspeicherzuordnung, jedoch sind ggf. Synchronisationsmaßnahmen für den Externspeicherzugriff vorzusehen. Der gemeinsame Externspeicherzugriff liegt bei Shared-Disk- sowie Shared-Everything-Architekturen vor.

Die Externspeicherzuordnung regelt somit auch die Zuordnung der auf ihnen gespeicherten Daten zu den Rechnern/Prozessoren. Falls die Daten im Rahmen von *In-Memory-*

Architekturen vollständig im Hauptspeicher gehalten werden und der Zugriff auf die Externspeicher für die Datenverarbeitung somit entfällt, kann dennoch zwischen gemeinsamer und partitionierter Datenzuordnung unterschieden werden. Eine gemeinsame Datenzuordnung liegt insbesondere bei enger Kopplung (Shared Everything) vor, wenn sich mehrere Prozessoren einen gemeinsamen Hauptspeicher und die darin geführten Daten teilen. Bei loser Kopplung dagegen können die Daten gemäß eines Shared-Nothing-Ansatzes zwischen den Hauptspeichern der Knoten partitioniert werden, möglicherweise ergänzt um Optionen der Replikation ausgewählter Daten. Solche verteilten In-Memory-Architekturen werden schon in einigen Systemen und Prototypen unterstützt (z. B. in NewSQL-Systemen wie H-Store oder Hadoop-Projekten wie Apache Spark und Giraph), die Entwicklung steht jedoch noch am Anfang.

3.2.2 Räumliche Anordnung

Die räumliche Anordnung bezieht sich auf die Vernetzung der einzelnen Rechner und die Entfernung zwischen ihnen. Sie hat einen Einfluss auf die Fehlertoleranz und Übertragungsgeschwindigkeit. Hierbei wird zwischen lokalen und ortsverteilten Systemen unterschieden.

Lokale Systeme haben kurze Verbindungsstrecken untereinander und sind dadurch weniger störanfällig. Außerdem ist die Übertragungsgeschwindigkeit zumeist deutlich höher als bei ortsverteilten Systemen. Dies verbessert die Kommunikation zwischen den Rechnern und erleichtert die verteilte Ausführung von Anfragen und Transaktionen auf mehreren Rechnern. Auch kann in lokal verteilten Systemen eine dynamische Verteilung und Balancierung der Arbeitslast unter Berücksichtigung des aktuellen Systemzustands eher erfolgen, da die Wartung entsprechender Statusinformationen mit geringerem Aufwand und größerer Aktualität als bei Ortsverteilung möglich ist. Aufgrund der Leistungsvorteile wird für *Parallele DBS* generell eine lokale Verteilung vorausgesetzt [14].

Ortsverteilte Systeme sind notwendig, wenn die Datenverarbeitung in geografisch verteilten Standorten erfolgen soll, z. B. um dezentralen Organisationsstrukturen großer Unternehmen Rechnung zu tragen. Damit können Daten dort verarbeitet werden, wo sie anfallen und vorrangig benötigt werden, wobei eine hohe Verarbeitungslokalität Kommunikationsvorgänge mit anderen Rechnern einspart. Eine geografische Verteilung von Daten ist auch für weltweit nutzbare Anwendungen im Web (z. B. Suchmaschinen oder Fotodienste) und in sozialen Netzwerken wichtig, um Nutzern einen möglichst schnell erreichbaren Datenzugriff zu ermöglichen.

Ein weiterer positiver Aspekt der Ortsverteilung ist die erhöhte Toleranz gegenüber Fehlern (z. B. Stromausfällen) in einzelnen Knoten. Selbst „Katastrophen" wie ein Bombenanschlag oder eine Überschwemmung führen bei geografisch verteilten Systemen nicht zu einem Gesamtausfall des Systems und entsprechendem Datenverlust. Aus diesem Grund kann auch bei Parallelen DBS zur sogenannten Katastrophen-Recovery eine replizierte Datenhaltung an geografisch verteilten Knoten vorgesehen werden (s. Abschn. 13.7).

Shared-Nothing-Systeme gestatten aufgrund der partitionierten Externspeicheranbindung sowohl eine lokale als auch eine ortsverteilte Rechneranordnung. *Verteilte DBS* repräsentieren einen bekannten Vertreter geografisch verteilter Shared-Nothing-Systeme. Für Shared Everything bzw. Shared Disk schreibt die gemeinsame Externspeicheranbindung dagegen in der Regel eine lokale Rechneranordnung vor. Jedoch können bei einer Glasfaseranbindung (Fibre-Channel-Protokoll) die Externspeicher auch über größere Distanzen von den Verarbeitungsrechnern getrennt werden und somit auch einen Schutz vor lokalen Ausfällen in einem Cluster ermöglichen.

3.2.3 Rechnerkopplung

Bei der *Rechnerkopplung* wird zwischen enger, naher und loser Rechnerkopplung unterschieden, wobei die nahe Rechnerkopplung eine Mischform aus enger und loser Rechnerkopplung ist. Zum Vergleich werden in Abb. 3.6 die einzelnen Rechnerarchitekturen dargestellt.

Eine *enge Rechnerkopplung* herrscht vor, wenn die vorhandenen Prozessoren auf einem gemeinsamen Hauptspeicher arbeiten und sich somit alle Daten, Systemsoftware wie Betriebssystem oder Datenbanksystem sowie Anwendungen teilen. Dadurch kann eine effektive Lastbalancierung durchgeführt werden, da abzuarbeitende Warteschlangen im Hauptspeicher für alle Prozessoren verfügbar sind. Ein Nachteil ist jedoch, dass die Skalierbarkeit des Systems eingeschränkt ist. Hierbei limitiert der vorhandene Hauptspeicher die Erweiterbarkeit, weil er bei wachsender Zugriffshäufigkeit zum Flaschenhals werden kann. Weiterhin ist die Verfügbarkeit sehr eingeschränkt, da sich Fehler über den gemeinsamen Hauptspeicher schnell auf das gesamte System ausbreiten können.

Die *lose Kopplung* verbindet Rechner mit jeweils eigenem Hauptspeicher und Softwarekopien. Die Kommunikation untereinander erfolgt nachrichtenbasiert über ein Verbindungsnetzwerk. Das Fehlen eines gemeinsamen Hauptspeichers führt zu einer deutlich

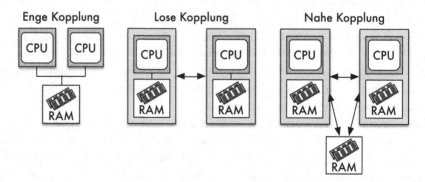

Abb. 3.6 Möglichkeiten der Rechnerkopplung

besseren Erweiterbarkeit und Fehlerisolation als bei enger Kopplung. Durch die Kopplung sehr vieler Knoten (Scale Out) lassen sich somit wesentlich leistungsfähigere Konfigurationen als bei enger Kopplung erreichen, insbesondere da bei der losen Kopplung jeder Rechnerknoten selbst wieder ein Multiprozessor sein kann. Hauptnachteil ist die aufwendige Kommunikation durch Nachrichtenaustausch, verbunden mit relativ hohen Latenzzeiten und einem hohen Verarbeitungsaufwand zum Senden und Empfangen der Nachrichten. Aufgrund der aufwendigen Kommunikation ist auch die Lastbalancierung weitaus schwieriger als bei einer engen Kopplung.

Eine Mischform aus enger und loser Rechnerkopplung ist die *nahe Rechnerkopplung*. Hierbei sind die Rechner weiterhin mit eigenem Hauptspeicher ausgestattet und die Kommunikation unter ihnen kann über das Verbindungsnetz erfolgen. Eine weitere Kommunikationsmöglichkeit stellt ein gemeinsam genutzter Halbleiterspeicher dar. Damit kann ein schnellerer Datenaustausch als mit loser Kopplung realisiert werden. Zudem können dort Datenstrukturen für globale Kontrollaufgaben hinterlegt werden, z. B. um die Lastbalancierung gegenüber einer losen Kopplung zu verbessern. Natürlich kann der gemeinsam genutzte Speicher wiederum die Erweiterbarkeit und Fehlerisolation beschränken, wenngleich in geringerem Maße als bei der engen Rechnerkopplung.

Die nahe Kopplung schreibt eine lokale Rechneranordnung vor. Sie ist prinzipiell bei Shared Disk und Shared Nothing anwendbar. Jedoch ergeben sich für Shared Nothing geringere Einsatzmöglichkeiten gemeinsamer Halbleiterspeicher, da dieser Architekturtyp auf eine Partitionierung von Haupt- und Externspeicher ausgerichtet ist. Somit kommt die nahe Kopplung primär für Shared Disk in Betracht.

3.3 Parallele DBS-Architekturen

Im Folgenden diskutieren wir die aus den Klassifikationskriterien resultierenden drei Klassen von Parallelen DBS mit ihren wesentlichen Merkmalen und Unterschieden. Viele der genannten Punkte treffen dabei auch auf parallele DMS allgemein zu, die vorrangig auf Shared-Nothing-Architekturen aufbauen. Wie erwähnt sind auch Mischformen im Rahmen hybrider Architekturen möglich.

3.3.1 Shared Everything

Der *Shared-Everything-Ansatz* (auch: *Shared Memory*) ist gegenüber den anderen Ansätzen leicht zu realisieren. Der Ansatz setzt auf einem Multiprozessor (Symmetric Multi-Processing, SMP) auf, wobei allen Prozessoren ein gemeinsamer Zugriff auf den gesamten Hauptspeicher und alle Externspeicher gewährt wird (siehe Abb. 3.7). Dabei wird schon durch das Betriebssystem die Existenz mehrerer Prozessoren weitgehend verborgen (Single System Image), sodass die Realisierung des DBMS weitgehend wie für zentralisierte Systeme erfolgen kann. Allerdings verlangt die volle Nutzung eines Multiprozessors eine

Abb. 3.7 Schematische
Darstellung eines Shared-
Everything-Systems

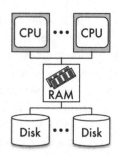

Datenverarbeitung in mehreren Prozessen, welche sich zentrale Datenstrukturen wie den DB-Puffer und Sperrtabellen im Hauptspeicher teilen. Weiterhin ist eine Zuordnung abzuarbeitender DB-Operationen zu den DBS-Prozessen vorzunehmen (Lastbalancierung). Dies lässt sich z. B. durch Verwendung einer gemeinsamen Auftragswarteschlange für DB-Operationen im Hauptspeicher geeignet realisieren, auf die alle DBS-Prozesse Zugriff haben. Daneben sind Erweiterungen bei der Query-Optimierung zur Unterstützung von Intra-Query-Parallelität erforderlich.

Kommerzielle DBS können durchweg Multiprozessoren nutzen und unterstützen somit den Shared-Everything-Ansatz. Zudem sind für viele Anwendungsfälle heutige Multiprozessorsysteme ausreichend leistungsfähig. Somit kann die Skalierbarkeit und Leistungsfähigkeit eines Parallelen DBS in der Regel am einfachsten mit Shared Everything und einem sogenannten *Scale Up* erreicht werden, in dem auf eine leistungsfähigere Multiprozessorkonfiguration umgestellt wird.

Bei der Realisierung von Shared-Everything-Architekturen werden zunehmend *Mehrkernarchitekturen* eingesetzt, da die Erhöhung der Rechenleistung durch höhere Taktfrequenzen nur noch begrenzt möglich ist. In Mehrkernprozessoren werden pro Prozessorchip mehrere Prozessorkerne (Cores) eingesetzt, die über mehrstufige Cache-Hierarchien auf den gemeinsamen Hauptspeicher zugreifen. Ein weiterer Trend bei Mehrkernarchitekturen liegt in der Abkehr von einem gleichmäßigen Zugriff der Prozessoren auf den gesamten Hauptspeicher (Uniform Memory Access), da dies mit wachsender Zahl von Prozessoren und Kernen zu Engpässen führt. In sog. *NUMA-Architekturen* (Non-Uniform Memory Access) können Prozessoren dagegen zunächst nur auf eine lokale Hauptspeicherpartition zugreifen, während der Zugriff auf Hauptspeicherpartitionen anderer Prozessoren indirekt über eigene Verbindungen und damit langsamer erfolgt. Abbildung 3.8 zeigt als Beispiel den Aufbau eines Intel-Rechners mit vier Prozessoren, von denen jeder über mehrere Kerne mit eigenen (nicht gezeigten) L1- und L2-Caches verfügt. Die Kerne eines Prozessors teilen sich einen gemeinsamen L3-Cache sowie eine gemeinsame Hauptspeicherpartition für den direkten Zugriff. Die Kommunikation zwischen Prozessoren und der Zugriff auf die Hauptspeicherpartitionen anderer Prozessoren erfolgen dagegen über separate Verbindungsleitungen (in Intel-Systemen QPI-Links genannt). Insbesondere für In-Memory-Datenbanksysteme ist es wesentlich, eine hohe Lokalität im Hauptspeicherzugriff auf lokale Partitionen zu erzielen, wozu auch schon erste Forschungsarbeiten

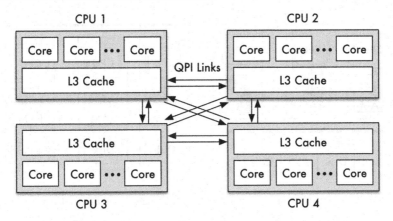

Abb. 3.8 Beispiel einer Mehrkernarchitektur (NUMA) [29]

vorliegen [34, 31]. In diesem Buch werden wir auf die Besonderheiten von Mehrkernarchitekturen insbesondere bei der parallelen Anfrageverarbeitung eingehen (Kap. 9).

Trotz der Weiterentwicklung bleiben Shared-Everything-Systeme aufgrund der Nachteile einer engen Kopplung in ihrer Erweiterbarkeit und Fehlertoleranz beschränkt. Zudem sind die Hardwarekosten im High-End-Bereich vergleichbar hoch, weil jeder Prozessor eine schnelle Verbindung zu jedem Haupt- und Externspeichermodul benötigt. Diese Nachteile können durch Shared-Disk- und Shared-Nothing-Ansätze behoben werden, die auf eine breite Skalierbarkeit (*Scale Out*) durch viele unabhängige Rechnerknoten setzen.

3.3.2   Shared Disk vs. Shared Nothing

In Shared-Disk- und Shared-Nothing-Systemen erfolgt die DB-Verarbeitung jeweils auf mehreren unabhängigen, lose oder nahe gekoppelten Rechnerknoten mit einer eigenen Instanz des DBMS. Die Rechnerknoten haben einen eigenen Hauptspeicher und sind oftmals selbst Multiprozessoren, sodass es zu einer Kopplung mehrerer Shared-Everything-Systeme kommen kann. Gegenüber einem einzelnen Shared-Everything-System lässt sich damit eine weitaus bessere Skalierbarkeit und höhere Leistungsfähigkeit erzielen. Zudem wird die Ausfallsicherheit deutlich verbessert, da das System auch nach Ausfall einzelner Knoten – nach gewissen Recovery-Aktionen – einsatzfähig bleibt.

Kennzeichnend für *Shared-Disk-Systeme* (Abb. 3.9a) ist die gemeinsame Externspeicherzuordnung, sodass alle Knoten und die dort jeweils laufenden DBMS-Prozesse direkten Zugriff auf den gesamten Datenbestand haben. Dies ermöglicht die vollständige Ausführung von DB-Operationen und Transaktionen in jedem der Rechner. Somit wird eine große Flexibilität bei der Auswahl eines Verarbeitungsrechners für anstehende Anfragen und Transaktionen und daher ein hohes Potenzial zur Lastbalancierung erreicht. Die Rechner sind lokal innerhalb eines Clusters verteilt, wobei entweder eine lose oder nahe Rechnerkopplung möglich ist. Zur gemeinsamen Externspeicheranbindung werden im

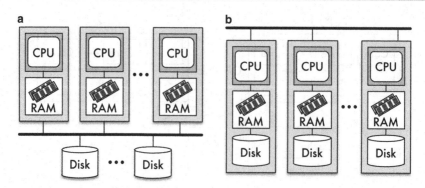

Abb. 3.9 Schematische Darstellung **a** Shared-Disk- vs. **b** Shared-Nothing-Systeme

Hochleistungsbereich meist sogenannte *Storage Area Networks* (SAN) genutzt, bei denen die Externspeicher (Platten bzw. Disk-Arrays, SSDs etc.) über ein schnelles, nachrichtenbasiertes Verbindungsnetzwerk angebunden werden [47]. Mit den derzeit unterstützten SAN-Bandbreiten von mehreren GB pro Sekunde ist eine Anbindung zahlreicher Rechner und damit eine gute Skalierbarkeit möglich.

In einem *Shared-Nothing-System* (Abb. 3.9b) dagegen werden bis auf das Verbindungsnetzwerk keine Systemkomponenten mehr gemeinsam genutzt. Die Externspeicher sind unter den i. Allg. lose gekoppelten Rechnern partitioniert, sodass jeder Knoten nur auf Daten der lokalen Partition direkt zugreifen kann. Ein Vorteil dabei ist, dass hardwareseitig eine preiswerte direkte Externspeicheranbindung pro Rechner möglich ist und sehr viele Rechner in einem Shared-Nothing-Verbund gekoppelt werden können. So gibt es Shared-Nothing-Konfigurationen mit Tausenden preiswerter Standardrechner, jedoch primär auf Basis von NoSQL-Systemen mit einfachen Lese/Schreiboperationen anstelle von komplexen SQL-Anfragen. Während für Parallele DBS eine lokale Verteilung der Rechner in einem Cluster vorliegt, kann Shared Nothing auch für geografisch verteilte Knoten eingesetzt werden.

Für Shared Disk und Shared Nothing gibt es seit längerer Zeit im Markt etablierte Implementierungen von Parallelen DBS, sodass für beide Architekturen ihre prinzipielle Eignung und Leistungsfähigkeit nachgewiesen ist. Vertreter von Shared-Disk-DBS sind Oracle RAC, Oracle Exadata, IBM DB2 z/OS, IBM DB2 PureScale und SAP Sybase Adaptive Server Enterprise Cluster Edition. Beispielimplementierungen für Parallele DBS auf Shared-Nothing-Basis sind Teradata, IBM DB2 für Linux und Windows (LUW), Microsoft Parallel Data Warehouse und Greenplum. Auch die meisten NewSQL- und NoSQL-Systeme (Abschn. 2.5) verfolgen einen Shared-Nothing-Ansatz.

Dennoch gibt es einige grundlegende Auswirkungen der Architektur auf die zu lösenden technischen Probleme sowie hinsichtlich Anforderungen wie Leistungsfähigkeit, Erweiterbarkeit und Verfügbarkeit, die wir nachfolgend diskutieren wollen.

Technische Probleme

In *Shared-Disk-Systemen* kann aufgrund der gemeinsamen Externspeicherzuordnung jeder Rechner auf alle Daten zugreifen. Dies erfordert jedoch eine systemweite Synchronisation der Lese- und Schreibzugriffe, um die Serialisierbarkeit (oder ein schwächeres Korrektheitskriterium) der Transaktionsausführung zu gewährleisten. Hierzu ist bei loser Kopplung ein nachrichtenbasiertes Protokoll erforderlich, das zu Kommunikationsverzögerungen für die Synchronisation führt. Eine nahe Kopplung kann eine effizientere Lösung ermöglichen, z. B. durch Verwaltung einer globalen Sperrtabelle in einem gemeinsamen Speicherbereich. Ein weiteres shared-disk-inhärentes Problem ist die notwendige *Kohärenzkontrolle* zur Behandlung sogenannter *Pufferinvalidierungen*. Dieses Problem entsteht dadurch, dass die Daten zur Verarbeitung vom Externspeicher blockweise in die DB-Puffer im Hauptspeicher der einzelnen Rechner transferiert und dort gepuffert werden. Änderungen in einem der Rechner müssen somit systemweit sichtbar gemacht werden und der Zugriff auf veraltete Pufferinhalte ist zu vermeiden. Der Aufwand zur Lösung dieses Problems hängt vor allem von der Häufigkeit und Verteilung von Änderungen ab. Eine nahe Kopplung kann wiederum leistungsfördernd sein, z. B. zum schnellen Austausch geänderter Blöcke. Weitere technische Probleme in Shared-Disk-DBS betreffen die Realisierung von Intra-Query-Parallelität [39], Logging und Recovery sowie Lastverteilung und -balancierung. Die Realisierung einiger dieser Funktionen wird in Kap. 14 näher behandelt.

Der *Shared-Nothing-Ansatz* erfordert, die Daten (Datenbank) auf mehrere Rechner bzw. DBS-Instanzen aufzuteilen. Die Bearbeitung von DB-Operationen muss auf die vorgenommene Datenverteilung abgestimmt werden, da jeder Knoten nur auf Daten der lokalen Partition zugreifen kann. Dies erfordert die Erstellung verteilter bzw. paralleler Ausführungspläne (Query-Übersetzung und -Optimierung). Darüber hinaus ist zur Sicherstellung der Alles-oder-nichts-Eigenschaft für verteilte Transaktionen ein rechnerübergreifendes Commit-Protokoll zu unterstützen. Weitere technische Probleme betreffen die Verwaltung von Katalogdaten, die Behandlung globaler Deadlocks sowie die Wartung replizierter Datenbanken. Die Lösung dieser Probleme wurde zunächst für Verteilte Datenbanksysteme, später für Parallele DBS intensiv untersucht, und wir werden die wichtigsten Ansätze in diesem Buch behandeln.

Leistungsfähigkeit

Auf der allgemeinen Betrachtungsebene können nur grobe Aussagen zur relativen Leistungsfähigkeit von Architekturen getroffen werden, da die erreichbare Leistung von zahlreichen Faktoren bestimmt ist, unter anderem von den vorgenommenen Lösungen der technischen Probleme sowie den Merkmalen der zur verarbeitenden Transaktions- und Anfragelast. Für Shared Nothing kann eine sehr gute Leistungsfähigkeit erwartet werden, wenn sich die Daten und Last so partitionieren lassen, dass alle Knoten gleichmäßig ausgelastet und fast alle Transaktionen lokal ausgeführt werden. Für datenintensive Anfragen sollte die Datenverteilung ebenfalls eine gleichmäßige Aufteilung und Parallelisierung auf die Rechner ermöglichen. Shared-Disk-Architekturen sind weniger abhängig von einer gleichmäßigen Partitionierbarkeit der Daten und Transaktionen bzw. Anfragen, da die Architektur bezüglich der Lastbalancierung aber auch zur Umsetzung von Intra-Query-Parallelität mehr Flexibilität als Shared Nothing erlaubt. Andererseits kann bei einem hohen Anteil von Änderungen der Aufwand für Synchronisation und Kohärenzkontrolle die Leistungsfähigkeit in Shared-Disk-Systemen erheblich beeinträchtigen. Eine nahe Kopplung kann diese Effekte reduzieren.

Erweiterbarkeit/Skalierbarkeit

Hardwareseitig bietet Shared Nothing die beste Erweiterbarkeit, da keine Anbindung der Rechner an gemeinsame Ressourcen wie Externspeicher erforderlich ist. Zudem lassen sich für Shared Nothing auch eher eine große Zahl preiswerter Commodity-Knoten nutzen, während für Shared Disk die notwendige Externspeicheranbindung Zusatzkosten verursacht. Die Erweiterbarkeit für Shared Nothing hängt jedoch signifikant davon ab, wie partitionierbar Daten und Lasten sind. Für reale Datenbanken kann das nur in begrenztem Maße erwartet werden, da hier typischerweise ein Spektrum von Transaktionen und Anfragen unterschiedlicher Komplexität und oft ungleichmäßiger Zugriffsverteilung abzudecken ist. Zudem erfordert die Hinzunahme von Rechnern für Shared Nothing eine aufwendige Neuaufteilung der Datenbank. Für Shared Disk dagegen ist keine Neuaufteilung der Datenbank erforderlich, sodass die Anzahl der Rechner einfach erhöht werden kann.

Verfügbarkeit

Bei Shared Disk bleibt die Datenbank nach Ausfall einzelner Rechner weiterhin für die überlebenden Rechner verfügbar. Erforderlich sind dennoch Recovery-Maßnahmen für den ausgefallenen Rechner, z. B. um an diesem Rechner vorgenommene Änderungen zugänglich zu machen. Für Shared Nothing ist eine hohe Verfügbarkeit primär durch Einsatz von Datenreplikation zu erreichen. Ein Schutz gegenüber Komplettausfällen eines Clusters, sowohl für Shared Disk als auch für Shared Nothing, kann am besten durch geografisch verteilte und replizierte Datenspeicherung erreicht werden. Dies führt für Shared Disk zu einer Hybridlösung mit einer shared-nothing-artigen Kopplung von zwei oder mehr Shared-Disk-Clustern.

3.4 Architekturen mit funktionaler Spezialisierung

Bei den bisher diskutierten Architekturen wurde unterstellt, dass die beteiligten Prozessoren bzw. Rechner hinsichtlich der Verarbeitung von Datenzugriffen bzw. DB-Operationen funktional gleichgestellt sind. Insbesondere werden in Parallelen und Verteilten DBS üblicherweise vollständige DBS-Instanzen zugeordnet, sodass jeder Prozessor sämtliche Funktionen eines DBS ausführen kann. Bei Architekturen mit funktionaler Spezialisierung dagegen werden einzelne DBS-Funktionen unterschiedlichen Prozessoren/Rechnern zugewiesen. Dies führt zu einer funktionalen Spezialisierung dieser Prozessoren/Rechner hinsichtlich der DB-Verarbeitung.

Generell kann die Zerlegung der DBS-Funktionalität auf mehrere Prozessoren oder Rechner zu einem vermehrten Kommunikationsaufwand innerhalb von DB-Operationen führen. Zudem steigt bei spezialisierten Komponenten die Gefahr von Engpässen, und die Möglichkeiten zur Lastbalancierung werden eingeschränkt. Außerdem ergeben sich Verfügbarkeitsprobleme, falls bestimmte Funktionen nur von einem Rechner ausführbar sind. Diese Überlegungen legen nahe, spezialisierte Funktionen möglichst mehreren Prozessoren zuzuweisen. Somit können Teilfunktionen sowohl partitioniert als auch repliziert werden, wodurch Mischformen zwischen funktionaler Spezialisierung und funktionaler Gleichstellung entstehen.

Wir diskutieren hier zwei verbreitete Architekturkategorien mit funktionaler Spezialisierung. Zunächst besprechen wir Ansätze mit einer client/server-artigen Aufteilung von DB-Funktionen, insbesondere sogenannte Workstation/Server-DBS sowie mehrstufige Webinformationssysteme. Danach betrachten wir den Einsatz von Spezialprozessoren zur DB-Verarbeitung. Auch in allgemeinen Shared-Nothing- und Shared-Disk-DBS kann es Knoten mit Sonderaufgaben und damit eine begrenzte funktionale Spezialisierung geben. So wird z. B. in sogenannten *Data-Warehouse-Appliances* die parallele Query-Verarbeitung von einem Kontrollknoten mit den eigentlichen Arbeitsknoten koordiniert (z. B. in Microsoft Parallel Data Warehouse [7, 43]). Auch in Shared-Disk-DBS kann es Knoten mit Sonderfunktionen geben, z. B. zur globalen Sperrverwaltung.

3.4.1 Client-Server-Systeme

Client-Server-Systeme verteilen die DBS-Funktionalitäten zwischen auf unterschiedlichen Rechnern laufenden Client- und Serverprozessen. Abbildung 3.10 illustriert zwei Vertreter solcher Ansätze: Workstation/Server-DBS sowie mehrstufige Webinformationssysteme mit Datenbankfunktionen (insbesondere Caching) auf Ebene der Applikationsserver.

In *Workstation/Server-DBS* erfolgt eine Zweiteilung der DBS-Funktionalität zwischen Workstation-DBS und Server-DBS (Abb. 3.10a). Solche Ansätze sind vor allem für objektorientierte Datenbanken zur effizienten, interaktiven Verarbeitung komplexer Objekte wie CAD-Objekte entwickelt worden. Dabei sollen komplexe Objekte im Hauptspeicher eines Workstation-DBS vorgehalten werden, um diese dort im Einbenutzerbetrieb schnell zu verarbeiten. Für die Funktionsaufteilung sowie Kooperation zwischen Workstation- und Server-DBS bestehen unterschiedliche Möglichkeiten. Generell realisiert das Server-DBS globale Dienste wie Externspeicherverwaltung, Synchronisation und Logging, während das Workstation-DBS eine Pufferung von DB-Objekten sowie die Verarbeitung von Anfragen unterstützt. Funktionen wie Pufferverwaltung oder Anfrageverarbeitung können jedoch auch auf Serverseite vorliegen. Als Aufrufeinheiten zwischen Workstation- und Server-DBVS kommen vor allem mengenorientierte Teilanfragen, einzelne Objekt-

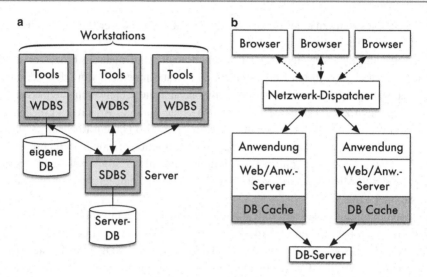

Abb. 3.10 a Workstation/Server-DBS und **b** Webinformationssysteme mit „Mid-Tier" DB-Caching (Teilabb. **b** aus [35])

/Satzanforderungen oder Seitenanforderungen in Betracht, sodass man entsprechend auch von Query-, Objekt- und Page-Server-Ansätzen spricht [13, 24].

In *Webinformationssystemen* werden die Datenbankanwendungen in der Regel auf Applikationsservern ausgeführt und über den Zugriff auf Webseiten aufgerufen. Die Interaktion zwischen Anwendung und Nutzer erfolgt über Browser und Webserver. Der Großteil von E-Commerce-Transaktionen, z. B. zur Bestellung von Büchern, Elektronikartikeln oder Reisen, wird über solche Informationssysteme abgewickelt. Die Nutzung vieler Applikationsserver sowie die Auslegung des DB-Servers als Paralleles DBS ermöglichen eine Skalierbarkeit auf eine große Anzahl von Nutzern. Die Trennung von Applikations- und DB-Server führt jedoch zu Kommunikationsaufwand für den Zugriff auf den DB-Server und damit zu potenziell langsamen Antwortzeiten. Eine Möglichkeit zur Performanceverbesserung liegt daher darin, Teile der DB-Funktionalität in die Applikationsserver vorzulagern (Abb. 3.10b). Hierzu bietet sich insbesondere die Pufferung bereits referenzierter DB-Objekte an, um für wiederholte Zugriffe auf die selben Objekte Kommunikationsvorgänge mit dem DB-Server einzusparen. Die Realisierung eines solchen „Mid-Tier" Caching wurde u. a. in [35, 32] diskutiert. Dabei wurde vorgeschlagen, Teile eines allgemeinen SQL-DBS im Applikationsserver zu verwenden, um die bereits vorliegende DBS-Funktionalität zur Pufferung, Anfrageverarbeitung und Replikationsunterstützung auszunutzen. In [35] erfolgt das Caching auf Ebene kompletter Tabellen, da dies eine einfachere Realisierung gegenüber einem Caching für Teile von Tabellen oder von Query-Ergebnissen ermöglicht. In [32] erfolgt das Mid-Tier Caching für materialisierte Sichten, welche auch Teile von Tabellen oder das Ergebnis vordefinierter Anfragen umfassen können.

3.4.2 Hardwareunterstützung zur DB-Verarbeitung

Mehrrechner-DBS mit funktionaler Spezialisierung ergeben sich auch, wenn bestimmte DBS-Aufgaben durch Ausführung auf *Spezialprozessoren* optimiert werden sollen. Solche Ansätze wurden zunächst im Kontext von *Datenbankmaschinen* entwickelt, welche vielfach für aufwendige Operatoren wie Join-Berechnung oder Sortierung eine hardwarebasierte Lösung auf dedizierten Rechnern vorsahen [45, 28]. Solche Ansätze sind jedoch weitgehend gescheitert, vor allem da die Realisierung der Spezialhardware lange Entwicklungszeiten und Kosten verursachten [14]. Die softwaremäßige Optimierung solcher Funktionen innerhalb allgemeiner Paralleler DBS erwies sich dem gegenüber als wesentlich einfacher und flexibler realisierbar. Insbesondere konnten damit die rasanten Leistungssteigerungen allgemeiner (Commodity-)Prozessoren genutzt werden.

Eine der frühen Datenbankmaschinen, Teradata, konnte jedoch seit der Einführung 1984 bis heute erfolgreich weiterentwickelt werden und im Markt von Parallelen DBS bestehen. Die zugrunde liegende Architektur kombiniert eine allgemeine Shared-Nothing-Architektur mit einem speziellen Kommunikationsnetzwerk, das u. a. auch DB-Funktionen wie das Sortieren und Mischen von Sätzen unterstützt [1]. Daneben gibt es weitere aktuelle Systemansätze zur Optimierung Paralleler DBS durch Einsatz von Spezialprozessoren im Rahmen des Externspeichersubsystems bzw. auf Basis von FPGAs:

- Externspeicher wie Disk-Arrays werden durch Kontroller verwaltet, die standardmäßig eine Optimierung des E/A-Verhaltens durch Scheduling gleichzeitiger Plattenzugriffe oder Caching von Daten unterstützen. Schreibzugriffe werden häufig durch dedizierten Einsatz von Flash-Speichern bzw. SSDs beschleunigt. Diese Kontroller können auch zur Ausführung von DBS-Operatoren wie Selektionen und Projektionen genutzt werden, um das Datenvolumen für Anfragen frühzeitig signifikant zu reduzieren. Eine derartige Nutzungsform wird z. B. im Shared-Disk-System *Oracle Exadata* eingesetzt, in dem das gemeinsame Externspeicher-Subsystem aus mehreren Disk-Arrays besteht, deren Platten von je einem um DB-Funktionalität erweiterten Kontroller verwaltet werden. Damit soll die parallele Verarbeitung sowohl von Analyseabfragen wie auch von OLTP-Lasten optimiert werden [9]. Die Kontroller selbst basieren auf Standardprozessoren.

- Die Optimierung insbesondere von Analyseoperationen kann alternativ auch durch FPGAs (Field-Programmable Gate Array) erfolgen. FPGAs bezeichnen spezielle Chips, deren Aufbau und Funktionsweise flexibel konfigurierbar sind. Einer der Pioniere der FPGA-Nutzung zur Beschleunigung von DB-Anfragen ist Netezza [18]. Auf Basis einer Shared-Nothing-Architektur wird in diesem System jedem Prozessor ein FPGA zur Datenvorverarbeitung zugeordnet. Die Daten werden dabei komprimiert auf den Externspeichern gespeichert, sodass sich durch den reduzierten Umfang die Zahl notwendiger E/A-Operationen verringert. Eingelesene Daten werden in jedem Knoten zunächst durch die FPGA verarbeitet, insbesondere werden die Daten dekomprimiert sowie Projektions- und Selektionsoperationen zur Reduzierung des Datenvolumens angewandt. Die von den FPGAs berechneten Ergebnisse werden dann gemäß dem Prinzip der Pipelineparallelität zur unmittelbaren Weiterverarbeitung an die CPUs übergeben. Der Ansatz erreicht typischerweise Beschleunigungen um Größenordnungen gegenüber Standardarchitekturen ohne FPGA-Nutzung.

Ein weiterer Ansatz zur Beschleunigung von DB-Operationen besteht in der Nutzung von Grafikprozessoren bzw. *GPUs (Graphical Processing Units)*. Standard-GPUs können pro Rechner in Verbindung mit den CPUs zu vergleichsweise geringen Kosten für einfache Aufgaben eine Parallelverarbeitung mit bis zu Tausenden von Cores unterstützen. Herstellerunabhängige Schnittstellen wie OpenCL (Open Computing Language) erlauben dabei die allgemeine Nutzung der Grafikprozessoren, sodass – trotz architekturbedingter Beschränkungen – nicht nur Bilddaten parallel verarbeitet werden können. So wurden u. a. GPU-Implementierungen für Sortierung und Join entwickelt, die eine signifikante Beschleunigung gegenüber alleiniger Nutzung von CPUs erzielen [22, 21, 26, 8]. Ein Engpass dabei ist oft noch der Datenaustausch zwischen dem Hauptspeicher eines Rechners und dem relativ kleinen Speicher der GPU. Neuere Grafikprozessoren erlauben durch einen Direktzugriff auf den Hauptspeicher der CPUs eine nochmals beschleunigte Verarbeitung von DB-Operationen [27].

3.5 Alternativen zur Unterstützung heterogener DBS

Für den Zugriff auf mehrere heterogene, unabhängig entwickelte Datenbanken bzw. Datenquellen werden Architekturen benötigt, welche die Unabhängigkeit der einzelnen Datenbestände (Knotenautonomie) weitgehend bewahren. Aufgrund der geforderten Unabhängigkeit der einzelnen Datenbanksysteme und Rechner kommt zur Realisierung dieser Systeme nur eine Partitionierung der Externspeicher in Betracht (Shared Nothing). Die Heterogenität betrifft dabei die Strukturierung und Inhalte der Datenbestände, aber auch die beteiligten Datenverwaltungssysteme bzw. DBS mit ihren Anfragesprachen, ihrer Transaktionsverwaltung etc. Trotz der Heterogenität der Datenquellen ist aus Nutzersicht eine weitgehende Verteilungstransparenz wünschenswert, z. B. indem die Daten über ein gemeinsames oder *globales Schema* und über eine einheitliche Anfragemöglichkeit zugänglich sind. Die Knotenautonomie verlangt dabei, dass jeder Knoten entscheiden kann, welche Teile seiner Daten für welche Operationen für die Nutzer des Systemverbunds zugänglich gemacht werden.

Zur gemeinsamen Nutzung heterogener Datenbestände kommen unterschiedliche Ansätze zur *Datenintegration* infrage, die gemäß Abb. 3.11 grob danach unterteilt werden können, ob sie ein globales Schema unterstützen und ob sie eine physische oder virtuelle Integration der Daten verfolgen. Ein globales Schema soll eine einheitliche konzeptionelle Sicht auf die zugänglichen (Teile der) Datenquellen unterstützen und damit eine weitgehende Verteilungstransparenz unterstützen. Die Integration der Datenobjekte selbst kann entweder physisch oder virtuell (Abb. 3.12) erfolgen:

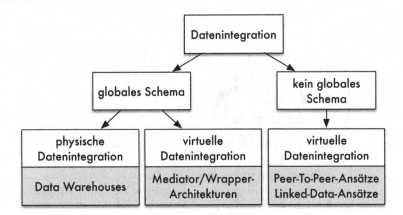

Abb. 3.11 Alternativen zur Unterstützung heterogener Datenbanken

- Die *physische Datenintegration* erfordert die Erstellung einer gemeinsamen Datenbank oder Datensammlung, in der die Datenobjekte der zu integrierenden Quellen physisch gespeichert werden. Dieser Ansatz findet vor allem im Rahmen von Data Warehouses [2, 30] Anwendung, um entscheidungsunterstützende Auswertungen auf den integrierten Datenbeständen eines Unternehmens zu ermöglichen (Abb. 3.12a). Die Realisierung des Data Warehouse basiert häufig auf einem Parallelen DBS mit einem auf Analysezwecke ausgelegten globalen Schema. Die Datenintegration erfolgt durch periodisch auszuführende, aufwendige ETL-(Extraktions-, Transformations- und Lade-)Prozesse, um die (geänderten) Daten aus den Ursprungssystemen zu extrahieren, zu bereinigen und transformieren und in das Data Warehouse zu integrieren. Die integrierten Daten können danach in der Regel sehr schnell und flexibel ausgewertet werden.
- Bei der *virtuellen Datenintegration* verbleiben die Daten in ihren Ursprungssystemen und werden erst zur Anfragezeit abgerufen und integriert. Dieser Ansatz wird u. a. im Rahmen sogenannter Mediator/Wrapper-Architekturen bzw. *Föderierten DBS* [10] unterstützt (Abb. 3.12b). Im Kontext der Integration von Unternehmensdaten spricht man auch von *Enterprise Information Integration (EII)* [23, 5]. Dabei unterstützt der Mediator eine einheitliche Anfragemöglichkeit auf dem globalen Schema. Anfragen werden zur Laufzeit in entsprechende Abfragen auf den betroffenen Datenquellen umgesetzt. Zum Verbergen der Anfrageunterschiede gibt es pro Quelle ein Wrapper-Modul, das die vom Mediator generierten Abfragen auf den Datenquellen ausführt und die Ergebnisse an den Mediator zurückgibt. Der Mediator integriert die Teilergebnisse für die Nutzer bzw. Anwendungen. Durch die skizzierte Vorgehensweise werden pro Anfrage stets die aktuellsten Daten abgerufen, jedoch zulasten einer potenziell langsamen Ausführungszeit. Der Ansatz ist daher auch nur begrenzt für die Integration größerer Datenmengen geeignet, da der Zeitbedarf für die verteilte Anfragebearbeitung und Nachbearbeitung der Teilergebnisse unmittelbar in die Ausführungszeiten eingeht. Die

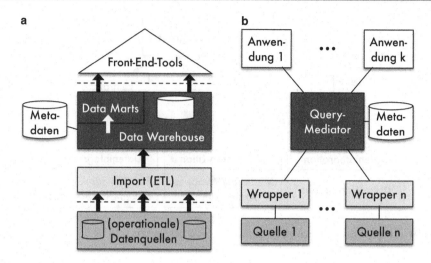

Abb. 3.12 Physische vs. virtuelle Datenintegration, **a** Data-Warehouse-Architektur, **b** Mediator/Wrapper-Architektur

Autonomie der einzelnen Knoten ist höher als bei der physischen Datenintegration einzustufen, da keine periodische Extraktion der Daten zu unterstützen ist.

Wenngleich die Unterstützung eines globalen Schemas und die damit ermöglichte vereinheitlichte Sicht auf heterogene Daten aus Nutzersicht wünschenswert ist, verursacht sie zugleich erhebliche Probleme. Insbesondere ist die Erstellung sowie die nach Änderungen in den Datenquellen erforderliche Aktualisierung eines globalen Schemas im Rahmen der sogenannten Schemaintegration ein sehr aufwendiger und komplexer Prozess, der nur teilweise automatisierbar ist [41, 16]. Somit können in der Regel nur wenige Datenquellen über ein globales Schema integriert werden.

Zur Umgehung dieser Nachteile wurden daher alternative Ansätze einer virtuellen Datenintegration ohne die Notwendigkeit eines globalen Schemas, unter Inkaufnahme einer verringerten Verteilungstransparenz, entwickelt. Ein Ansatz sind dabei die sogenannten *Peer-to-Peer-Architekturen*, in denen die Knoten eine gleichberechtigte Stellung einnehmen und bezüglich ihrer Daten nur bidirektional miteinander verknüpft sind [4]. Die Verknüpfungen oder Mappings können auf Schema- oder Instanzebene erfolgen, welche bei der Auswertung verteilter Anfragen auszuwerten sind [46]. Eine ähnliche Vorgehensweise wird auch von *Linked-Data-Ansätzen* im sogenannten Daten-Web verfolgt [6]. Hier werden einzelne Datensammlungen vereinheitlicht im RDF-Datenformat als Webdatenquelle gespeichert und untereinander auf Ebene der Instanzen und Ontologiekonzepte durch Links unterschiedlicher Typisierung semantisch vernetzt. Anfragen (in der Sprache SPARQL) können dann über die Links Daten verschiedener Quellen verknüpfen, wobei der Nutzer den Aufbau der einzelnen Datenquellen kennen muss.

Abb. 3.13 Kernkomponenten
des Hadoop-Ökosystems

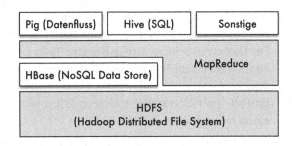

Wenn Verteilungstransparenz eine untergeordnete Rolle spielt, kann der Zugriff auf heterogene Daten auch auf Ebene der Anwendungen realisiert und systemseitig unterstützt werden. Dies ist der Fall im Rahmen von *verteilten Transaktionssystemen* bzw. Ansätzen zur *Enterprise Application Integration (EAI)* [5]. In diesen Middleware-Ansätzen kann im Rahmen einer Anwendung auf unterschiedliche Datenbanken und andere Datenquellen mit Operationen der jeweiligen Schnittstellen zugegriffen werden. Es können dabei jedoch die Transaktionseigenschaften über alle referenzierten und geänderten Datenquellen gewahrt bleiben, insbesondere die Alles-oder-nichts-Eigenschaft durch die Anwendung eines gemeinsam unterstützten, verteilten Commit-Protokolls (siehe Kap. 11). Die Integration von Daten aus unterschiedlichen Webdatenquellen wird durch sogenannte *Mashup-Frameworks* unterstützt, welche die einfache Erstellung von Datenintegrationsaufgaben durch Mashup-Skripte unterstützen [15, 42]. Dazu können üblicherweise unterschiedliche Operatoren zur Datenabfrage und -extraktion aus Webseiten oder lokalen Datenbeständen verwendet werden sowie Operatoren zur Datenaufbereitung und -fusion [44, 17]. Wie bei EAI-Ansätzen muss der Entwickler den Aufbau der einzelnen Datenquellen kennen sowie die verfügbaren Schnittstellen nutzen.

Zur detaillierten Behandlung der Ansätze für heterogene Daten verweisen wir auf Lehrbücher zu Data Warehouses [2, 30] und der Datenintegration [33, 16]. Aktuelle Ansätze zur Schemaintegration wie das sogenannte Matching und Mischen (Merge) von Schemas werden in [3] dargestellt.

3.6 Hadoop als Big-Data-Plattform

Für die Verarbeitung und Analyse von sehr großen Datenmengen in Cluster-Umgebungen hat sich in den letzten Jahren das MapReduce-Paradigma [12] etabliert, das wir in Kap. 10 genauer vorstellen. Eine der populärsten Umsetzungen von MapReduce ist das Hadoop-Framework [48], das ursprünglich von Yahoo! entwickelt wurde, seit 2008 aber ein quelloffenes Apache-Projekt ist.

Hadoop und damit auch seinem MapReduce-Ausführungsmodell liegen einige wesentliche Designaspekte zugrunde:

- Hadoop basiert auf einer Shared-Nothing-Architektur und ist für den Einsatz in Clustern aus Standardhardware („Commodity Hardware") gedacht.
- Die Datenverarbeitung wird in einzelne Tasks (wie z. B. die Ausführung von `map` oder `reduce` auf einem Teil der Daten) zerlegt, die unabhängig voneinander ausgeführt werden.
- Im Fall von Fehlern oder Knotenausfällen werden Tasks einfach neu gestartet bzw. einem neuen Knoten zugewiesen.

Wie Abb. 3.13 zeigt, besteht Hadoop aus mehreren Komponenten, von denen die eigentliche MapReduce-Engine nur einen Teil darstellt. Hinzu kommt das verteilte Dateisystem HDFS (Hadoop Distributed File System) sowie diverse auf HDFS aufbauende Komponenten und Projekte wie HBase [48] als verteilter Datenspeicher (Abschn. 2.5), Pig [38, 19] als Datenflusssprache und Hive [50] als Data-Warehouse-Lösung mit der Möglichkeit, Ad-hoc-Anfragen zu formulieren. Zu diesen bereits seit ca. 2009 bestehenden Komponenten sind im Zuge der ständigen Weiterentwicklung von Hadoop in den letzten Jahren viele Ergänzungen gekommen, u. a. Spark (In-Memory-Verarbeitung) und Giraph (Graphverarbeitung). Wir werden im folgenden auf Grundlagen von HDFS und der MapReduce-Ausführungsumgebung eingehen. Danach diskutieren wir noch kurz einige der weiteren Hadoop-Komponenten. In Kap. 10 werden wir für die verteilte Anfrageausführung in Hadoop auch Pig und Spark betrachten.

3.6.1   Das verteilte Dateisystem HDFS

Wie in Abschn. 3.3 dargestellt, sind in einer Shared-Nothing-Architektur die Externspeicher (Magnetplatten) den Rechnern lokal zugeordnet, sodass die Daten über alle Knoten hinweg verteilt werden. In Hadoop wird dazu das verteilte Dateisystem HDFS [49] verwendet. Die Entwicklung von HDFS wurde durch Googles Dateisystem GFS [20] inspiriert und verfolgt somit einige Entwurfsziele, die es von anderen verteilten Dateisystemen unterscheidet. Hierzu zählen die bereits erwähnte Fehlertoleranz für Commodity-Hardware-Umgebungen sowie die Ausrichtung auf große Datenmengen, Batch-Verarbeitung (d. h. ein hoher Lesedurchsatz statt niedrige Latenz) und ein einfaches Kohärenzmodell, das auf der Annahme weniger Updates („write-once-read-many") bei vielen Lesezugriffen basiert.

HDFS nutzt eine Master-Slave-Architektur aus einem *NameNode* und vielen *DataNodes*. Der NameNode repräsentiert den Masterknoten und verwaltet den Namensraum des Dateisystems sowie die Dateizugriffe der Clients. Die DataNodes als Slave oder Worker sind dagegen für die Speicherung und Verwaltung der eigentlichen Daten zuständig. Eine Datei in HDFS besteht hierzu aus einem oder mehreren Blöcken von typischerweise 64 oder 128 MB. Dies kann aber dateispezifisch definiert werden. Die Blöcke einer Datei werden über verschiedene DataNodes hinweg verteilt. Weiterhin kann für jede Datei ein Replikationsfaktor festgelegt werden, der angibt, wie viele Replikate von jedem Block

Abb. 3.14 Architektur von
HDFS

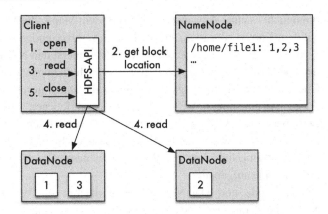

verwaltet werden sollen. Die eigentliche Zuordnung von Blöcken zu DataNodes erfolgt dabei durch den NameNode (Abb. 3.14).

Der NameNode unterstützt eine Reihe von Standardoperationen im Namensraum eines Dateisystems wie das Öffnen, Schließen und Umbenennen von Dateien und Verzeichnissen, die über eine File System Shell aufgerufen werden können (siehe Tab. 3.1). Die dazu notwendigen Metadaten (Verzeichnisstruktur und Blockzuordnung) werden im lokalen Dateisystem des NameNodes in einer Datei `FsImage` gespeichert, Änderungen werden in einem Transaktionslog (einem Write-ahead-Log) erfasst und ebenfalls in das lokale Dateisystem geschrieben. Zur Erzielung einer hohen Performance werden die Metadaten beim Start in den Hauptspeicher des NameNodes geladen.

Blockoperationen wie das Anlegen, Löschen oder Replizieren werden direkt von den DataNodes auf Anforderung des NameNodes ausgeführt. Ein Client kontaktiert hierzu zunächst den NameNode. Für eine Leseoperation liefert der NameNode dabei eine Liste der DataNodes, die Replikate von Blöcken der angeforderten Datei speichern. Diese Liste ist nach der Distanz vom Client-Knoten in der Netzwerktopologie sortiert. Der Client kann anschließend anhand dieser Liste die entsprechenden DataNodes direkt kontaktieren und die Blöcke anfordern (Abb. 3.14). Eine Besonderheit von HDFS ist, dass der Speicherort (d. h. der DataNode) eines Dateiblocks über den NameNode angefragt werden kann. Dies

Tab. 3.1 Wichtige HDFS-Operationen

`hadoop fs -mkdir hdfs://host/usr/mr`	Anlegen des Verzeichnisses `mr` im HDFS
`hadoop fs -put file1` `hdfs://host/usr/mr`	Kopieren der lokalen Datei `file1` ins HDFS
`hadoop fs -get` `hdfs://host/usr/mr/result file2`	Kopieren der HDFS-Datei in eine lokale Datei
`hadoop fs -ls` `hdfs://host/usr/mr/result`	Anzeigen des HDFS-Verzeichnisses

ermöglicht es einer Anwendung, wie z. B. dem MapReduce-Framework, bestimmte Tasks auf dem Knoten zu starten, auf dem die zu verarbeitenden Daten gespeichert sind.

Beim Schreiben fragt der Client ebenfalls zuerst den NameNode nach DataNodes, die den ersten Block sowie dessen Replikate speichern können. Diese DataNodes werden vom Client in einer Pipeline organisiert, in der die Daten geschrieben werden. Diese Pipeline ermöglicht eine direkte Weiterleitung der geschriebenen Daten (in Form von Paketen von typischerweise 64 KB) zwischen den DataNodes. Nach erfolgreichem Schreiben informieren die DataNodes den NameNode darüber. Sobald der erste Block gefüllt ist, wird über den NameNode eine neue Liste von weiteren DataNodes angefordert und wiederum eine Pipeline aufgebaut.

NameNode und DataNodes kommunizieren im Wesentlichen über „Heartbeat"-Nachrichten, die DataNodes periodisch an den NameNode senden. So registriert sich ein neuer DataNode beim Start beim NameNode. Im normalen Betrieb sendet jeder Data-Node alle 3 Sekunden eine Heartbeat-Nachricht, bleiben diese Nachrichten für mehr als 10 min aus, geht der NameNode von einem Ausfall des betreffenden DataNodes aus.

Die Replikation von Blöcken bildet eine der zentralen Maßnahmen zur Fehlertoleranz in HDFS. Wie oben bereits erwähnt, kann die Anzahl der Replikate dateispezifisch festgelegt werden. So kann ein Client beim Lesen das zuerst erreichbare Replikat verwenden, schlägt das Lesen dagegen fehl, wird ein weiteres Replikat versucht. Beim Schreiben muss der NameNode einerseits sicherstellen, dass für jeden Block einer Datei die erforderliche Anzahl an DataNodes zum Speichern der Replikate zur Verfügung gestellt wird. Zum anderen kann er anhand der periodisch von allen DataNodes gelieferten Block-Reports feststellen, ob die gewünschte Anzahl noch verfügbar ist. Sind zu viele Replikate vorhanden, wird die Anzahl reduziert. Bei zu wenigen Replikaten wird eine Anforderung zum Anlegen eines neuen Replikats in eine Prioritätswarteschlange eingefügt, die periodisch verarbeitet wird.

Beim Erzeugen von Replikaten muss eine geeignete Platzierungsstrategie realisiert werden. Grundsätzlich kann diese Strategie vom Administrator beeinflusst werden, jedoch implementiert HDFS eine Standardstrategie, die einen Kompromiss zwischen geringen Schreibkosten und hoher Verfügbarkeit bzw. Ausfallsicherheit sucht. Dazu wird das erste Replikat eines Blocks auf dem Knoten des Schreib-Tasks platziert, das zweite und dritte Replikat auf jeweils verschiedenen Knoten in unterschiedlichen Racks und alle weiteren Replikate werden zufällig verteilt. Die Berücksichtigung von Racks (Server-Regalen) ist insbesondere für sehr große Cluster von Bedeutung. In einer solchen Konfiguration sind die Knoten eines Racks meist über den gleichen Netzwerk-Switch verbunden, sodass die verfügbare Netzwerkbandbreite zwischen Knoten eines Racks höher ist als zwischen Knoten aus verschiedenen Racks (Abschn. 2.6.3). Gleichzeitig sind bei einem Ausfall eines Switches oder der Stromversorgung eines Racks aber auch alle Knoten dieses Racks betroffen. Daher verspricht die Verteilung der Replikate eines Blocks über verschiedene Racks eine höhere Ausfallsicherheit. Bei der Platzierung von Blöcken bzw. Replikaten berücksichtigt HDFS jedoch nicht die Auslastung des Externspeichers der DataNodes. Für eine bessere Lastbalancierung müssen externe Tools eingesetzt werden.

Replikation ist nur einer der HDFS-Mechanismen zum Umgang mit Fehlern und Ausfällen. Weitere Maßnahmen sind u. a. die Verwaltung von Prüfsummen zu allen Blöcken, die bereits erwähnten Heartbeat-Nachrichten, das periodische Scannen aller Blöcke durch die DataNodes zum Prüfen dieser Prüfsummen und das Senden der Block-Reports sowie die Verwendung eines Transaktionslogs durch den NameNode. Da der NameNode prinzipiell einen Single-Point-of-Failure darstellt, kann die Verfügbarkeit durch einen zweiten (Secondary) NameNode sowie durch zusätzliche Checkpoint- und BackupNodes erhöht werden.

3.6.2 Hadoop's MapReduce-Engine

Ähnlich wie HDFS basiert auch die MapReduce-Engine auf einer Master-Slave- oder Master-Worker-Architektur. Ein auszuführendes MapReduce-Programm (ein sogenannter *Job*) wird dem Master übergeben und von diesem in *Tasks* zerlegt, die Anwendungen der map- bzw. reduce-Funktionen auf eine Partition der Eingabedaten darstellen. Im Hadoop-Sprachgebrauch werden diese Partitionen auch als *Input Split* bezeichnet. Der Master sammelt alle Tasks und weist sie den Worker-Knoten zu. Abbildung 3.15 gibt einen Überblick zum Gesamtablauf.

Nach der Zerlegung eines Jobs in Tasks werden die Map-Tasks gestartet. Hierbei wird versucht, jeden Task auf dem Worker-Knoten zu platzieren, der im HDFS den zugewiesenen Block speichert, sodass ein lokaler Lesezugriff ausgeführt werden kann. Ist dies

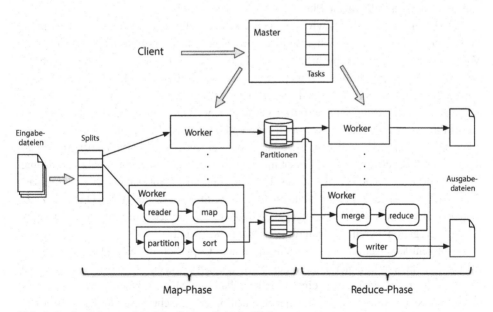

Abb. 3.15 Ausführung eines MapReduce-Jobs in Hadoop

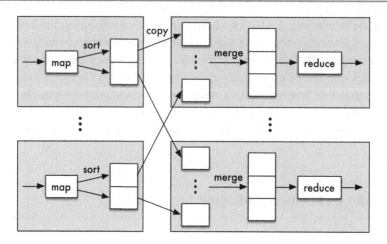

Abb. 3.16   „Shuffle & Sort"-Phase

nicht möglich, muss der Block über HDFS gelesen werden. Ein Map-Task deserialisiert
zunächst den Input-Split über einen InputReader – dies kann entweder eine Standardim-
plementierung für die zeilenweise Verarbeitung von Textdateien, eine eigene Klasse für
ein spezielles Eingabeformat oder ein Reader für komplexere Datenstrukturen (Nutzung
von Avro) sein. Im Ergebnis entsteht ein Strom von Schlüssel-Wert-Paaren, mit denen jeweils die eigentliche jobspezifische map-Funktion aufgerufen wird. Die Ergebnisse dieser
Aufrufe werden auf die lokale Platte des Workers geschrieben.

Das Herausschreiben der Zwischenergebnisse bildet den ersten Schritt der „Shuffle &
Sort"-Phase, die ein wesentlicher Schritt jedes MapReduce-Programms ist (Abb. 3.16).
Voraussetzung für die Durchführung des Reduce-Tasks ist die Sortierung aller Ergebnis-
datensätze des Map-Schritts nach ihrem Schlüssel. Zu diesem Zweck werden die Ergebnisse jedes Map-Tasks bereits lokal sortiert. Dies erfolgt, indem alle Zwischenergebnisse
zunächst in einem Hauptspeicherpuffer gesammelt werden. Ist ein bestimmter Füllgrad
dieses Puffers erreicht, entnimmt ein Hintergrund-Thread die Datensätze aus dem Puffer,
erzeugt daraus Partitionen deren Anzahl der Zahl der Reducer entspricht, sortiert die Daten innerhalb der einzelnen Partitionen im Hauptspeicher und schreibt sie als sogenannte
Spill-Dateien auf Platte. Am Ende des Tasks werden alle Spill-Dateien in einzelne partitionierte und sortierte Ergebnisdateien für die Reduce-Tasks gemischt. Optional kann
noch ein sogenannter *Combiner* angegeben werden, der Reduce-Aufgaben, wie z. B. eine
(Vor-)Aggregation, bereits im Rahmen des Mappers ausführt.

Der eigentliche Reduce-Task beginnt mit einem Copy-Schritt. Alle Map-Ergebnisda-
teien liegen noch auf lokalen Platten der Worker, daher muss ein Reducer zunächst seine
Partitionen aus diesen Dateien einsammeln. Sobald ein Map-Task seine Arbeit beendet
hat, kopiert der Reducer die entsprechende Partition und mischt diese mit den Partitionen
der anderen Mapper soweit möglich im Hauptspeicher oder ggf. über Platte. Anschließend

wird die eigentliche `reduce`-Funktion für jeden Schlüssel aufgerufen. Die Ergebnisse werden abschließend in eine HDFS-Datei geschrieben – auch hier wird der erste Block auf dem lokalen Knoten (der gleichzeitig ein DataNode ist) gespeichert.

Die Ausführung der Jobs und Tasks wird durch sogenannte *Tracker* kontrolliert und koordiniert. Ein JobTracker übernimmt die Rolle des Masters: Alle MapReduce-Jobs werden an den JobTracker übergeben, dieser verteilt die Tasks an die einzelnen TaskTracker, die auf jedem Cluster-Knoten laufen. Ein TaskTracker verfügt über eine Menge von Slots, welche die Anzahl der abarbeitbaren Tasks repräsentiert. Bei der Auswahl der TaskTracker wird die Datenlokalität wie oben beschrieben berücksichtigt. Eine weitere Aufgabe der TaskTracker ist die Überwachung der Ausführung der Tasks: Zum einen wird die Beendigung eines Tasks (erfolgreich oder nicht) an den JobTracker gemeldet, zum anderen sendet jeder TaskTracker Heartbeat-Nachrichten an den JobTracker um anzuzeigen, dass der Knoten noch aktiv ist.

3.6.3 Weitere Hadoop-Komponenten

Das Hadoop-Ökosystem umfasst neben HDFS und der MapReduce-Engine noch weitere Komponenten. Hierzu zählen u. a.:

- *Pig* ist eine Datenflusssprache zur Spezifikation von Datenflussskripten, die automatisch in MapReduce-Programme übersetzt werden (siehe Abschn. 10.5).
- *Hive* erlaubt das Anlegen von relationalen Tabellen, die in HDFS gespeichert und mit einer SQL-ähnlichen Sprache (HiveQL) angefragt werden können.
- *Drill* ist eine recht junge Entwicklung eines auf Hadoop basierenden SQL-Anfrageprozessors, der mit komplexen JSON-Daten arbeiten kann.
- *Giraph* ermöglicht die Verarbeitung von großen Graphen in MapReduce und ist an Googles *Pregel* [36] angelehnt. Beide Ansätze basieren auf dem *Bulk-Synchronous-Parallel-(BSP-)*Modell [51], wobei Berechnungen (Graphoperationen) durch eine Folge von Iterationen ausgedrückt werden, die wiederum durch Barrieren zur Kommunikation und Synchronisation separiert sind.
- *Mahout* ist eine MapReduce-Bibliothek mit verteilten Algorithmen zum Maschinellen Lernen.

Hinzu kommen Projekte wie *Apache Spark* (siehe auch Abschn. 10.6), die sich durch In-Memory-Verarbeitung und über MapReduce hinausgehende Programmiermodelle auszeichnen.

Ein wichtiger Schritt in der Hadoop-Entwicklung war die Einführung des neuen Ressourcenmanagers *YARN* – manchmal auch als MapReduce 2.0 bezeichnet. In der ursprünglichen Fassung (Abb. 3.13) sind die Aufgaben der Datenverarbeitung, d. h. das eigentliche MapReduce, sowie des Cluster-Managements Teil der MapReduce-Engine. Dies erschwert es u. a., andere „Nicht-MapReduce"-Anwendungen in einem Hadoop-

Cluster laufen zu lassen und einen Multi-Mandantenbetrieb zu realisieren, da die Verwaltung der Ressourcen (Platzierung der Jobs etc.) nur für MapReduce erfolgt. Mit *YARN (Yet Another Resource Negotiator)* wurde das Ressourcenmanagement in eine eigene Komponente ausgelagert, sodass auch andere Anwendungen Cluster-Ressourcen allokieren und Jobs verteilen können. Pro Knoten läuft in YARN ein NodeManager, der für das Monitoring der Ressourcen (CPU, Speicher etc.) sowie den Zustand des Knotens zuständig ist. Für das Starten, Überwachen und Scheduling der Tasks (was in der alten Architektur eine der Aufgaben der TaskTracker war) ist nun ein ApplicationManager verantwortlich, der ebenfalls pro Verarbeitungsknoten läuft. Dieser ist jedoch spezifisch für jede Anwendung – MapReduce ist nur eine davon. Die Gesamtkoordination und damit die Rolle des JobTrackers wird nun von einem ResourceManager übernommen, der für alle Clients die Schnittstelle bildet. Die Trennung von ApplicationManager und NodeManager erlaubt es nun nicht nur, die Cluster-Ressourcen für verschiedene Anwendungen zu verwalten, sondern bei Bedarf auch zwischen Speicherknoten für HDFS (mit einem NodeManager) und Verarbeitungsknoten ggf. sogar für bestimmte Anwendungen (mit einem ApplicationManager) zu unterscheiden.

3.7   Vergleich und qualitative Bewertung

Abschließend sollen wesentliche Architekturen zur verteilten und parallelen DB-Verarbeitung hinsichtlich der in Kap. 1 eingeführten Anforderungen verglichen werden. Außerdem diskutieren wir kurz „Big Data"-Architekturalternativen zur Analyse sehr großer Datenmengen.

3.7.1   Vergleich verteilter Architekturen zur Datenbankverarbeitung

Bezüglich der parallelen und verteilten Datenbankverarbeitung ergab die vorgestellte Klassifikation im Wesentlichen die Unterscheidung von Parallelen DBS (Shared Everything, Shared Disk, lokal verteilte Shared-Nothing-Systeme) und Verteilten DBS. Dabei verkörpert der Shared-Everything-Ansatz nur eine relativ geringe Erweiterung gegenüber zentralisierten DBS, sodass deren Beschränkungen (Leistungsfähigkeit, Skalierbarkeit, Verfügbarkeit etc.) auch zum Großteil weiter Bestand haben. Im Rest dieses Buchs werden daher – mit Ausnahme der parallelen Anfrageverarbeitung (Kap. 9) – nur noch die anderen, allgemeineren Ansätze behandelt. Bei ihnen kooperieren mehrere DBMS, die jeweils vom Typ Shared Everything sein können.

Daneben gibt es für die Verarbeitung heterogener Daten verschiedene Varianten, insbesondere Data Warehouses und Föderierte DBS (Mediator/Wrapper-Ansätze). Dabei nutzen Data-Warehouse-Installationen oft Parallele DBS, nachdem die heterogenen Daten im Data Warehouse physisch integriert sind. Wir wollen daher bei unserem folgenden Vergleich nur noch Föderierte DBS in der Betrachtung belassen. Die drei verbleibenden

Tab. 3.2 Grobe Bewertung der Architekturalternativen

	Parallele DBS	Verteilte DBS	Föderierte DBS
Hohe Transaktionsraten	++	o/+	o
Intra-Transaktionsparallelität	++	o/+	–/o
Skalierbarkeit	+	o/+	o
Verfügbarkeit	+	+	–
Verteilungstransparenz	++	+	o
Geografische Verteilung	–	+	+
Knotenautonomie	–	o	+
Heterogene Daten	–	–	+
Administration	o	–	–/––

Systemklassen der Parallelen, Verteilten und Föderierten DBS sollen hinsichtlich der in Abschn. 1.2 aufgestellten Forderungen grob verglichen werden; eine zusammenfassende Bewertung zeigt Tab. 3.2.

Eine *hohe Leistungsfähigkeit* lässt sich demnach am ehesten von Parallelen DBS vom Typ Shared Disk (SD) und Shared Nothing (SN) erreichen. Denn diese Ansätze können die Verarbeitungskapazität mehrerer Rechner sowie ein schnelles Kommunikationsnetz zur Erlangung hoher Transaktionsraten auf einer logischen Datenbank nutzen. Sie bieten aufgrund ihrer lokalen Rechneranordnung auch ein höheres Potenzial für die Parallelisierung komplexer Operationen und Transaktionen (Intra-Transaktionsparallelität) als Verteilte DBS. Diese können zwar ausschließlich lokale Transaktionen effizient bearbeiten, jedoch sind für nichtlokale Datenzugriffe Leistungseinbußen in Kauf zu nehmen. Außerdem kann i. Allg. keine effektive, dynamische Lastbalancierung erreicht werden; vielmehr bearbeitet jeder Rechner sämtliche Transaktionen der lokal angeschlossenen Benutzer, was nahezu zwangsläufig zu starken Unterschieden in der Auslastung einzelner Rechner führt. Für Föderierte DBS steht die Leistungsfähigkeit nicht im Vordergrund; sie ist relativ begrenzt, falls pro Datenbank nur ein zentralisiertes DBS eingesetzt wird.

Die *Verfügbarkeit* ist prinzipiell für Parallele und Verteilte DBS am besten, da sich alle Knoten eine logische Datenbank teilen. Somit kann nach Ausfall eines Rechners die DB-Verarbeitung nach Durchführung bestimmter Recovery-Aktionen von den überlebenden Rechnern fortgeführt werden[3]. Geografisch verteilte Systeme bieten aufgrund der starken Entkopplung der Verarbeitungsrechner Vorteile vor allem hinsichtlich „Katastrophen", dafür ist bei ihnen vermehrt mit Fehlern im Kommunikationssystem zu rechnen. Insbesondere kann es zu sogenannten „Netzwerk-Partitionierungen" kommen, bei denen Teile des Verteilten DBS nicht mehr miteinander kommunizieren können. Föderierte DBS weisen i. Allg. eine geringe Verfügbarkeit auf, da nach Ausfall eines DBMS die ihm zugeordnete Datenbank nicht mehr erreichbar ist.

---

[3] Bei Shared Nothing muss gewährleistet sein, dass die Daten der von einem Rechnerausfall betroffenen Partition weiterhin zugänglich sind, z. B. aufgrund von replizierter Speicherung oder – bei lokaler Verteilung – durch Übernahme der betroffenen Externspeicher durch überlebende Rechner.

Die Vorteile Föderierter DBS liegen dagegen bei der Unterstützung von heterogenen DBS, einer hohen Knotenautonomie sowie geografischer Verteilung. Dies wird erreicht unter Inkaufnahme einer eingeschränkten Verteilungstransparenz sowie einer komplexen Administration. Bezüglich der Kosteneffektivität sind auf der gewählten Betrachtungsebene keine generellen Aussagen möglich, da Commodity-Hardware generell einsetzbar ist.

Die Untersuchung zeigt, dass für jede Verteilform Vor- und Nachteile hinsichtlich der angeführten Bewertungskriterien bestehen, sodass es keinen „idealen" Typ eines Mehrrechner-DBS gibt. Die Eignung verschiedener Architekturansätze ist daher von dem hauptsächlichen Einsatzbereich bestimmt sowie der konkreten Lösung der jeweils zu behandelnden Probleme.

3.7.2 Architekturen für Big Data

Zur effizienten und fehlertoleranten Verarbeitung und Analyse sehr großer Datenmengen (Big Data) kommen verschiedenste Architekturen infrage, insbesondere folgende drei allgemeine Klassen:

- Verteilte und parallele DMS, bei denen die Anfragesprache SQL und das Transaktionskonzept nicht unterstützt werden, z. B. im Rahmen einer hadoop-basierten Systemarchitektur oder auf Basis hadoop-unabhängiger NoSQL-Systeme,
- Parallele DBS einschließlich neuerer Entwicklungen wie den sogenannten NewSQL-Systemen oder parallelen In-Memory-Datenbanksystemen,
- Hybride Architekturen, welche die beiden erstgenannten Ansätze kombinieren.

Bezüglich der mit Big Data assoziierten V-Herausforderungen Volume und Variety (Abschn. 1.2) versprechen hadoop- bzw. NoSQL-basierte Ansätze Vorteile gegenüber Parallelen DBS, da sie sehr große Mengen von unstrukturierten bzw. wenig strukturierten Informationen, z. B. aus dem Web, speichern und mit allgemein anwendbaren Frameworks zur Parallelverarbeitung wie das MapReduce-Paradigma und seinen Weiterentwicklungen verarbeiten können. Dennoch gibt es gegenüber Parallelen DBS Einschränkungen in der Funktionalität hinsichtlich der Transaktionsunterstützung für Änderungen und deklarativer Anfragemöglichkeiten, die auch für nichtrelationale Daten von zunehmender Bedeutung sind. Hinsichtlich der Anforderung Velocity (z. B. Verarbeitung von Datenströmen und Ereignisdaten) weisen In-Memory-Architekturen große Effizienzvorteile auf, die sowohl für Hadoop (z. B. Apache Spark) als auch für Parallele DBS nutzbar sind. Ebenso ist die Herausforderung Veracity in beiden Architekturklassen adressierbar.

Für Auswertungen sind neben nutzerdefinierten Anfragen zunehmend auch komplexere Verfahren des Data Mining zu unterstützen, für die es ebenfalls Möglichkeiten auf Basis von Hadoop und Parallelen DBS gibt. Die damit zusammenhängenden Herausforderungen sind jedoch noch Gegenstand der aktuellen Forschung. Parallele DBS sind meist kostenintensive, herstellerspezifische Lösungen, während das quelloffene Hadoop und seine

Komponenten eine größere Herstellerunabhängigkeit versprechen und kostenfrei nutzbar sind. Allerdings fallen für bestimmte Erweiterungen zur verbesserten Nutzbarkeit und bei professionellem Support auch hier Kosten an.

Aufgrund der Vor- und Nachteile der beiden erstgenannten Architekturklassen verspricht deren Kombination im Rahmen einer hybriden Architektur die Möglichkeit, die Vorteile beider Ansätze zu kombinieren. Damit kann etwa die Vorverarbeitung großer Mengen teilstrukturierter Daten durch Hadoop- oder NoSQL-Systeme erfolgen, während aus diesen Daten abgeleitete strukturierte Informationen in einem (parallelen) Datenbanksystem weiterverarbeitet werden. Dies ähnelt dann dem Vorgehen beim Data-Warehouse-Ansatz, bei dem die ETL-Vorverarbeitung zur Datenbereinigung und Datenintegration auch außerhalb des zur Analyse genutzten Datenbanksystems erfolgt. Andererseits ergibt sich durch die Kombination eine sehr komplexe Architektur, ohne dass damit notwendigerweise alle Anforderungen, z. B. zum Data Mining oder zur schnellen Verarbeitung von Datenströmen, besser lösbar werden.

Generell stehen die Verarbeitungsansätze im Umfeld von Big Data noch am Anfang, sodass in den kommenden Jahren auch bezüglich der Architekturalternativen Weiterentwicklungen und Konsolidierungen zu erwarten sind.

3.8 Übungsaufgaben

Übung 3.1 (Intra-Query-Parallelität)
Warum nutzen Parallele DBS in erster Linie Intra-Query-Parallelität zur Reduzierung der Antwortzeit komplexer Anfragen?

Übung 3.2 (OLTP vs. OLAP)
In existierenden Systemen werden OLTP-Anwendungen und Analyseanwendungen (OLAP) häufig in verschiedenen Systemen ausgeführt (OLTP-Systeme vs. Data Warehouses). Welche Gründe sprechen gegen die gemeinsame Unterstützung von OLTP (Inter-Transaktionsparallelität) und OLAP (Intra-Query-Parallelität) in einem System? Gelten die Gründe gleichermaßen für die drei Shared-*-Architekturen?

Übung 3.3 (Hybride Shared-*-Architekturen)
Diskutieren Sie wenigstens drei mögliche Kombinationen der Architekturen Shared Everything, Shared Disk und Shared Nothing hinsichtlich ihrer Vorteile und Nachteile.

Übung 3.4 (Cluster-Dateisysteme)
Der Zugriff auf Externspeicher wie Platten kann in Clustern über unterschiedliche Dateisysteme erfolgen. Damit kann für DBS z. B. eine Shared-Disk-Abstraktion auch bei partitionierter Externspeicherzuordnung realisiert werden. Umgekehrt kann auch bei hardwareseitiger Shared-Disk-Anbindung in einem Cluster, z. B. auf Basis eines SAN (Storage

Area Networks), DBS-seitig von einer Partitionierung der Externspeicher ausgegangen werden. Wie sind diese Mischansätze hinsichtlich Leistungsfähigkeit und Flexibilität zu beurteilen?

Literatur

1. Ballinger, C., Fryer, R.: Born to be parallel: Why parallel origins give Teradata an enduring performance edge. IEEE Data Eng. Bull. **20**(2), 3–12 (1997)

2. Bauer, A., Günzel, H. (eds.): Data-Warehouse-Systeme: Architektur, Entwicklung, Anwendung. 4. Auflage, dpunkt (2013)

3. Bellahsene, Z., Bonifati, A., Rahm, E. (eds.): Schema Matching and Mapping. Data-Centric Systems and Applications. Springer (2011)

4. Bernstein, P.A., Giunchiglia, F., Kementsietsidis, A., Mylopoulos, J., Serafini, L., Zaihrayeu, I.: Data management for peer-to-peer computing: A vision. In: WebDB, pp. 89–94 (2002)

5. Bernstein, P.A., Haas, L.M.: Information integration in the enterprise. Commun. ACM **51**(9), 72–79 (2008)

6. Bizer, C., Heath, T., Berners-Lee, T.: Linked data – the story so far. International Journal on Semantic Web and Information Systems **5**(3), 1–22 (2009)

7. Blakeley, J.A., Dyke, P.A., Galindo-Legaria, C.A., James, N., Kleinerman, C., Peebles, M., Tkachuk, R., Washington, V.: Microsoft SQL Server Parallel Data Warehouse: Architecture overview. In: Proc. BIRTE, pp. 53–64 (2011)

8. Breß, S., Beier, F., Rauhe, H., Sattler, K., Schallehn, E., Saake, G.: Efficient co-processor utilization in database query processing. Inf. Syst. **38**(8), 1084–1096 (2013). DOI 10.1016/j.is.2013.05.004. http://dx.doi.org/10.1016/j.is.2013.05.004

9. Clarke, J.: Oracle Exadata Recipes: A Problem-Solution Approach. apress (2013)

10. Conrad, S.: Föderierte Datenbanksysteme: Konzepte der Datenintegration. Springer-Verlag, Berlin/Heidelberg (1997)

11. Date, C.J.: An Introduction to Database Systems, Volume I, 5th Edition. Addison-Wesley (1990)

12. Dean, J., Ghemawat, S.: Mapreduce: simplified data processing on large clusters. In: OSDI, pp. 10–10 (2004)

13. DeWitt, D.J., Futtersack, P., Maier, D., Vélez, F.: A study of three alternative workstation-server architectures for object oriented database systems. In: VLDB, pp. 107–121 (1990)

14. DeWitt, D.J., Gray, J.: Parallel database systems: The future of high performance database systems. Commun. ACM **35**(6), 85–98 (1992)

15. Di Lorenzo, G., Hacid, H., Paik, H.y., Benatallah, B.: Data integration in mashups. ACM Sigmod Record **38**(1), 59–66 (2009)

16. Doan, A., Halevy, A.Y., Ives, Z.G.: Principles of Data Integration. Morgan Kaufmann (2012)

17. Endrullis, S., Thor, A., Rahm, E.: WETSUIT: An efficient mashup tool for searching and fusing web entities. PVLDB **5**(12), 1970–1973 (2012)

18. Francisco, P.: The Netezza Data Appliance Architecture: A Platform for High Performance Data Warehousing and Analytics. IBM Redbooks (2011)

19. Gates, A., Natkovich, O., Chopra, S., Kamath, P., Narayanam, S., Olston, C., Reed, B., Srinivasan, S., Srivastava, U.: Building a highlevel dataflow system on top of mapreduce: The pig experience. PVLDB **2**(2), 1414–1425 (2009)

20. Ghemawat, S., Gobioff, H., Leung, S.T.: The google file system. SIGOPS **37**(5), 29–43 (2003)

21. Govindaraju, N., Gray, J., Kumar, R., Manocha, D.: GPUTeraSort: high performance graphics co-processor sorting for large database management. In: Proc. ACM SIGMOD Conf., pp. 325–336 (2006)

22. Govindaraju, N.K., Lloyd, B., Wang, W., Lin, M., Manocha, D.: Fast computation of database operations using graphics processors. In: Proc. ACM SIGMOD Conf., pp. 215–226 (2004)

23. Halevy, A.Y., Ashish, N., Bitton, D., Carey, M.J., Draper, D., Pollock, J., Rosenthal, A., Sikka, V.: Enterprise information integration: successes, challenges and controversies. In: Proc. ACM SIGMOD Conf., pp. 778–787 (2005)

24. Härder, T., Mitschang, B., Nink, U., Ritter, N.: Workstation/Server-Architekturen für datenbankbasierte Ingenieuranwendungen. Inform., Forsch. Entwickl. **10**(2), 55–72 (1995)

25. Härder, T., Rothermel, K.: Concurrency Control Issues in Nested Transactions. VLDB J. **2**(1), 39–74 (1993)

26. He, B., et al.: Relational joins on graphics processors. In: Proc. ACM SIGMOD Conf. (2008)

27. Kaldewey, T., Lohman, G.M., Müller, R., Volk, P.B.: GPU join processing revisited. In: Proc.8th Workshop on Data Management on New Hardware (DaMoN), pp. 55–62 (2012)

28. Keim, D.A., Prawirohardjo, E.S.: Datenbankmaschinen: Performanz durch Parallelität, vol. 86. Bibliographisches Institut (1992)

29. Kiefer, T., Schlegel, B., Lehner, W.: Experimental evaluation of NUMA effects on database management systems. In: Proc. Datenbanksysteme für Business, Technologie und Web (BTW), pp. 185–204 (2013)

30. Köppen, V., Saake, G., Sattler, K.U.: Data Warehouse Technologien. 2. Auflage, MITP (2014)

31. Lang, H., Leis, V., Albutiu, M.C., Neumann, T., Kemper, A.: Massively parallel NUMA-aware hash joins. In: Proc. VLDB workshop on in-memory data management and analytics (2013)

32. Larson, P.Å., Goldstein, J., Zhou, J.: MtCache: Transparent mid-tier database caching in SQL Server. In: Proc. ICDE Conf., pp. 177–188 (2004)

33. Leser, U., Naumann, F.: Informationsintegration – Architekturen und Methoden zur Integration verteilter und heterogener Datenquellen. dpunkt.verlag (2007)

34. Li, Y., Pandis, I., Mueller, R., Raman, V., Lohman, G.M.: NUMA-aware algorithms: the case of data shuffling. In: CIDR (2013)

35. Luo, Q., Krishnamurthy, S., Mohan, C., Pirahesh, H., Woo, H., Lindsay, B.G., Naughton, J.F.: Middle-tier database caching for E-Business. In: Proc. ACM SIGMOD Conf., pp. 600–611 (2002)

36. Malewicz, G., Austern, M.H., Bik, A.J., Dehnert, J.C., Horn, I., Leiser, N., Czajkowski, G.: Pregel: A system for large-scale graph processing. In: Proceedings of the 2010 ACM SIGMOD International Conference on Management of Data, SIGMOD 10, pp. 135–146. ACM, New York, NY, USA (2010)

37. Moss, J., Eliot, B.: Nested transactions: an approach to reliable distributed computing. MIT Press (1985)

38. Olston, C., Reed, B., Srivastava, U., Kumar, R., Tomkins, A.: Pig latin: a not-so-foreign language for data processing. In: SIGMOD, pp. 1099–1110 (2008)

39. Rahm, E.: Parallel query processing in shared disk database systems. ACM SIGMOD Record **22**(4), 32–37 (1993)

40. Rahm, E.: Mehrrechner-Datenbanksysteme. Addison-Wesley (1994)

41. Rahm, E., Bernstein, P.A.: A survey of approaches to automatic schema matching. VLDB J. **10**(4), 334–350 (2001)

42. Rahm, E., Thor, A., Aumueller, D.: Dynamic fusion of web data. In: Database and XML Technologies, pp. 14–16. Springer (2007)

43. Shankar, S., Nehme, R.V., Aguilar-Saborit, J., Chung, A., Elhemali, M., Halverson, A., Robinson, E., Subramanian, M.S., DeWitt, D.J., Galindo-Legaria, C.A.: Query optimization in Microsoft SQL server PDW. In: Proc. ACM SIGMOD Conf., pp. 767–776 (2012)

44. Simmen, D.E., Altinel, M., Markl, V., Padmanabhan, S., Singh, A.: Damia: data mashups for intranet applications. In: Proc. ACM SIGMOD Conf., pp. 1171–1182 (2008)

45. Su, S.: Database Computers: concepts, architecture & techniques. McGraw-Hill, Inc. (1988)

46. Tatarinov, I., Halevy, A.: Efficient query reformulation in peer data management systems. In: Proc. ACM SIGMOD Conf., pp. 539–550 (2004)

47. Tate, J., Beck, P., Ibarra, H.H., Kumaravel, S., Miklas, L.: Introduction to Storage Area Networks and System Networking. IBM Red Book (2012)

48. The Apache Software Foundation: Apache Hadoop. http://wiki.apache.org/hadoop/

49. The Apache Software Foundation: HDFS Architecture (2014). http://hadoop.apache.org/docs/current/hadoop-project-dist/hadoop-hdfs/HdfsDesign.html

50. Thusoo, A., Sarma, J.S., Jain, N., Shao, Z., Chakka, P., Anthony, S., Liu, H., Wyckoff, P., Murthy, R.: Hive: a warehousing solution over a map-reduce framework. The VLDB Journal **2**(2), 1626–1629 (2009)

51. Valiant, L.G.: A bridging model for parallel computation. Commun. ACM **33**(8), 103–111 (1990)

52. Weikum, G., Zabback, P.: I/O-Parallelität und Fehlertoleranz in Disk-Arrays, Teil 1: I/O-Parallelität. Informatik Spektrum **16**(3), 133–142 (1993)

Teil II
Katalogverwaltung und Datenverteilung

Wir beginnen die Beschreibung der Lösungsansätze mit Verfahren der Datenverteilung und Katalogverwaltung für Verteilte DBS und Parallele DBS. Nach unserer Klassifikation sind Verteilte DBS (VDBS) ortsverteilte Shared-Nothing-Systeme, die eine logische Datenbank verteilt bearbeiten. Im Gegensatz zu Parallelen DBS spielt in VDBS die Unterstützung einer möglichst hohen Knotenautonomie eine wichtige Rolle. Insbesondere sollten lokale Daten möglichst auch unabhängig von anderen Knoten des Systems zugreifbar sein.

Eine zentrale Forderung sowohl für Verteilte DBS als auch Parallele DBS ist die Unterstützung von Verteilungstransparenz. Darunter fallen die einzelnen Forderungen nach Orts-, Fragmentierungs- und Replikationstransparenz[4]:

- Unter *Ortstransparenz* versteht man dabei, dass der physische Speicherort von Daten für die Nutzer des Systems unsichtbar sein soll und dass der Zugriff auf Objekte unabhängig von ihrem Speicherort spezifiziert werden kann. Somit sollen Änderungen des Speicherorts keine Auswirkungen auf Anwendungen haben.
- *Fragmentierungsstransparenz* verlangt, dass eine verteilte Speicherung von Relationen möglich sein sollte und dass dabei die vorgenommene Zerlegung (Fragmentierung) der Relationen für Nutzer und Anwendungen transparent bleiben soll.
- *Replikationstransparenz* schließlich bedeutet, dass die replizierte Speicherung von Teilen des Datenbestandes für Nutzer unsichtbar sein soll und insbesondere die Wartung der Redundanz automatisch durch das Datenmanagementsystem zu erfolgen hat.

Wir gehen im Folgenden zunächst auf die Verwaltung von Metadaten in VDBS ein und beschreiben dazu eine allgemeine Schemaarchitektur sowie Alternativen zur Katalogverwaltung und Namensverwaltung. In Kap. 5 führen wir dann die Grundlagen der Datenverteilung ein, insbesondere die Teilaufgaben der Fragmentierung und Allokation von Fragmenten. Danach behandeln wir in Kap. 6 Besonderheiten und Ansätze der Datenverteilung in Parallelen DBS.

---

[4] Date, C.J.: *An Introduction to Database Systems, Volume I, 5th Edition.* Addison-Wesley, Boston, MA (1990).

Schemaarchitektur und Katalogverwaltung 4

Das *Schema* einer verteilten Datenbank beschreibt, welche Daten wie strukturiert an welchem Ort gespeichert sind. In diesem Kapitel werden Varianten diskutiert, wie die Schemainformationen (die Metadaten) verteilt organisiert und verwaltet werden können. Ein spezieller Punkt betrifft die Vergabe und Verwaltung von global eindeutigen Namen für Datenobjekte.

4.1 Schemaarchitektur von Verteilten DBS

Die *Schemaarchitektur* eines zentralisierten DBS nach ANSI/SPARC unterstützt physische Datenunabhängigkeit durch Trennung von physischem und konzeptionellem DB-Schema sowie eine begrenzte Form der logischen Datenunabhängigkeit über externe Schemata (Abschn. 2.2). Bei der Übertragung auf Verteilte DBS ist zusätzlich Verteilungstransparenz zu gewährleisten.

Ein einfacher Ansatz dazu sieht vor, wie im zentralen Fall lediglich ein konzeptionelles und ein internes Schema festzulegen, die von allen Rechnern übernommen werden. In diesem Fall sind sämtliche Verteilungsaspekte Teil des global gültigen internen Schemas, also insbesondere die Definition der Verteilungseinheiten (Fragmente) sowie ihre Zuordnung (Allokation) zu Rechnern. Der Nachteil eines solchen Ansatzes liegt darin, dass nahezu keine Knotenautonomie unterstützt wird, da sämtliche Änderungen am konzeptionellen und internen Schema global abzustimmen sind und für alle Rechner Gültigkeit haben. Dies ist besonders in geografisch verteilten Systemen problematisch, da hier lokal unterschiedliche Zugriffsoptimierungen möglich sein sollten.

Eine Alternative stellt der in Abb. 4.1 gezeigte Ansatz dar [2, 5], bei dem durch die Einführung lokaler Schemata ein höherer Grad an Knotenautonomie erreicht wird. Der logische DB-Aufbau ist wiederum durch ein *globales konzeptionelles Schema* (GKS) festgelegt, das von allen Rechnern unterstützt wird und auf dem die externen Schemata

© Springer-Verlag Berlin Heidelberg 2015   81
E. Rahm, G. Saake, K.-U. Sattler, *Verteiltes und Paralleles Datenmanagement*, eXamen.press,
DOI 10.1007/978-3-642-45242-0_4

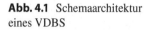

Abb. 4.1 Schemaarchitektur eines VDBS

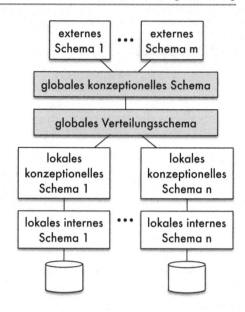

definiert sind. Daneben besitzt jedoch jeder Rechner ein *lokales konzeptionelles Schema* (LKS) sowie ein *lokales internes Schema* (LIS). Die LKS ergeben sich durch die Definition der Datenverteilung, die in einem *globalen Verteilungsschema* (GVS) festgelegt ist. Darin werden vor allem die Angaben zur *Fragmentierung* von Relationen sowie die *Allokation* und *Replikation* von Relationenfragmenten (Kap. 5) geführt. Bei fehlender Replikation stellen die LKS jeweils eine echte Teilmenge des GKS dar; umgekehrt entspricht das GKS der Vereinigung der LKS. Die LIS erlauben Zugriffspfade und Speicherungsstrukturen auf lokale Erfordernisse abzustimmen und tragen somit ebenfalls zu einer Erhöhung der Knotenautonomie bei.

Dieser Ansatz gewährleistet prinzipiell volle Verteilungstransparenz, da sich sämtliche DB-Operationen auf die externen Schemata bzw. das GKS beziehen. Die Abbildung der Anfragen auf die lokalen Schemata erfolgt automatisch durch die beteiligten DBS unter Zuhilfenahme der im globalen Verteilungsschema gespeicherten Angaben zur Datenverteilung.

4.2 Katalogverwaltung

Wie im zentralen Fall werden auch in Verteilten DBS die Schemaangaben zum DB-Aufbau sowie weitere *Metadaten* wie Zugriffsberechtigungen, Passwörter oder Statistiken (Relationengrößen, Werteverteilungen, Zugriffshäufigkeiten etc.) in einem *Katalog* verwaltet. Aufgrund der eingeführten Schemaarchitektur kann im verteilten Fall zwischen lokalem und globalem Katalog unterschieden werden. Ein *lokaler Katalog* entspricht im

Wesentlichen dem Katalog eines zentralisierten DBS und enthält insbesondere das LKS und LIS eines Knotens. Der *globale Katalog* dagegen umfasst u. a. das GKS und GVS und ist damit maßgebend zur Gewährleistung von Verteilungstransparenz. Insbesondere lassen sich mit ihm logische Objektnamen des globalen konzeptionellen Schemas transparent für den Benutzer auf physische Adressen abbilden. Der globale Katalog dient ferner zur systemweiten Verwaltung von Benutzern und Zugriffsrechten. Die Katalogdaten werden vor allem bei der Übersetzung, Optimierung und Ausführung von DB-Anfragen benötigt (Kap. 8). Üblicherweise wird der Katalog selbst als Datenbank verwaltet, auf die mit der jeweiligen Anfragesprache zugegriffen werden kann. Zudem lassen sich dann die Mechanismen zur Transaktionsverwaltung (Synchronisation, Logging, Recovery) sowie zur Replikationskontrolle auch auf den Katalog anwenden.

Bei der Verwaltung des Katalogs ist neben dem Aufbau des Katalogs vor allem zu klären, wo dieser gespeichert werden soll. Dabei ist generell vorzusehen, dass jeder Knoten einen lokalen Katalog bezüglich der bei ihm vorliegenden Objekte führt. Damit können für lokale Daten auch für den Katalogzugriff Kommunikationsvorgänge vermieden werden. Dies ist im geografisch verteilten Fall bei der oft hohen Lokalität des Datenzugriffs für das Leistungsverhalten sehr wesentlich. Weiterhin wird ein hohes Maß an Knotenautonomie unterstützt. Für die Speicherung des globalen Katalogs bestehen im Wesentlichen folgende Alternativen:

- *Zentralisierter Katalog:* Sämtliche globalen Katalogangaben werden an einem zentralen Knoten gespeichert. Dieser Ansatz ist einfach, führt jedoch einen hohen Kommunikationsaufwand ein. Weiterhin stellt der zentrale Knoten einen potenziellen Leistungs- und Verfügbarkeitsengpass dar. Zudem ergibt sich eine für geografisch verteilte Systeme inakzeptable Beeinträchtigung der Knotenautonomie.
- *Replizierter Katalog:* Jeder Knoten führt eine vollständige Kopie der globalen Katalogdaten. Der Vorteil liegt darin, dass lesende Katalogzugriffe stets lokal, ohne Kommunikationsverzögerungen, durchführbar sind. Änderungen sind dagegen sehr aufwendig, insbesondere in geografisch verteilten Systemen, da sie an allen Knoten durchzuführen sind. Zur Wartung der Replikation kommen dabei dieselben Techniken wie für replizierte Datenbanken (Kap. 13) in Betracht. In geografisch verteilten Systemen ist es auch unter Schutzaspekten problematisch, dass in jedem Rechner Metadaten von allen Knoten vorliegen, auch wenn deren Daten nicht referenziert werden.
- *Mehrfachkataloge:* Hierbei partitioniert man die Rechner in mehrere Cluster, wobei pro Cluster jeweils ein Knoten den vollständigen globalen Katalog hält. Dies entspricht einem Kompromiss aus den beiden vorhergehenden Ansätzen. Insbesondere wird der Änderungsaufwand reduziert; die Einschränkungen des zentralisierten Ansatzes hinsichtlich Engpassgefahr, Verfügbarkeit und unzureichender Knotenautonomie entfallen weitgehend. Allerdings ist weiterhin für jeden globalen Katalogzugriff Kommunikation erforderlich.
- *Partitionierter Katalog:* Der globale Katalog wird unter allen Rechnern partitioniert gespeichert. Dabei erfolgt keine explizite Speicherung des GKS, sondern dieses ergibt sich

als Vereinigung der LKS. Eine Partitionierung des GVS ist möglich, da durch erweiterte Objektbezeichnungen ermittelt werden kann, wo die relevanten Verteilungsinformationen vorliegen, um nichtlokale Objekte zu lokalisieren (siehe Namensverwaltung, Abschn. 4.3).

Von diesen Alternativen unterstützt der letzte Ansatz den höchsten Grad an Knotenautonomie. Allerdings werden dabei für nichtlokale Daten Kommunikationsvorgänge bereits für Katalogzugriffe erforderlich. Dieser Nachteil kann durch ein *Caching nichtlokaler Katalogdaten* abgeschwächt werden. Damit lässt sich für häufiger benötigte Katalogdaten anderer Rechner ebenfalls Kommunikation vermeiden. Allerdings werden gepufferte nichtlokale Katalogdaten nach Änderungen ungültig. Zur Behandlung dieser Invalidierungsproblematik wurden folgende Alternativen vorgeschlagen:

- Der Besitzerknoten der Katalogdaten vermerkt sich, an welchen Rechnern eine Pufferung seiner Daten erfolgte. Bei einer Änderung werden die betroffenen Kopien explizit invalidiert. Damit kann der Zugriff auf invalidierte Daten vermieden werden, jedoch zulasten eines hohen Wartungs- und Kommunikationsaufwandes. Ein solcher Ansatz wurde in der Prototypimplementierung SDD-1 verfolgt.
- Bei der im Prototyp R* realisierten Alternative wird eine *Invalidierung* von Katalogdaten zugelassen [4]. Die Verwendung veralteter Katalogdaten bei der Erstellung von Ausführungsplänen für DB-Operationen wird erst zur Ausführungszeit an den datenhaltenden Knoten erkannt. Dies geschieht durch Führen von Versionsnummern für Katalogeinträge, wobei in den Ausführungsplänen die Versionsnummern der verwendeten Kopien aufgenommen werden. Wird zur Ausführungszeit festgestellt, dass nach Erstellung des Ausführungsplanes eine Änderung der Katalogdaten erfolgte (z. B. Löschen einer Indexstruktur), muss ein neuer Plan bestimmt werden.

4.3 Namensverwaltung

Sämtliche Datenbankobjekte in einem Verteilten DBS müssen systemweit eindeutige Namen besitzen, die zudem möglichst stabil sein sollten. Daneben sollte die Namensvergabe Ortstransparenz unterstützen, sodass sich insbesondere nach Migration eines Objektes (Änderung des speichernden Knotens) keine Auswirkungen für bestehende Programme ergeben. Weiterhin sollte ein bestimmtes Programm ohne Modifikation an allen Knoten eines Verteilten DBS ablauffähig sein. Zur Unterstützung von Knotenautonomie gilt es zudem, eine lokale Namensvergabe bei Erzeugung neuer Objekte zu ermöglichen, also ohne durch Kommunikation mit anderen Knoten die globale Eindeutigkeit sicherzustellen. Schließlich muss es auch in Verteilten DBS möglich sein, dass verschiedene Benutzer (unterschiedliche) Objekte mit demselben (logischen) Namen erzeugen.

4.3.1   Objektnamen in Verteilten DBS

Zur Unterstützung von Verteilungstransparenz ist es wünschenswert, dass Benutzer die
für zentralisierte DBS gültigen *Namenskonventionen* weiterhin benutzen können. Zentralisierte SQL-Implementierungen verwenden oft eine zweiteilige *Namensstruktur* für
DB-Objekte (Relationen, Sichten, . . .), bei der ein *logischer Objektname* folgendermaßen
aufgebaut ist:

```
[<Benutzername>.]<Objektname>.
```

Dabei sind sämtliche DB-Objekte dem erzeugenden Benutzer zugeordnet. Die Angabe
des Benutzernamens ist nur für Zugriffe auf Objekte eines anderen Benutzers erforderlich. Dieser Ansatz ermöglicht, dass verschiedene Benutzer Objekte mit dem gleichen
Objektnamen erzeugen können.

Im (geografisch) verteilten Fall garantiert diese Namensstruktur jedoch keine globale Eindeutigkeit von Objektbezeichnungen, da Benutzernamen i. Allg. nicht systemweit
eindeutig sind. Eine Lösungsmöglichkeit besteht in der Anwendung eines *hierarchischen
Namenskonzepts*, bei dem die Objektbezeichnungen zur Erlangung globaler Eindeutigkeit
um Knotennamen erweitert werden. Wir bezeichnen solchermaßen erweiterte, systemweit
eindeutige Bezeichnungen als *globale Objektnamen*. Eine mögliche Struktur globaler Objektnamen sieht folgendermaßen aus:

```
[[<Knotenname>.]<Benutzername>.]<Objektname>.
```

Dabei sei <Knotenname> die Bezeichnung des Rechners, an dem das Objekt erzeugt
wurde (*birth site*) [4]. Ist dieser *Geburtsname* nicht spezifiziert, wird defaultmäßig der
Rechner verwendet, an dem die betreffende DB-Operation gestartet wird. Damit kann
für lokal erzeugte Objekte die Angabe von Objektnamen wie im zentralen Fall erfolgen. Insbesondere braucht bei der Erzeugung eines neuen Objektes kein Knotenname
angegeben werden; zudem lässt sich die globale Eindeutigkeit bereits mit dem lokalen
Katalog überprüfen. Für den Zugriff auf nichtlokale Objekte ist jedoch die Spezifizierung
des Knotennamens erforderlich, was Zusatzmaßnahmen zur Gewährleistung von Verteilungstransparenz verlangt (s. u.).

Wie in Abb. 4.2a gezeigt sind insgesamt drei Arten von Knoten bei der Verwaltung und
Speicherung von Objekten beteiligt [1]: der Geburtsknoten, an dem ein Objekt erzeugt
wurde, der (oder die) Knoten, an dem Katalogdaten zu dem Objekt verwaltet werden (*catalog site*), und schließlich die Knoten, an denen das Objekt gespeichert ist (*store site*).
Es handelt sich dabei um eine logische Sichtweise, da ein einzelner Knoten durchaus die
verschiedenen Funktionen auf sich vereinen kann (was zur Reduzierung von Kommunikationsvorgängen auch wünschenswert ist). Wesentlich dabei ist, dass der im globalen

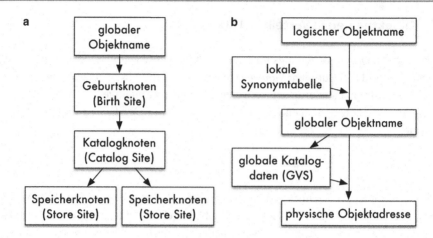

Abb. 4.2 Namensauflösung in Verteilten DBS, **a** Zusammenspiel von Geburts-, Katalog- und Speicherknoten, **b** Einsatz einer Synonymtabelle

Objektnamen explizit bezeichnete Geburtsknoten unabhängig vom Speicherungsort ist. Dies ermöglicht Ortstransparenz, da die physische Lokation eines Objektes wechseln kann (*Migration* von Objekten), ohne dass der globale Name zu ändern ist. Auch werden Objekte stets an einem Knoten erzeugt, können aber über mehrere Knoten partitioniert oder repliziert gespeichert werden.

Die physische Adresse eines Objektes wird über die globalen Katalogdaten (Verteilungsschema) bestimmt und ist von der gewählten Katalogarchitektur abhängig. Anstatt einer zentralisierten oder replizierten Speicherung dieser Angaben bietet es sich bei der eingeführten Namensstruktur an, diese am *Geburtsknoten* zu hinterlegen [4], sodass dann Geburts- und *Katalogknoten* zusammenfallen. Dies führt zu einer Partitionierung der globalen Katalogdaten, wobei die globalen Objektnamen direkt spezifizieren, wo die Verteilungsinformation für ein Objekt vorliegt. Dieser partitionierte Ansatz zur Katalog- und Namensverwaltung wurde in R* verwendet. Da zur Unterstützung von Knotenautonomie die globalen Katalogdaten auch an den *Speicherknoten* zu führen sind, kann es bei Speicherung eines Objektes an mehreren Knoten (Replikation, Fragmentierung), bzw. wenn aufgrund von Datenmigration Speicher- und Geburtsknoten differieren, jedoch auch zu einer begrenzten Replikation von Katalogdaten kommen.

Durch die Hinzunahme des Geburtsknotens in den globalen Objektnamen ergeben sich jedoch Probleme hinsichtlich der Gewährleistung von Verteilungstransparenz. Denn um auf extern erzeugte Objekte zugreifen zu können, ist die Spezifikation von Knotennamen erforderlich. Soll ein Anwendungsprogramm bzw. eine DB-Operation unverändert an mehreren Rechnern ausführbar sein, sind daneben sämtliche DB-Objekte vollständig zu spezifizieren, um eine korrekte *Namensauflösung* zu erreichen. Der üblicherweise verwendete Ansatz, um Programme und DB-Operationen ohne Spezifikation von Knotennamen erstellen zu können, liegt in der Definition sogenannter *Synonyme* (Alias-Namen). Diese werden vom DBS benutzerspezifisch verwaltet und gestatten die Abbildung von einfachen Objektnamen in vollqualifizierte globale Objektnamen. Die Knotenangaben befinden sich dabei lediglich in den *Synonymtabellen* des DBS, die typischerweise vom Datenbankadministrator für die lokalen Benutzer angelegt werden. Synonyme werden auch in kommerziellen DBS wie DB2 oder Oracle zur Unterstützung von Ortstransparenz verwendet.

Die sich damit ergebenden Einzelschritte bei der *Namensauflösung* (name resolution) sind in Abb. 4.2b noch einmal zusammengefasst. Zunächst erfolgt die Umsetzung logischer Namen in globale Objektnamen mit der im lokalen Katalog vorliegenden Synonymtabelle. Liegt kein Synonym vor, erfolgt die defaultmäßige Vervollständigung (Benutzername, Knotenname) zu einem globalen Namen. Der globale Objektname spezifiziert den Geburtsknoten, an dem auch die globale Verteilungsinformation für das betreffende Objekt vorliegt. Damit kann dann schließlich die physische Adresse (Speicherknoten) der zu referenzierenden Daten ermittelt werden.

4.3.2 Nutzung globaler Namensräume

Namensräume spielen auch in anderen, nichtdatenbankbasierten Anwendungen eine große Rolle. Im Laufe der Jahre sind eine Reihe von Namenskonventionen und Zugriffsschlüssel für globalen Zugriff entwickelt worden, um im Internet auf Knoten, Dokumente und Dienste zugreifen zu können, so u. a.:

- URL (Uniform Resource Locator). Die URL als einheitliche Lokalisation insbesondere einer Ressource im Web ist sicher die bekannteste Zugriffsmethode. Nach dem Zugriffsschema (etwa das Zugriffsprotokoll wie HTTP oder FTP) folgt etwa im HTTP-Protokoll eine Webseitenspezifikation im hierarchischen Format gefolgt von einem Pfad, der beispielsweise zu einer konkreten Datei führt.
- URI (Uniform Resource Identifier). Die URI ist eine Verallgemeinerung der bekannteren URL (beide Begriffe werden daher oft synonym gebraucht). Ein Uniform Resource Name (URN) als spezieller URI realisiert einen persistenten, ortsunabhängigen Bezeichner.
- DOI (Digital Object Identifier). Im Gegensatz zur URL, identifiziert eine DOI als spezielle URI nicht den Ort, an dem ein Objekt liegt, sondern das Objekt selber. DOIs werden üblicherweise von Firmen (Verlagen) und Organisationen verwaltet und sollen Dokumente identifizieren. DOIs stellen oft Metadaten zur Verfügung und werden zur Registrierung von Forschungsdatensätzen genutzt.

URLs beziehungsweise URIs sind direkt einsetzbar für Knotennamen, um in einem Verteilten DBS beteiligte Rechner zu identifizieren. Diese Namensräume können aber auch für Objektnamen genutzt werden, ggf. mit einem spezifischen Zugriffsprotokoll oder geeigneter Parametrisierung.

Informationen über die Birth-Site, Replikation etc. können hierbei im Pfad kodiert werden oder durch zusätzliche Metadaten (wie bei DOIs) oder über Konventionen zur Verfügung gestellt werden.

Die genannten Konzepte sind offene Namensräume für den globalen Zugriff. Im Datenbankkontext ist dies natürlich nur selten gewünscht, etwa bei publizierten wissenschaftlichen Datensätzen oder bibliografischen Datenbanken. Die Konzepte sind allerdings auf nichtöffentliche Namensräume übertragbar, Oracle 11g unterstützt an Namenskonventionen im Internet angelehnte globale Namen [3]. Ein *globaler Name* besteht aus einem Datenbanknamen und einem Domainnamen, wobei Letzterer den Konventionen von Internetadressen wie URLs folgt. Ein korrekter globaler Name wäre somit

`verkauf.md.beispiel.de`

wobei `verkauf` ein erlaubter Oracle-Datenbankname (`DB_NAME`) und `md.beispiel.de` eine Domain (`DB_DOMAIN`) ist.

4.4 Übungsaufgaben

Übung 4.1 (Katalogverwaltung)
Welche Alternativen eignen sich zur Katalogverwaltung in lokal verteilten Shared-Nothing-Systemen, in denen keine Knotenautonomie zu unterstützen ist?

Übung 4.2 (Namensauflösung in R*)
In R* wurde eine vierteilige Struktur globaler Objektnamen realisiert:

`[<Benutzername>[@<Benutzerknoten>].]<Objektname>[@<Objektknoten>]`

`<Benutzername>` und `<Benutzerknoten>` ergeben zusammen global eindeutige Bezeichnungen für Benutzer; `<Objektknoten>` entspricht dem Geburtsknoten eines Objektes. Bei der Namensauflösung werden nicht angegebene Knotennamen mit dem aktuellen Knoten ersetzt.

Die Relation `BEISPIEL` mit dem globalen Namen `RAHM@L.BEISPIEL@F` soll von verschiedenen Benutzern an verschiedenen Orten referenziert werden. Wie sieht der jeweils kürzeste Name aus, der (ohne Synonyme) korrekt zum vollständigen globalen Namen expandiert werden kann

- für Benutzer RAHM,
- für sonstige Benutzer,
- am Knoten L, am Knoten B und am Knoten F?

Literatur

1. Choy, D.M., Selinger, P.G.: A distributed catalog for heterogeneous distributed database resources. In: PDIS, pp. 236–244 (1991)

2. Dadam, P.: Verteilte Datenbanken und Client/Server-Systeme: Grundlagen, Konzepte und Realisierungsformen. Springer-Verlag (1996)

3. Fogel, S., Johnston, C., Moore, S., Morales, T., Potineni, P., Urbano, R., Ashdown, L., Greenberg, J.: Oracle database administrator's guide, 11g release 2 (11.2) e25494-03 (2014)

4. Lindsay, B.G.: Object Naming and Catalog Management for a Distributed Database Management System. In: ICDCS, pp. 31–39 (1981)

5. Özsu, M.T., Valduriez, P.: Principles of Distributed Database Systems, Third Edition. Springer Verlag (2011)

Grundlagen der Datenverteilung 5

Der Einsatz eines Verteilten Datenbanksystems, bzw. von Shared-Nothing-Systemen generell, verlangt die Festlegung einer physischen Aufteilung des Datenbestandes. Die Bestimmung der Datenverteilung ist dabei für die Leistungsfähigkeit des Systems von fundamentaler Bedeutung, da sie zu einem großen Teil den Kommunikationsaufwand zur DB-Verarbeitung bestimmt. Weiterhin ergeben sich durch die Datenverteilung Rückwirkungen auf die Lastbalancierung, da die von einem Rechner zu verarbeitenden Operationen durch die ihm zugeordneten Daten bestimmt sind. Durch die Möglichkeit, Daten repliziert zu speichern, wirkt sich die Datenverteilung auch auf die Verfügbarkeit aus.

Zur Festlegung einer Datenverteilung gilt es zu entscheiden, wie die Objekte auf die einzelnen Rechner verteilt werden. Für relationale DBS betrifft dies die Verteilung der Relationen des (globalen) konzeptionellen Schemas. Wie in Abb. 5.1 veranschaulicht, lässt sich diese Aufgabe in zwei Teilprobleme untergliedern: Fragmentierung und Allokation. Im Rahmen der *Fragmentierung* werden dabei zunächst die Einheiten der Datenverteilung (Fragmente) festgelegt. In relationalen Datenbanken kommen hierzu vor allem horizontale und vertikale Fragmentierungen in Betracht, die eine Relation zeilen- bzw. spaltenweise in Teilrelationen zerlegen. Die *Allokation* (*Ortszuweisung*) bestimmt danach, welchem Rechner jedes der Fragmente zugeordnet wird, wobei eine replizierte Allokation von Fragmenten möglich ist. Im Beispiel von Abb. 5.1 wird Relation R zeilenweise in fünf Fragmente zerlegt, von denen für zwei (R_2, R_4) eine replizierte Allokation vorgenommen wird. Die DB-*Partition* eines Rechners besteht aus der Menge seiner zugeordneten Fragmente. So umfasst die DB-Partition von Knoten 2 die Fragmente F_3 und F_4.

Nachfolgend stellen wir zunächst ausführlich Anforderungen sowie wesentliche Alternativen zur Fragmentierung vor (Abschn. 5.1). Danach diskutieren wir die Aufgabe der Allokation von Fragmenten und Aspekte der Replikation. Abschließend besprechen wir Vorschläge zur Bestimmung der Datenverteilung in Verteilten DBS.

© Springer-Verlag Berlin Heidelberg 2015   91
E. Rahm, G. Saake, K.-U. Sattler, *Verteiltes und Paralleles Datenmanagement*, eXamen.press,
DOI 10.1007/978-3-642-45242-0_5

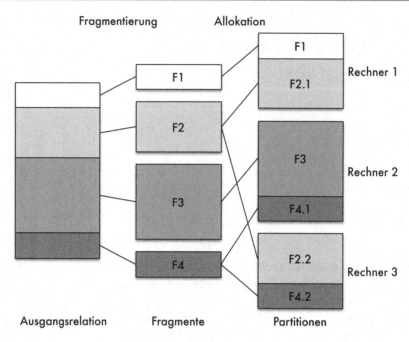

Abb. 5.1 Fragmentierung und Allokation von Relationen

5.1 Fragmentierung

In relationalen DBS stellen im einfachsten Fall ganze Relationen die kleinsten Vertei-
lungsgranulate dar. In diesem Fall entfällt die Notwendigkeit einer expliziten *Fragmentierung*. Zudem können Operationen auf einer Relation sowie Integritätsbedingungen auf
einer Relation (z. B. Eindeutigkeit von Attributwerten) stets an einem Rechner ausgeführt
bzw. überwacht werden, also mit geringen Kommunikationskosten. Allerdings sprechen
gravierende Beschränkungen gegen eine Datenverteilung auf Relationenebene und damit
für eine feinere Fragmentierung:

- *Lastbalancierung und Lokalität:* Die relativ geringe Zahl an Relationen und ihre typischerweise stark unterschiedlichen Größen bzw. Zugriffshäufigkeiten machen eine
  Datenverteilung ausschließlich auf Relationenebene zu inflexibel. Es könnten nur relativ wenige Rechner sinnvoll ausgelastet werden, es sei denn, einzelne Relationen
  würden repliziert an mehreren Knoten gehalten werden. Umgekehrt führen große bzw.
  häufig benötigte Relationen schnell zur Überlastung einzelner Rechner. Außerdem werden solche Relationen, wie z. B. bezüglich Kunden, in ortsverteilten Systemen selten
  an nur einem Knoten benötigt. Zur Einsparung von Kommunikationsvorgängen sollten
  die Daten jedoch möglichst dort gespeichert werden, wo sie am häufigsten benötigt

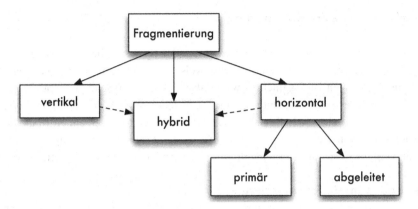

Abb. 5.2 Arten der Fragmentierung

werden, d. h., es sollte ein hoher Grad an Zugriffslokalität unterstützt werden. Dies erfordert v. a. für große Relationen eine partitionierte Speicherung.

- *Reduzierung des Verarbeitungsumfangs:* Vielfach können Operationen auf ein Fragment (bzw. eine Teilmenge der Fragmente) beschränkt werden. Ein derartiges *Fragment Pruning* (bzw. *Partition Elimination*) ermöglicht durch die Verringerung der zu verarbeitenden Datenmenge eine wesentlich effizientere Bearbeitung gegenüber der Ausführung auf der gesamten Relation.
- *Unterstützung von Parallelverarbeitung:* Durch die Fragmentierung wird es möglich, Operationen auf einer Relation in Teiloperationen auf Fragmenten unterschiedlicher Rechner zu zerlegen, die zur Verkürzung der Bearbeitungszeit parallel ausgeführt werden können.

Zur Zerlegung einer Relation in Fragmente kommen mehrere Alternativen in Betracht, u. a. eine horizontale oder vertikale Fragmentierung. Die Korrektheit einer Fragmentierung erfordert dabei, dass sie vollständig (verlustfrei) und weitgehend disjunkt ist [4]. *Vollständigkeit* bedeutet, dass jedes Datenelement (Tupel, Attributwert) einer zerlegten Relation in wenigstens einem Fragment enthalten ist. Eine derart verlustfreie Zerlegung ermöglicht dann auch die vollständige *Rekonstruierbarkeit* einer Relation aus ihren Fragmenten. Fragmente sollten möglichst *disjunkt* sein, da ihre Replikation im Rahmen der Allokation festgelegt wird. Bei der vertikalen Partitionierung ist jedoch die Disjunktheit von Fragmenten nicht vollständig einzuhalten, um Rekonstruierbarkeit zu gewährleisten (Abschn. 5.1.2).

Im Folgenden besprechen wir die wesentlichen Alternativen zur Fragmentierung, insbesondere die horizontale Fragmentierung, vertikale Fragmentierung und hybride Fragmentierung. Abbildung 5.2 zeigt die Bezüge zwischen den Fragmentierungsarten. Danach wird anhand eines Beispiels noch die Bedeutung des Begriffs „Fragmentierungstransparenz" verdeutlicht. In Kap. 6 werden ergänzend noch Fragmentierungsvarianten für Parallele DBS ausführlich diskutiert.

5.1.1 Horizontale Fragmentierung

Die *horizontale Fragmentierung* ist die in existierenden Systemen bedeutendste Fragmentierungsform. Bei ihr wird eine Relation zeilenweise in disjunkte Teilmengen zerlegt. Die Zuordnung von Sätzen zu Fragmenten wird dabei i. Allg. über Selektionsprädikate definiert. Hierbei sind zwei Fälle zu unterscheiden. Bei der *einfachen (primären) horizontalen Fragmentierung* beziehen sich die Selektionsprädikate ausschließlich auf Attribute der zu zerlegenden Relation. Bei der *abgeleiteten horizontalen Fragmentierung* dagegen wird die Zerlegung auf die horizontale Fragmentierung einer anderen Relation abgestimmt (s. u.).

Primäre horizontale Fragmentierung

Die *primäre horizontale Fragmentierung* einer Relation R in n Fragmente R_i erfordert also die Festlegung von n Selektionsprädikaten P_i auf Attribute von R:

$$R_i := \sigma_{P_i}(R) \quad (1 \leq i \leq n).$$

Die Prädikate P_i werden als *Fragmentierungsprädikate* bezeichnet und beziehen sich häufig auf ein Attribut oder wenige Attribute (*Fragmentierungsattribute*). Die Forderungen nach *Vollständigkeit* und *Disjunktheit* verlangen, dass jeder Satz der zerlegten Relation genau einem horizontalen Fragment zugeordnet wird. Die *Rekonstruierbarkeit* ist dann einfach gewährleistet; die Ausgangsrelation entspricht der Vereinigung all ihrer Fragmente. Es muss also gelten

$$R_i \cap R_j = \{\} \quad (1 \leq i, j \leq n, i \neq j),$$
$$R = \cup\, R_i \quad (1 \leq i \leq n).$$

Beispiel 5.1 In der Bankanwendung aus Abb. 2.1 könnte z. B. die KUNDE-Relation, erweitert um das Attribut FILIALE, horizontal nach der einem Kunden zugeordneten Zweigstelle fragmentiert werden. Abbildung 5.3 zeigt eine solche Zerlegung für drei Filialen. Wird diese Fragmentierung zu einer filialbezogenen geografischen Verteilung des Datenbestandes genutzt, kann eine hohe Lokalität im Zugriffsverhalten erreicht werden. Denn in jeder Filiale können dann sämtliche Datenzugriffe bezüglich der eigenen Kunden lokal abgewickelt werden.   □

Abgeleitete horizontale Fragmentierung

Es kann sinnvoll sein, eine horizontale Fragmentierung nicht auf Attributen der zu zerlegenden Relation zu definieren, sondern auf die horizontale Fragmentierung einer anderen Relation abzustimmen. In diesem Fall spricht man von einer *abgeleiteten horizontalen Fragmentierung* (*derived horizontal fragmentation*). Dies empfiehlt sich vor allem bei Relationen, die über eine Fremdschlüsselbeziehung von einer anderen Relation abhängen und für die daher häufig Join-Operationen auszuführen sind, welche von einer abgestimmten Datenverteilung profitieren können.

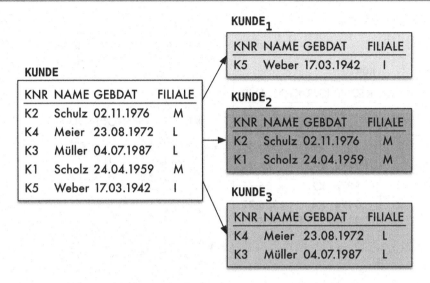

Abb. 5.3 Horizontale Fragmentierung der Kundenrelation nach Filialen

Beispiel 5.2 In unserem Bankbeispiel (Abb. 2.1) besteht eine Abhängigkeit zwischen den Relationen KONTO und KUNDE über das Kundennummerattribut KNR. Dabei ist KNR ein Fremdschlüssel in KONTO, der sich auf den Primärschlüssel von KUNDE bezieht. Eine abgeleitete horizontale Fragmentierung von KONTO orientiert sich daher an der horizontalen Fragmentierung von KUNDE; das heißt, die den Kunden eines Fragmentes zugeordneten Konten werden ebenfalls innerhalb eines Fragmentes zusammengefasst. Wenn, wie in Beispiel 5.1 der Fall, KUNDE nach Filialen horizontal fragmentiert ist, werden somit alle Konten nach der Filialzugehörigkeit ihrer Kontoinhaber fragmentiert, wie in Abb. 5.4 verdeutlicht. Fragment KONTO$_2$ enthält z. B. alle Konten von Kunden der Filiale „M" (Magdeburg). □

Die einem Fragment R_i der übergeordneten Relation R zugeordneten Tupel der abhängigen Relation S erhält man durch Anwendung des Semi-Joins zwischen S und R_i. Bei einer Zerlegung von R in n Fragmente R_i ergibt sich also folgende abgeleitete horizontale Fragmentierung von S in n Fragmente S_i:

$$S_i = S \ltimes R_i = S \ltimes \sigma_{P_i}(R) = \pi_{S-\text{Attribute}}(S \bowtie \sigma_{P_i}(R)) \ (1 \leq i \leq n).$$

Die zur Definition der Fragmentierung verwendeten Selektionsprädikate P_i beziehen sich hierbei ausschließlich auf Attribute von R, also nicht auf Attribute der zu zerlegenden (abhängigen) Relation S. Die Rekonstruktion der Relation S ergibt sich analog wie für R durch Vereinigung der einzelnen Fragmente S_i. Die Vollständigkeit der Zerlegung ist gewährleistet, falls der Semi-Join zwischen S und R verlustfrei ist, da dann zu jedem S-Tupel ein Verbundpartner in R existiert. In unserem Bankbeispiel kann davon ausge-

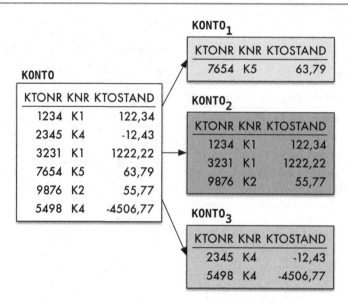

Abb. 5.4 Abgeleitete horizontale Fragmentierung der Kontorelation

gangen werden, dass für den Kontoinhaber KNR in KONTO sinnvollerweise keine Nullwerte
zugelassen werden. Die Disjunktheit der S-Fragmente ergibt sich aus der Disjunktheit der
R-Fragmente, da zwischen den beiden Relationen eine N : 1-Beziehung besteht.

Ein wesentlicher Vorteil der abgeleiteten horizontalen Fragmentierung liegt darin, dass
sie eine effiziente (Equi-)Join-Berechnung zwischen S und R unterstützt. Denn durch die
Fragmentierung ist gewährleistet, dass alle zum Fragment R_i gehörenden Tupel der Relation S in Fragment S_i liegen (und umgekehrt). Werden die Fragmente R_i und S_i jeweils
dem gleichen Rechner zugeordnet, kann daher eine *lokale Join-Berechnung* erfolgen. Ferner wird eine lokale Überprüfung der referenziellen Integrität möglich.

Beispiel 5.3 In dem eingeführten Bankbeispiel mit einer abgeleiteten horizontalen Fragmentierung der KONTO-Relation können Join-Berechnungen zwischen KUNDE und KONTO
weitgehend lokal erfolgen, falls die entsprechenden Fragmente jeweils demselben Rechner zugeordnet werden. Dies trifft für die Bestimmung von Kontoangaben zu einem
Kunden ebenso zu wie die Ermittlung von Kundenangaben zu einem bestimmten Konto.
Auch die referenzielle Integrität kann lokal überwacht werden. Wird ein neues Konto
eröffnet, so kann die Gültigkeit der anzugebenden Kundennummer (KNR) lokal geprüft
werden. Bei Löschungen in der Kundenrelation können die davon betroffenen Kontosätze
lokal ermittelt werden.   □

Unterstützung von Parallelverarbeitung
Die horizontale Fragmentierung ist hervorragend geeignet, eine *parallele Anfragebearbeitung* zu unterstützen. Denn Operationen auf einer derart fragmentierten Relation lassen

sich leicht in eine Menge parallel ausführbarer Teiloperationen auf den einzelnen Fragmenten zerlegen. Das Gesamtergebnis erhält man durch anschließendes Mischen der Teilergebnisse. Bei einer abgeleiteten horizontalen Fragmentierung lässt sich auch die Join-Berechnung einfach parallelisieren. Hierzu genügt es, den Join auf jedem der n Fragmentpaare der beiden Relationen lokal und parallel durchzuführen und anschließend die lokalen Join-Ergebnisse zu mischen.

Beispiel 5.4 Auf der KONTO-Relation aus Beispiel 5.2 sei die Summe sämtlicher Kontostände zu berechnen. Da dies das Lesen jedes Kontosatzes erfordert (Relationenscan), ergibt sich bei sequenzieller Bearbeitung eine sehr hohe Bearbeitungsdauer. Eine horizontale Fragmentierung wie in Abb. 5.4 erlaubt eine parallele Bearbeitung der Anfrage. Dabei wird auf jedem Fragment (für jede Filiale) parallel die lokale Summe der Kontostände ermittelt. Das Gesamtergebnis ergibt sich durch die abschließende Summenbildung der lokalen Zwischenergebnisse. □

Wir werden auf die Datenverteilung zur Unterstützung von Parallelverarbeitung im nächsten Kap. 6 näher eingehen.

5.1.2 Vertikale Fragmentierung

Die *vertikale Fragmentierung* zerlegt eine Relation spaltenweise durch Definition von Projektionen auf den Attributen der Relation. Die Forderungen nach Vollständigkeit und Rekonstruierbarkeit verlangen, dass jedes Attribut in wenigstens einem Fragment enthalten ist. Die Rekonstruktion der Gesamtrelation erfordert den natürlichen Verbund (Join) zwischen den einzelnen Fragmenten. Um diese Join-Berechnung verlustfrei vornehmen zu können, ist es erforderlich, den Primärschlüssel der Relation in jedem Fragment mitzuführen. Die Forderung nach Disjunktheit muss also bei der vertikalen Fragmentierung auf die Nichtprimärattribute (Attribute, die nicht Teil des Primärschlüssels sind) eingeschränkt werden.

Beispiel 5.5 Die Kundenrelation aus unserer Bankanwendung wird in Abb. 5.5 durch Anwendung von Projektionen in zwei vertikale Fragmente KUNDE₁ und KUNDE₂ zerlegt. Der Primärschlüssel KNR ist in beiden Fragmenten enthalten, um die Gesamtrelation durch Join-Bildung wieder rekonstruieren zu können. Es gilt

$$\text{KUNDE} = \text{KUNDE}_1 \bowtie \text{KUNDE}_2 \, ,$$

der Verbund stellt also die Originalrelation wieder her. □

Die vertikale Fragmentierung kommt vor allem für Relationen mit einer großen Anzahl von Attributen zum Tragen, wenn an verschiedenen Knoten vorwiegend unterschiedliche Teilmengen der Attribute benötigt werden. In diesem Fall kann durch die vertikale Fragmentierung eine Reduzierung des Kommunikationsaufwandes erreicht werden sowie

Abb. 5.5 Vertikale Fragmentierung der Kundenrelation

KUNDE

KNR	NAME	GEBDAT	FILIALE
K2	Schulz	02.11.1976	M
K4	Meier	23.08.1972	L
K3	Müller	04.07.1987	L
K1	Scholz	24.04.1959	M
K5	Weber	17.03.1942	I

KUNDE₁

KNR	NAME	FILIALE
K2	Schulz	M
K4	Meier	L
K3	Müller	L
K1	Scholz	M
K5	Weber	I

KUNDE₂

KNR	GEBDAT
K2	02.11.1976
K4	23.08.1972
K3	04.07.1987
K1	24.04.1959
K5	17.03.1942

eine Einschränkung des zu verarbeitenden Datenumfanges. Auf der anderen Seite ist die Rekonstruktion der vollständigen Tupel über Verbunde teuer. Sehr aufwendig sind auch Änderungsvorgänge wie Einfügen oder Löschen von Tupeln, da sie sämtliche vertikalen Fragmente einer Relation betreffen.

Eine vertikale Fragmentierung von Relationen erfolgt auch im Rahmen von Column Stores [1], wobei jedes Attribut ein eigenes Fragment darstellen kann, um für seine Auswertung eine maximale Reduzierung des Verarbeitungsumfangs zu erreichen. Dabei wird oft implizit eine fortlaufende Nummerierung der Sätze einer Tabelle unterstellt und die Attributwerte pro Fragment werden in der entsprechenden Reihenfolge gespeichert. Damit entfällt die replizierte Speicherung der Primärschlüssel pro Fragment und die Join-Bildung erfolgt implizit über die relative Satzposition. Die verteilte Speicherung und Auswertung solcher Fragmente ist analog möglich wie für die allgemeineren vertikalen Fragmente mit Primärschlüsseln.

Im Data-Warehouse-Bereich kann vertikale Fragmentierung in Form sogenannter *Mini-Dimensionen* eingesetzt werden. Hierbei werden selten angefragte Attribute von einer Dimensionstabelle abgetrennt, um kleinere Tabellen zu erhalten.

5.1.3 Hybride Fragmentierung

Da die Fragmente einer Relation selbst wiederum Relationen darstellen, kann die Fragmentierung rekursiv fortgesetzt werden, sofern die Korrektheit in jedem Fragmentierungsschritt gewahrt bleibt. Insbesondere können dabei die unterschiedlichen Fragmentierungsarten kombiniert werden, wobei man dann von einer *hybriden Fragmentierung* spricht. Die

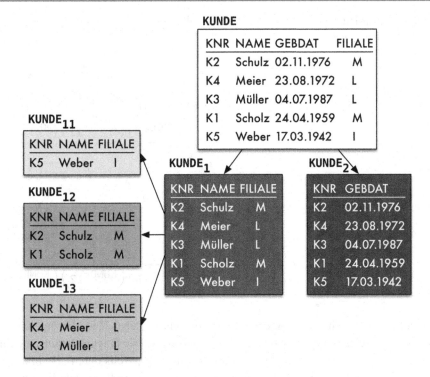

Abb. 5.6 Hybride Fragmentierung der Kundenrelation

Wiederherstellung einer derart zerlegten Relation erfordert die Ausführung der Rekonstruktionsschritte in der inversen Reihenfolge, in der die Fragmentierungen vorgenommen wurden.

Beispiel 5.6 Die Kundenrelation wird zunächst wie in Abb. 5.5 vertikal in die Fragmente KUNDE$_1$ und KUNDE$_2$ zerlegt. Anschließend erfolgt auf Fragment KUNDE$_1$ eine horizontale Zerlegung nach Filialen, wodurch die Fragmente KUNDE$_{11}$, KUNDE$_{12}$ und KUNDE$_{13}$ entstehen (Abb. 5.6). Zur Rekonstruktion der Gesamtrelation ist zunächst eine Vereinigung der durch die horizontale Fragmentierung erzeugten Fragmente erforderlich, danach wird die vertikale Fragmentierung über Join-Bildung aufgehoben. Es gilt also

$$\text{KUNDE} = (\text{KUNDE}_{11} \cup \text{KUNDE}_{12} \cup \text{KUNDE}_{13}) \bowtie \text{KUNDE}_2 .$$

Die sekundären Fragmente werden mit der Vereinigung der vertikalen Fragmente vereint, bevor sie mittels Verbund mit dem vertikalen Fragment verschmolzen werden.   □

Die hybride Fragmentierung lässt sich in kompakter Weise durch einen *Fragmentierungsbaum* beschreiben. Dabei bildet die zerlegte Relation den Wurzelknoten; die Blätter entsprechen den erzeugten Fragmenten. Die Nachfolger eines bestimmten Knotens im Baum

Abb. 5.7 Baumdarstellung
von **a** Fragmentierung und
b Rekonstruktion

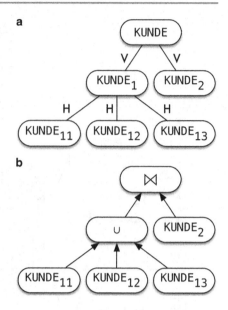

entsprechen den aus einem Fragmentierungsschritt entstandenen Zwischenergebnissen. Abbildung 5.7a zeigt den Fragmentierungsbaum für die hybride Fragmentierung aus Beispiel 5.6, wobei eine horizontale bzw. vertikale Zerlegung jeweils durch „H" bzw. „V" gekennzeichnet wird. Wie in Abb. 5.7b veranschaulicht, lässt sich aus dem Fragmentierungsbaum unmittelbar ein Operatorbaum zur Rekonstruktion der Gesamtrelation ableiten. Dabei erfolgt die Verarbeitung von den Blättern (Fragmenten) aus unter Anwendung der in den Knoten des Baumes spezifizierten Rekonstruktionsoperatoren (∪ für horizontale, ⋈ für vertikale Fragmentierungsschritte).

5.1.4 Fragmentierungstransparenz

Eine Forderung an Verteilte Datenbanksysteme ist die Unterstützung von *Fragmentierungstransparenz*, unabhängig davon, welche der vorgestellten Alternativen zur Fragmentierung eingesetzt wird. Dies bedeutet, dass die vorgenommene Zerlegung für den Endbenutzer und Anwendungsprogrammierer vollkommen unsichtbar bleibt; es ist alleinige Aufgabe des VDBS DB-Operationen auf die einzelnen Fragmente abzubilden.

Beispiel 5.7 Die Kundenrelation sei wie in Beispiel 5.1 horizontal in die Fragmente KUNDE$_1$, KUNDE$_2$ und KUNDE$_3$ unterteilt. Um den Namen des Kunden mit KNR=K4 zu ermitteln, kann bei Gewährleistung von Fragmentierungstransparenz die Anfrage wie im zentralen Fall formuliert werden:

```
SELECT NAME FROM KUNDE WHERE KNR = K4
```

Ohne Fragmentierungstransparenz dagegen müsste u. U. auf jedes der drei Fragmente explizit zugegriffen werden, um in einem davon den gesuchten Kunden zu finden. Noch signifikanter sind die Vorteile der Fragmentierungstransparenz bezüglich Änderungen, die dazu führen können, dass Tupel von einem Fragment in ein anderes zu verlegen sind. Wenn etwa der Kunde K3 aufgrund eines Wohnungswechsels die Filialzugehörigkeit ändert, so ist dies bei Fragmentierungstransparenz eine einfache Operation, z. B.:

```
UPDATE KUNDE SET Filiale='I' WHERE KNR = K3
```

Ohne Fragmentierungstransparenz dagegen müsste ein Löschen von K3 in KUNDE$_3$ und Einfügen in KUNDE$_1$ vorgenommen werden:

```
SELECT NAME, GEBDAT INTO :Name, :Gebdat
   FROM KUNDE₃ WHERE KNR = K3;
INSERT INTO KUNDE₁ (KNR, NAME, GEBDAT, FILIALE)
   VALUES (K3, :Name, :Gebdat, 'I');
DELETE KUNDE₃ WHERE KNR = K3;
```

Noch aufwendiger wird die Programmierung, wenn auch abgeleitete horizontale Fragmentierungen von Änderungen betroffen sind, z. B. die Umverteilung aller Konten des Kunden, der die Filialzugehörigkeit gewechselt hat. Bei Gewährleistung von Fragmentierungstransparenz werden solche Wartungsoperationen automatisch durch das DBS ausgeführt. □

Das Beispiel verdeutlicht, dass Fragmentierungstransparenz eine erhebliche Erleichterung der DB-Benutzung bedeutet. Weiterhin kann nun die Fragmentierung jederzeit geändert werden, ohne dass sich dadurch Rückwirkungen auf bestehende Anwendungen ergeben.

5.2 Allokation und Replikation

Nach Festlegung der Fragmentierung besteht der zweite Schritt bei der Datenverteilung einer Relation in der *Allokation* der Fragmente zu Knoten. Wird dabei keines der Fragmente mehrfach alloziert, erhält man eine *partitionierte*, anderenfalls eine *replizierte Allokation*. Im letzteren Fall unterscheidet man noch zwischen *voller Replikation*, bei der eine Relation vollständig an allen Rechnern gespeichert wird, und *partieller Replikation*. Bei voller Replikation entfällt das Fragmentierungs- und Allokationsproblem. Weiterhin erübrigt sich eine verteilte Anfrageverarbeitung auf der Relation, da jede lesende DB-Operation lokal verarbeitet werden kann. Die Speicherplatz- und Änderungskosten einer vollen Replikation sind jedoch zumindest für größere Relationen meist prohibitiv.

Die Zuordnung der Fragmente soll in ortsverteilten Systemen eine möglichst *hohe Lokalität* sicherstellen, sodass die Anfragen mit einem Minimum an Kommunikationsaufwand beantwortet werden können. Andererseits sollte jedoch auch eine *Lastbalancierung* und eine Parallelverarbeitung unterstützt werden, die bereits durch eine Fragmentierung der Relationen intendiert wurde.

Ein wesentliches Ziel der replizierten Datenhaltung ist die Steigerung der *Verfügbarkeit*, da im Gegensatz zur partitionierten Datenallokation replizierte Objekte auch nach Ausfall eines der Speicherknoten zugreifbar bleiben. Replikation kann jedoch – für Leseoperationen – auch unter Leistungsgesichtspunkten sinnvoll sein. Denn wenn mehrere Knoten ein bestimmtes Fragment führen, bestehen größere Optimierungsmöglichkeiten zur Erstellung eines kostengünstigen Ausführungsplanes. Insbesondere kann ein repliziertes Objekt an mehreren Knoten lokal referenziert werden, sodass Kommunikationsvorgänge gegenüber einer partitionierten Datenbankallokation eingespart werden können. Weiterhin erhöhen sich die Möglichkeiten zur Lastbalancierung, da bestimmte Datenzugriffe von mehreren Rechnern ausführbar sind. Diese Vorteile werden jedoch zu Lasten von Änderungsvorgängen erkauft, da jede Objektänderung auf alle Kopien (Replikate) propagiert werden muss.

Aufgrund der geforderten Verteilungstransparenz bleibt die Lokation einzelner Fragmente für die Benutzer verborgen (Ortstransparenz). Ebenso unsichtbar bleibt die Existenz von Replikation (Replikationstransparenz). Die Wartung der Replikation nach Änderungen ist somit alleinige Aufgabe des Verteilten DBS. Entsprechende Verfahren dazu werden wir in Kap. 13 vorstellen.

5.3 Bestimmung der Datenverteilung

Bei der Bestimmung von Fragmentierung und Allokation gilt es, sowohl eine hohe Leistungsfähigkeit als auch eine hohe Verfügbarkeit (durch Replikation) zu unterstützen. Diese Aufgabe ist sehr komplex, da eine Vielzahl von Abhängigkeiten bestehen, die bestenfalls in grober Annäherung berücksichtigt werden können. Ein grundsätzliches Problem besteht darin, dass die Kosten der Ausführung nicht nur durch die Datenverteilung bestimmt sind, sondern auch von den eingesetzten Verfahren zur Anfrageoptimierung und -bearbeitung, zur Transaktionsverwaltung und zur Wartung von Replikation. Weiterhin ist die Last, für die eine günstige Datenverteilung zu finden ist, i. Allg. nur ungenau bekannt; insbesondere kann die Datenverteilung nicht auf die Ausführung von Ad-hoc-Anfragen hin optimiert werden. Aussagen hinsichtlich der Ausfallwahrscheinlichkeit einzelner Knoten oder Kommunikationsverbindungen sind generell nur schwer möglich.

Die Bestimmung der *Datenverteilung* muss zwangsweise gegensätzliche Anforderungen ausgleichen. Kompromisse müssen v. a. hinsichtlich folgender Kriterien eingegangen werden:

- *Lokalität vs. Lastbalancierung:* Die Datenverteilung zur Maximierung von Lokalität führt leicht zu ungleicher Rechnerauslastung. Dies wird in dem Extremfall deutlich, in dem alle Daten einem Knoten zugewiesen werden würden. Dort wäre eine optimale Lokalität, jedoch insgesamt keinerlei Lastbalancierung mit anderen Knoten erzielt worden. Lastbalancierung und die Reduzierung von lokalen Überlastsituationen erfordern somit eine Aufteilung der Daten, sodass die Rechner in etwa gleichmäßig belastet werden.

- *Lokalität vs. Parallelität:* Zur Reduzierung von Kommunikationsvorgängen empfiehlt sich eine Datenverteilung, die Lokalität im Referenzverhalten dadurch ausnutzt, dass häufig gemeinsam benötigte Daten demselben Rechner zugewiesen werden (*Clustering*). Zur Parallelisierung von Operationen ist es dagegen erforderlich, dass gemeinsam benutzte Daten mehreren Rechnern zugewiesen werden (*Declustering*). Dieser Zielkonflikt (Trade-off) ist zudem noch vom Lasttyp beeinflusst. Die Unterstützung von Parallelisierung empfiehlt sich vor allem für Operationen auf großen Datenmengen, während für einfachere Operationen die Unterstützung von Lokalität anzustreben ist.

- *Lese- vs. Änderungsoperationen:* Leseoperationen können durch Einsatz von Replikation stark optimiert werden, jedoch auf Kosten von Änderungstransaktionen. Je höher also der Anteil von Lesezugriffen liegt, desto stärker kann Replikation zur Verbesserung des Leistungsverhaltens sowie der Verfügbarkeit eingesetzt werden.

Im Folgenden gehen wir zunächst auf Ansätze zur Fragmentierung ein und besprechen danach noch kurz Verfahren zur Allokation. Zur Festlegung einer (primären) horizontalen Fragmentierung gilt es, die definierenden Selektionsprädikate zu spezifizieren. In vielen Fällen genügt hierzu die Definition von Wertebereichen auf einem der Attribute (Bereichsfragmentierung). Die Festlegung einer solchen primären Fragmentierung ist durch eine Anwendungsanalyse oft relativ einfach. In unserem Bankbeispiel bot sich so die Fragmentierung nach Filialen an, um eine Unterstützung geografischer Zugriffslokalität zu ermöglichen. Ähnliches gilt für andere geografisch zu verteilende Datenbestände, z. B. die Fragmentierung von Abteilungsdaten nach Abteilungsorten. Durch Analyse von Fremdschlüssel-Primärschlüssel-Beziehungen sowie Join-Häufigkeiten kann darauf aufbauend eine Definition von abgeleiteten horizontalen Fragmentierungen erfolgen.

Ein solcher „semantischer" Ansatz wird auch in [3] empfohlen. Alternativ dazu kann versucht werden, ein mathematisches Modell zur Festlegung der Selektionsprädikate heranzuziehen, wie z. B. in [4, 8] vorgestellt. Diese Ansätze erfordern die Festlegung, welche „Minterme" (dies sind Kombinationen einfacher Prädikate der Form <Attribut> <Vergleichsoperator> <Konstante>) in welcher Häufigkeit und Selektivität auf einer Relation auszuführen sind. Mit diesen Angaben wird dann eine Zerlegung bestimmt, sodass ein Fragment nicht in unterschiedlicher Weise von zwei (oder mehr) der unterstellten Anfragetypen referenziert wird und sich für die Tupel eines Fragmentes eine in etwa gleiche Zugriffshäufigkeit ergibt. Algorithmen zur Festlegung einer vertikalen Fragmentierung versuchen, eine Partitionierung der Attributmengen zu finden, sodass Anfragetypen verschiedener Knoten möglichst disjunkte Teilmengen der Attribute benötigen [4, 8].

Verfahren zur Bestimmung einer vertikalen Fragmentierung werden u. a. in [7] vorgeschlagen. Dabei wird eine sogenannte *Affinitätsmatrix* genutzt, welche die Häufigkeit der gemeinsamen Nutzung von Attributpaaren innerhalb der wichtigsten Transaktionstypen und Anfragen angibt. Durch Clustering-Verfahren können daraufhin Kombinationen von mehr als zwei Attributen ermittelt werden, die als vertikale Fragmente infrage kommen. Unter verschiedenen Kandidaten werden dann über eine Kostenbewertung die vielversprechendsten ausgewählt.

Die Bestimmung einer *Datenallokation* in verteilten Systemen ist ein intensiv untersuchtes Optimierungsproblem [5, 10, 2, 6]. Das *Allokationsproblem* wurde meist für die Zuordnung ganzer Dateien betrachtet (*File Allocation Problem, FAP*); die entwickelten Ansätze lassen sich oft jedoch auch zur Allokation von Fragmenten heranziehen. Das Optimierungsziel ist i. Allg. die Minimierung einer globalen Kostenfunktion unter Berücksichtigung bestimmter Randbedingungen. Bei der Ausgestaltung von Kostenfunktion sowie den betrachteten Randbedingungen bestehen erhebliche Unterschiede zwischen den einzelnen Ansätzen. Im einfachsten Fall wird lediglich eine Minimierung von Kommunikationsvorgängen durch Unterstützung von Lokalität angestrebt; komplexere Modelle berücksichtigen daneben auch die Speicherkosten sowie lokale Verarbeitungskosten. Mögliche Randbedingungen sind die Beachtung knotenspezifischer Obergrenzen hinsichtlich der Speicher- oder Verarbeitungskapazität, um z. B. eine Lastbalancierung zu unterstützen. Im Lehrbuch [9] wird hierzu ein einfacher Datenallokationsansatz vorgestellt.

Im nächsten Kap. 6 werden wir das Fragmentierungs- und Allokationsproblem für Parallele DBS näher behandeln.

5.4 Übungsaufgaben

Übung 5.1 (Abgeleitete horizontale Fragmentierung)
Gegeben seien folgende Relationen:

```
ABT (ANR, ANAME, AORT, ABUDGET)
PERSONAL (PNR, PNAME, ANR, BERUF, GEHALT)
PROJEKT (PRONR, PRONAME, PROBUDGET)
PMITARBEIT (PNR, PRONR, DAUER).
```

Es handelt sich um das klassische Beispiel von Abteilungen, Projekten und ihren Mitarbeitern. Primärschlüssel sind unterstrichen; übereinstimmende Attributnamen kennzeichnen Fremdschlüssel-Primärschlüssel-Beziehungen.

Abteilungen seien an drei Standorten vertreten: Leipzig, Magdeburg und Ilmenau. Definieren Sie eine entsprechende horizontale Partitionierung von ABT sowie abgeleitete horizontale Partitionierungen für PERSONAL und PMITARBEIT.

Übung 5.2 (Korrektheit der abgeleiteten horizontalen Fragmentierung)
Die in Abschn. 5.1.1 vorgestellte Definition der abgeleiteten horizontalen Fragmentierung ist nur korrekt, falls in der abhängigen Relation S keine Nullwerte als Fremdschlüssel vorkommen dürfen. Wie ist die Fragmentierung zu erweitern, falls diese Voraussetzung nicht

mehr zutrifft? Welche Auswirkungen ergeben sich dadurch hinsichtlich der Berechnung von Joins zwischen R und S?

Übung 5.3 (Hybride Fragmentierung)

Auf der horizontalen Fragmentierung von PERSONAL aus Aufgabe 5.1 soll zusätzlich eine vertikale Fragmentierung durchgeführt werden, sodass das GEHALT-Attribut in einem eigenen Fragment geführt wird. Geben Sie die Spezifikation einer solchen vertikalen Fragmentierung an. Zeichnen Sie den Fragmentierungsbaum sowie den Operatorbaum zur Rekonstruktion der PERSONAL-Relation.

Literatur

1. Abadi, D., Boncz, P.A., Harizopoulos, S., Idreos, S., Madden, S.: The design and implementation of modern column-oriented database systems. Foundations and Trends in Databases **5**(3), 197–280 (2013)

2. Apers, P.M.G.: Data allocation in distributed database systems. ACM Trans. Database Syst. **13**(3), 263–304 (1988)

3. Bell, D.A., Grimson, J.: Distributed database systems. Addison-Wesley (1992)

4. Ceri, S., Pelagatti, G.: Distributed Databases: Principles and Systems. McGraw-Hill Book Company (1984)

5. Dowdy, L.W., Foster, D.V.: Comparative models of the file assignment problem. ACM Comput. Surv. **14**(2), 287–313 (1982)

6. Hevner, A.R., Rao, A.: Distributed Data Allocation Strategies. Advances in Computers **27**, 121–155 (1988)

7. Navathe, S.B., Ceri, S., Wiederhold, G., Dou, J.: Vertical partitioning algorithms for database design. ACM Trans. Database Syst. **9**(4) (1984)

8. Özsu, M.T., Valduriez, P.: Principles of Distributed Database Systems, Third Edition. Springer Verlag (2011)

9. Rahm, E.: Mehrrechner-Datenbanksysteme. Addison-Wesley (1994)

10. Wah, B.W.: File placement on distributed computer systems. IEEE Computer **17**(1), 23–32 (1984)

Datenverteilung in Parallelen DBS

Voraussetzung für die Nutzung von Datenparallelität im Rahmen von Intra-Query-Parallelität ist eine geeignete Datenverteilung, sodass mehrere Prozesse auf disjunkten Datenbereichen parallel arbeiten können. Während in Shared-Everything- und in Shared-Disk-Systemen lediglich eine Verteilung der Daten über mehrere Platten bzw. Externspeicher zu finden ist, erfordert Shared Nothing zugleich eine Verteilung der Daten unter den Verarbeitungsrechnern. Die Datenverteilung hat in dieser Architektur daher auch direkten Einfluss auf den Kommunikations-Overhead und ist daher von besonderer Bedeutung für die Leistungsfähigkeit.

Wir konzentrieren uns daher weitgehend auf die Bestimmung der Datenverteilung für *Shared Nothing*, die ähnlich wie für Verteilte DBS die Schritte der Fragmentierung und Allokation erfordert (Kap. 5). Um jedoch eine effektive Parallelisierung erreichen zu können, sind diese Aufgaben enger aufeinander abzustimmen. Insbesondere empfiehlt sich vor der Fragmentierung bereits die Festlegung des Verteilgrades einer Relation. Die eigentliche Allokation (Zuordnung von Fragmenten zu Rechnern) ist danach relativ einfach möglich. Nach der Diskussion dieser drei Teilschritte stellen wir noch drei für Shared Nothing einsetzbare Verfahren mit replizierter Zuordnung der Daten vor. Im Anschluss besprechen wir die Datenverteilung für Shared Everything und Shared Disk. Am Ende des Kapitels gehen wir noch auf die Datenverteilung in NoSQL-Systemen ein.

Ein Verteilten DBS ähnlicher Spezialfall ergibt sich für auf OLTP-Anwendungen fokussierte Parallele DBS. Hier spielt die Unterstützung von Intra-Query-Parallelität keine Rolle, sondern die Daten sollten so verteilt werden, dass Transaktionen mit einem Minimum an Kommunikation ausführbar sind und alle Rechner möglichst gleichmäßig ausgelastet werden können. Für Shared Nothing bedeutet dies, eine Datenverteilung zu finden, die möglichst vielen Transaktionen die Ausführung auf nur einem Knoten ermöglicht. Denn ansonsten führt nach der Untersuchung von [6] die verteilte Verarbeitung von Operationen und die notwendig werdende verteilte Commit-Verarbeitung zu signifikanten Performanceeinbußen.

E. Rahm, G. Saake, K.-U. Sattler, *Verteiltes und Paralleles Datenmanagement*, eXamen.press, DOI 10.1007/978-3-642-45242-0_6

6.1 Bestimmung des Verteilgrades

Der *Verteilgrad* (*degree of declustering*) D einer Relation legt fest, über wie viele Partitionen (Rechner, Platten) diese verteilt wird. Er ist von entscheidender Bedeutung für die Leistungsfähigkeit, da vor allem Selektionsoperationen häufig auf allen D Partitionen auszuführen sind. Bei der Bestimmung von D sind teilweise widersprüchliche Forderungen wie Unterstützung von Intra-Query-Parallelität, geringer Kommunikationsaufwand sowie Lastbalancierung zu berücksichtigen (Abschn. 5.3). So ist zur Unterstützung von Intra-Transaktionsparallelität prinzipiell eine „breite" Verteilung einer Relation über viele Knoten wünschenswert. Dies wird etwa mit dem einfachen Ansatz des „*full declustering*" erreicht, bei dem eine Relation über alle N Knoten (Partitionen) verteilt wird ($D = N$). Auf der anderen Seite führt jedoch ein hoher *Verteilgrad* zwangsweise zu einem hohen Kommunikationsaufwand zum Starten von Teiloperationen sowie zum Zurückliefern von Ergebnissen. Dieser Aufwand kann für kleinere Relationen sowie für selektive Anfragen, die im Extremfall lediglich einen Satz als Ergebnis liefern, prohibitiv teuer sein. Für solche Relationen sollte daher eine Allokation zu einer Teilmenge der Rechner erfolgen. Selektive Anfragen (auch auf großen Relationen) sollten auf möglichst wenige Knoten beschränkt werden können. Die Diskussion zeigt, dass unterschiedliche Anfragetypen i. Allg. unterschiedliche Verteilgrade erfordern. Bei der Datenverteilung muss daher für Shared-Nothing-Systeme ein Kompromisswert festgelegt werden, der eine „durchschnittliche" Anfrage gut bedient. Alternativ könnten für nicht ausreichend abgedeckte Anfragen materialisierte Sichten definiert und mit einer eigenen Verteilungsstrategie redundant gespeichert werden.

Um den optimalen Verteilgrad für eine bestimmte Anfrage bestimmen zu können, ist eine Abschätzung ihrer Antwortzeit in Abhängigkeit des Verteilgrades, der bei Shared Nothing meist auch dem *Parallelitätsgrad* p entspricht, vorzunehmen. Nach [24] lässt sich für den Einbenutzerbetrieb die Antwortzeit R einer über p Rechner parallelisierten Anfrage unter bestimmten Annahmen gleichmäßig verteilter Daten und Zugriffe mit folgender Formel charakterisieren:

$$R_p = a + b \times p + \frac{c \times K}{p}.$$

Demnach setzt sich die Antwortzeit aus drei Komponenten zusammen, die in Abb. 6.1 separiert dargestellt sind. Der konstante Anteil a umfasst die nicht parallelisierbaren Anteile der Anfrage (Initialisierungskosten u. ä.). Die zweite Antwortzeitkomponente $b \times p$ entspricht der Zeit zum Starten und Beenden der p Teiloperationen; dieser Parallelisierungsaufwand steigt i. Allg. linear mit dem Parallelisierungs- und Verteilgrad. Die eigentliche Nutzarbeit wird durch $c \times K$ abgeschätzt und soll proportional zu der Anzahl zu verarbeitender Tupel K sein. Die Bearbeitungsdauer dieses Anteils wird durch die Parallelisierung idealerweise linear verkürzt. Die Koeffizienten a, b, c und K sind u. a. abhängig von DB- und Anfragemerkmalen, wie Relationengröße, Nutzbarkeit eines Indextyps, Selektivität der Anfrage etc. Weiterhin gehen die benötigten Instruktionen für

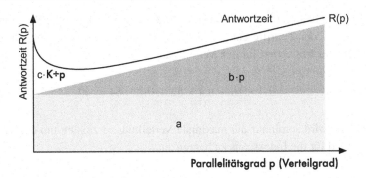

Abb. 6.1 Antwortzeitzusammensetzung in Abhängigkeit vom Verteilgrad

gewisse Operationen (Kommunikation etc.) sowie Hardwaremerkmale (CPU-, Platten-, Netzwerkgeschwindigkeit) ein. Auf die Einzelheiten der Festlegung soll hier verzichtet werden; eine genaue Beschreibung für Selektionsoperationen (mit und ohne Indexnutzung) sowie für Join-Anfragen findet sich in [15].

Wird für eine Anfrage in dieser Weise eine Antwortzeitabschätzung vorgenommen, lässt sich der optimale Verteilgrad dadurch bestimmen, indem man berechnet, welcher p-Wert die Antwortzeitfunktion $R(p)$ minimiert. Durch Bilden der ersten Ableitung von $R(p)$ und Gleichsetzen mit Null ergibt sich:

$$p_{opt} = \sqrt{\frac{c \times K}{b}}.$$

Die Formel zeigt, dass das Optimum unabhängig vom konstanten Anteil a ist, sondern im Wesentlichen vom Verhältnis zwischen der Nutzarbeit $c \times K$ und dem Parallelisierungs-Overhead b bestimmt wird. Zudem steigt der optimale Parallelitäts- und Verteilgrad nicht linear, sondern nur proportional zur Wurzel der Relationengröße (also z. B. um den Faktor 10 bei 100fach wachsender Datenmenge).

Um den *Verteilgrad D* der Relation festzulegen, bestimmt man in der skizzierten Weise den optimalen Wert p_{opt} für die wichtigsten Anfragetypen. Üblicherweise profitieren Operationen, die einen kompletten Scan der Relationen benötigen, von einer breiten bzw. maximalen Verteilung, um einen hohen Grad an Parallelität zu nutzen. Für selektive Anfragen, die durch einen Index unterstützt werden, wird dagegen in der Regel die beste Antwortzeit für eine begrenzte oder keine Parallelität erzielt. Aus den einzelnen Optima pro Anfragetyp kann für den Verteilgrad ein gewichteter Mittelwert gebildet werden, bei dem sich das Gewicht eines Anfragetyps aus seinem relativen Anteil an der Gesamtlast ergibt.

Beispiel 6.1 Für eine Beispielrelation werde ein Relationenscan bei maximaler Parallelisierung über 64 nutzbare Rechner am schnellsten bearbeitet. Dagegen sei für zwei Indexscans unterschiedlicher Selektivität der optimale Parallelitätsgrad p_{opt} lediglich 16 bzw. 52. Wenn die beiden Indexscans jeweils 40 % der Zugriffe auf die Relation ausmachen und für 20 % der Zugriffe ein vollständiger Relationenscan erforderlich ist, ergibt sich als gewichteter Mittelwert für den Verteilgrad:

$$D = 0,4 \times 16 + 0,4 \times 52 + 0,2 \times 64 = 40 \, .$$

Mit diesem Wert wird somit auf die maximale Verteilung verzichtet, um den Kommunikations-Overhead für die Indexscans zu begrenzen. □

6.2 Fragmentierung

Alle parallelen Shared-Nothing-DBS basieren auf einer *horizontalen Fragmentierung* von Relationen, da diese eine disjunkte Zerlegung der Daten definiert, die unmittelbar für Datenparallelität genutzt werden kann (Abschn. 5.1.1). Ferner lässt sich dabei im Gegensatz zur vertikalen Fragmentierung auch leicht eine sehr große Anzahl von Fragmenten und somit eine weitgehende Parallelisierung erreichen. Eine *vertikale Fragmentierung* könnte jedoch ergänzend innerhalb einzelner Knoten Anwendung finden, insbesondere wenn das DBS eine spaltenorientierte Speicherung von Relationen (Column Store) unterstützt.

Im Wesentlichen finden drei Fragmentierungsansätze Anwendung für parallele Shared-Nothing-Systeme: Round-Robin, Hash-Fragmentierung sowie Bereichsfragmentierung (Abb. 6.2) [8]. Wir nehmen dabei an, dass M Fragmente zu bestimmen seien, wobei im einfachsten Fall $M = D$ gilt. Die Zuordnung der Fragmente zu Rechnern ist Aufgabe der Allokation (Abschn. 6.3).

Wir diskutieren nachfolgend zunächst die drei genannten Basisansätze der horizontalen Fragmentierung. Im Anschluss behandeln wir noch mehrere Erweiterungen, u. a. die Nutzung von mehrdimensionalen sowie mehrstufigen Fragmentierungen. Die Frag-

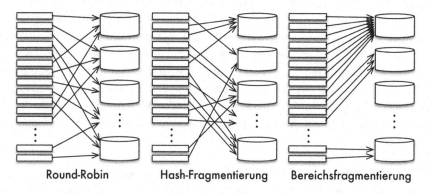

Round-Robin   Hash-Fragmentierung   Bereichsfragmentierung

Abb. 6.2 Alternativen der horizontalen Fragmentierung

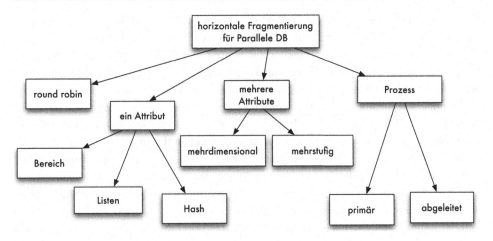

Abb. 6.3 Fragmentierungsarten für die parallele Verarbeitung

mentierungen können prinzipiell auch für materialisierte Sichten verwendet werden, um zusätzliche Anfragen zu optimieren.

Abbildung 6.3 gibt einen Überblick über die für parallele DB genutzten Fragmentierungsarten. Die Alternativen unter dem Prozessknoten (primäre vs. abgeleitete horizontale Fragmentierung) beziehen sich in der Regel auf Ein-Attribut-Fragmentierungen.

6.2.1 Basisansätze

Bei der *round-robin-artigen Fragmentierung* werden die Sätze einer Relation reihum den M Fragmenten zugewiesen, sodass der i-te Satz der Relation dem Fragment $(i \mod M) + 1$ zugeordnet wird. Damit wird eine Aufteilung der Relation in M gleich große Fragmente erreicht. Dies führt zu einer günstigen Lastbalancierung, falls die einzelnen Sätze der Relation mit gleicher Wahrscheinlichkeit referenziert werden. Da für die Datenverteilung keine Attributwerte berücksichtigt werden, ist jedoch i. Allg. für jede Anfrage auf der Relation eine Bearbeitung aller M Fragmente erforderlich.

Die Ansätze der Hash- und Bereichsfragmentierung (Abb. 6.2) versuchen diesen Nachteil abzuschwächen, indem sie die Datenverteilung über die Werte eines Attributs (bzw. einer Menge von Attributen) definieren. Dieses *Fragmentierungs-* bzw. *Verteilattribut* ist beliebig wählbar, jedoch wird oft der Primärschlüssel verwendet. Bei der *Hash-Fragmentierung* wird die Zerlegung der Relation durch eine Hash-Funktion auf dem Verteilattribut festgelegt, die jeden Satz auf eines der M Fragmente abbildet. Die Verteilung der Attributwerte sowie die Güte der Hash-Funktion bestimmen, ob eine ähnlich gleichmäßige Datenverteilung wie bei Round-Robin erreicht werden kann. Günstig sind diesbezüglich z. B. eindeutige Attribute wie Primärschlüssel. Ungünstig dagegen sind Attribute mit stark ungleicher Werteverteilung, wie z. B. Produkt-Id oder Datum bei Verkaufsdaten (Bestseller oder Tage im Weihnachtsgeschäft werden überproportional oft auftreten).

Von Vorteil bei der Hash-Fragmentierung ist, dass die Bearbeitung von exakten (exact match) Anfragen bezüglich des Verteilattributes, welche nur Sätze zu einem festgelegten Attributwert als Ergebnis liefern, durch Anwendung der Hash-Funktion auf ein Fragment und damit einen Rechner beschränkt werden kann (minimaler Kommunikationsaufwand). Auch für Join-Berechnungen, bei denen das Join-Attribut mit dem Verteilattribut übereinstimmt, ergeben sich signifikante Einsparmöglichkeiten. Denn die Verbundpartner zu einem Wert liegen dann in einem Fragment vor und können somit schnell ermittelt werden (s. Abschn. 9.3). Schließlich können auch Gruppierungen (Group-By-Auswertungen) über das Verteilattribut optimal parallelisiert werden, da zu jeder Gruppe die Sätze in einem Knoten aggregiert werden können, parallel zu den Gruppen anderer Rechner. Die meisten kommerziellen Shared-Nothing-DBS nutzen derzeit eine Hash-Fragmentierung zur Datenverteilung, u. a. Teradata, DB2 und Microsoft Parallel Data Warehouse.

Die *Bereichsfragmentierung* verwendet disjunkte und vollständige Wertebereichsunterteilungen auf dem Verteilattribut anstelle einer Hash-Funktion. Wie für eine Hash-Fragmentierung lassen sich damit Exact-Match-Anfragen bezüglich des Verteilattributs auf ein Fragment beschränken und Join-Anfragen sowie Gruppierungen auf dem Verteilattribut können optimiert werden. Daneben können aber auch Bereichsanfragen (range queries) bezüglich des Verteilattributs auf die relevante Teilmenge der Fragmente beschränkt werden, sodass für sie ein geringerer Kommunikationsaufwand als bei Hash-Fragmentierung möglich wird. Allerdings ist es aufwendiger als für eine Hash-Fragmentierung eine gute Lastbalancierung zu erreichen, da hierzu eine Aufteilung des Wertebereichs in möglichst gleich große Fragmente zu finden ist. Zudem ist bei zahlreichen Datenänderungen eine periodische Anpassung der Fragmentdefinitionen erforderlich, ggf. verbunden mit einer Datenumverteilung zwischen Knoten.

Ein Spezialfall der Bereichsfragmentierung ist die sogenannte *Listenfragmentierung*, bei der ein Fragment durch eine Aufzählung bzw. Liste von Einzelwerten definiert wird und im Extremfall nur einen Wert umfasst. Die Fragmentierung von Bankkunden und Konten nach dem Attribut „Filiale" in Abschn. 5.1.1 ist ein Beispiel für eine solche Listenfragmentierung. Die Listenfragmentierung bietet sich häufig für Data-Warehouse-Anwendungen an, z. B. um Verkaufsereignisse nach Einzelwerten von Dimensionsattributen wie für Region, Jahr oder Produktart zu unterteilen.

Auch für Parallele DBS können *abhängige horizontale Fragmentierungen* (Abschn. 5.1.1) eingesetzt werden (sowohl für Hash- als auch für Bereichsfragmentierungen), um für Relationen mit häufigen Join-Anfragen eine gleichartige Fragmentierung und Datenverteilung zu erreichen. Als Verteilungsattribut dient dabei jeweils das Join-Attribut, also der Fremdschlüssel in der abhängigen Relation und der Primärschlüssel in der referenzierten Relation. Für Data-Warehouse-Anwendungen ist eine abhängige Fragmentierung für die Faktentabelle sinnvoll, um diese gemäß der Fragmentierung einer Dimensionstabelle (z. B. bezogen auf die Zeit- oder Produktdimension) zu zerlegen. Es können damit Anfragen zu der gewählten Fragmentierungsdimension (über einen Star

Join) auf eine Teilmenge der Faktentabelle eingegrenzt werden. Wie weiter unten (Abschn. 6.2.3) diskutiert, empfiehlt sich hier eine mehrdimensionale Fragmentierung, um nicht nur zu einer Dimension diesen Vorteil nutzen zu können.

Beispiel 6.2 Die KONTO-Relation einer Bankanwendung soll über den Primärschlüssel KTONR in 25 Fragmente zerlegt werden. Im Falle einer Hash-Fragmentierung könnte dies z. B. durch die Hash-Funktion h (KTONR) $= 1 +$ (KTONR mod 25) erfolgen. Eine Bereichsfragmentierung muss dagegen auf die vergebenen Werte für KTONR abgestimmt werden, um sicherzustellen, dass jede Kontonummer berücksichtigt wird und die einzelnen Fragmente möglichst gleich viele Sätze umfassen. Exact-Match-Anfragen (z. B. KTONR $= 4711$) können in beiden Fällen auf ein Fragment beschränkt werden. Bereichsanfragen über die Kontonummer (z. B. KTONR < 20.000) lassen sich lediglich bei der Bereichsfragmentierung auf eine Teilmenge der Fragmente eingrenzen, was vor allem für selektive Anfragen vorteilhaft ist. Für die Hash-Fragmentierung wird in diesem Fall der Zugriff auf alle 25 Fragmente erforderlich. Kontenzugriffe über den Namen des Kontoinhabers (anstatt über die Kontonummer) müssten in beiden Fällen auf allen Fragmenten bearbeitet werden.

Eine Fragmentierung über KTONR ist jedoch weniger günstig bezüglich Join-Anfragen, etwa mit der Relation KUNDE. Hierzu wäre entweder eine abhängige Fragmentierung (z. B. auf „Filiale") nützlich (Abschn. 5.1.1) oder eine Fragmentierung auf dem Join-Attribut KNR (Kundennummer). Mit letzterem Ansatz wären zu jedem Kunden die Verbundpartner in einem KONTO-Fragment lokalisiert und damit schnell zu bestimmen. □

Für Shared Nothing werden *Indexstrukturen* meist analog zu den Relationen zerlegt, sodass zu jedem Fragment bzw. jeder Partition ein Teilindex mit den Schlüsselwerten zu den am jeweiligen Rechner vorliegenden Daten existiert. Die Verwendung und Wartung dieser Indexstrukturen ist damit wie für zentralisierte DBS möglich.

6.2.2 Verfeinerte Bereichsfragmentierung

Im Falle der *Bereichsfragmentierung* kann die Beschränkung auf $M = D$ Fragmente eine ungünstige Parallelisierung und Lastbalancierung für Bereichsanfragen verursachen. Denn damit werden Bereichsanfragen auf dem Fragmentierungsattribut auf die minimale Anzahl von Prozessoren $s \cdot D$ beschränkt, wobei s der mittlere Anteil sich qualifizierender Tupel sei ($0 \leq s \leq 1$). Wenn für diese Bereichsanfragen jedoch $p_{opt} > s \cdot D$ gilt, wird zwar ein geringer Kommunikationsaufwand, aber aufgrund einer zu geringen Parallelisierung u. U. eine schlechtere Antwortzeit als bei Verarbeitung auf D Knoten wie bei der Hash-Fragmentierung erreicht. Eine in [10] beschriebene Abhilfemöglichkeit besteht darin, eine Verfeinerung der Fragmentierung vorzunehmen, sodass die mittlere Ergebnismenge von $s \cdot K$ Tupeln (K = Kardinalität der Relation) auf p_{opt} Fragmente verteilt wird. Dies kann durch eine Fragmentierung erreicht werden, bei der im Mittel etwa $s \cdot K / p_{opt}$ Tupel

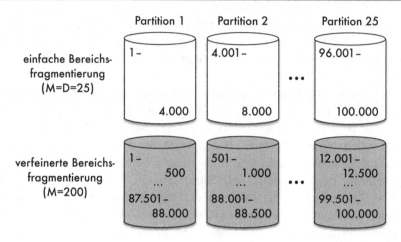

Abb. 6.4 Einfache vs. verfeinerte Bereichsfragmentierung

pro Fragment entfallen. Da die mittlere Fragmentgröße auch dem Quotienten K/M entspricht, erhält man, dass insgesamt $M = p_{opt}/s$ Fragmente zu bestimmen sind. Werden „aufeinanderfolgende" Fragmentbereiche jeweils verschiedenen Partitionen zugeordnet, kann so für Bereichsanfragen auf dem Fragmentierungsattribut die optimale Parallelität erreicht werden.

Beispiel 6.3 Für die KONTO-Relation aus dem vorherigen Beispiel sei $K = 100.000$, und für Bereichsanfragen über KTONR seien $s = 0,05$ und $p_{opt} = 10$. Ferner soll $D = 25$ gelten. Bei der einfachen Bereichsfragmentierung (Abb. 6.4 oben) sowie der Hash-Fragmentierung werden somit 25 Fragmente mit jeweils etwa 4000 Konten bestimmt. Die einfache Bereichsfragmentierung begrenzt Bereichsanfragen auf KTONR, welche im Mittel 5000 Sätze betreffen, auf 2 Fragmente (Prozessoren), während bei der Hash-Fragmentierung alle 25 Prozessoren involviert werden. Bei der verfeinerten Fragmentierung (Abb. 6.4 unten) werden $M = 10/0,05 = 200$ Fragmente mit jeweils etwa 500 Tupeln gebildet. Diese werden dann wie gezeigt reihum den 25 Partitionen zugeordnet, sodass jede Partition 8 Fragmente umfasst. Bereichsanfragen auf KTONR werden somit im Mittel auf 10 bis 11 Prozessoren verteilt, sodass der optimale Parallelitätsgrad unterstützt wird.□

6.2.3 Mehrdimensionale Fragmentierung

Eine Beschränkung der Hash- sowie Bereichsfragmentierungen ist, dass nur Anfragen bezüglich des Verteilattributs auf eine Teilmenge der Fragmente (Rechner) eingegrenzt werden können, während für alle anderen Anfragen sämtliche Fragmente zu involvieren sind. Eine Verbesserung ermöglichen mehrdimensionale Fragmentierungen, bei denen mehrere Attribute gleichberechtigt zur Definition der Fragmentierung verwendet wer-

Tab. 6.1 Mehrdimensionale Bereichspartitionierung (Beispiel)

KNAME	KTONR					
	< 15.000	< 30.000	< 45.000	< 60.000	< 75.000	≤ 90.000
A–D	1	1	4	4	7	7
E–H	1	1	4	4	7	7
I–L	2	2	5	5	8	8
M–P	2	2	5	5	8	8
Q–S	3	4	6	6	9	9
T–Z	3	4	6	6	9	9

den. Hierzu wurde in [11] eine *mehrdimensionale Bereichsfragmentierung* vorgeschlagen. Über ein relativ kompaktes Directory kann dabei für jedes der beteiligten Fragmentierungsattribute festgestellt werden, welche Fragmente relevante Tupel für eine Bereichs- oder Exact-Match-Anfrage enthalten. Damit lassen sich für Anfragen auf mehreren Attributen Kommunikationseinsparungen gegenüber einer Verarbeitung auf allen Fragmenten erzielen. Auf der anderen Seite ergibt sich bezogen auf ein Attribut i. Allg. ein Mehraufwand an Kommunikation gegenüber einer eindimensionalen Fragmentierung auf diesem Attribut. Daher ist eine mehrdimensionale Bereichsfragmentierung vor allem sinnvoll, wenn über mehrere Attribute ähnlich häufig zugegriffen wird.

Beispiel 6.4   Tabelle 6.1 zeigt eine zweidimensionale Bereichsfragmentierung der KONTO-Relation über die Attribute KTONR und KNAME (Kundenname) in 36 Fragmente, die wie gezeigt 9 Rechnern (Partitionen) zugeordnet werden sollen. Diese erlaubt Exact-Match- und Bereichsanfragen bezüglich jedes der beiden Attribute auf 3 Rechner zu begrenzen (zweidimensionale Anfragen bezüglich KTONR und KNAME sogar auf 1 Fragment). Eine einfache Bereichsfragmentierung könnte Anfragen für eines der Attribute auf 1 Rechner eingrenzen, würde jedoch für Anfragen bezüglich des anderen Attributs alle 9 Rechner involvieren. Wenn beide Attribute mit gleicher Häufigkeit referenziert werden, ergibt dies einen Durchschnitt von 5 Rechnern pro Anfrage gegenüber 3 für die zweidimensionale Bereichsfragmentierung. Erfolgen die Zugriffe dagegen in 90 % der Fälle über KTONR und nur in 10 % über den Kundennamen, schneidet die eindimensionale Bereichsfragmentierung über KTONR besser ab (im Mittel 1,8 Knoten pro Anfrage gegenüber 3). Unberücksichtigt bleibt bei diesem Vergleich jedoch, dass gerade für Bereichsanfragen die parallele Bearbeitung auf mehr als einem Knoten oft vorteilhaft ist.   □

Eine mehrdimensionale Fragmentierung empfiehlt sich besonders für OLAP- bzw. Data-Warehouse-Anwendungen aufgrund ihrer häufigen mehrdimensionalen Auswertungen. Unter Annahme eines Sternschemas kann gemäß dem in [20] vorgeschlagenen Ansatz bezüglich jeder Dimensionstabelle ein Fragmentierungsattribut ausgewählt werden, zu dem jeder Wert ein eigenes Fragment definiert (Listenfragmentierung). Abbildung 6.5 zeigt hierzu ein Beispiel (für das Schema aus Abb. 2.5) mit einer zweidimensionalen

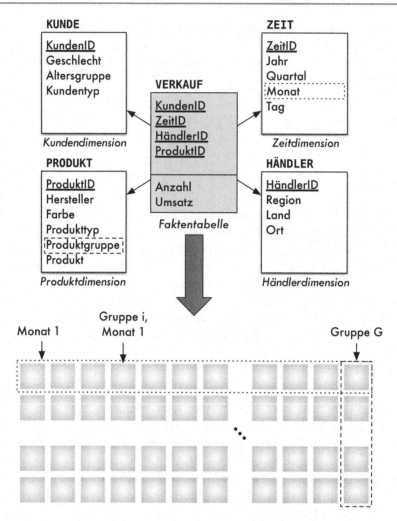

Abb. 6.5 Zweidimensionale Fragmentierung einer Faktentabelle

abhängigen horizontalen Fragmentierung der Faktentabelle über die Dimensionsattribute *Produktgruppe* (Produktdimension) und *Monat* (Zeitdimension). Für *G* Produktgruppen und *M* Monate entstehen somit $G \times M$ Fragmente für die Faktentabelle. Somit lassen sich nahezu alle Anfragen mit Bezug auf die Zeit- und/oder Produktdimension auf eine Teilmenge der Fragmente (und ggf. der Rechner) eingrenzen. Anfragen zu einer Gruppe und einem Monat betreffen nur ein Fragment und einen Rechner, wobei jeder Satz des Fragments relevant ist und somit für einen schnellen Externspeicherzugriff physisch benachbart gespeichert werden kann. Eindimensionale Anfragen zu einem Monat oder einer Produktgruppe können auf *M* bzw. *G* Fragmente eingegrenzt werden, wie in Abb. 6.5 angedeutet.

Aufgrund des meist hierarchischen Aufbaus von Dimensionstabellen kann jedoch auch für Anfragen auf anderen Attributen der zur Fragmentierung gewählten Dimensionen ein „Fragment Pruning" erreicht werden. So können Anfragen zu Attributen „oberhalb" des Attributs *Monat* (*Quartal* oder *Jahr*) oder des Attributs *Produktgruppe* (*Produkttyp*) auf eine Teilmenge relevanter Fragmente begrenzt werden, wobei jeder Satz der gewählten Fragmente für das Ergebnis relevant bleibt. Für eine Auswertung zu einem bestimmten Quartal sind etwa nur die Fragmente der zugehörigen drei Monate auszuwerten. Für Anfragen zu Dimensionsattributen „unterhalb" der Fragmentierungsattribute (also *Tag* bezüglich Monat und Produkt bezüglich Produktgruppe) sind nur die Fragmente des jeweiligen Monats bzw. der jeweiligen Produktgruppe auszuwerten. Hier ist dann jedoch nur ein Teil der Sätze dieser Fragmente relevant. Der Zugriff auf die relevanten Sätze kann bei sehr großen Fragmenten durch einen Indexzugriff, z. B. über Bitlisten, beschleunigt werden [20].

Zur automatischen Bestimmung einer mehrdimensionalen Fragmentierung wurde das Tool *WARLOCK* entwickelt [21]. Es bestimmt für ein gegegebenes Sternschema, DB-Statistiken und Lastprofil mit den wichtigsten Anfragetypen eine geordnete Liste vorteilhafter mehrdimensionaler Fragmentierungen, von denen der Systemverantwortliche eine auswählen kann.

6.2.4 Mehrstufige Fragmentierung

Anstelle einer mehrdimensionalen Fragmentierung, bei der mehrere Attribute gleichberechtigt Verwendung finden, lassen sich mehrere Fragmentierungen auch in einer bestimmten Reihenfolge kombinieren, was zu mehrstufigen Fragmentierungen führt. Für Shared Nothing wird hierbei die Fragmentierung auf der ersten Stufe für die Verteilung der Daten zwischen den Knoten genutzt. Die Fragmentierung auf der zweiten und eventuell weiteren Stufen wird dann nur noch auf den Daten je eines Rechners angewandt, ähnlich wie mögliche Fragmentierungen für Shared Everything oder auch Shared Disk. Diese rechnerlokalen Fragmentierungen ermöglichen für Anfragen auf den entsprechenden Attributen eine Eingrenzung des Datenvolumens auf die relevanten Teilfragmente. Falls mehrere Prozessoren pro Knoten vorliegen, können die nachrangigen Fragmentierungen auch zur parallelen Anfragebearbeitung innerhalb eines Knotens Verwendung finden.

Prinzipiell gibt es wenig Restriktionen, welche Fragmentierungen in welcher Reihenfolge im Rahmen eines zwei- oder mehrstufigen Fragmentierungsansatzes eingesetzt werden. Nach [14] empfiehlt sich für Shared Nothing aber vor allem die Nutzung einer Hash-Fragmentierung für die Datenverteilung zwischen den Knoten (aufgrund ihrer Einfachheit und – bei geeigneter Wahl des Verteilattributs – meist guten Lastbalancierung) und die Nutzung von Bereichs- bzw. Listenfragmentierungen innerhalb der Knoten. Diese Vorgehensweise wird u. a. von Teradata und DB2 unterstützt. In beiden Systemen kann dabei eine einstufige oder mehrstufige Fragmentierung pro Knoten gewählt werden. Wir wollen dies beispielhaft für DB2 erläutern.

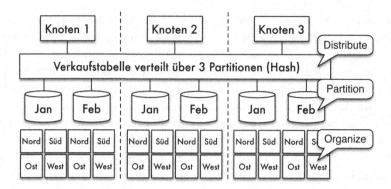

Abb. 6.6 Dreistufige Fragmentierung in DB2 (Quelle: IBM)

In DB2 kann eine dreistufige Fragmentierung verwendet werden. Neben einer Hash-Fragmentierung für die Datenverteilung zwischen Knoten und einer lokalen Bereichsfragmentierung kann zusätzlich noch ein sogenanntes *mehrdimensionales Clustering* (MDC) eingesetzt werden [17], das im Wesentlichen dem oben diskutierten Ansatz der mehrdimensionalen Fragmentierung entspricht. MDC nimmt somit eine Listenfragmentierung vor, die zu Teilfragmenten innerhalb eines knotenspezifischen Bereichsfragments führt, die sich auf jeweils ein Listenelement bzw. eine Kombination mehrerer Listenelemente beziehen. Die resultierende dreistufige Fragmentierungsstrategie von DB2 ist beispielhaft in Abb. 6.6 illustriert.

In dem Beispiel werden Verkaufsdaten einer Tabelle auf Basis einer Hash-Fragmentierung unter drei Knoten aufgeteilt. Pro Knoten werden die zugeteilten Daten über das Attribut *Monat* bereichs- bzw. listenmäßig aufgeteilt, sodass pro Monat und Knoten ein Fragment mit Verkaufsdaten zu dem jeweiligen Monat entsteht. Im dritten Schritt werden die monatsbezogenen Fragmente weiter unterteilt, und zwar bezüglich des Attributs *Region*. Dadurch entstehen pro Monatsfragment vier Teilfragmente oder Cluster, deren Seiten physisch benachbart gespeichert werden. Die gewählte Fragmentierung über Monat und Region ermöglicht, dass Anfragen zu diesen Attributen pro Knoten auf eine Teilmenge der Fragmente eingegrenzt werden kann und dass die Teilfragmente aufgrund der Cluster-Speicherung schnell durch sequenzielle I/O eingelesen werden können.

Im letzten Schritt („organize") hätten gemäß dem MDC-Prinzip auch mehrere Attribute gleichberechtigt Anwendung finden können (z. B. Region und Produkttyp). Dies hätte zu einer größeren Menge von (kleineren) Teilfragmenten geführt und Anfragen pro Monat oder Region sind somit auf mehr Fragmenten zu bearbeiten. Andererseits könnten dann auch Anfragen zu Produkttyp auf eine Teilmenge der Fragmente eingegrenzt werden (s. Übungsaufgabe 6.4).

DB2 unterstützt die teilautomatische Bestimmung einer mehrstufigen Fragmentierung im Rahmen seines Design-Advisor-Werkzeugs [19, 13, 26]. Es wird dabei eine integrierte Optimierung zusammen mit Empfehlungen für Indexstrukturen und materialisierte

Sichten angestrebt. Für eine gegebene Last und eine gegebene Datenbank wird dabei eine *What-If*-Schnittstelle des Query-Optimierers genutzt, um für eine zu testende DB-Konfiguration die Ausführungskosten pro Anfrage zu erhalten. Damit können nach einer heuristischen Vorauswahl interessanter Konfigurationen diejenigen empfohlen werden, welche für den gegebenen Query-Mix die geringsten Gesamtkosten verursachen. Bezüglich der Datenverteilung wird aufgrund der Vorgabe einer Hash-Fragmentierung nur die Suche nach dem besten Verteilattribut(-kombination) betrachtet, wobei eine Vorauswahl mit Fokus auf Primärschlüssel, Fremdschlüssel und Gruppierungsattributen erfolgt. Bezüglich MDC erfolgt eine automatisierte Auswahl der Dimensionen basierend auf den Query-Prädikaten und Schätzungen bezüglich der Fragmentgrößen.

6.3 Allokation

Aufgabe der *Allokation* ist die Zuordnung der Fragmente zu Partitionen und Rechnern. Diese Aufgabe ist nun einfacher lösbar als bei Verteilten DBS, wo aufgrund großer Entfernungen zwischen den Knoten die Unterstützung einer hohen Lokalität ein Hauptziel war (Abschn. 5.3). In lokal verteilten Shared-Nothing-DBS sind dagegen die Hauptziele neben der Begrenzung des Kommunikationsaufwandes vor allem die Unterstützung von Intra-Query-Parallelität und Lastbalancierung. Bei der Festlegung des Verteilgrades sowie der Fragmentierung wurde diesen Faktoren bereits Rechnung getragen, wobei jedoch vor allem eine Minimierung von Antwortzeiten angestrebt wurde. Bei der Allokation soll nun die Lastbalancierung unterstützt werden, um ein gutes Durchsatzverhalten zu fördern.

Bei der Allokation einer Relation sind zunächst D Rechner auszuwählen, denen die Fragmente der Relation zugeordnet werden. Dies ist für $D = N$ (Full Declustering) trivial, anderenfalls erfolgt die Auswahl mit Hinblick auf eine Lastbalancierung, sodass auf jeden Rechner möglichst gleich viele Zugriffe entfallen. Wenn von einer Gleichverteilung der Zugriffe ausgegangen werden kann, genügt es hierzu, jedem Rechner in etwa gleich viele Tupel zuzuweisen. Anderenfalls müssen die Zugriffshäufigkeiten explizit berücksichtigt werden (s. [4]). Bei der Auswahl der Rechner können auch weitere Faktoren eine Rolle spielen, z. B. wenn zur Unterstützung der Join-Verarbeitung zusammengehörige Fragmente verschiedener Relationen derselben Partition zugewiesen werden sollen. Die Zuordnung der M Fragmente unter den D ausgewählten Prozessoren ist für $M = D$ wiederum trivial. Für $M > D$, z. B. aufgrund einer verfeinerten Bereichsfragmentierung, genügt i. Allg. eine round-robin-artige Zuordnung (ähnlich wie in Abb. 6.2).

Die Verteilung einer Relation über D Rechner verlangt auch eine analoge *Partitionierung von Indexstrukturen*. Dabei wird pro Partition ein eigener Teilindex geführt, der alle Schlüsselwerte enthält, die in den Sätzen des jeweiligen Knotens vorkommen. Die Verwendung und Wartung dieser Indexstrukturen ist damit wie für zentralisierte DBS möglich.

Existierende Shared-Nothing-DBS verwenden häufig einen Full-Declustering-Ansatz auf Basis einer Hash-Fragmentierung, z. B. Teradata. In Microsoft Parallel Data Warehouse wird dies auch für große Relationen verfolgt, z. B. die Faktentabelle und größere Dimensionstabellen. Kleinere Tabellen werden dort dagegen repliziert an allen Knoten gespeichert, um eine lokale Join-Verarbeitung mit ihnen in jedem Knoten zu ermöglichen [16].

OLTP-basierte Datenallokation

Zur automatisierten Bestimmung einer Datenpartitionierung für auf OLTP-Anwendungen fokussierte Shared-Nothing-DBS wurde in [6] der *Schism*-Ansatz vorgestellt. Hierbei wird keine Intra-Query-Parallelität berücksichtigt, sondern die Tabellen sollen für eine gegebene Arbeitslast so verteilt werden, dass möglichst viele Transaktionen auf nur einem Knoten ausgeführt werden können und alle Rechner weitgehend gleichmäßig ausgelastet werden. Hierzu werden für die wichtigsten Transaktionen detaillierte Kenntnisse benötigt, welche Tupel der Tabellen sie bearbeiten. Dazu wird ein Graph bestimmt, in dem die bearbeiteten Tupel als Knoten auftreten und die Kanten angeben, welche Tupelpaare in denselben Transaktionen bearbeitet werden. Die Bestimmung der *Datenallokation* entspricht damit einem Graphoptimierungsproblem, wobei zur Reduzierung von Kommunikationsvorgängen auch eine replizierte Speicherung ausgewählter Tabellen unterstützt wird. Zur Fragmentierung werden Bereichsfragmentierungen herangezogen, da Hash- oder Round-Robin-Fragmentierungen für OLTP-Transaktionen häufig zu verteilten Ausführungen führen.

Eine Variante von Schism für die OLTP-basierte Datenallokation in einem *In-Memory-Shared-Nothing-DBS* wie H-Store wird in [18] vorgeschlagen. Dabei werden Tabellen ebenfalls entweder horizontal partitioniert oder repliziert zugeordnet. Die Optimierung erfolgt wiederum für ein gegebenes Datenbankschema und Lastprofil und berücksichtigt auch Stored-Procedures mit ihren Eingabeparametern. Ausgehend von einer initialen Allokationslösung (Partitionierung auf den am häufigsten verwendeten Attributen, Replikation von häufiger referenzierten Read-Only-Tabellen) wird über einen iterativen Ansatz zur Nachbarschaftssuche auf Basis eines einfachen Kostenmodells nach einer günstigen Allokationslösung gesucht.

6.4 Replikation

Zur Unterstützung einer hohen Verfügbarkeit gegenüber Rechner- und Externspeicherausfällen wird auch in Parallelen DBS oft eine replizierte Speicherung der Daten vorgenommen. Dabei sollte zudem eine gute Leistungsfähigkeit sowie günstige Lastbalancierung auch im Fehlerfall unterstützt werden. Wir stellen dazu im Folgenden drei in Shared-Nothing-Systemen eingesetzte Ansätze vor: lokale Spiegelplatten (bzw. Disk-Arrays), verstreute Replikation sowie verkettete Replikation. Die Ansätze verwenden für replizierte Daten meist zwei Kopien (bis auf allgemeine Disk-Arrays), womit sich der Speicherplatzbedarf verdoppelt. Änderungen werden dabei jeweils parallel auf beiden Kopien durchgeführt.

6.4.1 Spiegelplatten/Disk-Arrays

Der Einsatz von *Spiegelplatten* (*mirrored disks, shadowed disks*) bzw. Disk-Arrays ist bereits in zentralisierten DBS zur schnellen Behandlung von Plattenfehlern weitverbreitet [2]. Dabei wird eine „logische" Platte physisch auf zwei oder mehr Platten verteilt, um E/A-Parallelität zu nutzen sowie durch Einsatz von Redundanz den Ausfall einzelner Platten schnell zu behandeln. Spiegelplatten werden auch als Disk-Arrays vom Typ RAID-1 bezeichnet und sind durch eine Duplizierung der Daten gekennzeichnet. Alternative Disk-Arrays mit Nutzung von Paritätsblöcken (z. B. RAID-5) verursachen im Vergleich einen deutlich geringeren Grad an Redundanz und damit Speicherkosten. Dafür ermöglichen Spiegelplatten eine besonders schnelle Behandlung von Plattenfehlern. Zudem können Lesezugriffe erheblich beschleunigt werden, da stets die Platte mit der geringsten Armpositionierungszeit verwendet werden kann. Die Verwaltung der Spiegelplatten bzw. Disk-Arrays erfolgt i. Allg. transparent für das DBS durch die Plattenkontroller.

Diese Eigenschaften von Spiegelplatten/Disk-Arrays bleiben auch beim Einsatz innerhalb der Knoten von Shared-Nothing-Systemen erhalten. Dabei ist jedes Plattenpaar/Disk-Array mit zwei Rechnern verbunden, wobei jedoch zu jedem Zeitpunkt nur von einem Rechner aus auf die Platten zugegriffen wird (fett markierte Verbindung in Abb. 6.7 für den Einsatz von Spiegelplatten). Es liegt somit keine rechnerübergreifende Replikation der Daten vor; Lese- und Schreiboperationen sowie die Behandlung von Plattenfehlern werden wie im zentralen Fall behandelt.

Nach Ausfall eines Rechners R_1 wird dessen Partition P_1 vollständig von dem Rechner R_2 übernommen, der mit den Platten von R_1 verbunden ist. Damit bleibt der Zugriff auf P_1 weiterhin möglich (nachdem R_2 die Crash-Recovery für R_1 durchgeführt hat). Allerdings ist während der Ausfallzeit mit einer ungünstigen Lastbalancierung zu rechnen, da der übernehmende Rechner R_2 nun die Zugriffe auf zwei Partitionen zu verarbeiten hat. Für diesen Rechner ist somit eine Überlastung sehr wahrscheinlich. Auf der anderen Seite wird eine sehr hohe Datenverfügbarkeit unterstützt, da der Zugriff auf Partition P_1 erst dann unmöglich wird, wenn sowohl R_1 als auch R_2 ausfallen. Die auf jeweils einen Rechner beschränkte Nutzung von Spiegelplatten/Disk-Arrays bedeutet jedoch, dass diese Form der Replikation keine Vorteile für Rechnerausfälle mit sich bringt. Denn die Übernahme der Partition eines ausgefallenen Rechners durch einen überlebenden Rechner ist offenbar auch ohne Spiegelplatten/Disk-Arrays anwendbar.

Abb. 6.7 Einsatz von Spiegelplatten bei Shared Nothing

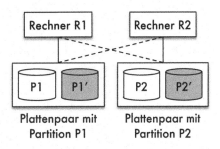

6.4.2 Verstreute Replikation

Zur verbesserten Verfügbarkeit kann alternativ der Ansatz der verstreuten Replikation (*Interleaved Declustering*) verfolgt werden, der im Shared-Nothing-System von Teradata realisiert wurde [23, 5]. Damit soll vor allem nach Ausfall eines Rechners eine bessere Lastbalancierung erreicht werden als durch vollständige Übernahme einer Partition durch einen zweiten Rechner. Voraussetzung dazu ist, dass die Kopien zu Daten einer Partition auf mehrere andere Knoten verteilt werden. Im Teradata-System ist es dazu möglich, Rechnergruppen von jeweils G Knoten zu bilden, wobei insgesamt mehrere Gruppen möglich sind ($D \geq G$). Die Kopien zu Daten eines Rechners R werden dann gleichmäßig unter den $G - 1$ anderen Rechnern der Gruppe verteilt, zu der R gehört. Nach Ausfall des Rechners verteilen sich die Zugriffe dann gleichmäßig unter diesen Knoten (sofern eine Gleichverteilung der Zugriffe vorliegt), sodass pro Rechner lediglich eine Mehrbelastung um den Faktor $G/G - 1$ eintritt. Nach einem Rechnerausfall bleiben sämtliche Daten verfügbar; selbst Mehrfachfehler können toleriert werden, solange verschiedene Gruppen betroffen sind, d. h. nicht mehr als ein Knoten pro Gruppe ausfällt.

Beispiel 6.5 Abbildung 6.8 zeigt ein Beispiel für „Interleaved Declustering" und $G = 4$. Die Datenmengen D_i bezeichnen dabei einzelne Sätze bzw. Fragmente einer Partition, D_i' entspricht der Kopie von D_i. Man erkennt, dass die Kopien jeder Partition gleichmäßig über die drei anderen Knoten der Gruppe verteilt sind. Fällt z. B. Rechner R_2 aus, so können die Zugriffe auf dessen Daten von den drei überlebenden Rechnern R_1, R_3 und R_4 fortgeführt werden. Erst bei einem weiteren Rechnerausfall in der Gruppe kann auf eine Teilmenge der Daten nicht mehr zugegriffen werden. □

Die Einführung von Gruppen erlaubt einen flexiblen Kompromiss zwischen dem Grad der Lastbalancierung im Fehlerfall und der Datenverfügbarkeit. Denn eine große Gruppe (z. B. $G = D$) erlaubt eine breite Verteilung der Last des ausgefallenen Rechners. Dafür besteht jedoch eine relativ hohe Wahrscheinlichkeit, dass zwei Rechner gleichzeitig ausfallen, woraufhin dann eine Datenpartition nicht mehr erreichbar ist. Umgekehrt besteht

Abb. 6.8 Datenverteilung mit verstreuter Replikation ($G = 4$)

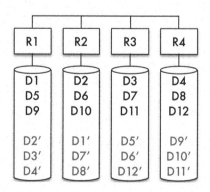

für kleine Gruppen eine sehr hohe Verfügbarkeit, jedoch eine ungünstigere Lastbalancierung. So ergibt sich im Extremfall $G = 2$ das ungünstige Lastbalancierungsverhalten von Spiegelplatten. Eine Beschränkung der Teradata-Implementierung liegt darin, dass die Kopien nur im Fehlerfall verwendet werden. Damit wird die Replikation also nicht zur Leistungsverbesserung (Lastbalancierung) im Normalbetrieb genutzt.

6.4.3 Verkettete Replikation

Der Ansatz der *verketteten Replikation* (*chained declustering*), der im Rahmen des Gamma-Projekts untersucht wurde [12], versucht die hohe Verfügbarkeit von Spiegelplatten sowie die günstige Lastbalancierung der verstreuten Replikation zu vereinen. Dabei ist es wie bei der verstreuten Replikation möglich, die D Partitionen einer Relation auf mehrere Gruppen von je G Rechnern zu verteilen. Die Datenverteilung innerhalb einer Gruppe erfolgt jetzt jedoch wie in Abb. 6.9 (oben) illustriert. Dabei ist die Kopie einer Partition P_i dem jeweils „nächsten" Knoten in der Gruppe, R_j, zugeordnet, wodurch eine logische Verkettung der Knoten entsteht.[1] Der Vorteil liegt darin, dass Mehrfachausfälle in einer Gruppe im Gegensatz zur verstreuten Replikation nicht notwendigerweise die Datenverfügbarkeit reduzieren, sondern nur dann, wenn zwei benachbarte Knoten ausfallen. Fällt z. B. in der Konfiguration von Abb. 6.9 (oben) Rechner R_2 aus, dann bleiben auch nach Ausfall von R_4 alle Daten erreichbar. Auch hier werden die Kopien P_i' im Normalbetrieb nicht zur Lastbalancierung eingesetzt, sondern nur im Fehlerfall genutzt.

Nach Ausfall eines Rechners mit Partition P_i ist es mit dieser Datenverteilung notwendig, dass der logisch nächste Rechner R_j sämtliche P_i-Zugriffe auf der Kopie P_i'

Abb. 6.9 Datenverteilung mit verketteter Replikation ($G = D = 4$)

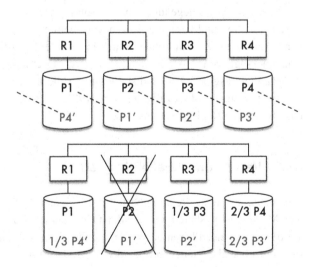

---

[1] Bei fortlaufender Nummerierung der Knoten gilt $j = (i \mod G) + 1$.

bearbeitet. Damit dadurch nicht eine ähnlich schlechte Lastbalancierung wie bei Spiegelplatten verursacht wird, sieht der Ansatz der verketteten Replikation vor, dass die Lesezugriffe auf den sonstigen Partitionen so unter den verbleibenden Rechnern der Gruppe umverteilt werden, dass sich eine in etwa gleichmäßige Belastung aller Rechner ergibt.

Die prinzipielle Vorgehensweise dazu ist in Abb. 6.9 (unten) veranschaulicht. Damit nach dem Ausfall von Rechner R_2 eine gleichmäßige Auslastung der verbleibenden drei Rechner erreicht wird, darf die Zugriffshäufigkeit jedes Rechners nur um etwa ein Drittel steigen. Da Rechner R_3 bereits sämtliche Zugriffe auf der Kopie von P_2, P_2', auszuführen hat, sind nun die Zugriffe auf P_3 und ggf. weiterer Partitionen so umzuverteilen, dass nur noch ein Drittel der P_3-Zugriffe durch R_3 zu erledigen ist. Wie in der Abbildung angegeben, wird eine insgesamt gleichmäßige Lastbalancierung erreicht, indem zwei Drittel der P_3-Zugriffe durch R_4 bearbeitet werden und R_1 ein Drittel der Zugriffe auf P_4 übernimmt. Diese Änderungen der Zugriffsverteilung erfordern keine Umverteilung der Daten, sondern lediglich eine Anpassung der Verteilungsinformation. So ist in Abb. 6.9 (unten) die Partition P_3 weiterhin vollständig an den Knoten R_3 und R_4 gespeichert, und beide Kopien werden bei jeder Änderung aktualisiert. Die Objekte von P_3 werden jedoch intern zwei Sub-Partitionen zugeordnet, die ein bzw. zwei Drittel von P_3 umfassen. Lesezugriffe auf Objekte der ersten Sub-Partition werden damit von R_3, die auf der zweiten Sub-Partition von R_4 bearbeitet.

6.5 Datenverteilung für Shared Everything und Shared Disk

Für *Shared Everything* und *Shared Disk* bezieht sich die Festlegung der *Datenverteilung* lediglich auf die Externspeicher bzw. Platten, nicht jedoch auf die einzelnen Prozessoren. Dies ermöglicht gegenüber Shared Nothing wesentlich größere Freiheitsgrade für die Datenallokation und parallele Anfrageverarbeitung, insbesondere bezüglich Verteil- und Parallelitätsgrad. Zudem können Indexdaten unterschiedlich zu Relationen verteilt werden. Im Folgenden diskutieren wir zunächst die erhöhte Flexibilität bezüglich Verteil- und Parallelitätsgrad. Danach diskutieren wir die in der Praxis eingesetzten Ansätze zur Fragmentierung und Indexallokation in SE/SD-Systemen und schließen mit einer kurzen Diskussion von Replikationsansätzen.

6.5.1 Verteil- und Parallelitätsgrad

Der *Verteilgrad* einer Relation bestimmt für Shared Disk und Shared Everything nicht in dem Maße wie für Shared Nothing den Overhead zur Parallelisierung, da alle Prozessoren auf die Daten aller Platten zugreifen können. Somit ist auch die Verteilung einer großen Relation über alle Platten problemlos vertretbar, um ein Maximum an E/A-Parallelität zu unterstützen. Damit können Relationenscans, unabhängig von der verwendeten Fragmentierungsstrategie, optimal parallelisiert werden. Dennoch besteht die Möglichkeit, die

Anzahl von Prozessoren (den *Parallelitätsgrad*) p sowohl für Relationenscans als auch andere Anfragen dynamisch zu wählen, z. B. um alle Prozessoren zur Lastbalancierung optimal auszulasten.

Bei der Festlegung des Parallelitätsgrads einer Anfrage sollte beachtet werden, dass parallele Teiloperationen auf unterschiedlichen Platten gespeicherte Fragmente einer Relation bearbeiten, um eine gegenseitige Behinderung auf den Platten auszuschließen. Dies kann bei einem Verteilgrad D erreicht werden, wenn der Parallelitätsgrad p ein ganzzahliger Teiler von D ist, sodass gilt:

$$p \times k = D \, .$$

Dabei gibt k dann die Anzahl der Platten (Partitionen) an, die pro Teilanfrage zu bearbeiten ist. So könnte für eine über 100 Platten verteilte Relation ein Relationscan von $p = 1, 2, 4, 5, 10, 20, 25, 50$ oder 100 Teilanfragen parallel bearbeitet werden, während bei Shared Nothing der Parallelitätsgrad i. Allg. durch den Verteilgrad (100) bestimmt ist.

Die Wahl eines hohen Verteilgrades geht bei Shared Everything und Shared Disk auch nicht zulasten selektiver Anfragen, die etwa nur eine Seite betreffen. Denn sofern ein Index zur Bestimmung der relevanten Seite genutzt werden kann, lässt sich die Bearbeitung problemlos auf einen Prozessor sowie eine Platte beschränken. Generell ist es bei diesen Architekturen möglich, eine Anfrage auf eine Teilmenge von Prozessoren einzugrenzen, um sowohl eine Parallelverarbeitung als auch eine Begrenzung des Kommunikationsaufwands zu erreichen. Trotz dieser Flexibilität ist auch für Shared Disk und Shared Everything der Einsatz einer Fragmentierung sinnvoll, um für Anfragen auf den Fragmentierungsattributen die zu verarbeitende Datenmenge einzugrenzen und die Anfragen zu parallelisieren.

6.5.2 Fragmentierung

Für Shared Disk und Shared Everything können praktisch alle in Abschn. 6.2 vorgestellten horizontalen Fragmentierungsvarianten genutzt werden, insbesondere die Basisverfahren und ihre Kombinationen sowie mehrdimensionale Fragmentierungen. Zusätzlich ist eine Kombination mit vertikaler Fragmentierung möglich. Damit lassen sich vielzählige Optimierungen zum „Fragment Pruning" und eine parallele Verarbeitung verschiedener Fragmente auf verschiedenen Prozessoren nutzen.

Schon in Shared-Everything-Systemen wird fast durchweg eine *Bereichsfragmentierung* unterstützt. Neben den bekannten Vorteilen hinsichtlich der Performanceverbesserung sind hierfür auch administrative Vorteile maßgeblich [25, 14]. Denn durch die Zerlegung in mehrere Teiltabellen lassen sich Aufgaben wie Reorganisation oder Backup für große Tabellen einfacher und mit weniger Einschränkungen für den Normalbetrieb bewältigen. Zudem wird es einfacher, ältere Daten auszulagern und neue Daten hinzuzufügen (Rollout/Rollin), wenn diese jeweils einer eigenen Partition zugeordnet sind (z. B. durch eine Bereichsfragmentierung auf der Zeitdimension).

Die rechnerlokalen Fragmentierungsmöglichkeiten in Shared-Nothing-DBS können natürlich auch für Shared-Everything-Konfigurationen der jeweiligen DBS genutzt werden, für DB2 z. B. das mehrdimensionale Clustering in Verbindung mit einer Bereichsfragmentierung. Shared-Disk-DBS wie Oracle unterstützen neben der Bereichsfragmentierung auch Hash- und Listenfragmentierungen sowie deren Kombinationen. Zudem können über eine sogenannte Referenzpartitionierung für Fremdschlüssel in sehr einfacher Weise abhängige horizontale Fragmentierungen definiert werden [9]. Für die relationalen DBS Oracle, SQL-Server und DB2 gibt es Tools zur Generierung von Fragmentierungsvorschlägen [14]. Der auf Basis von SQL-Servern entwickelte Ansatz in [1] berücksichtigt hierzu neben horizontalen auch vertikale Fragmentierungsoptionen.

6.5.3 Indexallokation

Die Indexorganisation ist für Shared Disk und Shared Everything wesentlich flexibler möglich als für Shared Nothing, wo ein Index in der Regel wie die Daten einer Relation zerlegt wird und ein lokaler Teilindex für die Daten eines Knotens Verwendung findet. Eine Option für Shared Disk und Shared Everything ist, einen Index wie für zentralisierte DBS unpartitioniert zu lassen („globaler Index"), da er dann dennoch von allen Prozessoren und DBS-Prozessen genutzt werden kann. Alternativ kann der Index zur Unterstützung von Parallelität partitioniert werden, wobei hierzu mehr Möglichkeiten als für Shared Nothing bestehen und ein *partitionierter Index* gegenüber der zugrunde liegenden Relation auch unterschiedlich breit zerlegt werden kann. Ein partitionierter (oder lokaler) Index kann dabei – ähnlich wie für Shared Nothing – auf dem Verteilattribut der Relation zerlegt werden oder aber auf einem anderen Attribut, insbesondere dem Indexattribut. Damit lässt sich für ein größeres Spektrum an indexunterstützten Anfragen eine Parallelverarbeitung nutzen. Die Teilindizes einer partitionierten Indexstruktur sind oft weniger hoch als ein globaler Index, sodass die Indexzugriffe weniger Seitenzugriffe verursachen.

6.5.4 Replikation

Die in Abschn. 6.4 diskutierten Replikationsformen Spiegelplatten/Disk-Arrays, verstreute und verkettete Replikation können auch für Shared Everything und Shared Disk zur schnellen Behandlung von Plattenfehlern genutzt werden. Die Replikation kann dabei für logische Objekte (Dateien, Sätze) oder auf physischer Ebene (Segmente, Seiten) außerhalb des DBS realisiert werden. Bei physischer Verwaltung der Kopien durch die Plattenkontroller könnten auch bei verstreuter bzw. verketteter Replikation die Kopien einfach zur Lastbalancierung im Normalbetrieb genutzt werden. Außerdem können Replikate automatisch durch die Plattenkontroller aktualisiert werden und erfordern nicht die Involvierung der Verarbeitungsrechner wie für Shared Nothing.

6.6   Datenallokation in NoSQL-Systemen

NoSQL-Systeme wie Key Value Stores, erweiterte Record Stores und Dokumentenstores streben eine sehr hohe Skalierbarkeit der Datenverarbeitung auf Basis einer Shared-Nothing-Architektur mit sehr vielen Standardrechnerknoten an. Hierzu wird vorrangig eine horizontale Fragmentierung und Partitionierung der Daten genutzt, die im NoSQL-Kontext meist als *Sharding* bezeichnet wird. Zusätzlich werden die Datenfragmente meist repliziert gespeichert, um eine sehr hohe Verfügbarkeit gegenüber Fehlern wie Knoten-ausfällen zu gewährleisten. Teilweise dient die Replikation auch zur Verbesserung der Skalierbarkeit im Normalbetrieb, indem Lesezugriffe auf mehreren Replikaten bearbeitet werden.

Zur Datenallokation in NoSQL-Systemen werden vorrangig Hash-Fragmentierungen, insbesondere in den meisten Key Value Stores, sowie teilweise Bereichsfragmentierungen (u. a. in Google BigTable, HBase sowie dem Dokumentenstore MongoDB) genutzt. In Key Value Stores erfolgen Lese- und Schreibzugriffe auf die einzelnen Objekte bzw. Sätze über den eindeutigen Schlüssel. Durch eine horizontale Fragmentierung der Daten auf diesem Key-Attribut, etwa über eine Hash-Funktion, lässt sich dann in sehr einfacher Weise eine Partitionierung der Daten auf beliebig viele Knoten erreichen und jeder Zugriff auf den zuständigen Knoten beschränken. Somit wird für sämtliche key-basierten Operationen eine hervorragende Skalierbarkeit und Inter-Operationsparallelität unterstützt. Im Vergleich zu Parallelen DBS ist diese einfache Vorgehensweise für die Skalierbarkeit von Key Value Stores ausreichend, da keine Intra-Operationsparallelität zu unterstützen ist und fast alle Datenzugriffe über den zur Verteilung genutzten Key erfolgen.

Im Folgenden diskutieren wir als verbreitete Variante einer hash-artigen Datenpartitionierung den Einsatz eines sogenannten „Consistent Hashing"-Ansatzes, der Datenumverteilungen bei wechselnder Knotenzahl effektiv unterstützt. Danach besprechen wir die im Dokumentenstore MongoDB eingesetzte automatische Datenallokation („Auto-Sharding") auf Basis einer Bereichsfragmentierung.

6.6.1   Consistent Hashing

Ein für die Shared-Nothing-Architektur inhärentes Problem liegt in der Notwendigkeit, die Knotenzuordnung der vorhandenen Daten anzupassen, wenn die Menge der Verarbeitungsknoten sich ändert. Dies betrifft sowohl die Herausnahme als auch die Hinzunahme von Knoten im System. Eine komplette Neuverteilung der Daten wäre in solchen Fällen extrem zeitaufwendig und würde die gesamte Datenverarbeitung massiv beeinträchtigen. Gefordert sind daher Datenpartitionierungen, die Änderungen in der Knotenzahl mit einem Minimum an Datenumverteilungen bewältigen können.

Ein solcher Ansatz ist das sogenannte *Consistent Hashing*, der u. a. zur Implementierung verteilter Hash-Tabellen in *Peer-to-Peer-Systemen* entwickelt wurde [22] und in mehreren NoSQL-Systemen genutzt wird, darunter in den *Key Value Stores* Dynamo,

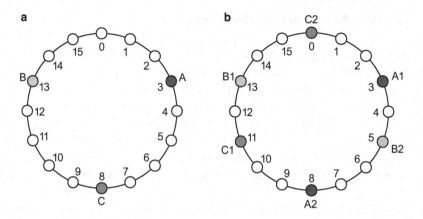

Abb. 6.10 Datenverteilung mit Consistent Hashing, **a** Consistent Hashing mit drei Knoten, **b** Nutzung von virtuellen Knoten

Cassandra, Voldemort und Redis. Hierbei werden sowohl die Knoten-IDs als auch die Objektschlüssel über dieselbe Hash-Funktion in einen Wertebereich, z. B. von 0 bis $2^m - 1$, abgebildet, der als logischer Ring organisiert wird. Die Datenallokation ist dadurch eindeutig geregelt, dass ein Objekt mit Schlüsselwert x dem Knoten zugeordnet wird, dessen über die Hash-Funktion bestimmte Ringposition $h(x)$ als Nächstes (im Uhrzeigersinn) $h(x)$ folgt oder diesem Wert entspricht. Bei replizierter Speicherung auf k Knoten, die hier nicht weiter vertieft werden soll, erfolgt noch eine eindeutige Zuordnung zu $k - 1$ weiteren Knoten, z. B. die auf den ersten Knoten unmittelbar folgenden. Im Beispiel von Abb. 6.10a sind drei Knoten A, B und C durch die Hash-Funktion den gezeigten Positionen (für $m = 4$) zugeordnet worden. Knoten B ist damit für die Speicherung aller Objekte zuständig, deren Hash-Position zwischen 9 und 13 liegt.

Der Hauptvorteil dieses einfachen Ansatzes liegt darin, dass Änderungen in der Knotenzahl nur die Datenobjekte eines Knotens betreffen, während bei einer einfachen Hash-Zuordnung die Neuzuordnung fast aller Objekte notwendig werden kann (s. Übungsaufgabe 6.8). Soll etwa Knoten B aus dem System entfernt werden, sind nur die Objekte aus seiner Zuständigkeit dem in der Ringreihenfolge nachfolgenden Knoten A zuzuordnen. Für die zuvor bereits zugeordneten Objekte der verbleibenden Knoten (A und C) ergeben sich keine Änderungen. Ähnlich verhält es sich bei dem in der Praxis wahrscheinlich häufigeren Szenario, einen zusätzlichen Knoten im System aufzunehmen. In diesem Fall erfolgt die Übernahme von Datenobjekten nur von einem der vorher existierenden Knoten; eine Datenumverteilung zwischen bereits existierenden Knoten wird vollständig vermieden. Wird im Szenario von Abb. 6.10a ein Knoten D mit Hash-Position 10 eingefügt, ist hiervon nur Knoten B betroffen. Dessen Zuständigkeitsbereich reduziert sich auf Objekte im Intervall von 11 bis 13, während der neue Knoten D die Objekte im Bereich 9 bis 10 übernimmt. Für die Knoten A und C bleibt die Datenzuordnung stabil.

Zur Lastbalancierung ist es wichtig, dass die Hash-Funktion zu einer möglichst gleichmäßigen Verteilung der Objekte und Objektzugriffe zwischen den Knoten führt. Bei einer Änderung der Knotenzahl wird zwar der Umverteilungsaufwand minimiert, jedoch kann es insbesondere bei kleinerer Knotenzahl (wie das Beispiel verdeutlicht) zu ungünstigerer Lastbalancierung kommen. Denn bei Wegnahme eines Knotens K ergibt sich für den Nachbarknoten eine Übernahme aller Objekte von K und damit eine potenzielle Verdoppelung der Last, verbunden mit einer entsprechenden Überlastgefahr. Bei Hinzunahme eines Knotens erfolgt dagegen eine einseitige Entlastung nur eines Knotens.

Eine Verbesserung der Lastbalancierung und damit des Leistungsverhaltens lässt sich durch die Einführung *virtueller Knoten* erreichen, wobei jedem physischen Knoten die Daten mehrerer virtueller Knoten zugeordnet werden. Dieser Ansatz wird z. B. in Amazon Dynamo verfolgt [7]. Im Szenario von Abb. 6.10b wurden so jedem der drei physischen zwei virtuelle Knoten zugeordnet, sodass insgesamt sechs virtuelle Knoten vorliegen. Somit ist Knoten B aufgrund der beiden virtuellen Knoten $B1$ und $B2$ für die Hash-Bereiche 4–5 und 12–13 zuständig. Eine Wegnahme von Knoten B belastet nunmehr nicht nur einen Knoten zusätzlich, sondern die Objekte verteilen sich gleichmäßig auf die beiden verbleibenden physischen Knoten, wodurch sich die Lastbalancierung gegenüber dem Ansatz ohne virtuelle Knoten deutlich verbessert (Knoten A und C sind nunmehr für jeweils acht der 16 Hash-Werte zuständig, während zuvor nach Wegfall von B Knoten A elf und C fünf Werte zugeordnet waren). Wird ein neuer Knoten hinzugefügt, können ihm mehrere virtuelle Knoten zugeordnet werden, sodass sich die Umverteilung auf mehrere der vorhandenen Knoten verteilt, ohne dass absolut mehr Objekte umzuverteilen wären. Somit verbessert sich auch in diesem Fall die Lastbalancierung.

6.6.2   Auto-Sharding in MongoDB

In *MongoDB* besteht die Datenbank aus einer Menge von Dokumentkollektionen, die wiederum eine Menge geschachtelter JSON-Dokumente umfassen. Es wird kein starres Schema vorgegeben, wodurch eine hohe Flexibilität, insbesondere für die schnelle Realisierung von Webanwendungen, unterstützt wird. Dokumente können über unterschiedlichste Query-Typen ausgewertet werden, u. a. auch Bereichs- und Aggregationsanfragen. Join-Operationen werden jedoch nicht unterstützt, da abhängige Daten typischerweise in die Dokumente eingebettet werden (z. B. Nutzerdokumente mit Angaben zu einem Benutzer und all seinen Blogeinträgen und Fotos).

Die Datenallokation in Form von Partitionierung und Replikation erfolgt auf Ebene der Kollektionen [3]. Zur Fragmentierung ist ein einfacher oder aus mehreren Attributen zusammengesetzter *Shard-Key* als Verteilattribut manuell festzulegen. Der *Shard-Key* muss für jedes Dokument der Kollektion definiert sein. Die Aufteilung der Dokumente in die als *Chunks* bezeichneten Fragmente erfolgt automatisch, unter Beachtung einer maximalen Chunk-Größe (Default: 64 MB). Ein Knoten kann dabei mehrere Chunks einer Kollektion verwalten.

Abb. 6.11 Sharding in MongoDB (Quelle: mongodb.org)

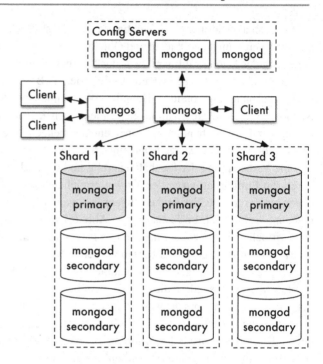

Abbildung 6.11 verdeutlicht die Systemarchitektur beim Einsatz von Sharding. Die Chunks eines Knotens bilden einen *Shard*, wobei die Chunks zur Verbesserung der Verfügbarkeit und Leseperformanz im Rahmen eines sogenannten *Replica Sets* repliziert werden können, z. B. wie gezeigt in zwei zusätzlichen Kopien auf jeweils eigenen (MongoD-)Servern. Die Metadaten zur Datenverteilung werden von Konfigurations-(Config-)Servern verwaltet. Die MongoS-Server dienen zur Anfragekoordinierung, insbesondere zum Routing von Anfragen an die relevanten MongoD-Server auf Basis der Verteilungsinformationen der Config-Server. Anfragen auf dem Shard-Key können dabei meist auf einem Shard-Knoten bearbeitet werden, während andere Anfragen per Broadcast an alle Shards verteilt werden.

Zur Aufteilung des Datenbestands einer Kollektion in Chunks wird zunächst von einem Chunk mit unendlichem Wertebereich $(-\infty, \infty)$ ausgegangen. Übersteigt die Chunk-Größe das eingestellte Maximum, erfolgt eine Aufteilung (Split) in zwei disjunkte Wertebereiche, sodass zwei Chunks halber Größe entstehen. Dieses Splitting erfolgt zunächst auf Metadatenebene, ohne dass die Daten physisch migriert werden. Der Splitprozess wird rekursiv solange fortgesetzt, bis alle Chunks die Maximalgröße unterschreiten.

Nach der initialen Speicherung der Chunks auf den einzelnen Shards wird auch der dynamischen Veränderung von Kollektionen durch automatisches Splitten und Migrieren von Chunks Rechnung getragen. Wird durch die Einfügung von Dokumenten in einem Werteintervall die maximale Größe eines Chunks überschritten, erfolgt ein Split in zwei Chunks halber Größe. Zudem wird zur Lastbalancierung überwacht, dass jeder Shard in etwa gleich viele Chunks einer Kollektion verwaltet. Bei Abweichungen über einem Schwellwert erfolgt durch einen Balancer-Prozess eine asynchron durchgeführte Migration von Chunks vom Knoten mit den meisten zu dem Knoten mit den wenigsten Chunks. Bis zur vollständigen Migration erfolgen die Chunk-Zugriffe weiterhin am ursprünglichen Knoten.

Die splitbasierte Erstellung und Anpassung von Fragmenten ermöglicht eine automatisierte Lösung der schwierigen Bestimmung einer Bereichsfragmentierung. Zudem wird durch die Balancierung der Chunk-Verteilung eine gute Lastbalancierung unterstützt, solange für die einzelnen Chunks eine ähnliche Zugriffshäufigkeit vorliegt.

Übungsaufgaben

Übung 6.1 (Bestimmung des Verteilgrades)
Für eine Relation von 10 Mio. Tupeln soll der Verteilgrad für ein Shared-Nothing-System mit 100 Knoten bestimmt werden. Es sollen im Wesentlichen zwei Typen von Operationen auf der Relation ausgeführt werden: Relationenscans (30 % der Operationen) sowie Indexscans mit einer mittleren Selektivität von 1 %. Bestimmen Sie den „optimalen" Verteilgrad für die Relation, wenn gilt $a = 50$ ms, $b = 5$ ms und $c = 0{,}05$ ms (siehe Kap. 6.1 zur Bedeutung von a, b und c).

Übung 6.2 (Verteilattribut)
Was spricht für die Wahl des Primärschlüssels als Verteilattribut? Was dagegen?

Übung 6.3 (Verteilattribute TPC-H)
Angelehnt an das Schema des TPC-H-Benchmarks seien folgende Relationen zu Kunden, Bestellungen und Bestellposten in einem Shared-Nothing-DBS unter allen Knoten aufzuteilen:

```
CUSTOMER (CUSTKEY, NAME, ADDRESS, NATION)
ORDERS (ORDERKEY, CUSTKEY, ORDERSTATUS, TOTALPRICE)
LINEITEM (ORDERKEY, PART, QUANTITY, PRICE, DISCOUNT).
```

Primärschlüssel sind unterstrichen; übereinstimmende Attributnamen kennzeichnen Fremdschlüssel-Primärschlüssel-Beziehungen. Die Kardinalität von ORDERS bzw. LINEITEM sei 10-mal bzw. 40-mal höher als von CUSTOMER. Auf diesem DB-Ausschnitt seien u. a. diese beiden Anfragen auszuführen:

```
SELECT PART, SUM(QUANTITY) FROM LINEITEM GROUP BY PART;
SELECT NATION, SUM(PRICE)
FROM CUSTOMER C, ORDERS O, LINEITEM L
WHERE C.CUSTKEY = O.CUSTKEY AND O.ORDERKEY = L.ORDERKEY
GROUP BY NATION;
```

Für die Relation CUSTOMER soll CUSTKEY als Verteilattribut dienen. Diskutieren Sie, welche Attribute bzw. Attributkombinationen für die beiden anderen Relationen zur horizontalen Fragmentierung sinnvoll sind und warum!

Übung 6.4 (Mehrstufige Fragmentierung)
Bestimmen Sie für die in Abb. 6.6 gezeigte dreistufige Fragmentierung die Anzahl zu verarbeitender Fragmente (der untersten Stufe) bezüglich folgender Query-Prädikate:

(a) *Monat in ('November', 'Dezember')*
(b) *Region = 'Ost'*
(c) *Region = 'West' and Monat = 'Februar'*

Wie ändern sich die Fragmenthäufigkeiten der drei Anfragen, wenn eine zweidimensionale Clusterung bezüglich *Monat* und *Produktgruppe* mit 20 Produktgruppen Verwendung findet? Den Zugriff auf wie viele Fragmente erfordert in diesem Fall die Anfrage

(d) *Produktgruppe = 'Buch'*?

Übung 6.5 (Verstreute Replikation)
Geben Sie analog zu Abb. 6.8 ein Beispiel zur verstreuten Replikation an mit $D = 8$ und $G = 4$ (zwei Gruppen mit je 4 Rechnern).

Übung 6.6 (Verkettete Replikation)
Die Daten $D_1, D_2, \ldots D_{12}$ einer Relation seien wie in Abb. 6.8 über vier Knoten verteilt ($G = 4$). Wie sieht die Zuordnung der Kopien D_i' im Falle der verketteten Replikation aus? Welche Zugriffsverteilung nach Ausfall von Rechner $R3$ garantiert eine gleichmäßige Lastbalancierung? Geben Sie dazu für jedes D_i bzw. D_i' den Rechner an, der die Zugriffe darauf bearbeitet.

Übung 6.7 (Sharding auf Anwendungsebene)
Stark frequentierte Websites mit zahlreichen Nutzern, z. B. zur Verwaltung von Multimediadaten wie Fotos oder Videos sowie von sozialen Netzwerken, verlassen sich oft nicht auf die Skalierbarkeit eines Datenmanagementsystems, sondern implementieren einen eigenen Sharding-Ansatz ihrer Daten, z. B. auf Basis eines kostenfrei nutzbaren DBS wie MySQL. Typischerweise werden dabei zahlreiche MySQL-Server mit derselben Datenbankdefinition verwendet, wobei jeder Knoten nur eine auf Anwendungsebene definierte Partition der Daten verwaltet, z. B. die Daten für eine bestimmte Menge von Nutzern. Beim Zugriff auf die Daten muss dann entweder in der Anwendung oder durch ein außerhalb des DBS angesiedeltes Verteilmodul (Proxy) ermittelt werden, an welchen MySQL-Knoten der Aufruf für die benötigten Daten zu schicken ist. Wie ist eine solche Sharding-Lösung im Hinblick auf folgende Kriterien zu beurteilen?

- Performance
- Unterstützung knotenübergreifender Operationen, z. B. Joins
- Erweiterbarkeit um zusätzliche Knoten
- Behandlung von Knotenausfällen

Übung 6.8 (Consistent Hashing)
In einem Key Value Store mit fünf Knoten K_1 bis K_5 sollen 1000 Objekte mit Key-Werten 1 bis 1000 abgespeichert werden. Der Speicherknoten eines Objekts mit Key k soll einerseits mit der einfachen Hash-Funktion $g(k) = (k \bmod 5) + 1$ bestimmt werden. Alternativ soll Consistent Hashing ($m = 7$) genutzt werden, wobei die Ringposition eines Objekts durch die Hash-Funktion $h(k) = (k \bmod 128)$ bestimmt wird. Dabei seien die Knoten K_1 bis K_5 den Positionen 25, 50, 75, 100 und 125 zugeordnet.

(a) Bestimmen Sie für beide Ansätze die Knotenzuordnung der Objekte.
(b) Bestimmen Sie für beide Ansätze die geänderte Datenallokation nach Wegnahme von Knoten K_5. Für das einfache Verfahren soll dazu für die vier verbleibenden Knoten die neue Hash-Funktion $g'(k) = (k \bmod 4) + 1$ Anwendung finden. Vergleichen Sie den Umverteilungsaufwand und die resultierende Lastbalancierung.

Übung 6.9 (Shard-Key in MongoDB)
Eine Datenbank im Dokumentenstore MongoDB habe eine Kollektion *Posts* zur Speicherung von Blogeinträgen, darunter das folgende Beispieldokument:

```
{  '_id':  ObjectId('52382dcd47c3947b08800a07'),
'author' :  ObjectId('52382bf747c3947b08800a05'),
'date' :  ISODate('2014-09-17T10: 24: 13.315Z'),
'title' :  'A MongoDB blog entry',
'body' :  'The main content',
'tags' :  [ 'MongoDB', 'blog' ],
'comments' :  [
{ 'author' :  'Hans',
'email' :  'hans@gmail.com',
'text' :  'A comment'    },
{  'author' :  'Maria',
'text' :  'Another comment'    }    ]
}
```

Jeder Beitrag hat eine automatisch aus dem Generierungszeitpunkt abgeleitete Objekt-ID, wird von einem Autor verfasst und kann neben dem Erstellungsdatum, Titel und Inhalt mehrere Tags und Kommentare aufweisen. Angaben zu Autoren werden in einer eigenen Kollektion verwaltet, auf die über die Objekt-ID verwiesen wird. Diskutieren Sie für die vorkommenden Attribute der Kollektion, inwieweit sie als Shard-Key für die verteilte Speicherung und Anfragebearbeitung geeignet sind.

Literatur

1. Agrawal, S., Narasayya, V.R., Yang, B.: Integrating vertical and horizontal partitioning into automated physical database design. In: Proc. ACM SIGMOD Conf., pp. 359–370 (2004)

2. Bitton, D., Gray, J.: Disk shadowing. In: Proc. VLDB Conf., pp. 331–338 (1988)

3. Chodorow, K.: Scaling MongoDB. O'Reilly (2011)

4. Copeland, G.P., Alexander, W., Boughter, E.E., Keller, T.W.: Data placement in Bubba. In: Proc. ACM SIGMOD Conf., pp. 99–108 (1988)

5. Copeland, G.P., Keller, T.W.: A comparison of high-availability media recovery techniques. In: SIGMOD Conference, pp. 98–109 (1989)

6. Curino, C., Zhang, Y., Jones, E.P.C., Madden, S.: Schism: a workload-driven approach to database replication and partitioning. PVLDB 3(1), 48–57 (2010)

7. DeCandia, G., Hastorun, D., Jampani, M., Kakulapati, G., Lakshman, A., Pilchin, A., Sivasubramanian, S., Vosshall, P., Vogels, W.: Dynamo: Amazon's highly available key-value store. In: Proc. SOSP, pp. 205–220 (2007)

8. DeWitt, D.J., Gray, J.: Parallel database systems: The future of high performance database systems. Commun. ACM 35(6), 85–98 (1992)

9. Eadon, G., Chong, E.I., Shankar, S., Raghavan, A., Srinivasan, J., Das, S.: Supporting table partitioning by reference in Oracle. In: Proc. ACM SIGMOD Conf., pp. 1111–1122 (2008)

10. Ghandeharizadeh, S., DeWitt, D.J.: Hybrid-range partitioning strategy: A new declustering strategy for multiprocessor database machines. In: VLDB, pp. 481–492 (1990)

11. Ghandeharizadeh, S., DeWitt, D.J., Qureshi, W.: A performance analysis of alternative multiattribute declustering strategies. In: Proc. ACM SIGMOD Conf., pp. 29–38 (1992)

12. Hsiao, H.I., DeWitt, D.J.: Chained declustering: A new availability strategy for multiprocessor database machines. In: ICDE, pp. 456–465 (1990)

13. Lightstone, S., Bhattacharjee, B.: Automating the design of multi-dimensional clustering tables in relational databases. In: Proc. VLDB Conf., pp. 1170–1181 (2004)

14. Lightstone, S., Teorey, T., Nadeau, T.: Physical Database Design. Morgan Kaufmann (2007)

15. Marek, R.: Ein Kostenmodell der parallelen Anfragebearbeitung in Shared-Nothing-Datenbanksystemen. In: BTW, pp. 232–251 (1995)

16. Nehme, R.V., Bruno, N.: Automated partitioning design in parallel database systems. In: Proc. ACM SIGMOD Conf., pp. 1137–1148 (2011)

17. Padmanabhan, S., Bhattacharjee, B., Malkemus, T., Cranston, L., Huras, M.: Multi-dimensional clustering: A new data layout scheme in DB2. In: Proc. ACM SIGMOD Conf. (2003)

18. Pavlo, A., Curino, C., Zdonik, S.B.: Skew-aware automatic database partitioning in sharednothing, parallel oltp systems. In: Proc. ACM SIGMOD Conf., pp. 61–72 (2012)

19. Rao, J., Zhang, C., Megiddo, N., Lohman, G.M.: Automating physical database design in a parallel database. In: Proc. ACM SIGMOD Conf., pp. 558–569 (2002)

20. Stöhr, T., Märtens, H., Rahm, E.: Multi-dimensional database allocation for parallel data warehouses. In: Proc. VLDB Conf., pp. 273–284 (2000)

21. Stöhr, T., Rahm, E.: WARLOCK: A data allocation tool for parallel warehouses. In: Proc. VLDB Conf., pp. 721–722 (2001)

22. Stoica, I., Morris, R., Liben-Nowell, D., Karger, D.R., Kaashoek, M.F., Dabek, F., Balakrishnan, H.: Chord: a scalable peer-to-peer lookup protocol for internet applications. IEEE/ACM Trans. Netw. **11**(1), 17–32 (2003)

23. Teradata: 1012 data base computer, concepts and facilities. Teradata Corporation (1988)

24. Wilschut, A.N., Flokstra, J., Apers, P.M.G.: Parallelism in a main-memory dbms: The performance of prisma/db. In: VLDB, pp. 521–532 (1992)

25. Zeller, B., Kemper, A.: Experience report: Exploiting advanced database optimization features for large-scale SAP R/3 installations. In: Proc. VLDB Conf., pp. 894–905 (2002)

26. Zilio, D.C., Rao, J., Lightstone, S., Lohman, G.M., Storm, A.J., Garcia-Arellano, C., Fadden, S.: DB2 Design Advisor: Integrated automatic physical database design. In: Proc. VLDB Conf., pp. 1087–1097 (2004)

Teil III
Anfrageverarbeitung

Die Möglichkeit der Ausführung von Operationen auf Daten und die Kombination von Operationen in Anfragen sind zwei der zentralen Funktionen von Datenbanksystemen. Hierbei besteht die Aufgabe, die in einer deklarativen Anfragesprache wie SQL formulierten Anfragen in konkrete interne Zugriffs- und Berechnungsalgorithmen umzusetzen und dabei aus einer Menge möglicher Auswertestrategien die beste Strategie zu wählen. Für den verteilten und parallelen Fall bedeutet dies zusätzlich noch, auf Daten anderer Knoten zuzugreifen oder die Berechnung auf mehrere Prozessoren zu verteilen.

Daher wollen wir zunächst in Kap. 7 die Grundlagen der Anfrageverarbeitung in Datenbanksystemen behandeln, bevor wir in den folgenden Kapiteln auf spezifische Aspekte verteilter und paralleler Systeme eingehen.

Grundlagen der Anfrageverarbeitung

7

Für ein Verständnis der Verarbeitung von Anfragen in einem Datenbanksystem ist es
zunächst notwendig, sich den gesamten Ablauf vom Eintreffen einer Anfrage über die
Planung und Optimierung der Anfrage bis hin zur Bereitstellung der Ergebnisdaten zu
verdeutlichen. Darauf aufbauend wollen wir in den weiteren Abschnitten dieses Kapitels
die Realisierung konkreter Anfrageoperatoren sowie Aspekte der Optimierung vorstellen.

Die in diesem Kapitel beschriebenen Techniken zur Anfrageübersetzung und -optimie-
rung sind Standardstoff in Lehrbüchern zur Datenbankimplementierung und können etwa
in [5, 9, 7, 1] ausführlicher nachgelesen werden.

7.1 Phasen der Anfrageverarbeitung

Eine Datenbankanfrage, die etwa in SQL formuliert wurde, durchläuft zur Verarbeitung
mehrere Phasen, die sich grob in Übersetzung/Planung sowie Ausführung unterteilen lassen. In Abb. 7.1 sind die wesentlichen Phasen dargestellt.

Der erste Schritt besteht in einer *syntaktischen Analyse* des Anfragetextes und dem damit
verbundenen Aufbau eines *Parse-Baums*. Hierbei wird zum Ersten geprüft, ob die Anfrage
syntaktisch korrekt ist, und zum Zweiten, ob die referenzierten Objekte (Tabellen) überhaupt existieren, ob die Spalten darauf definiert sind und ob der Anfragende die notwendigen Berechtigungen für den Zugriff besitzt. Aus dem Parse-Baum wird anschließend ein
noch unoptimierter Anfrageplan erstellt, wobei Zugriffe auf Sichten durch Einsetzen der jeweiligen Sichtdefinitionen ersetzt (Sichtexpansion) werden. Als Ergebnis entsteht ein Plan
in Form eines Ausdrucks der Anfragealgebra – für SQL-Anfragen also einer Relationenalgebra, die um Operatoren wie Sortierung, Gruppierung u. Ä. erweitert ist.

Im zweiten Schritt wird dieser Algebraausdruck für die weitere Verarbeitung vereinfacht und dazu in ein kanonisches Format transformiert. Dies erfolgt zum einen auf Ebene
der Bedingungen und Ausdrücke, z. B. in den **WHERE**- und **SELECT**-Klauseln, indem Nor-
malformen durch Anwendung logischer Äquivalenzbeziehungen gebildet und redundante

© Springer-Verlag Berlin Heidelberg 2015   139
E. Rahm, G. Saake, K.-U. Sattler, *Verteiltes und Paralleles Datenmanagement*, eXamen.press,
DOI 10.1007/978-3-642-45242-0_7

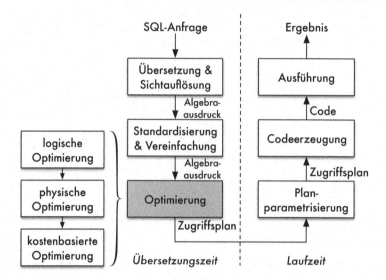

Abb. 7.1 Phasen der Anfrageverarbeitung nach [9]

Teilausdrücke entfernt werden. Zum anderen werden geschachtelte Anfragen (Unteranfragen im **WHERE**-Teil) durch Entschachtelung [8] vereinfacht. Ein Beispiel hierfür ist die Transformation einer geschachtelten Anfrage mit einem **IN**-Prädikat in eine Verbundanfrage.

Der dritte Schritt ist die eigentliche *Optimierung*, die in drei Phasen unterteilt werden kann. Zunächst wird der Anfrageplan im Rahmen der sogenannten algebraischen Optimierung (oder auch „Rewriting") unter Anwendung von Algebraäquivalenzregeln umgeformt, ohne dabei jedoch bereits konkrete Speicherungsformen der Relationen oder Berechnungsalgorithmen zu berücksichtigen. Stattdessen werden diese Regeln als Heuristiken angewendet, beispielsweise das „Hineinziehen" von Selektionen in einen Verbundterm durch Ausnutzung der Kommutativität:

$$\sigma_F(R_1 \bowtie R_2) \Longrightarrow \sigma_F(R_1) \bowtie R_2 \, .$$

In der zweiten Phase der physischen Optimierung werden die logischen Operatoren des Anfrageausdrucks durch konkrete Berechnungsalgorithmen ersetzt (siehe Abschn. 7.2). Durch die möglichen Transformationen der algebraischen Optimierung sowie die verschiedenen Berechnungsalgorithmen ergeben sich typischerweise mehrere (teilweise sogar sehr viele) äquivalente Anfragepläne, die alle das gleiche Anfrageergebnis liefern würden. Aufgabe der dritten Phase ist es daher, aus dieser Menge den besten Plan auszuwählen. Hierzu wird ein Kostenmodell benötigt, das wir in Abschn. 7.3 vorstellen.

Alle diese Schritte werden zur Übersetzungszeit einer Anfrage ausgeführt und liefern als Ergebnis einen optimierten Ausführungsplan.

Bei interaktiven Anfragen schließen sich direkt die weiteren Schritte der Code-Erzeugung und schließlich Ausführung an. Bei vorkompilierten Anfragen (z. B. für sogenannte „prepared statements") kann auch der optimierte Plan gespeichert und später wiederholt ohne Neuoptimierung ausgeführt werden. Für diesen Fall wird der Schritt der Planparametrisierung benötigt, um Platzhalter in Anfragen durch konkrete Werte zu ersetzen.

Im Schritt der Codeerzeugung wird aus dem Ausführungsplan eine auswertbare Repräsentation der Anfrage erzeugt. Dies kann je nach System eine einfache Graphrepräsentation aus *Planoperatoren* (siehe Abschn. 7.2), Zwischencode für eine abstrakte virtuelle Maschine oder auch direkt ausführbarer Code für die jeweilige Plattform sein.

Im letzten Schritt wird der Plan dann ausgeführt und das Ergebnis an den Anfragenden geschickt.

7.2 Planoperatoren

In jedem Anfrageprozessor sind zur Auswertung der einzelnen Algebraoperatoren entsprechende Implementierungen von Berechnungsalgorithmen (im Weiteren als „Planoperatoren" bezeichnet) hinterlegt, die während der physischen Optimierung eingesetzt werden [2]. Neben Implementierungen für die eigentlichen Algebraoperatoren zählen dazu auch eine Reihe weiterer unterstützender Operatoren wie Scans und Sortierung sowie Operatoren für den Zugriff auf Datensätze über ihre Adresse.

7.2.1 Scan

Scans dienen zum Durchlaufen einer Relation (Relationen- oder Table-Scan) oder einer Indexstruktur (Indexscan) und damit zum Zugriff auf die Basisdaten. Scans bilden die Blätter in einem Anfragebaum. Beim *Relationenscan* wird die Relation blockweise durchlaufen (Abb. 7.2a): Die Tupel werden somit in der Reihenfolge ihrer Speicherung auf den Blöcken gelesen. Der Aufwand wird durch die Anzahl der zur Relation R gehörenden Blöcke b_R bestimmt.

Im Gegensatz dazu wird beim *Indexscan* (Abb. 7.2b) eine Indexstruktur (z. B. ein B+-Baum) zum Navigieren verwendet. Die Tupel werden damit in der Sortierreihenfolge des indexierten Attributs geliefert. Sofern die Tupel nicht direkt im Index abgelegt sind, sondern nur über ihre Adresse (ihren Tupelidentifikator) referenziert werden, muss der jeweilige Block der Relation mit dem eigentlichen Tupel ebenfalls noch geladen werden. Allerdings kann im Gegensatz zum Relationenscan die Schlüsselordnung im Index ausgenutzt werden, um ein bestimmtes Tupel oder einen Tupelbereich zu finden. Somit bietet sich der Indexscan insbesondere für Zugriffe auf einzelne Tupel über ein Schlüsselattribut sowie für Bereichsanfragen über dieses Attribut an. Der Aufwand ist daher zum einen durch den Aufwand für die Suche im Index (d. h. die Baumhöhe $lev_{I(R(A))}$) und zum anderen durch die

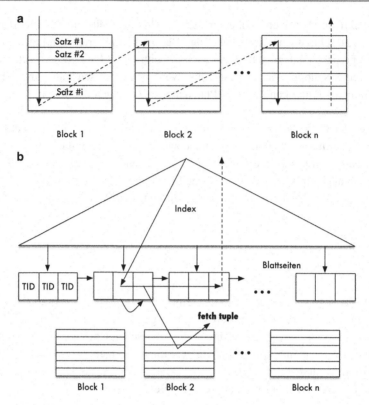

Abb. 7.2 **a** Relationenscan vs. **b** Indexscan

Anzahl der besuchten Blätter und damit der zu ladenden Blöcke der Relation gegeben. Im Fall eines Primärindexes ist dies 1, anderenfalls muss dies über die Anzahl der Tupel pro Schlüsselwert abgeschätzt werden, also etwa durch $\frac{|R|}{val_{A,R}}$ (siehe Abschn. 7.3).

7.2.2 Sortieren

Sortieren ist eine der grundlegenden Operationen in Datenbanksystemen, die nicht nur für die Herstellung einer Ordnung der Datensätze, sondern auch für die Duplikateliminierung, die Gruppierung, Mengenoperationen und die Verbundberechnung benötigt wird. Dabei muss insbesondere mit dem Fall umgegangen werden, dass die zu sortierende Relation zu groß für den Hauptspeicher ist und somit der Externspeicher einzubeziehen ist. Das klassische *externe Sortierverfahren* ist das Sortieren durch Mischen (*Merge Sort*), das wie folgt arbeitet:

1. In einem ersten Durchlauf wird die Originalrelation in etwa gleich große Stücke (sogenannte *Runs*) geteilt, die *im Hauptspeicher sortiert werden können*. Für die Haupt-

speichersortierung können die bekannten Sortieralgorithmen wie Quicksort genutzt werden.

2. In Abhängigkeit von der Anzahl der Partitionen werden nun *Mischläufe* durchgeführt, wobei jede Mischoperation jeweils zwei (oder mehr) Zwischenergebnisse mischt. Die Blöcke der beiden beteiligten Zwischenrelationen werden hierzu iterativ in den Hauptspeicher geladen. Da beide Zwischenrelationen sortiert vorliegen, muss jeder Block genau einmal gelesen werden, um das Mischen durchzuführen.

Das initiale Sortieren liest jeden Block einmal und schreibt dieselbe Anzahl zurück auf die Partitionen. Bei Kombination von jeweils zwei Zwischenergebnissen mischen n Mischläufe insgesamt 2^n Partitionen. Bei einer Relationengröße von b Blöcken und einem Faktor von *mem* für die Größe der initial im Hauptspeicher zu sortierenden Blocksequenzen können wir den Aufwand an Hintergrundspeicherzugriffen wie folgt bestimmen: Initial wird in mindestens $\frac{b}{mem}$ Partitionen aufgeteilt. Notwendig sind somit

$$\left\lceil \log_2 \left(\frac{b}{mem} \right) \right\rceil$$

Mischläufe. Jeder Mischlauf liest alle Blöcke genau einmal und schreibt sie wieder. Insgesamt erhalten wir die folgende Anzahl von Blockzugriffen:

$$2b \left(1 + \left\lceil \log_2 \left(\frac{b}{mem} \right) \right\rceil \right) .$$

Das Merge-Sort-Verfahren zeigt somit, dass auch externes Sortieren mit einem Aufwand in der Größenordnung von $O(n \log n)$ möglich ist.

Da in einem Mischschritt pro zu mischender Teilrelation nur jeweils ein Block in den Hauptspeicher geladen werden muss, können wir natürlich mehr als zwei Teilrelationen auf einmal mischen. Tatsächlich können wir sogar *mem* − 1 auf einmal mischen, da *mem* ja die Größe des uns im Hauptspeicher zur Verfügung stehenden Bereichs ist. Allerdings sollte die Anzahl der Runs nicht zu groß werden, da sonst beim Einlesen während der Mischphase die Externspeicherzugriffe zu wahlfreien Zugriffen degenerieren.

Die Leistungsfähigkeit eines externen Sortierverfahrens wird durch mehrere Faktoren beeinflusst [4]:

- beim internen Sortierschritt im Wesentlichen durch den Aufwand für den Schlüsselvergleich sowie für das Bewegen oder Kopieren der Daten, was u. a. durch Kompression der zu vergleichenden Schlüssel erreicht werden kann.

- beim externen Sortieren durch den Ein-/Ausgabeaufwand für die Externspeicherzugriffe. Dies kann durch Parameter wie Blockgröße oder Fan-In (Anzahl der gleichzeitig zu mischenden Runs) beeinflusst werden.

7.2.3 Verbund

Eine weitere wichtige Klasse von Planoperatoren sind die Verbundoperatoren. Hier lassen sich grob drei Varianten unterscheiden:

- Nested-Loops-Verbund,
- Merge-Verbund,
- Hash-Verbund.

Der *Nested-Loops-Verbund* ist die einfachste und gleichzeitig flexibelste Variante der Verbundberechnung, da damit Verbunde mit allen möglichen Verbundbedingungen berechnet werden können. Wie der Name vermuten lässt, basiert das Prinzip auf zwei geschachtelten Schleifen: In der äußeren Schleife wird die erste Relation durchlaufen, wobei für jedes Tupel in einer inneren Schleife die zweite Relation durchlaufen wird. Für jedes Paar von Tupeln kann so die Verbundbedingung geprüft werden.

Verbesserte Varianten dieser Verbundimplementierung sind der Block-Nested-Loops-Verbund und der Index-Nested-Loops-Verbund. Beim Block-Nested-Loops-Verbund wird statt über die Tupel zunächst über die Blöcke der Relation iteriert, da Blockzugriffe die wesentlichen Ausführungskosten ausmachen. Über die Tupel der in den Hauptspeicher geladenen Blöcke wird dann wiederum mit geschachtelten Schleifen iteriert, sodass hierbei im Prinzip vier Schleifen verschachtelt sind.

Die Variante des Index-Nested-Loops-Verbunds kann eingesetzt werden, wenn auf einem Verbundattribut einer der beiden Relationen ein Index definiert ist. In diesem Fall kann die innere Schleife durch einen Indexzugriff (Indexscan) ersetzt werden.

Beim *Merge-Verbund* kommt die Technik des Mischens vorsortierter Relationen zum Einsatz, wie sie auch beim Sortieren durch Mischen (Merge Sort oder externes Sortieren) angewendet wird. Die zu verbindenden Relationen müssen dazu jeweils nach dem Verbundattribut sortiert sein. Dies kann durch einen entsprechenden Indexscan oder das explizite Sortieren erreicht werden. Im letzteren Fall wird die Variante auch *Sort-Merge-Verbund* genannt. Beim eigentlichen Mischen werden beide Relationen R und S parallel durchlaufen und die jeweils aktuellen Tupel t_R und t_S miteinander verglichen. Hierbei sind drei Fälle zu behandeln:

(a) Das Tupel $t_R \in R$ ist kleiner als $t_S \in S$ bezüglich des Verbundattributs. Es kann in S also kein passendes Tupel zu t_R geben, sodass zum nächsten Tupel $t_R \in R$ gegangen werden kann.

(b) Das Tupel $t_R \in R$ ist größer als $t_S \in S$ bezüglich des Verbundattributs. Entsprechend zu Fall (a) wird hier das nächste Tupel $t_S \in S$ gelesen.

(c) Beide Tupel sind gleich im Verbundattribut. In diesem Fall können die Tupel verbunden werden, was jedoch alle Nachfolger von t_R und t_S mit den gleichen Verbundattributwerten wie t_R und t_S ebenfalls einschließt.

Der *Hash-Verbund* basiert auf der Idee, dass Tupel mit gleichen Verbundattributwerten in die gleichen Buckets einer Hash-Tabelle eingeordnet werden. Hierzu läuft die Verbundberechnung in zwei Phasen ab:

1. *Build-Phase*: Die kleinere der beiden Relationen (hier als R bezeichnet) wird eingelesen und jedes Tupel wird mithilfe einer Hash-Funktion auf dem Verbundattribut in ein Bucket der Hash-Tabelle eingeordnet.
2. *Probe-Phase*: Die zweite Relation S wird gelesen. Unter Anwendung der gleichen Hash-Funktion auf den Tupeln wird das Bucket mit den Verbundkandidaten bestimmt. Da die Abbildung auf Buckets nicht injektiv ist, muss die Verbundbedingung mit allen Kandidaten noch explizit geprüft werden. Erst wenn diese erfüllt ist, kann das Verbundpaar gebildet werden.

Diese Variante ist die einfachste Form, die davon ausgeht, dass die kleinere Relation komplett in den Hauptspeicher geladen werden kann. Ist dies nicht der Fall, so kann mit dem *Classic-Hash-Verbund* der Überlauf der Hash-Tabelle durch die Relation R behandelt werden. Hierbei werden im ersten Schritt nur so viele Tupel verarbeitet, wie in den Hauptspeicher passen. Nachdem die Probe-Phase wie oben beschrieben abgearbeitet ist, wird die Hash-Tabelle geleert und die restlichen Tupel der Relation R werden in die Hash-Tabelle eingeordnet. Anschließend muss die Probe-Phase mit der gesamten S-Relation wiederholt werden. Dieser Prozess wird solange wiederholt, bis die Relation R vollständig verarbeitet wurde.

Das wiederholte Lesen der R-Relation wird beim *Simple-Hash-Verbund* durch ein Begrenzen des Bildbereichs der Hash-Funktion vermieden. Hierfür muss zunächst der Bildbereich abgeschätzt werden, der in den Hauptspeicher passt. In der Build-Phase werden alle Tupel, die in diesen Bildbereich passen, wie bisher behandelt, alle anderen kommen in einen Überlaufbereich. In der Probe-Phase wird in gleicher Weise vorgegangen – auch hier werden Tupel außerhalb des Bildbereichs in einen Überlaufbereich aufgenommen. Nachdem alle Tupel verarbeitet sind, wird die Hash-Tabelle geleert und anschließend können die Tupel aus den Überlaufbereichen in gleicher Weise und ggf. rekursiv verarbeitet werden.

Die dritte Form von Hash-Verbunden basiert auf einer Partitionierung des Bildbereichs durch Hash-Funktionen. Auf diese Varianten werden wir in Abschn. 9.3 genauer eingehen.

7.2.4 Pipelining

Für eine effiziente Anfrageverarbeitung ist es notwendig, dass die Ergebnisse der Operatoren nicht erst zwischengespeichert werden, bevor sie als Eingabe vom nachfolgenden Operator verarbeitet werden. Ein solches „Pipelining" reduziert nicht nur den Speicherbedarf für Zwischenergebnisse, sondern sorgt auch für eine frühere Rückgabe der ersten Anfrageergebnisse. Zu diesem Zweck sind Anfrageoperatoren meist nach dem *Iterator-*

Prinzip oder auch *Volcano-Modell* (benannt nach dem *Volcano Optimizer Generator* [3]) implementiert. Hierbei unterstützt jeder Operator ein Protokoll aus drei Funktionen:

- **open**: Über diese Funktion wird der Operator initialisiert (z. B. eine Hash-Tabelle angelegt) und die notwendigen Eingaben werden geöffnet (ebenfalls durch Aufruf der **open**-Funktionen der Eingabeoperatoren).
- **next**: Durch Aufruf dieser Funktion wird das nächste Ergebnistupel des Operators geliefert.
- **close**: Beendet die Verarbeitung, schließt die Eingaben und gibt ggf. belegte Ressourcen frei.

Nach dem Öffnen des Operators mit **open** wird demzufolge so lange **next** aufgerufen, wie der Operator Tupel produziert. In der **next**-Funktion eines Operators wird dazu jeweils die **next**-Funktion des Eingabeoperators aufgerufen und das gelieferte Tupel entsprechend der Semantik des Operators überprüft. Dies wird so lange wiederholt, bis der Operator selbst ein Ergebnistupel produzieren kann oder keine weiteren Tupel vorliegen.

Allerdings unterstützen nicht alle Operatoren ein solches Pipelining. Derartige *blockierende* Operatoren sind dadurch charakterisiert, dass der Hauptteil der Verarbeitung bereits in der **open**-Funktion stattfindet. Typische Vertreter sind sortierbasierte Operatoren wie das Sortieren der Eingaberelation, die Duplikateliminierung oder auch die sortierbasierte Gruppierung. Hierbei wird in der **open**-Funktion zunächst die gesamte Eingaberelation gelesen, sortiert und in einer temporären Datenstruktur abgelegt. Der Aufruf von **next** liefert dann nur noch die Tupel aus dieser Datenstruktur.

7.3 Kostenmodelle

Die Basis für die Auswahl des besten Ausführungsplans durch den Anfrageoptimierer bildet das *Kostenmodell*. Ziel ist es hierbei, die Ausführungskosten eines Plans abzuschätzen, ohne die Anfrage tatsächlich auszuführen. Ein Kostenmodell für die Anfageoptimierung umfasst:

- Statistiken über die Größen von Relationen (Anzahl der Tupel, Tupelgröße, Anzahl der belegten Blöcke) sowie Wertebereiche und Werteverteilung der Attribute,
- Formeln und Abschätzungen zur Berechnung der Größe von Zwischenergebnissen (Kardinalität) der einzelnen Operatoren einer Anfrage,
- verschiedene Kostenarten sowie Kostenfunktionen zur Berechnung der Einzelkosten bezüglich verschiedener Ressourcen und darauf aufbauend die Gesamtkosten der Anfrage.

Zu den Kostenarten gehören die I/O-Kosten, die durch das Lesen und Schreiben von Blöcken von dem bzw. auf den Externspeicher entstehen, sowie CPU-Kosten für Berechnungen, Vergleiche etc. Üblicherweise werden diese Einzelkosten zu einem Gesamtkostenwert zusammengeführt, um alternative Pläne miteinander vergleichen zu können. Dies erfolgt durch die Einbeziehung von Wichtungsfaktoren W, die für die konkrete Hardwareplattform kalibriert werden, also etwa:

$$cost = W_{IO} \cdot cost_{IO} + W_{CPU} \cdot cost_{CPU} \, .$$

Im Ergebnis sind die tatsächlichen absoluten Kostenwerte einer Anfrage weniger interessant – wichtiger sind die Werte für den Vergleich der alternativen Pläne. Die Einzelkosten können mithilfe operatorspezifischer Kostenfunktionen berechnet werden. So entsprechen beispielsweise die I/O-Kosten eines Relationenscans der Anzahl der Blöcke der Relation, während die Kosten eines Indexscans durch die Höhe des B+-Baums und die Anzahl der ausgewählten Tupel sowie deren Blockung gegeben sind.

Für Operatoren, die direkt auf Basisrelationen und Indizes zugreifen (also Blätter des Anfrageplans bilden), lassen sich die benötigten Informationen direkt aus dem Data Dictionary sowie den dort ebenfalls hinterlegten Statistiken entnehmen. Für alle anderen Operatoren müssen die Kardinalitäten der Zwischenergebnisse abgeschätzt werden.

Zur *Kardinalitätsabschätzung* wird die *Selektivität* des Operators benötigt, die dem folgenden Verhältnis entspricht:

$$sel = \frac{Ergebniskardinalität}{Kardinalität\ der\ Eingangsrelation} \, .$$

Eine Selektivität von 0,25 bedeutet daher, dass der Operator bei einer Eingangsrelation von 1000 Tupeln 250 Ergebnistupel produziert.

Zur Bestimmung der Selektivität kommen meist zwei Varianten zum Einsatz. Die erste Variante basiert auf den Annahmen der Gleichverteilung der Werte eines Attributs sowie der Unabhängigkeit der Attribute. In diesem Fall kann unter Kenntnis der Anzahl der verschiedenen Werte $val_{A,R}$ des Attributs A in der Relation R die Selektivität abgeschätzt werden. Für eine Selektion mit der Bedingung $A = v$ ist dies beispielsweise:

$$sel(\sigma_{A=v}(R)) = \frac{1}{val_{A,r}} \, .$$

Ähnliche Abschätzungen existieren auch für andere Bedingungen und Operatoren. Bei der Abschätzung können auch weitere Informationen wie etwa Integritätsbedingungen berücksichtigt werden. Für einen Verbund $R \bowtie_{A=B} S$ ist bei Vorliegen einer Fremdschlüsselbeziehung $R.A \rightarrow S.B$ garantiert, dass es zu jedem Tupel in R genau ein Tupel in S gibt. Die Ergebniskardinalität entspricht somit der Kardinalität von R:

$$|R \bowtie_{A=B} S| = |R| \, .$$

Für den allgemeinen Fall kann die *Verbundselektivität*

$$sel(R \bowtie_{A=B} S) = \frac{1}{\max\{val_{A,R}, val_{B,S}\}}$$

Abb. 7.3 Histogramm

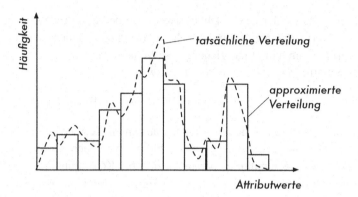

verwendet werden, um über

$$|R \bowtie_{A=B} S| = sel(R \bowtie_{A=B} S) \cdot |R| \cdot |S|$$

die *Verbundkardinalität* abzuschätzen.

Da die Annahme der Gleichverteilung jedoch häufig nicht zutrifft und die obigen Abschätzungen sehr ungenau sind, verwenden moderne DBMS meist sogenannte *Histogramme*. Hierbei handelt es sich um Approximationen der Häufigkeitsverteilung der Attributwerte (siehe Abb. 7.3). In der Literatur wurden eine Vielzahl von Varianten für Histogramme vorgeschlagen [6]. Zwei der wichtigsten Basisformen sind die Equi-width- und die Equi-depth-Histogramme. Bei den *Equi-width-Histogrammen* wird der Wertebereich eines Attributs in gleich große, disjunkte Bereiche (sogenannte Buckets) unterteilt. Die Häufigkeit der Werte im jeweiligen Bereich entspricht dann der Höhe des Buckets.

Demgegenüber handelt es sich bei den Equi-depth- oder *Equi-height-Histogrammen* um höhenbalancierte Histogramme: Die Höhe aller Buckets ist gleich, daher muss die Breite angepasst werden. Mit Equi-depth-Histogrammen lassen sich nichtuniforme Verteilungen besser repräsentieren (speziell Bereiche mit sehr wenigen oder sehr vielen Werten). Außerdem müssen die Häufigkeiten nicht gespeichert werden, da diese Werte für alle Buckets gleich sind.

7.4 Anfrageoptimierung

Mit dem Wissen über die Kosten eines Ausführungsplans kann der Anfrageoptimierer den besten Plan auswählen. Hierbei handelt es sich im Prinzip um ein Suchproblem mit zwei Teilaufgaben:

1. Der Suchraum aus allen möglichen äquivalenten Plänen muss zunächst aufgespannt werden, indem die Pläne systematisch durch Anwendung der Äquivalenzbeziehungen von Algebraausdrücken und Transformationsregeln zur Ersetzung logischer Algebra-

operatoren durch physische Operatoren generiert werden. Dieser Schritt wird auch als *Planenumeration* bezeichnet.

2. Die zweite Aufgabe ist die eigentliche Suche nach dem besten Plan. Hier können verschiedene Suchstrategien zum Einsatz kommen, die entweder den Suchraum vollständig durchlaufen oder in geeigneter Weise eingrenzen sowie deterministisch oder randomisiert arbeiten.

Üblicherweise werden beide Aufgaben kombiniert, indem bereits die Kosten von Teilplänen verglichen werden, um ungeeignete Kandidaten frühzeitig auszuschließen und den Suchraum zu verkleinern. Dies ist notwendig, da der Suchraum bei komplexeren Anfragen sehr groß werden kann: Allein die Anzahl der möglichen Verbundreihenfolgen bei einem Verbund von n Relationen beträgt bereits $C_{n-1} \cdot n!$ (C_n ist hier die n-te Catalan-Zahl) [1], ohne dass dabei schon die möglichen Varianten der Operatorimplementierungen berücksichtigt sind. Eine weitere Möglichkeit der Begrenzung des Suchraums sind Heuristiken, wie:

- das Nichtberücksichtigen von Plänen mit kartesischen Produkten, wenn äquivalente (Teil-)Pläne mit Verbunden existieren, bzw. – wenn notwendig – die möglichst späte Berechnung von kartesischen Produkten im Plan,
- die Beschränkung auf bestimmte Baumformen.

Bei den Baumformen kann zwischen linksorientierten, rechtsorientierten und buschigen Bäumen unterschieden werden (siehe Abb. 7.4). Links- und rechtsorientierte Bäume sind dadurch gekennzeichnet, dass jeder innere Knoten mindestens einen Blattknoten mit einem Zugriff auf eine Basisrelation als Kind besitzt. Sie besitzen im Gegensatz zu buschigen Bäumen geringeres Parallelisierungspotenzial. Allerdings erleichtern speziell linksorientierte Bäume das Pipelining und benötigen auch weniger Hauptspeicher (z. B. bei einer Folge von Hash-Verbunden). Da außerdem die Berücksichtigung nur einer Form von Verbundbäumen den Suchraum potenzieller Ausführungspläne reduziert, beschränken sich zentralisierte Systeme häufig auf linksorientierte Bäume.

Bei den Suchstrategien kann grob zwischen deterministischen und nichtdeterministischen Verfahren unterschieden werden. Zur letzteren Gruppe gehören randomisierte Verfahren, die das vollständige Durchsuchen des Suchraums vermeiden. Beispiele hierfür sind Verfahren wie Iterative Improvement, Simulated Annealing oder auch genetische Algorithmen [11].

Das Standardverfahren für Anfrageoptimierung ist jedoch ein auf *dynamischer Programmierung* basierendes deterministisches Verfahren, das bereits im Rahmen von System R [10] vorgestellt wurde. Im Gegensatz zu einer einfachen Greedy-Suche werden dabei eventuell optimale Lösungen auch nicht übersehen. Die Grundidee ist hierbei, das Problem der Konstruktion eines optimalen Plans in abhängige Teilprobleme (Teilpläne) zu zerlegen und diese bereits zu optimieren. Grundlage hierfür ist, dass eine optimale Lösung nur aus optimalen Teillösungen bestehen kann. Weiterhin wird versucht, mehrfach

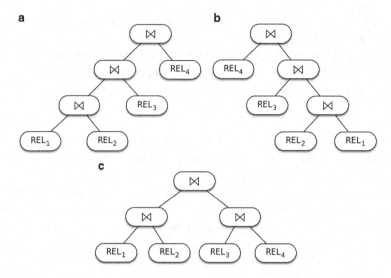

Abb. 7.4 Verbundbäume, **a** linksorientiert, **b** rechtsorientiert, **c** buschig

auftretende Teilprobleme nur einmal zu lesen. Dieses Prinzip lässt sich am besten anhand
der Optimierung der Verbundreihenfolge zwischen n Relationen $R_1 \bowtie R_2 \bowtie \cdots \bowtie R_n$
erläutern. Der optimale Plan wird konstruiert, indem schrittweise die Teilverbunde zwischen 2, 3 usw. Relationen optimiert werden. Als Datenstruktur kann eine Kostentabelle
verwaltet werden, die zu jeder k-elementigen Teilmenge $\mathcal{R} \subseteq \{R_1, R_2 \ldots R_n\}$ die optimale Verbundreihenfolge, deren Kosten sowie ggf. Information zur Kostenberechnung

---

Input   : Verbundanfrage Q auf den Relationen $R_1, \ldots, R_n$
Output: Anfrageplan für Q
1 **for** $i \leftarrow 1$ **to** n **do**
2 | optPlans $[R_i] \leftarrow R_i$;
3 **end**
4 **for** $i \leftarrow 2$ **to** n **do**
5 | **foreach** $s \subseteq \{R_1, \ldots, R_n\}$ *mit* $|s| = i$ **do**
6 | optPlans $[s] \leftarrow \{\}$;
7 | **foreach** $r_k \in s$ **do**
8 | optPlans $[s] \leftarrow$ optPlans $[s] \cup$ join-plans(optPlans
   | $[s - \{R_k\}], R_k$);
9 | **end**
10 | **end**
11 **end**
12 **return** optPlans $[\{R_1, \ldots, R_n\}]$;

Abb. 7.5 Anfrageoptimierung mit dynamischer Programmierung

enthält. Diese Tabelle wird iterativ berechnet, d. h., zur Bestimmung der Kosten und des optimalen Plans für einen k-elementigen Plan werden z. B. die $k - 1$-elementigen Tabelleneinträge verwendet.

In Abb. 7.5 ist der Algorithmus skizziert. Beginnend bei den einfachen Plänen für den Ein-Relationen-Zugriff werden schrittweise komplexere Pläne gebildet, indem der optimale Teilplan mit einer noch nicht betrachteten Relation verbunden wird. Hierzu dient die Funktion `join-plans`, die neben der Plankonstruktion auch die Kostenschätzung übernimmt. Das Ergebnis – die optimale Verbundreihenfolge – kann schließlich in der Kostentabelle `optPlans` unter dem Eintrag $\{R_1, \ldots, R_n\}$ entnommen werden.

7.5 Übungsaufgaben

Die Aufgaben beziehen sich auf folgende Relationen:

```
PERSONAL (PNR, PNAME, BERUF, GEHALT)
PROJEKT (PRONR, PRONAME, PROBUDGET)
PMITARBEIT (PNR, PRONR, DAUER)
```

Übung 7.1 (Normalisierung)
Bestimmen Sie für die Qualifikationsbedingung der folgenden Anfrage die konjunktive und disjunktive Normalform:

```
SELECT * FROM PERSONAL
WHERE (PNAME LIKE "M%" AND BERUF = "Techniker") OR
      ((PNR > 550 OR BERUF = "Programmierer") AND GEHALT < 80000)
```

Übung 7.2 (Vereinfachung)
Vereinfachen Sie die Qualifikationsbedingung der folgenden Anfrage durch Anwendung der Idempotenzregeln:

```
SELECT * FROM PERSONAL
WHERE PNR > 456 AND
NOT (BERUF = "Techniker" OR GEHALT < 50000) AND
     BERUF <> "Techniker" AND GEHALT < 50000
```

Übung 7.3 (Operatorbaum und Rekonstruktion)
Führen Sie die Anfragetransformation für folgende Query durch:

```
SELECT PNAME, PRONAME
FROM PERSONAL P, PROJEKT PT, PMITARBEIT PM
WHERE DAUER > 10 AND P.PNR = PM.PNR AND
      BERUF = "Programmierer" AND PT.PRONR = PM.PRONR
```

Bestimmen Sie den Operatorbaum und führen darauf Vereinfachungen und Restrukturierungen zur algebraischen Optimierung durch.

Übung 7.4 (Verbundbäume)
Gegeben sei ein Join über 5 Relationen. Wie viele

- linksorientierte,
- rechtsorientierte sowie
- buschige Verbundbäume

lassen sich angeben?
Bei einem Selbstverbund wird eine Relation (mehrfach) mit sich selbst verbunden, etwa um Teams fester Größe mit Studenten aus unterschiedlichen Fakultäten aber gleichen Hobbys zu bilden. Macht hier der Vergleich unterschiedlicher Join-Reihenfolgen Sinn? Begründen Sie Ihre Antwort mit einem Beispiel.

Literatur

1. Garcia-Molina, H., Ullman, J., Widom, J.: Database Systems: The Complete Book, 2 edn. Pearson International Edition (2008)

2. Graefe, G.: Query evaluation techniques for large databases. ACM Comput. Surv. **25**(2), 73–170 (1993)

3. Graefe, G.: Volcano – An Extensible and Parallel Query Evaluation System. IEEE Transactions on Knowledge and Data Engineering **6**(1), 120–135 (1994)

4. Graefe, G.: Implementing Sorting in Database Systems. ACM Computing Surveys **38**(3) (2006)

5. Härder, T., Rahm, E.: Datenbanksysteme – Konzepte und Techniken der Implementierung. 2. Auflage, Springer-Verlag (2001)

6. Ioannidis, Y.: The History of Histograms (abridged). In: Proc. Int. Conf. on Very Large Data Bases (VLDB) 2003, Berlin, Germany, 19–30 (2003)

7. Kemper, A., Eickler, A.: Datenbanksysteme – Eine Einführung. 8. Auflage, Oldenbourg Wissenschaftsverlag (2011)

8. Kim, W.: On Optimizing an SQL-like Nested Query. ACM Transactions on Database Systems **7**(3), 443–469 (1982)

9. Saake, G., Sattler, K., Heuer, A.: Datenbanken: Implementierungstechniken. 3. Auflage, mitp (2011)

10. Selinger, P., Astrahan, M., Chamberlin, D., Lorie, R., Price, T.: Access Path Selection in a Relational Database Management System. In: Proc. ACM SIGMOD Conference 1979, Boston, MA, 23–34 (1979)

11. Steinbrunn, M., Moerkotte, G., Kemper, A.: Heuristic and Randomized Optimization for the Join Ordering Problem. The VLDB Journal **3**(6), 191–208 (1997)

Verteilte Anfrageverarbeitung 8

Verteilte Anfragebearbeitung unterscheidet sich in mehreren Aspekten von der Anfrageverarbeitung in einfachen DBMS. Wir werden in Abschn. 8.1 ein erweitertes Phasenmodell für die verteilte Anfragebearbeitung betrachten. Darauf aufbauend werden wir zunächst das Problem der Datenlokalisierung und Anfragezerlegung diskutieren. Anschließend behandeln wir Erweiterungen des Kostenmodells für verteilte Anfrageauswertung. Einen Schwerpunkt bilden verteilte Strategien für die Berechnung von Verbunden sowie die Optimierung von Mehr-Wege-Verbunden.

8.1 Phasen der verteilten Anfrageverarbeitung

In Abschn. 7.1 haben wir bereits den Gesamtablauf der Anfrageverarbeitung in Datenbanksystemen beschrieben. Für verteilte Anfragen über mehrere Datenbanken hinweg müssen

1. die globale Anfrage unter Nutzung des Verteilungsschemas in lokal ausführbare Teilanfragen zerlegt werden,
2. diese Teilanfragen zu den jeweiligen Knoten gesendet und dort verarbeitet werden sowie
3. ggf. notwendige globale Operationen etwa zur Vereinigung der Teilergebnisse eingeplant und ausgeführt werden.

Daher kann die Verarbeitung grundsätzlich in zwei Phasen zerlegt werden: in die *globale Phase*, die vom Knoten koordiniert wird, an dem die Anfrage gestellt wurde, sowie die *lokale Phase* an den für die Teilanfragen verantwortlichen Knoten (Abb. 8.1).

Der *Koordinatorknoten* ist wie im zentralen Fall für die Übersetzung, Standardisierung und Vereinfachung der Anfrage zuständig. Im verteilten Fall folgen diesen Schritten die *Datenlokalisierung* und *Anfragezerlegung*, in der in der Anfrage alle Verweise auf

© Springer-Verlag Berlin Heidelberg 2015
153
E. Rahm, G. Saake, K.-U. Sattler, *Verteiltes und Paralleles Datenmanagement*, eXamen.press,
DOI 10.1007/978-3-642-45242-0_8

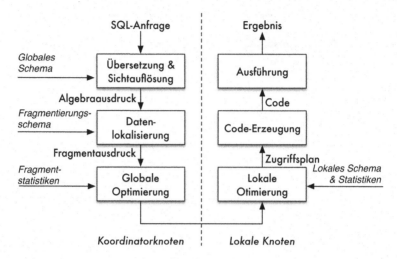

Abb. 8.1 Phasen der verteilten Anfrageverarbeitung

globale Relationen durch die korrespondierenden Partitionierungs- und Rekonstruktions-
ausdrücke der (erweiterten) Relationenalgebra ersetzt werden. Diese werden anschließend
weiter umgeformt, um etwa redundante Teilausdrücke oder Ausdrücke, die leere Ergebnisse liefern würden, zu eliminieren.

Die eigentliche Anfrageoptimierung ist über beide Phasen verteilt. Auf dem Koordinatorknoten findet die *globale Optimierung* statt, die im Wesentlichen die Platzierung

Abb. 8.2 Anfrageplan mit
Kommunikationsprimitiven

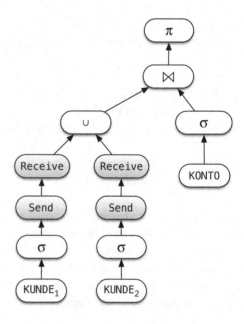

von Operatoren, die Wahl der Verbundreihenfolge und -strategie sowie das Einfügen von Kommunikationsprimitiven in die Anfragepläne umfasst. Abbildung 8.2 zeigt einen Anfrageplan als Ergebnis dieser Phase, dessen Teile den Fragmentknoten zugewiesen sind und der Send/Receive-Primitive zum Datenaustausch enthält.

Konkrete Zugriffsmethoden wie die Nutzung von Indexscans werden dagegen nicht berücksichtigt – dies ist Teil der *lokalen Optimierung*, die auf den einzelnen Fragmentknoten stattfindet.

8.2 Datenlokalisierung und Anfragezerlegung

Eine der wichtigsten Teilschritte bei der Planung und Optimierung von verteilten Anfragen ist die *Datenlokalisierung*. Ziel ist die weitere Transformation des relationalen Anfrageausdrucks (Operatorbaumes) unter Berücksichtigung der Datenverteilung. Hierbei werden zunächst alle Zugriffe auf fragmentierte Relationen durch Zugriffe auf die einzelnen Fragmente ersetzt. Dies lässt sich einfach erreichen, indem die betroffenen Relationen durch ihren Rekonstruktionsausdruck ersetzt werden, wodurch ein sogenannter (initialer) *Fragmentausdruck* entsteht. Daran anschließend können auf dem entstandenen Ausdruck wiederum algebraische Vereinfachungen und Restrukturierungen vorgenommen werden. Ziel dieser Optimierungen ist es, die Verarbeitung auf möglichst wenige der einzelnen Fragmente zu reduzieren. Damit kann das zu verarbeitende Datenvolumen und somit der Rekonstruktions- und Kommunikationsaufwand begrenzt werden.

Wir werden diese Vorgehensweise nachfolgend für jede der in Kap. 5 eingeführten Fragmentierungsarten diskutieren. Wir gehen dabei vereinfachend davon aus, dass keine Replikation von Fragmenten vorliegt.

8.2.1 Datenlokalisierung bei primärer horizontaler Fragmentierung

Die primäre horizontale Fragmentierung (Abschn. 5.1.1) zerlegt eine Relation aufgrund von Selektionsprädikaten auf Attributen der Relation. Die Rekonstruktion der Relation ergibt sich durch Vereinigung der einzelnen Fragmente. Selektionsanfragen auf derart fragmentierten Relationen können vereinfacht werden, falls sie sich auf *Fragmentierungsattribute* beziehen, welche zur Definition der Fragmentierung verwendet wurden. Damit kann die Anfrage ggf. auf eine Teilmenge der Fragmente begrenzt werden, sodass sich Verarbeitungsaufwand und Kommunikationsbedarf reduzieren.

Beispiel 8.1 Die Relation KONTO sei folgendermaßen horizontal auf dem Attribut KNR (Kundennummer) fragmentiert:

$$KONTO_1 = \sigma_{KNR \leq "K3"}(KONTO)$$
$$KONTO_2 = \sigma_{"K3" < KNR \leq "K6"}(KONTO)$$
$$KONTO_3 = \sigma_{KNR > "K6"}(KONTO)$$

Abb. 8.3 Datenlokalisierung bei horizontaler Fragmentierung, **a** Initialer Fragmentausdruck, **b** Reduzierter Fragmentausdruck (Selektion)

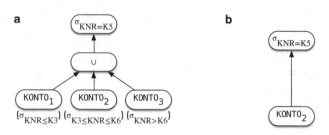

Folgende Anfrage sei zu bearbeiten:

```
SELECT * FROM KONTO WHERE KNR = "K5"
```

Im ersten Schritt wird im Anfrageausdruck für diese Anfrage die Relation KONTO durch den sie rekonstruierenden Operatorbaum ersetzt; das Ergebnis zeigt Abb. 8.3a. Da sich die Selektion auf das Fragmentierungsattribut KNR bezieht, kann eine algebraische Vereinfachung vorgenommen werden. Nach Vertauschung von Vereinigung und Selektion (Vorziehen der Selektionsoperation auf die Fragmente) erkennt man leicht, dass sich auf den Fragmenten $KONTO_1$ und $KONTO_3$ die leere Ergebnismenge ergibt. Die Verarbeitung ist daher auf Fragment $KUNDE_2$ beschränkt, sodass sich der Vereinigungsoperator ebenfalls erübrigt. Damit ergibt sich der in Abb. 8.3b gezeigte Anfrageausdruck, der lokal an einem Rechner ausführbar ist.   □

Solche Vereinfachungen lassen sich auch für *Verbundanfragen* nutzen, falls die beteiligten Relationen horizontal fragmentiert sind. Ein erster Ansatz besteht darin, zunächst für die beteiligten Relationen die Vereinigung der einzelnen Fragmente zu bilden und danach die Verbundberechnung vorzunehmen. Dabei können eventuell wieder einige Fragmente von der Bearbeitung ausgeschlossen werden, falls zusätzliche Selektionsbedingungen auf dem Fragmentierungsattribut vorliegen. Alternativ dazu kann auch zunächst die Verbundberechnung zwischen den einzelnen Fragmenten und anschließend eine Vereinigung der Teilergebnisse vorgenommen werden. Dies hat den Vorteil, dass die einzelnen Teilverbunde parallel zueinander ausgeführt werden können. Im ungünstigsten Fall ist für jedes Fragment der ersten Relation eine Verbundberechnung mit jedem Fragment der zweiten Relation erforderlich. Allerdings kann der Aufwand oft erheblich reduziert werden, falls beide Relationen auf dem Verbundattribut fragmentiert sind. In diesem Fall ist für ein Fragment der einen Relation nur eine Verbundberechnung mit einer Teilmenge der Fragmente der anderen Relation erforderlich.

Beispiel 8.2 Die Relationen KUNDE und KONTO seien beide horizontal auf dem Attribut KNR (Kundennummer) fragmentiert. Für KONTO verwenden wir die Fragmentierung aus Beispiel 8.1; KUNDE sei folgendermaßen zerlegt:

$KUNDE_1 = \sigma_{KNR \leq "K3"}(KUNDE)$

$KUNDE_2 = \sigma_{KNR > "K3"}(KUNDE)$

Für die Verbundanfrage

```
SELECT * FROM KUNDE, KONTO
WHERE KUNDE.KNR = KONTO.KNR
```

ergibt sich damit der in Abb. 8.4a gezeigte Fragmentausdruck. Nach Vertauschen der Ausführungsreihenfolge für Vereinigung und Verbund wäre für jedes der drei KONTO-Fragmente die Verbundberechnung mit den beiden KUNDE-Fragmenten erforderlich. Aufgrund der Fragmentierung über das Verbundattribut, der Übereinstimmung der Fragmentierungsprädikate für KONTO_1 und KUNDE_1 sowie der Übereinstimmung des Fragmentierungsprädikats für KUNDE_2 mit der Vereinigung der Fragmentierungsprädikate von KONTO_2 und KONTO_3, können jedoch einige Verbundberechnungen mit leeren Ergebnismengen eliminiert werden. Dies trifft für die Teilverbunde $KONTO_1 \bowtie KUNDE_2$, $KONTO_2 \bowtie KUNDE_1$ und $KONTO_3 \bowtie KUNDE_1$ zu. Der somit reduzierte Anfrageausdruck ist in Abb. 8.4b dargestellt. Die dabei anfallenden Verbundoperationen können parallel berechnet werden. Zudem kann die bei der Verbundberechnung zu berücksichtigende Datenmenge reduziert werden, da jeder Kontosatz nur mit einer Teilmenge der Kundensätze abgeglichen werden muss und nicht mehr mit der gesamten Relation KUNDE wie in der ursprünglichen Lösung. □

Abb. 8.4 Datenlokalisierung bei horizontaler Fragmentierung (Verbundberechnung), **a** Initialer Fragmentausdruck, **b** Reduzierter Fragmentausdruck

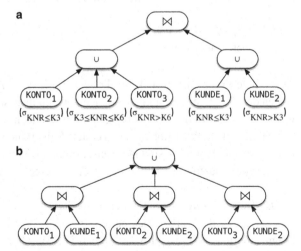

8.2.2 Datenlokalisierung bei abgeleiteter horizontaler Fragmentierung

Eine ähnliche, jedoch noch weitergehende Optimierung von Verbundanfragen wird bei der abgeleiteten horizontalen Fragmentierung möglich, wie bereits in Abschn. 5.1.1 erwähnt. In diesem Fall wird die Fragmentierung einer Relation auf die Fragmentierung einer zweiten Relation abgestimmt, zu der eine funktionale Beziehung über die Werte eines gemeinsamen Attributs besteht (i. Allg. Fremd-/Primärschlüssel-Beziehung). Es ergibt sich daher in der Regel für beide Relationen die gleiche Anzahl von Fragmenten. Werden die zusammengehörigen Fragmentpaare der beiden Relationen jeweils demselben Rechner zugeordnet, so können die einzelnen Teilverbunde jeweils lokal (und parallel) berechnet werden. Kommunikation fällt nur zum Starten des Teilverbunds sowie zum Mischen der Teilergebnisse an.

Beispiel 8.3 Wir gehen von der in Beispiel 5.2 verwendeten Fragmentierung nach Filialzugehörigkeit aus. Dabei wird die Relation KUNDE horizontal in drei Fragmente unterteilt; für KONTO wird darauf aufbauend eine abgeleitete Fragmentierung definiert:

$$KUNDE_1 \quad = \sigma_{FILIALE="L"}(KUNDE)$$
$$KUNDE_2 \quad = \sigma_{FILIALE="F"}(KUNDE)$$
$$KUNDE_3 \quad = \sigma_{FILIALE="KL"}(KUNDE)$$

$$KONTO_1 \quad = KONTO \ltimes KUNDE_1$$
$$KONTO_2 \quad = KONTO \ltimes KUNDE_2$$
$$KONTO_3 \quad = KONTO \ltimes KUNDE_3$$

Folgende Verbundanfrage sei wiederum zu beantworten:

```
SELECT * FROM KUNDE, KONTO
WHERE KUNDE.KNR = KONTO.KNR
```

Der initiale Fragmentausdruck für diese Anfrage ist in Abb. 8.5a dargestellt. Nach Vorziehen der Verbundberechnungen können von den insgesamt 9 Teilverbunden 6 eliminiert werden, da sie aufgrund der abhängigen horizontalen Verteilung leere Ergebnismengen liefern. Lediglich die in Abb. 8.5b gezeigten Teilverbunde, die jeweils zusammengehörige Fragmentpaare betreffen, sind noch auszuführen. Die Teilverbunde sind jeweils an einem Rechner lokal ausführbar und können parallel berechnet werden.   □

Das Beispiel zeigt, dass für die abgeleitete horizontale Fragmentierung eine ähnliche Zerlegung der Verbundbearbeitung wie für übereinstimmende primäre horizontale Fragmentierungen (Beispiel 8.2) möglich ist. Allerdings ist jetzt gewährleistet, dass jedes Fragment der einen Relation nur mit genau einem Fragment der zweiten Relation zu verknüpfen ist, während dies ansonsten nur in Spezialfällen erreichbar ist. So war in

Abb. 8.5 Verbundberechnung bei abgeleiteter horizontaler Fragmentierung, **a** Initialer Fragmentausdruck, **b** Reduzierter Fragmentausdruck

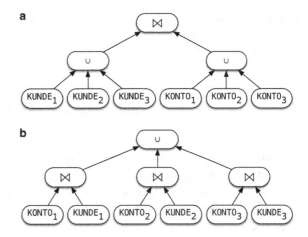

Beispiel 8.2 für Fragment KUNDE$_2$ eine Verbundberechnung mit zwei KONTO-Fragmenten erforderlich.

Selektionsbedingungen auf Fragmentierungsattributen können auch bei abgeleiteter horizontaler Fragmentierung zur weitergehenden Reduzierung der Verarbeitung genutzt werden. Wird in Beispiel 8.3 etwa die WHERE-Klausel um die Bedingung FILIALE="F" erweitert, kann die Anfrage auf die lokale Verbundberechnung zwischen KUNDE$_2$ und KONTO$_2$ reduziert werden.

8.2.3 Datenlokalisierung bei vertikaler Fragmentierung

Bei einer vertikalen Fragmentierung sind die Fragmente durch Projektionsoperationen definiert; die Rekonstruktion der Relation erfordert die Verbundbildung auf den Fragmenten (Abschn. 5.1.2). Fragmentausdrücke für vertikal fragmentierte Relationen lassen sich einfach reduzieren, da eine Bearbeitung nur der Fragmente erforderlich ist, deren Attribute auszugeben sind bzw. in Zwischenschritten benötigt werden. Die „nutzlosen" Fragmente lassen sich durch Vorziehen von Projektionen im Anfrageausdruck leicht bestimmen. Durch ihre Wegnahme können die entsprechenden Verbundoperationen eingespart werden.

Beispiel 8.4 Wir nehmen folgende vertikale Fragmentierung der KUNDE-Relation an:

KUNDE$_1$ = $\pi_{\text{KNR, NAME, FILIALE}}$(KUNDE)
KUNDE$_2$ = $\pi_{\text{KNR, GEBDAT}}$(KUNDE)

Zu bestimmen sei folgende Anfrage:

```
SELECT NAME FROM KUNDE
```

Abb. 8.6 Datenlokalisierung
bei vertikaler Fragmentierung,
a Initialer Fragmentausdruck,
b Reduzierter Fragmentausdruck

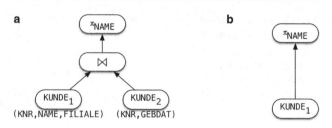

Der initiale Fragmentausdruck für diese Anfrage ist in Abb. 8.6a gezeigt. Nach Vertauschen der Ausführungsreihenfolge von Projektion und Verbund erkennt man, dass die
Projektion auf KUNDE$_2$ die leere Menge ergibt, da das Attribut NAME in diesem Fragment
nicht enthalten ist. Die Projektion ist daher nur (lokal) auf KUNDE$_1$ auszuführen, wie in
Abb. 8.6b verdeutlicht. □

8.2.4 Datenlokalisierung bei hybrider Fragmentierung

Die vorgestellten Ansätze zur Bildung und Reduzierung von Fragmentausdrücken können
natürlich miteinander kombiniert werden, wie es im Falle von hybrider Fragmentierung
(Abschn. 5.1.3) erforderlich wird. So können horizontale Fragmente durch Vorziehen von
Selektionsbedingungen auf einem der Fragmentierungsattribute ggf. von der Verarbeitung
ausgeschlossen werden, vertikale Fragmente durch Analyse der Projektionsoperationen.

Beispiel 8.5 Gegeben sei folgende hybride Fragmentierung der Relation KUNDE:

$$KUNDE_1 \quad = \sigma_{KNR \leq "K3"}(\pi_{KNR, \; NAME, \; FILIALE}(KUNDE))$$
$$KUNDE_2 \quad = (\sigma_{KNR > "K3"}(\pi_{KNR, \; NAME, \; FILIALE}(KUNDE))$$
$$KUNDE_3 \quad = \pi_{KNR, \; GEBDAT}(KUNDE)$$

Für die Rekonstruktion gilt also:

$$KUNDE = (KUNDE_1 \cup KUNDE_2) \bowtie KUNDE_3$$

Zu berechnen sei folgende Anfrage:

```
SELECT NAME FROM KUNDE
WHERE KNR = "K5"
```

Auf dem initialen Fragmentausdruck aus Abb. 8.7a wird zunächst die Selektionsbedingung auf die Fragmente vorgezogen, wobei Fragment KUNDE$_1$ eliminiert wird. Danach
erfolgt das Vorziehen der Projektion, wodurch die Verarbeitung auf Fragment KUNDE$_3$
entfällt. Der reduzierte Fragmentausdruck ist in Abb. 8.7b dargestellt. □

Abb. 8.7 Datenlokalisierung bei hybrider Fragmentierung, **a** Initialer Fragmentausdruck, **b** Reduzierter Fragmentausdruck

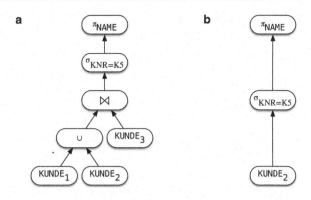

8.3 Kostenmodelle für verteilte Anfragen

Ziel der Anfrageoptimierung ist es, den besten Ausführungsplan zu einer gegebenen Anfrage zu finden. Dies umfasst in verteilten Datenbanken die oben beschriebene Datenlokalisierung, die Verbundreihenfolge sowie die Auswahl der konkreten Operatorimplementierungen. Wie in Abschn. 7.4 beschrieben, wird dazu der Lösungsraum äquivalenter Pläne durchsucht, wobei *Kostenfunktionen* zur Bewertung verwendet werden. Für die globale Optimierungsphase in einem verteilten Datenbanksystem müssen dazu auch die Kommunikationskosten für den Austausch von Nachrichten und Daten zwischen mehreren Knoten in einem Netzwerk berücksichtigt werden [8], die in einem weit verteilten System durchaus dominierend sein können. Die in Abschn. 7.3 dargestellte Kostenfunktion wird daher entsprechend erweitert:

$$cost = W_{\text{IO}} \cdot cost_{\text{IO}} + W_{\text{CPU}} \cdot cost_{\text{CPU}} + W_{\text{Comm}} \cdot cost_{\text{Comm}} \, .$$

In einem zentralisierten Datenbanksystem wird typischerweise nach den Gesamtkosten optimiert. Allerdings favorisiert dies den Durchsatz eines Systems und ignoriert die inhärente Parallelität eines verteilten Systems. So könnten zwei Teilanfragen auf verschiedenen Fragmenten gleichzeitig ausgeführt werden, was die Antwortzeit halbieren würde – auch wenn die Gesamtkosten gleich sind.

Dieses Problem wird durch ein *Antwortzeitmodell* [5, 7] adressiert, das in Abb. 8.8 nach [9] illustriert wird. Gegeben sei eine Selektionsanfrage auf einer horizontal fragmentierten Relation R, die an zwei verschiedenen Knoten gespeichert ist, wobei das Ergebnis an einem dritten Knoten benötigt wird. Weiterhin sei angenommen, dass sich das Selektionskriterium nicht auf das Fragmentierungsattribut bezieht, sodass beide Fragmente angefragt werden müssen. Betrachten wir zur Vereinfachung als Kosten nur die Zeit T_Q für das Versenden der Anfrage sowie die Zeit T_R für das Versenden einer Ergebniseinheit (in Byte), so berechnen sich die Gesamtkosten $cost_{\text{total}}$ dieser Anfrage bei $size(R_1)$ und

Abb. 8.8 Antwortzeiten bei
verteilter Anfrageausführung

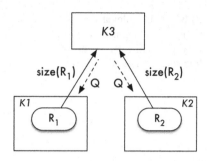

$size(R_2)$ als Größen der Fragmente von R aus:

$$cost_{total} = 2 \cdot T_Q + T_R(size(R_1) + size(R_2)) \,.$$

Im Antwortzeitmodell wird dagegen berücksichtigt, dass das Senden und Ausführen der Anfrage an Knoten 1 und 2 parallel erfolgen kann: Die Antwortzeit $cost_{response}$ entspricht daher dem Maximum beider Anfrageteile:

$$cost_{response} = \max\{T_Q + T_R \cdot size(R), T_Q + T_R \cdot size(S)\} \,.$$

Diese Kostenart würde somit Pläne bevorzugen, die (teilweise) parallel ausgeführt werden können und dabei die Ressourcen anderer Knoten nutzen.

Ein interessanter alternativer Ansatz auf Basis eines ökonomischen Modells wurde von Stonebraker et al. im Rahmen des *Mariposa*-Projektes [10] entwickelt. Anfragen werden hierbei durch Auktionen verarbeitet. Zu diesem Zweck werden auszuführende Anfragen mit einem Budget versehen. Ein Budget gibt als Funktion über die Zeit an, wie viel der Anfragesteller für die Ausführung bereit ist zu zahlen. Eine konstante Funktion bedeutet, dass die Antwortzeit keine Rolle spielt, während eine abnehmende Funktion anzeigt, dass bei langsamer Bearbeitung weniger gezahlt wird. Die Anfrageverarbeitung läuft damit insgesamt wie folgt ab:

1. Ein Client stellt eine Anfrage und gibt ein Budget dafür an.
2. Jede Anfrage wird in Mariposa von einem Broker verarbeitet, indem die Anfrage in Teilanfragen zerlegt und eine Auktion gestartet wird.
3. Jeder Server, der eine Kopie der angefragten Daten besitzt und bereit ist, eine Teilanfrage auszuführen, gibt dazu ein Gebot als Tripel (Preis, versprochene Antwortzeit, Gültigkeit des Gebots) ab.
4. Der Broker sammelt diese Gebote, wählt die beste Kombination zur Ausführung der Anfrage und geht damit Kontrakte mit den Servern ein. Die beste Kombination ist dabei die, welche den Profit des Brokers maximiert.

Dieses Prinzip erlaubt es grundsätzlich, sehr unterschiedliche Strategien zu realisieren. So können einzelne Server zusätzliche Kopien kaufen, um durch die Ausführung von Anfragen verdienen zu können. Auch kann es für Server sinnvoll sein, nur zu bestimmten

Zeiten (etwa bei geringer Belastung) Gebote abzugeben. Details hierzu sind u. a. in [10] beschrieben.

Die in Mariposa entwickelten Konzepte wurden zwar im Rahmen von *Cohera* kommerzialisiert, allerdings nie als ein eigenständiges Produkt angeboten.

8.4 Verteilte Verbundberechnung

Die Verbundberechnung ist speziell in relationalen Datenbanken eine sehr häufig verwendete Anfrageoperation. Daher und aufgrund des vergleichsweise hohen (quadratischen) Berechnungsaufwandes kommt der effizienten Realisierung eine große Bedeutung zu.

8.4.1 Ship Whole vs. Fetch Matches

Von einer *verteilten Verbundberechnung* spricht man, wenn die zwei zu verbindenden Relationen auf unterschiedlichen Knoten platziert sind. Ein nahe liegender Ansatz hierfür ist der Transfer einer der beiden Relationen zum anderen Knoten, um dort eine lokale Verbundberechnung mit den bereits in Abschn. 7.2 vorgestellten Verfahren durchzuführen. Daraus ergeben sich zwei Basisstrategien. Bei der *„Ship Whole"*-Strategie wird die kleinere der beiden Relationen komplett und mit einem Mal zum anderen Knoten übertragen. Dagegen werden bei der *„Fetch Matches"*-Strategie (oder auch *Fetch as Needed*) die Verbundpartner aus der anderen Relation tupelweise angefordert (Abb. 8.9).

Betrachten wir zum Vergleich ein Rechenbeispiel: Gegeben sei eine Relation $R(A, B)$ mit 2000 Tupeln an Knoten 1 sowie eine Relation $S(C, D)$ mit 5000 Tupeln an Knoten 2. Die Tupel beider Relationen umfassen jeweils 100 Byte (d. h. $width(R) = width(S) = 100$), die Verbundattribute A und C jeweils 10 Byte. Weiterhin existiert eine Fremdschlüsselbeziehung $A \rightarrow C$, sodass die Ergebniskardinalität bekannt ist ($|R \bowtie_{A=C} S| =$

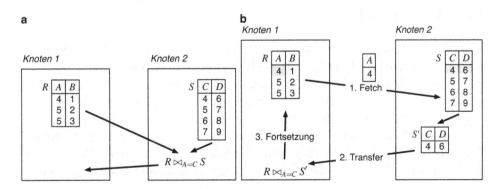

Abb. 8.9 **a** Ship Whole vs. **b** Fetch Matches

Tab. 8.1 Beispielkosten für Ship Whole vs. Fetch Matches

Strategie	Initiatorknoten	Transfervolumen (KB)	Nachrichten
Ship Whole	1	600	2
Ship Whole	2	900	2
Fetch Matches	1	220	4000
Fetch Matches	2	250	10.000

2000). In Tab. 8.1 sind für beide Strategien und beide der möglichen Anfrageknoten das gesamte Transfervolumen und die Anzahl der Nachrichten angegeben. Für die Ship-Whole-Strategie ergibt sich das Datenvolumen aus $|R| \cdot width(R) + |R \bowtie_{A=C} S| \cdot (width(R) + width(S))$ falls R zum Knoten 2 übertragen wird. Unter der Annahme, dass die gesamte Relation mit einer Nachricht übertragen werden kann, werden insgesamt zwei Nachrichten benötigt.

Bei der Fetch-Matches-Strategie werden zunächst der Verbundattributwert übertragen und danach die Verbundpartner empfangen, sodass $2 \cdot |R|$ Nachrichten benötigt werden (für den Fall, dass Knoten 1 der Initiator ist). Das Transfervolumen ergibt sich somit aus $|R| \cdot width(R) + |R \bowtie_{A=C} S| \cdot width(S)$.

Die Zahlen in Tab. 8.1 zeigen, dass

- das zu übertragende Datenvolumen bei der Fetch-Matches-Strategie geringer ist,
- dies durch eine deutlich höhere Nachrichtenanzahl erkauft wird,
- immer die jeweils kleinere Relation übertragen werden sollte.

Diese beiden Strategien lassen sich natürlich noch verbessern. Speziell beim Fetch Matches können mehrere Werte im Block gesendet werden. Auch bietet es sich an, die Relation zuvor auf dem Verbundattribut zu sortieren, sodass doppelte Verbundwerte nicht mehrfach angefragt werden müssen.

8.4.2 Semiverbund

Eine spezielle Variante für verteilte Verbunde ist der *Semi-Join*, der von Bernstein et al. in [1, 2] im Rahmen des *SDD-1*-Projektes [3] vorgestellt wurde. Die zugrunde liegende Idee ist die Reduzierung der Transferkosten, indem zunächst nur die Verbundspalte(n) zum anderen Knoten übertragen werden, dort ein Semiverbund ausgeführt und das Ergebnis zum ersten Knoten transferiert wird, wo der eigentliche Verbund berechnet wird.

Ein *Semiverbund* ist ein relationaler Operator, der nur eine „Hälfte" eines Verbundes berechnet und damit reduzierend wirkt. Für zwei gegebene Relationen $R(A, B)$ und (C, D) mit der Verbundbedingung $R.A = S.C$ kann der Semiverbund wie folgt definiert werden:

$$R \ltimes_{A=C} S = \pi_{\text{attr}(R)}(R \bowtie_{A=C} S) .$$

Der Semiverbund liefert somit alle Tupel aus R, die einen Verbundpartner in S haben: $attr(R)$ bezeichnet hierbei die Menge aller Attribute der Relation R. Der Semiverbund weist zwei wichtige Eigenschaften auf:

- Es ist ein reduzierender Operator da $R \ltimes_{A=C} S \subseteq R$.
- Der Operator ist asymmetrisch: $R \ltimes_{A=C} S \neq S \ltimes_{A=C} R$.

Für die Verbundberechnung zwischen R und S kann jede der beiden Relationen durch einen Semiverbund mit der anderen Relation ersetzt werden:

$$R \bowtie_{A=C} S = (R \ltimes_{A=C} S) \bowtie_{A=C} S$$
$$= R \bowtie_{A=C} (S \ltimes_{A=C} R)$$
$$= (R \ltimes_{A=C} S) \bowtie_{A=C} (S \ltimes_{A=C} R).$$

Der Semiverbund wirkt dabei als Filter oder *Reducer* ähnlich zu einer Selektion. Dies wird für den verteilten Verbund nun in folgender Weise ausgenutzt werden (Abb. 8.10):

1. Am Initiatorknoten wird eine Projektion auf der Verbundspalte berechnet $R' := \pi_A(R)$ und an Knoten 2 gesendet.
2. Dort wird der Semiverbund $S' := S \ltimes_{A=C} R'$ berechnet, sodass im Ergebnis nur die S-Attribute der Verbundpartner vorliegen.
3. Dieses Zwischenergebnis wird zurück an Knoten 1 gesendet.
4. Dort wird der eigentliche Verbund $R \bowtie_{A=C} S'$ berechnet, der – wie oben gezeigt – äquivalent zum originalen Verbund $R \bowtie_{A=C} S$ ist.

Zur Analyse vergleichen wir das Transfervolumen der Semijoin-Strategie mit der Ship-Whole-Strategie. Unter der Annahme, dass die Relation S die kleine Relation ist, müssen dort $size(S) = |S| \cdot width(S)$ Bytes übertragen werden. Bei der Semijoin-Strategie sind es dagegen

$$size(\pi_A(R)) + size(S \ltimes_{A=C} R),$$

wobei der erste Term Schritt 1 repräsentiert und der zweite Term entsprechend Schritt 3. Da weiterhin gilt $width(S) = width(S \ltimes_{A=C} R)$ ist die Semijoin-Variante genau dann besser, wenn gilt:

$$|S \ltimes_{A=C} R| < |S|,$$

d. h., wenn der Semiverbund tatsächlich reduzierend wirkt. Offensichtlich hängt dies vom Selektivitätsfaktor des Verbundes (siehe auch Abschn. 7.3) ab, der im Rahmen der Anfrageplanung entsprechend abgeschätzt werden muss.

Der Semiverbund kann speziell im ersten Schritt noch verbessert werden, indem anstelle der kompletten Verbundspalte nur eine kompakte Bitvektor-Repräsentation gesendet

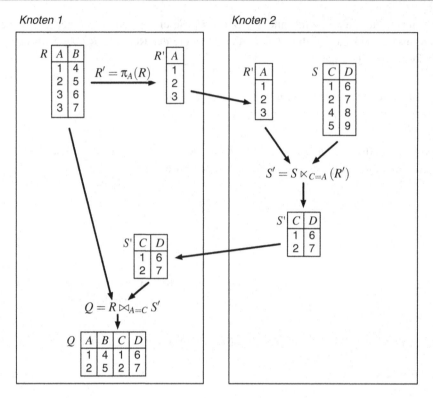

Abb. 8.10 Semiverbund

wird. Dieser Bitvektor kann mithilfe einer Hash-Funktion konstruiert werden, sodass dieses Verfahren auch *Bitvektor-Filterung*, *Hash-Filter-* oder auch *Bloom-Verbund* genannt wird.

Hierfür werden ein Bitvektor $B[0\ldots n]$ mit $n+1$ (initial mit 0 belegten) Bits sowie eine Hash-Funktion $h(v)$ mit dem Wertebereich $0\ldots n$ benötigt. Für jeden Wert $v \in \pi_A(R)$ wird nun das korrespondierende Bit $B[h(v)]$ auf 1 gesetzt. Dieser Bitvektor kann anschließend am Knoten anstelle des Semijoins genutzt werden, um die Verbundkandidaten zu ermitteln. Der gesamte Prozess läuft demnach wie folgt ab:

1. Am Initiatorknoten wird für jeden Verbundwert $v \in \pi_A(R)$ das korrespondierende Bit $B[h(v)]$ gesetzt. Anschließend wird der komplette Bitvektor B an Knoten 2 gesendet.
2. Dort wird die Relation S' durch $S' = \{t \in S \mid B[h(t.C)]\}$ berechnet, indem jedes S-Tupel mithilfe der Hash-Funktion h und dem Bitvektor B geprüft wird. Nur Tupel, für die im Bitvektor B an der Stelle $h(t.C)$ der Wert 1 steht, werden in S' aufgenommen.
3. Das Zwischenergebnis S' wird zurück an Knoten 1 gesendet.
4. Am Knoten 1 wird analog zum Semijoin der eigentliche Verbund $R \bowtie_{A=C} S'$ berechnet.

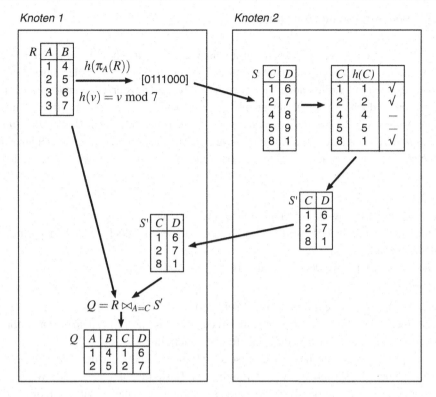

Abb. 8.11 Hash-Filter-Verbund

In Abb. 8.11 ist dieses Prinzip an einem Beispiel illustriert, in dem als Hash-Funktion die Funktion $h(v) = v \bmod 7$ verwendet wird. Daraus ergibt sich der Bitvektor $B = [0111000]$, der an Knoten 2 geschickt wird. Die Treffer in der Relation S sind in Abb. 8.11 durch ein $\sqrt{}$ gekennzeichnet.

Ein mögliches Problem des Hash-Filter-Verbundes ist die fehlende Injektivität der Hash-Funktion, sodass Kollisionen auftreten können. Dadurch können überflüssige Tupel in die Relation S' aufgenommen werden, die zum Knoten 1 übertragen werden müssen. Dieses Problem kann durch einen genügend großen Bitvektor (mit passender Hash-Funktion) oder die Verwendung mehrerer Hash-Funktionen $h_1, \ldots, h_k$ und Bitvektoren $B_1, \ldots, B_k$ adressiert werden. Hierbei werden für jeden Wert v die entsprechenden Bits in allen Vektoren gesetzt:

$$B_1[h_1(v)] = 1, B_2[h_2(v)] = 1, \ldots, B_k[h_k(v)] = 1 \,.$$

Ein Tupel der Relation S ist nur dann Verbundkandidat, wenn die Bits in allen k Bitvektoren auf 1 gesetzt sind. Mit zunehmendem k geht dabei die Wahrscheinlichkeit einer Kollision gegen 0.

8.4.3 Weitere Verbundvarianten

Die bisher betrachten Verbundstrategien arbeiten unsymmetrisch, d. h., eine der beiden Seiten wird bevorzugt, weil zuerst die eine Relation komplett gelesen werden muss. In verteilten Szenarien mit variierenden oder unvorhersagbaren Transferzeiten und Ankunftsraten kann dies jedoch zu Verzögerungen oder sogar Blockierungen der Verbundberechnung führen. Abhilfe schafft hier der *symmetrische Hash-Verbund* oder auch *Double Pipelined Hash Join*. Hierbei hat der Operator zwei Eingänge und verwaltet für jede der beiden Eingaberelationen eine eigene Hash-Tabelle. Trifft nun ein Tupel ein, so wird dies wie folgt verarbeitet (Abb. 8.12):

1. Das Tupel wird in die korrespondierende Hash-Tabelle eingefügt.
2. Unter Verwendung der Hash-Funktion werden zu diesem Tupel die Verbundpartner in der anderen Hash-Tabelle gesucht und verbunden.
3. Die Ergebnistupel werden sofort als Ergebnis weitergeleitet.

Offensichtlich folgt diese Strategie nicht mehr dem Pull-Prinzip des klassischen Volcano-Modells (siehe Abschn. 7.2), sondern realisiert einen Push-Ansatz, bei dem die Operatoren Tupel produzieren und aktiv an ihre Nachfolger weiterleiten.

Eine spezielle Variante des symmetrischen Hash-Verbundes ist der *XJoin* [11], der zusätzlich noch das Problem von Überläufen der Hash-Tabellen adressiert. Wird eine Hash-Tabelle zu groß für den Hauptspeicher, so werden Teile davon auf den Externspeicher ausgelagert. Diese persistenten Partitionen werden auch genutzt, wenn aktuell keine Tupel eintreffen: In diesem Fall werden Tupel vom Externspeicher mit den Hauptspeicher-Tupeln der anderen Hash-Tabelle verbunden. Dies erfordert jedoch eine spezielle Behandlung, um Duplikate im Ergebnis zu vermeiden.

Der *Bind Join* ist ebenfalls eine Variante eines verteilten Verbundes und kommt speziell in heterogenen Umgebungen zum Einsatz, wo Datenquellen durch sogenannte Wrapper gekapselt sind. Beispiele hierfür sind die Integration von Legacy-Systemen oder auch Webservices. Derartige Quellen erlauben es oft nicht, den gesamten Datenbestand zu lesen

Abb. 8.12 Symmetrischer
Hash-Verbund

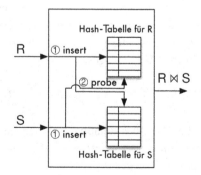

oder gar einen Verbund zu berechnen, sondern unterstützen nur parametrierbare Selektionen der Form:

```
SELECT * FROM R WHERE A = "?"
```

Zur Verbundberechnung mit der Relation R kann die Fetch-Matches-Strategie verwendet werden, indem die zweite Relation als äußere Relation durchlaufen wird. Dabei wird jeder Wert des Verbundattributs für den ?-Parameter in der obigen Anfrage eingesetzt und die Anfrage dem Wrapper zur Ausführung übergeben. Die Teilergebnisse werden gesammelt und bilden das Gesamtergebnis des Verbundes.

8.5 Mehr-Wege-Verbunde

Mehr-Wege-Verbunde lassen sich grundsätzlich als Folge von 2-Wege-Verbunden berechnen. Neben der Bestimmung der eigentlichen Verbundstrategie (Ship Whole, Semiverbund, Hash-Filter-Verbund) besteht somit als Teil der globalen Anfrageoptimierung auch die Aufgabe, die *Verbundreihenfolge* festzulegen. Die Bestimmung der günstigsten Reihenfolge ist jedoch sehr aufwendig, da die Anzahl möglicher Ausführungsstrategien exponentiell mit der Anzahl der Relationen wächst. Für zentralisierte DBS erfolgt die Bestimmung von Verbundreihenfolgen vor allem hinsichtlich der Reduzierung von Zwischenergebnissen. Obwohl in Verteilten DBS die Größe der Zwischenrelationen die Kommunikationskosten beeinflusst, reicht es zu deren Minimierung i. Allg. nicht aus, diejenige Verbundreihenfolge zu wählen, bei der die Vereinigung der Zwischenergebnisse den geringsten Umfang hat. Dies gilt selbst für einfache Ship-Whole-Strategien, falls die Basisrelationen kleiner als die Zwischenrelationen sind, sodass es vorteilhafter ist, Erstere zu übertragen (siehe Beispiel 8.6).

Beispiel 8.6 Zur Illustration gehen wir von dem in Abb. 8.13 dargestellten Szenario aus: Es ist der Verbund $R \bowtie_A S \bowtie_B T$ zu berechnen, wobei die drei Relationen R, S und T auf den Knoten K_1, K_2 und K_3 platziert sind. Weiterhin seien $|R| = |T| = 10.000$, $|S| = 1000$, jede Relation hat 5 Attribute und die Selektivität der Verbunde sind $sel(R \bowtie S) = 0,01$ bzw. $sel(S \bowtie T) = 0,1$.

Abb. 8.13 3-Wege-Verbund

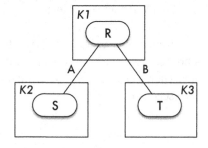

Die erste Gruppe (S1–S4) von möglichen Ship-Whole-Strategien basiert nun darauf, dass eine der drei Relationen zum Knoten des Verbundpartners übertragen, dort der erste Verbund ausgeführt und das Zwischenergebnis zum dritten Knoten gesendet wird. Bei der zweiten Gruppe (S5–S7) werden zwei der Basisrelationen zum jeweils dritten Knoten übertragen, wo dann der Gesamtverbund berechnet wird. Zum Vergleich betrachten wir die Kommunikationskosten in Form der zu übertragenden Attributwerte, wobei $R \rightarrow K_2$ den Transfer der Relation R zum Knoten K_2, J_{RS} das Zwischenergebnis des Verbundes $R \bowtie S$ und $@K_2$ die Berechnung am Knoten K_2 bezeichnet:

Strategie S1: $R \rightarrow K_2$; $J_{RS} := R \bowtie S$; $J \rightarrow K_3$; $J_{RST} := J_{RS} \bowtie T$ $@K_3$;
$cost = |R| \cdot 5 + |R \bowtie S| \cdot 9 = 10.000 \cdot 5 + 10.000 \cdot 1000 \cdot 0{,}01 \cdot 9 = 950.000$.

Strategie S2: $T \rightarrow K_2$; $J_{ST} := S \bowtie T$; $J \rightarrow K_1$; $J_{RST} := R \bowtie J_{ST}$ $@K_1$;
$cost = 10.000 \cdot 5 + 10.000 \cdot 1000 \cdot 0{,}1 \cdot 9 = 9.050.000$.

Strategie S3: $S \rightarrow K_1$; $J_{RS} := R \bowtie S$; $J \rightarrow K_3$; $J_{RST} := J_{RS} \bowtie T$ $@K_3$;
$cost = 1000 \cdot 5 + 1000 \cdot 10.000 \cdot 0{,}01 \cdot 9 = 905.000$.

Strategie S4: $W \rightarrow K_3$; $J_{ST} := S \bowtie T$; $J \rightarrow K_1$; $J_{RST} := R \bowtie J_{ST}$ $@K_1$;
$cost = 1000 \cdot 5 + 1000 \cdot 10.000 \cdot 0{,}1 \cdot 9 = 9.005.000$.

Strategie S5: $R \rightarrow K_2$; $T \rightarrow K_2$; $J_{RST} := R \bowtie S \bowtie T$ $@K_2$;
$cost = 10.000 \cdot 5 + 10.000 \cdot 5 = 100.000$.

Strategie S6: $R \rightarrow K_3$; $S \rightarrow K_3$; $J_{RST} := R \bowtie S \bowtie T$ $@K_3$;
$cost = 10.000 \cdot 5 + 1000 \cdot 5 = 55.000$.

Strategie S7: $S \rightarrow K_1$; $T \rightarrow K_1$; $J_{RST} := R \bowtie S \bowtie T$ $@K_1$;
$cost = 10.000 \cdot 5 + 1000 \cdot 5 = 55.000$.

Die Kostenberechnungen verdeutlichen, dass die Ship-Whole-Strategien S6 und S7 bezüglich der Transferkosten in diesem Beispiel deutlich besser abschneiden als die verteilten Verbundberechnungen.   □

Eine weitere Reduzierung der Transferkosten kann durch die in Abschn. 8.4 bereits beschriebene Semiverbund-Strategie erreicht werden. Ziel ist es dabei, die beteiligten Relationen durch einen Semiverbund auf die Tupel zu reduzieren, die tatsächlich im Endergebnis erscheinen.

Beispiel 8.7 Für die Anfrage $R \bowtie S \bowtie T$ aus Beispiel 8.5 können u. a. folgende Semiverbunde als Reduzierer eingesetzt werden:

$$R' := R \ltimes S$$
$$S' := S \ltimes T$$
$$T' := T \ltimes S$$

Das zu $R \bowtie S \bowtie T$ äquivalente Gesamtergebnis kann dann aus $R' \bowtie S' \bowtie T'$ berechnet werden.   □

Eine solche Folge von Semiverbunden wird auch als *Semiverbund-Programm* bezeichnet. Ziel der Optimierung ist es nun, das optimale Semiverbund-Programm zu finden. Ein Programm, das alle beteiligten Relationen auf die Tupel reduziert, die im Endergebnis erscheinen, wird als *vollständige Reduzierung* (engl. *full reducer*) bezeichnet. Allerdings lassen sich nicht für alle Anfrageklassen vollständige Reduzierungen finden:

- Für Anfragen mit Zyklen im Verbundgraph kann keine vollständige Reduzierung gefunden werden. Allerdings können derartige zyklische Anfragen in Baumanfragen überführt werden, indem eine Kante entfernt und ein zusätzliches Verbundprädikat eingeführt wird, sodass das entfernte Prädikat transitiv abgeleitet werden kann [6].
- Für Baumanfragen ist das Finden einer vollständigen Reduzierung leider immer noch NP-schwer, sodass man ggf. auf heuristische Lösungen zurückgreifen muss.

Dagegen existieren Lösungen mit polynomialem Aufwand für die wichtige Klasse von verketteten Verbundanfragen (engl. chained queries), bei denen die Relationen geordnet werden können und jede Relation nur mit der nächsten Relation dieser Ordnung verbunden wird, d. h. in der folgenden Form:

$$R_1(A_1, A_2) \bowtie R_2(A_2, A_3) \bowtie \cdots \bowtie R_n(A_n, A_{n+1}).$$

Das Anfrageergebnis steht dann am Ende dieser Kette zur Verfügung. Algorithmen zur Lösung dieses Problems sind u. a. in [4, 12] beschrieben.

8.6 Übungsaufgaben

Die Aufgaben beziehen sich auf folgende Relationen:

```
PERSONAL (PNR, PNAME, BERUF, GEHALT)
PROJEKT (PRONR, PRONAME, PROBUDGET)
PMITARBEIT (PNR, PRONR, DAUER).
```

Übung 8.1 (Datenlokalisierung (abgeleitete Fragmentierung))
Gegeben sei folgende horizontale Fragmentierung von Relation PROJEKT:

PROJEKT$_1$ = $\sigma_{\text{PROBUDGET}<100000}$ (PROJEKT)
PROJEKT$_2$ = $\sigma_{100000\leq\text{PROBUDGET}\leq800000}$ (PROJEKT)
PROJEKT$_3$ = $\sigma_{\text{PROBUDGET}>800000}$ (PROJEKT)

Für PMITARBEIT liege eine abhängige horizontale Fragmentierung vor:

PMITARBEIT$_1$ = PMITARBEIT $\ltimes$ PROJEKT$_1$
PMITARBEIT$_2$ = PMITARBEIT $\ltimes$ PROJEKT$_2$
PMITARBEIT$_3$ = PMITARBEIT $\ltimes$ PROJEKT$_3$

Bestimmen Sie für die Anfrage

```
SELECT PNR FROM PROJEKT PT, PMITARBEIT PM
WHERE DAUER > 10 AND PROBUDGET > 1000000
      AND PT.PRONR = PM.PRONR
```

zunächst den initialen Fragmentausdruck. Nehmen Sie algebraische Optimierungen zur weitestgehenden Reduzierung des Ausdrucks vor.

Übung 8.2 (Datenlokalisierung (hybride Fragmentierung))
Relation PERSONAL sei folgendermaßen fragmentiert:

PERSONAL$_1$ = $\pi_{\text{PNR, PNAME}}$ ($\sigma_{\text{PNR}<20000}$ (PERSONAL))
PERSONAL$_2$ = $\pi_{\text{PNR, BERUF, GEHALT}}$ ($\sigma_{\text{PNR}<20000}$ (PERSONAL))
PERSONAL$_3$ = $\sigma_{\text{PNR}\geq20000}$ (PERSONAL)

Bestimmen Sie für die Anfrage

```
SELECT PNAME
FROM PERSONAL
WHERE PNR = 4711
```

zunächst den initialen Fragmentausdruck. Nehmen Sie algebraische Optimierungen zur weitestgehenden Reduzierung des Ausdrucks vor.

Übung 8.3 (Einfache Join-Strategien)
Es seien $|R| = 10.000$, $|S| = 1000$ sowie die Selektivität $sel(R \bowtie S) = 0{,}001$. Jede Relation soll 5 Attribute umfassen. Welche Kommunikationskosten ergeben sich für „Ship Whole" bzw. „Fetch as needed" bei Verbundausführung an K_R bzw. an K_S?

Übung 8.4 (Ship Whole vs. Semijoin vs. Bitvektor-Join)
Auf den Relationen PERSONAL und PMITARBEIT sei folgende Verbundanfrage zu bearbeiten:

```
SELECT P.PNR, PNAME, BERUF, PRONR, DAUER
FROM PERSONAL P, PMITARBEIT PM
WHERE P.PNR = PM.PNR AND P.GEHALT > 60000
```

Die Relation PERSONAL hat 1000 Tupel, PMITARBEIT hat 1500 Tupel; beide Relationen seien an verschiedenen Knoten gespeichert. Die Anfrage soll an einem dritten Knoten K initiiert werden; das Ergebnis ist dort auch auszugeben. Die Gehaltsbedingung soll von 20 % der Angestellten erfüllt werden (Selektivitätsfaktor 0,2); 25 % der Angestellten sollen in keinem Projekt mitarbeiten. Bestimmen Sie die Kommunikationskosten (#Nachrichten, #Attributwerte) für folgende Join-Strategien:

- Ship Whole; Join-Berechnung an Knoten $K_{PMITARBEIT}$,
- Ship Whole; Join-Berechnung an Knoten K,
- Semijoin; Join-Bestimmung an Knoten $K_{PERSONAL}$,
- Semijoin; Join-Berechnung an Knoten K,
- Bitvektor-Join; Join-Berechnung an Knoten K.

Vor der Übertragung sollen alle anwendbaren Selektionen und Projektionen durchgeführt werden. Die Länge des Bitvektors soll 5 Attributwerten entsprechen; durch Anwendung des Bitvektors soll sich die zurückzuliefernde Tupelanzahl um 5 % erhöhen.

Übung 8.5 (Mehr-Wege-Join)
Bestimmen Sie für folgende Anfrage

```
SELECT *
FROM PERSONAL P, PROJEKT PT, PMITARBEIT PM
WHERE P.PNR = PM.PNR AND PT.PRONR = PM.PRONR
      AND BERUF = "Programmierer"
```

die Kommunikationskosten für Ship-Whole- und Semijoin-Berechnung mit vollständiger Reduzierung. Jede der drei Relationen sei an einem separaten Knoten gespeichert. Ferner haben die Relation PERSONAL 1000 Tupel, PMITARBEIT 1500 Tupel sowie PROJEKT 200 Tupel. Die Anfrage soll an Knoten $K_{PERSONAL}$ initiiert werden; das Ergebnis ist dort auch auszugeben. Die Berufsbedingung soll von 10 % der Angestellten erfüllt werden (Selektivitätsfaktor 0,1); 25 % der Angestellten sollen in keinem Projekt mitarbeiten.

Literatur

1. Bernstein, P.A., Chiu, D.W.: Using semi-joins to solve relational queries. J. ACM **28**(1), 25–40 (1981)

2. Bernstein, P.A., Goodman, N.: Power of natural semijoins. SIAM J. Comput. **10**(4), 751–771 (1981)

3. Bernstein, P.A., Goodman, N., Wong, E., Reeve, C.L., Jr., J.B.R.: Query processing in a system for distributed databases (SDD-1). ACM Trans. Database Syst. **6**(4), 602–625 (1981)

4. Chiu, D.M., Ho, Y.C.: A methodology for interpreting tree queries into optimal semi-join expressions. In: Proceedings of the 1980 ACM SIGMOD International Conference on Management of Data, Santa Monica, California, May 14–16, 1980., 169–178 (1980)

5. Hevner, A.R., Yao, S.B.: Query processing in distributed database systems. IEEE Trans. Software Eng. **5**(3), 177–187 (1979)

6. Kambayashi, Y., Yoshikawa, M., Yajima, S.: Query processing for distributed databases using generalized semi-joins. In: Proceedings of the 1982 ACM SIGMOD International Conference on Management of Data, Orlando, Florida, June 2–4, 1982., 151–160 (1982)

7. Kossmann, D.: The state of the art in distributed query processing. ACM Comput. Surv. **32**(4), 422–469 (2000)

8. Lohman, G.M., Mohan, C., Haas, L.M., Daniels, D., Lindsay, B.G., Selinger, P.G., Wilms, P.F.: Query processing in r*. In: Query Processing in Database Systems, 31–47. Springer (1985)

9. Özsu, M.T., Valduriez, P.: Principles of Distributed Database Systems, Third Edition. Springer Verlag (2011)

10. Stonebraker, M., Aoki, P.M., Litwin, W., Pfeffer, A., Sah, A., Sidell, J., Staelin, C., Yu, A.: Mariposa: A wide-area distributed database system. The VLDB Journal **5**(1), 048–063 (1996)

11. Urhan, T., Franklin, M.J.: Xjoin: A reactively-scheduled pipelined join operator. IEEE Data Eng. Bull. **23**(2), 27–33 (2000). http://sites.computer.org/debull/A00JUN-CD.pdf

12. Yu, C.T., Özsoyoglu, Z.M., Lam, K.: Optimization of distributed tree queries. J. Comput. Syst. Sci. **29**(3), 409–445 (1984)

Parallele Anfrageverarbeitung 9

In Abschn. 3.1 haben wir bereits die verschiedenen Arten der *Parallelverarbeitung* von Datenbankoperationen vorgestellt und dabei die Kriterien Parallelität innerhalb bzw. zwischen Verarbeitungseinheiten, Daten- vs. Pipelineparallelität sowie Verarbeitungs- vs. E/A-Parallelität diskutiert. Für die Parallelisierung von Anfragen hat darüber hinaus die Systemarchitektur in Form der in Abschn. 3.3 eingeführten Shared-*-Architekturen eine große Bedeutung: Parallele DBMS für Multicore- oder Multiprozessorsysteme erfordern als Shared-Memory-Variante andere Verfahren als etwa Multiserverlösungen, die als Shared-Disk- oder Shared-Nothing-Variante realisiert sein können. In diesem Kapitel werden wir die sich daraus ergebenden parallelen Realisierungsmöglichkeiten für Anfrageoperatoren vorstellen und Fragen der Planauswahl und Optimierung diskutieren.

9.1 Parallele Realisierung unärer Anfrageoperatoren

Für die weitere Betrachtung gehen wir von einer horizontalen Verteilung der Relationen aus. Diese kann entweder statisch in Form von Partitionen (wie im Fall einer Shared-Nothing-Architektur) oder dynamisch zur Anfragezeit (z. B. in Shared-Memory- oder Multicore-Systemen) erfolgen.

Der einfachste relationale Operator für eine *Parallelisierung* ist die Selektion. Wird die Selektion direkt auf einer Basisrelation angewendet, kann sie entweder durch einen Relationenscan oder – sofern ein passender Index für das Selektionsprädikat vorhanden ist – durch einen Indexscan realisiert werden. Bei einer horizontalen Fragmentierung der Relation R in die Fragmente $R_1, \ldots, R_n$

$$R = \bigcup R_i \ (1 \leq i \leq n)$$

© Springer-Verlag Berlin Heidelberg 2015   175
E. Rahm, G. Saake, K.-U. Sattler, *Verteiltes und Paralleles Datenmanagement*, eXamen.press,
DOI 10.1007/978-3-642-45242-0_9

kann die Selektion $\sigma_P(R)$ parallel auf den n Fragmenten, d. h. den Datenknoten dieser Fragmente, ausgeführt werden:

$$\sigma_P(R) = \bigcup \sigma_P(R_i) \; (1 \le i \le n) \, .$$

Die n Teilergebnisse müssen abschließend vereinigt werden, wobei jedoch keine Duplikateliminierung notwendig ist.

Im Fall einer *Round-Robin-Fragmentierung* müssen immer alle Fragmente verarbeitet werden. Der Parallelisierungsgrad ist damit bei einer Shared-Nothing-Architektur auf die Anzahl der Knoten begrenzt. In Shared-Disk-Systemen kann die Parallelisierung dagegen dynamisch anhand der physischen Datenverteilung auf Disk sowie der aktuellen Auslastung der Knoten (Prozessoren) erfolgen: Es muss nur sichergestellt werden, dass jeder Prozessor ein eigenes Fragment zur Verarbeitung erhält, die Fragmente zur Vermeidung von Skew-Effekten (siehe Abschn. 9.5.3) gleich groß und auch groß genug sind, um den Kommunikationsaufwand zu rechtfertigen.

Bei einer Bereichs- und Hash-Fragmentierung kann bei passenden Prädikaten die Selektion auf die relevanten Fragmente beschränkt werden. Allerdings reduziert dies nur den Gesamtaufwand, die Kommunikationskosten und somit die Antwortzeit bleiben aber erhalten.

Für die *Projektion* muss zwischen der (streng) relationalen Variante mit Duplikateliminierung und der Variante ohne Duplikateliminierung unterschieden werden. Die letztere Form kann äquivalent zur Selektion parallelisiert werden:

$$\pi_A(R) = \bigcup \pi_A(R_i) \; (1 \le i \le n) \, .$$

Dagegen basiert die Projektion mit Duplikateliminierung meist auf der Sortierung (siehe Abschn. 7.2) oder einer hash-basierten Variante, bei der die Buckets der Hash-Tabelle auf die Prozessoren verteilt werden und nur innerhalb eines Buckets auf Duplikate untersucht werden muss.

Auch *Aggregationen* lassen sich bei horizontaler Fragmentierung in einem 2-Phasen-Verfahren parallel berechnen. In der ersten Phase werden Aggregatfunktionen parallel auf den Fragmenten berechnet. Anschließend erfolgt in der zweiten Phase die zentrale Aggregation der Teilaggregate. Die einfachste Form ist die Berechnung der Minima (**MIN**) und Maxima (**MAX**) eines Attributs: Für ein Attribut A einer Relation R mit den Fragmenten $R_1, \ldots, R_n$ gilt:

$$\texttt{MIN}(R.A) = \texttt{MIN}\{\texttt{MIN}(R_1), \ldots, \texttt{MIN}(R_n)\}$$
$$\texttt{MAX}(R.A) = \texttt{MAX}\{\texttt{MAX}(R_1), \ldots, \texttt{MAX}(R_n)\} \, .$$

Für die Aggregatfunktionen **SUM**, **COUNT** und **AVG** muss dagegen wieder berücksichtigt werden, ob Duplikate entfernt werden sollen. In diesem Fall ist wie bei der Projektion zunächst eine sortier- oder hash-basierte Duplikateliminierung durchzuführen. Anschließend bzw. wenn keine Duplikateliminierung gefordert ist, können die Aggregatfunktionen wie folgt parallel berechnet werden:

$$\text{SUM}(R.A) = \text{SUM}\{\text{SUM}(R_1), \ldots, \text{SUM}(R_n)\}$$
$$\text{COUNT}(R.A) = \text{SUM}\{\text{COUNT}(R_1), \ldots, \text{COUNT}(R_n)\}\,.$$

Auf der Basis dieser beiden Aggregationen kann auch die Mittelwertsfunktion AVG berechnet werden, indem in der ersten Phase sowohl SUM als auch COUNT parallel für jedes Fragment bestimmt werden. Daraus kann anschließend in der zweiten Phase das finale Aggregat berechnet werden:

$$\text{AVG}(R.A) = \frac{\text{SUM}(R.A)}{\text{COUNT}(R.A)}\,.$$

Dieses Prinzip kann auch auf die Gruppierung mit Aggregationen übertragen werden, um **GROUP BY**-Anfragen zu parallelisieren. Hierbei werden in der ersten Phase pro Fragment Gruppierung und Aggregation durchgeführt. In der zweiten Phase werden die lokal berechneten Aggregatwerte gemischt und wie oben beschrieben die Gesamtaggregate berechnet. Allerdings stellt dieses zentrale Mischen den Engpass dar, da dieser Schritt auf einem Knoten ausgeführt wird.

Abhilfe schafft hier eine Parallelisierung des Mischens. Ein erster Ansatz ist die Verteilung der lokalen Aggregate durch eine Hash-Fragmentierung nach den Gruppierungswerten, sodass jeder Knoten für eine bestimmte Menge von Gruppen zuständig ist. Ein zweiter Ansatz ist die Refragmentierung der Daten auf Basis des Gruppierungsattributs. Anschließend können die Aggregationen parallel auf den neuen Fragmenten berechnet werden – das Gesamtergebnis kann danach durch einfaches Zusammenfügen erzeugt werden. Nach [23] ist die erste Strategie für kleinere Gruppenzahlen besser geeignet, während die zweite Variante bei großen Gruppenzahlen Vorteile aufweist. Diese Variante bietet sich auch für Shared-Memory-Architekturen mit Multicore-Prozessoren an, da auf diese Weise zum einen der Synchronisations-Overhead durch den Zugriff auf gemeinsamen Speicher reduziert und zum anderen nur kleine thread-lokale Hash-Tabellen benötigt werden, die im Cache gehalten werden können [26].

9.2 Paralleles Sortieren

In Abschn. 7.2 haben wir bereits auf die Bedeutung von Sortieroperationen in Datenbankanfragen hingewiesen und ein für Datenbanksysteme geeignetes externes Sortierverfahren vorgestellt. Da die Sortierung eine der teuersten Operationen darstellt, bildet sie einen geeigneten Kandidaten für die Parallelisierung [3, 4]. Zur Nutzung von Datenparallelität sollte dabei die Eingabe bereits über mehrere Partitionen/Rechner verteilt sein (multiple input). Ebenso ist nach [18] eine Partitionierung der sortierten Ausgabe (multiple output) sehr wichtig, um die Verzögerung zur Erzeugung eines sequenziellen Ausgabestroms zu vermeiden. Ferner sollten die Sortier- und Mischphasen parallel abgewickelt werden.

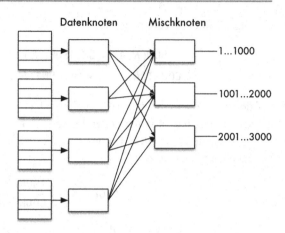

Abb. 9.1 Dynamische, bereichsbasierte Datenumverteilung zur parallelen Sortierung

Zur Reduzierung des Kommunikationsaufwandes sollte dazu jedes Tupel höchstens einmal über das Netzwerk verschickt werden [14]. In der folgenden Diskussion unterstellen wir eine Shared-Nothing-Architektur. Eine Übertragung der Ansätze auf Shared-Disk und Shared-Everything ist jedoch leicht möglich.

Ein einfacher Ansatz zur *parallelen Sortierung einer partitionierten Relation* sieht vor, die Partitionen an den Datenknoten parallel einzulesen und lokal zu sortieren. Danach werden die so erzeugten Läufe an einen einzigen *Mischknoten* geschickt, wo durch Mischen das sortierte Gesamtergebnis erzeugt wird. Dieser Ansatz hat jedoch den offensichtlichen Nachteil, dass nur die erste Phase parallel arbeitet, während das Mischen sowie die Ergebnisausgabe sequenziell an einem Knoten erfolgen. Dieser Nachteil kann durch folgenden Ansatz behoben werden.

Dabei erfolgt zunächst wieder das parallele Einlesen und Sortieren der verschiedenen Partitionen der Relation, die dann jedoch unter mehrere Mischknoten aufgeteilt werden. Hierbei kann das Einlesen vom Externspeicher entfallen, wenn die zu sortierenden Daten als Ausgabe zuvor ausgeführter Operatoren noch im Hauptspeicher vorliegen. Diese dynamische Datenumverteilung durch Verschicken der Tupel wird über eine (dynamische) Bereichspartitionierung auf dem Sortierattribut gesteuert. Dabei wird für p Mischprozessoren der Wertebereich des Sortierattributs vollständig in p disjunkte Intervalle zerlegt, sodass etwa gleich viele Tupel pro Intervall entfallen. Ein Tupel, dessen Sortierattributwert dem i-ten Intervall angehört, wird dann an den i-ten Mischknoten geschickt. Damit enthält jeder Mischprozessor alle Tupel des ihm zugeordneten Wertebereichsintervalls. Die einzelnen Mischknoten mischen die bei ihnen eingehenden Tupelströme parallel und unterstützen eine partitionierte Ausgabe an den Benutzer. Dabei wird zunächst das sortierte Ergebnis des ersten Mischprozessors bereitgestellt, dann das des zweiten usw. Der Algorithmus, der parallel in allen Phasen arbeitet, ist in Abb. 9.1 veranschaulicht. Nicht gezeigt sind Plattenzugriffe für temporäre Dateien, die sowohl an den Daten- als auch an den Mischknoten notwendig werden können.

In [18] wurde eine Verfeinerung dieses Ansatzes vorgestellt, bei dem zur Reduzierung des Kommunikationsaufwandes nicht die vollständigen Tupel zu den Mischknoten geschickt werden, sondern lediglich die Sortierschlüsselwerte sowie die Nummer des zugehörigen Datenknotens. Die Ergebnistupel werden dann von den Datenknoten bereitgestellt, wobei die von den Mischknoten ermittelte Sortierreihenfolge festlegt, von welchem Datenknoten das jeweils nächste Ergebnistupel zu verwenden ist. Zur Bestimmung der dynamischen Bereichsfragmentierung wurde ferner vorgesehen, dass jeder Datenknoten nach der lokalen Sortierung die bei ihm vorliegende Werteverteilung einem Koordinatorknoten mitteilt. Dieser bestimmt aus den lokalen Werteverteilungen eine globale Bereichsfragmentierung, die allen Datenknoten mitgeteilt und zum Verschicken der Daten (Sortierschlüssel) zu den Mischknoten verwendet wird.

Eine weitere Alternative, die sich speziell für die Parallelisierung eignet, ist das *Bitonic-Merge-Sort*-Verfahren, das auf der Idee der Sortiernetze [2] basiert. Ausgangspunkt dieses Verfahrens ist die *bitonische Folge*: eine Folge von Schlüsseln bei welcher der erste Teil aufsteigend und der zweite Teil absteigend sortiert sind, bzw. wenn man die Elemente der Folge so verschieben kann, dass diese Bedingung erfüllt wird. Beispiele sind die Folgen:

$$4, 5, 7, 9, 8, 6, 3, 1$$
$$1, 2, 3, 4, 5, 6, 7, 8 \,.$$

Eine solche Folge $\langle a_0, a_1, a_2, \ldots a_{n-1} \rangle$ der Länge n kann bitonisch zerlegt werden, indem zwei (bitonische) Teilfolgen s_1 und s_2 der Länge $\frac{n}{2}$ in folgender Weise konstruiert werden:

$$s_1 = \langle \min\{a_0, a_{\frac{n}{2}}\}, \min\{a_1, a_{\frac{n}{2}+1}\}, \ldots, \min\{a_{\frac{n}{2}-1}, a_{n-1}\} \rangle$$
$$s_2 = \langle \max\{a_0, a_{\frac{n}{2}}\}, \max\{a_1, a_{\frac{n}{2}+1}\}, \ldots, \max\{a_{\frac{n}{2}-1}, a_{n-1}\} \rangle \,.$$

Für diese Folgen gilt, dass die Elemente der ersten Folge s_1 alle kleiner sind als die Elemente der zweiten Folge. Die Zerlegung kann durch $\frac{n}{2}$ Vergleicher (Komparatoren) erfolgen, die genau zwei Schlüssel sortieren. Mehrere Komparatoren können zu einer Stufe zusammengefasst werden und parallel arbeiten. Durch die Verbindung mehrerer Stufen entsteht so ein Sortiernetz.

Die bitonische Zerlegung einer Folge kann nun wiederum rekursiv auf beide Teilfolgen angewendet werden. Bei wiederholter Anwendung entsteht so eine vollständig sortierte Folge.

Möchte man nun eine unsortierte Folge sortieren, muss diese zunächst in eine bitonische Folge überführt werden. Dies kann wie folgt erreicht werden. Eine Folge aus zwei Elementen ist trivialerweise immer bitonisch. Wenn man nun zwei bitonische Folgen der Länge 2 hat, kann daraus eine bitonische Folge der Länge 4 gebildet werden, indem die erste Folge aufsteigend und die andere Folge absteigend sortiert werden. Allgemein kann auf diese Weise aus zwei bitonischen Folgen der Länge n eine neue bitonische Folge der Länge $2n$ konstruiert werden. Abbildung 9.2 illustriert dies anhand einer an [11] angelehnten Beispielfolge in $\log(n)$ Schritten. Die Pfeile geben dabei jeweils die beiden Elemente

Abb. 9.2 Bitonic Merge Sort
für eine Folge von 8 Elementen

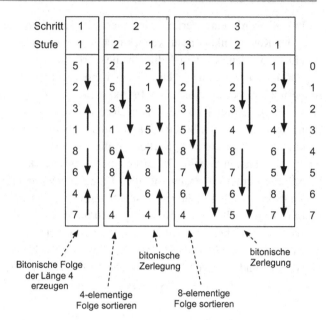

der Folge an, die verglichen werden, wobei die Pfeilspitze auf die Position zeigt, an der
das größere Element stehen muss. Entsprechend dem oben beschriebenen Schema können
Richtung und Position der Pfeile für jede Stufe und jeden Schritt bestimmt werden. Für
jede Position p der Folge ist

- die Länge des Pfeils $2^{\text{stufe}-1}$,
- die Pfeilrichtung aufwärts, wenn $\frac{p}{2^{\text{stufe}}}$ mod $2 = 0$, sonst abwärts,
- das Vergleichselement in aufsteigender Richtung, wenn sich p in der ersten Hälfte der
  aktuellen bitonischen Folge befindet, d. h.: p mod $2^{\text{stufe}} < 2^{\text{stufe}-1}$.

Der Aufwand des Bitonic Merge Sort beträgt $O(n \log^2 n)$ und liegt damit über dem Aufwand von Verfahren wie Quicksort. Allerdings lassen sich die Vergleicher eines Sortier-
netzwerkes sehr einfach parallel ausführen, insbesondere bei Shared-Memory-Systemen.
Eine weitere Variante ist Block Bitonic Sort [2], bei der die Vergleicher Blöcke von
Schlüsseln anstelle einzelner Elemente verarbeiten.

9.3 Parallele Verbundberechnung

Auch bei der parallelen Verbundberechnung besteht das Ziel in der effektiven Ausnutzung
mehrerer Prozessoren bzw. Cores. Hierbei sind zwei Aufgaben zu bearbeiten: zum einen
die (Um-)Verteilung der Daten auf die Prozessoren und zum anderen die lokale Berechnung des Verbundes durch diese Prozessoren, wobei für Letztere die in Abschn. 7.2 be-

schriebenen Standardverfahren wie Nested-Loops-, Merge- und Hash-Verbund zum Einsatz kommen. Für die Umverteilung lassen sich zwei grundlegende Strategien anwenden: die dynamische Replikation sowie die dynamische Partitionierung, die wir im Folgenden näher vorstellen.

9.3.1 Dynamische Replikation

Bei der *dynamischen Replikation* wird eine der beiden Relationen partitioniert (im Weiteren als R bezeichnet) und auf die Verbundknoten aufgeteilt, während die zweite (kleinere) Relation S auf alle beteiligten Knoten kopiert (repliziert) wird. Je nach Architektur müssen hierbei verschiedene Schritte durchgeführt werden.

Für die Variante zur Shared-Nothing-Architektur gehen wir von einer Aufteilung der beiden Relationen in die Fragmente $R_1, \ldots, R_n$ bzw. $S_1, \ldots, S_m$ aus, die an den korrespondierenden Knoten gespeichert sind. Alternativ können die Fragmente auch von dem zuvor ausgeführten Anfrageoperator produziert werden und so bereits verteilt vorliegen.

Zur Verbundberechnung müssen die R-Knoten nach Initiierung durch den Koordinator zunächst in einer Scan-Phase parallel ihre lokalen Fragmente lesen und an alle S-Knoten senden (Abb. 9.3). Mit dem Empfang eines R_i-Fragmentes kann jeder S-Knoten die R-Relation rekonstruieren und den eigentlichen Verbund $R \bowtie S_j$ mit seinem eigenen Fragment S_j berechnen. Dies kann z. B. beim Hash-Verbund erfolgen, indem mit dem S_j-Fragment die Hash-Tabelle aufgebaut wird, sodass die eintreffenden R-Tupel direkt verarbeitet werden können. Die lokalen Verbundergebnisse werden schließlich zurück an den Koordinator gesendet und dort zum finalen Ergebnis vereinigt.

Mit der dynamischen Replikation werden sowohl Daten- als auch Pipelineparallelität ausgenutzt. Datenparallelität tritt beim parallelen Scan der R-Knoten sowie bei der Verbundberechnung auf den S-Knoten auf. Pipelineparallelität wird durch die gleichzeitige Ausführung der Scan-Phase auf den R-Knoten und der Verbundphase auf den S-Knoten eingesetzt, da die S-Knoten zur Verbundberechnung nicht auf die Rekonstruktion der R-

Abb. 9.3 Verbundberechnung durch dynamische Replikation

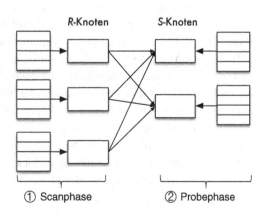

Relation warten müssen. In gleicher Weise werden die Verbundergebnisse auch sofort an
den Koordinator gesendet, sodass hier ebenfalls Pipelineparallelität genutzt wird.

Der wesentliche Vorteil der dynamischen Replikation ist die Eignung für beliebige Verbundbedingungen, da die R-Relation komplett an allen S-Knoten vorliegt. Demgegenüber
steht als Nachteil der hohe Kommunikationsaufwand: Insgesamt muss die R-Relation an
die n Knoten mit S-Fragmenten geschickt werden, sodass der Aufwand mit dem Fragmen-
tierungsgrad von S und der Größe von R steigt. Weiterhin ist der Berechnungsaufwand
vergleichsweise hoch, da an jedem S-Knoten der Verbund mit der gesamten R-Relation
berechnet werden muss.

Für Shared-Everything- und Shared-Disk-Architekturen entfällt grundsätzlich der
Kommunikationsaufwand, da alle Knoten direkten Zugriff auf die R- und S-Tupel haben.
Das mehrfache Lesen der R-Tupel durch die Verbundknoten kann dadurch verhindert wer-
den, dass die Tupel im Puffer gehalten werden, bis ihr Verbund mit allen S-Fragmenten
berechnet wurde. Der eigentliche Verbundaufwand ist jedoch genauso groß wie bei der
Shared-Nothing-Architektur.

Abgesehen von der nicht notwendigen Kommunikation zwischen den Knoten besteht
der wesentliche Unterschied zwischen den Architekturvarianten in der Art und Weise der
Bereitstellung der R-Tupel: Bei der Shared-Nothing-Variante liefern die R-Knoten die
Tupel aktiv an die Verbundknoten während bei den beiden anderen Varianten die R-Tupel
von den Verbundknoten angefordert werden.

9.3.2 Dynamische Partitionierung

Im Fall eines Gleichverbundes kann auf die vollständige Replikation der Relation R verzichtet werden, indem beide Relationen fragmentiert umverteilt werden, sodass jedes
Tupel nur an jeweils einen Verbundknoten geschickt wird.

Auch für diese Strategie gehen wir wieder von einer Aufteilung der beiden Relationen in Fragmente $R_1, \ldots, R_n$ und $S_1, \ldots, S_m$ aus. Initiiert vom Koordinator führen die
R- und S-Knoten parallel einen Scan ihrer lokalen Fragmente aus und senden die Tupel an die zuständigen Verbundknoten. Die „Zuständigkeit" wird durch ein geeignetes
Partitionierungskriterium auf den Verbundattributen ermittelt, wofür sich die bekannten
Strategien wie Hash- oder Bereichspartitionierung anbieten. In Abb. 9.4 ist dies für eine Hash-Partitionierung mit der Hash-Funktion h dargestellt. Durch diese Umverteilung
wird sichergestellt, dass R- und S-Tupel mit gleichen Verbundattributwerten an denselben
Verbundknoten geschickt werden. An den Verbundknoten k werden nach Eintreffen der
Tupel der n Fragmente von R (hier als $R_{k,i}$ bezeichnet) sowie der Tupel der m Fragmente
von S (als $S_{k,j}$ bezeichnet) die Relationen R_k und S_k rekonstruiert und damit der lokale
Verbund $R_k \bowtie S_k$ mit einem der bekannten Verfahren berechnet. Dieses Ergebnis wird
schließlich an den Koordinator zurückgeschickt und dort zum Gesamtergebnis gemischt.

Auch diese Strategie nutzt wieder Daten- und Pipelineparallelität. Datenparallel werden sowohl die Scan- auf den R- und S-Knoten als auch die Verbundphase auf den

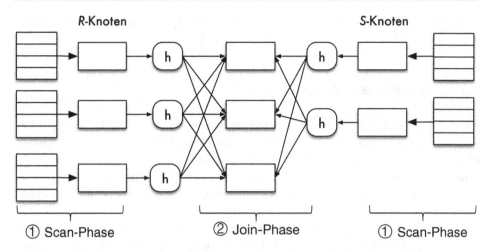

Abb. 9.4 Verbundberechnung durch dynamische Partitionierung

Verbundknoten ausgeführt. Pipelineparallelität kann zwischen der Umverteilung und der Verbundberechnung ausgenutzt werden, wenn die Fragmente R_k und S_k vor dem Verbund nicht vollständig rekonstruiert werden, sondern etwa über einen Hash-Verbund verknüpft werden. Bei Verfahren wie dem Sort-Merge-Verbund müssen dagegen zunächst alle Tupel empfangen werden.

Die Verbundberechnung durch dynamische Partitionierung hat gegenüber der Replikation zunächst den Vorteil, dass Tupel nicht repliziert werden müssen. Weiterhin ist die Anzahl der Verbundknoten nicht durch die vorliegende Fragmentierung der R-Relation gegeben, sondern kann dynamisch gewählt werden. Dadurch ist auch eine bessere Lastverteilung möglich, wobei jedoch Skew-Effekte durch schiefe Verteilungen der Verbundattributwerte beachtet und durch geeignete Hash-Funktionen bei der Hash-Partitionierung bzw. Aufteilung der Wertebereiche bei einer Bereichspartitionierung behandelt werden müssen. Auch lassen sich die Verbundknoten frei wählen, d. h. beispielsweise in Abhängigkeit von der Auslastung.

Ein Nachteil der dynamischen Partitionierung ist neben der Beschränkung auf Gleichverbunde der Umstand, dass für den allgemeinen Fall in einer Shared-Nothing-Architektur beide Relationen umverteilt werden müssen und sich somit ein hoher Kommunikationsaufwand ergibt. Dies kann jedoch vermieden werden, wenn eine der beiden Relationen (hier als R bezeichnet) bereits nach dem Verbundattribut fragmentiert vorliegt. In diesem Fall muss nur noch die zweite Relation S umverteilt werden, sodass deren Tupel zu den Knoten mit den passenden R-Tupeln gesendet werden. Allerdings schränkt dies wiederum die Möglichkeiten einer dynamischen Lastbalancierung ein, da die Verbundknoten nicht mehr frei wählbar sind.

Sind beide Relationen nach dem Verbundattribut fragmentiert und die Tupel jeweils demselben Knoten zugeordnet, kann komplett auf die Umverteilung verzichtet werden. Dies ist konkret bei einer abgeleitet horizontalen Fragmentierung der Fall.

Für Shared-Disk- und Shared-Everything-Architekturen beschränkt sich Umverteilung der Tupel natürlich auf die Zuordnung zum richtigen Prozessor.

9.3.3 Parallele Hash-Verbunde

Für die häufig auftretenden Gleichverbunde bietet sich der Einsatz von Hash-Verbunden aufgrund des geringen CPU-Aufwandes und der Möglichkeit der Ausnutzung großer Hauptspeicher an. Die Grundvarianten der hash-basierten Verbundberechnung haben wir bereits in Abschn. 7.2 vorgestellt. Von den diskutierten Strategien sind insbesondere Varianten, die auf der Partitionierung des Bildbereichs basieren, für parallele Systeme interessant.

Der *GRACE Hash Join* wurde ursprünglich für die *GRACE-Datenbankmaschine* entwickelt [17]. Wie bei den anderen Formen auch, geht der Verbundberechnung eine Partitionierungsphase voraus, in der beide Relationen R und S gelesen und über eine Partitionierungsfunktion (entweder als Hash- oder Bereichsfragmentierung) auf dem Verbundattribut in k Partitionen zerlegt werden. Die Größe der Partitionen wird dabei so gewählt, dass sie im Hauptspeicher gehalten werden können. Die eigentliche Partitionierung der Relationen erfolgt, indem jeweils k Ausgabepuffer mit je mindestens einer Speicherseite reserviert werden, in welche die Tupel eingefügt werden. Die Pufferseiten werden asynchron auf den Externspeicher geschrieben, sobald sie voll sind.

Dieses Partitionierungsschema stellt sicher, dass für alle i mit $1 \leq i \leq k$ die Verbundpartner von Partition S_i nur in der Partition R_i auftreten können. Demzufolge genügt es für die Verbundphase, nur die jeweils korrespondierenden S_i- und R_i-Partitionen zu betrachten. Hierbei wird, wie in Abschn. 7.2 beschrieben, im Build-Schritt die Hash-Tabelle aus den Tupeln der Partition S_i aufgebaut und anschließend durch Lesen von R_i und der Anwendung der Hash-Funktion auf das Verbundattribut der Verbundpartner in der Hash-Tabelle bestimmt (Probe-Phase).

Der *Hybrid Hash Join* [9] stellt eine Verbesserung des GRACE Joins dar, indem der verfügbare Hauptspeicher während der Partitionierungsphase besser ausgenutzt wird. Hierfür wird der Hauptspeicher, der nicht für den Ausgabepuffer reserviert ist, bereits zum Aufbau der Hash-Tabelle für die erste Partition S_1 verwendet. Auf diese Weise kann der Verbund $R_1 \bowtie S_1$ bereits beim ersten Lesen der Relationen berechnet werden, ohne dass R_1 und S_1 auf den Externspeicher geschrieben und von dort wieder gelesen werden müssen. Der Hybrid Hash Join kombiniert somit in gewisser Weise die Vorteile von Simple Hash Join und GRACE Hash Join: Für den Fall eines sehr großen Hauptspeichers kann $k = 1$ gewählt werden, womit sich ein Verhalten ähnlich zum Simple Hash Join (ohne Partitionierung) ergibt. Reicht der Hauptspeicher dagegen nicht aus, muss k größer gewählt werden. Damit verhält sich das Verfahren wie der GRACE Hash Join, hat aber noch den Vorteil des direkten Aufbaus der Hash-Tabelle für die Partition S_1.

Die Partitionierungsfunktion sollte daher so gewählt werden, dass die erste Partition den für die Hash-Tabelle verfügbaren Platz maximal ausnutzt. Der Idealfall, dass die innere Relation komplett in den Hauptspeicher passt (d. h. $k = 1$), ergibt sich dann als Spezialfall.

Der Hybrid Hash Join verlangt jedoch i. Allg. eine ungleichmäßige Partitionierung, um den Hauptspeicher für die erste Partition bestmöglich nutzen zu können. Zudem ist die maximale Nutzung des Hauptspeichers im Einbenutzerbetrieb zwar sinnvoll, kann allerdings im Mehrbenutzerbetrieb parallel laufende Transaktionen benachteiligen. Diese Nachteile können durch einen *adaptiven Hash-Join* umgangen werden, der auf der gleichförmigen Zerlegung in q möglichst gleich große Partitionen aufbaut. Ein solcher Ansatz ist der in [20] vorgestellte *„Partially Preemptible Hash Join"* (PPHJ). Dabei werden für die ersten q der k S-Partitionen die Hash-Tabellen im Hauptspeicher gehalten, für die $k - q$ anderen lediglich ein Ausgabepuffer von einer Seite. Somit lässt sich für die q ersten Partitionen die Verbundberechnung unmittelbar ausführen, und nur für die restlichen Partitionen werden E/A-Vorgänge auf temporären Dateien nötig. Weiterhin kann die Anzahl der im Hauptspeicher resident gehaltenen S-Partitionen dynamisch variiert werden. So wird deren Anzahl verringert, wenn die Hash-Tabellen wegen ungenauer Schätzungen doch nicht vollständig Platz im Hauptspeicher finden oder wenn aufgrund von Speicheranforderungen durch andere Transaktionen der für die Verbundbearbeitung verfügbare Speicherplatz reduziert werden muss. Für die betroffenen Partitionen werden dann die Tupel der Hash-Tabelle auf eine temporäre Datei ausgeschrieben und der Speicherplatz bis auf eine Seite für den Ausgabepuffer freigegeben. Umgekehrt können bei wachsender Hauptspeicherverfügbarkeit während der Partitionierungsphase einige bereits ausgelagerte S-Partitionen wieder in den Hauptspeicher geladen werden, um die weitere Verbundberechnung direkt vornehmen zu können.

9.3.4 Verbundberechnung für Multicore-Systeme

Moderne Prozessoren wie Intels Core-Familie, AMDs Opteron, IBMs Power-Serie oder SPARC-Prozessoren sind *Mehrkernprozessoren* (*Multicore-Prozessoren*), die mehrere Hauptprozessorkerne auf einem einzigen Chip vereinen. Derartige Prozessoren sind günstiger herzustellen, als mehrere Prozessorsockel auf die Hauptplatine zu platzieren. Zur Parallelisierung von Anwendungen für solche Systeme und somit auch von Datenbankanfragen kommen sogenannte Threads zum Einsatz. Hierbei handelt es sich um leichtgewichtige Ausführungseinheiten innerhalb eines Betriebssystemprozesses, die sich die Betriebsmittel dieses Prozesses (z. B. Code-Segmente, Speicher) teilen. Derartige Threads können den einzelnen Prozessorkernen zugeordnet und damit parallel abgearbeitet werden.

Aus Sicht der parallelen Datenbankverarbeitung können Multicore-Systeme zunächst wie SMP-Systeme mit einer Shared-Everything-Architektur betrachtet werden. Allerdings bestehen einige Besonderheiten: Die Kerne sind sehr eng auf einem Chip integriert (teilweise mit gemeinsamen Caches), wodurch die Inter-Thread-Kommunikation schneller ist, und sie bieten eine größere Anzahl an Kernen (und damit gleichzeitig ausführbare

Threads). Weiterhin steigt die Rechenleistung seit Jahren schneller als die Speicherper-
formance, sodass die Zugriffslatenzen zum Hauptspeicher zunehmend zum Problem werden [5].

Für eine effiziente Realisierung von Anfrageoperatoren für Muticore-Systeme ist es
daher notwendig, nicht nur hinsichtlich der Parallelisierung zu optimieren, sondern auch
bezüglich des Speichersystems. Ziel ist es demzufolge, zum einen den Synchronisationsaufwand beim konkurrierenden Zugriff auf gemeinsame Betriebsmittel (wie z. B. gemeinsame Datenstrukturen) sowie zum anderen die Zahl der Cache Misses (in den CPU-Caches
wie L1 und L2 sowie im Translation Lookaside Buffer (TLB)) zu reduzieren.

Konkret mit (hash-basierten) Verbundoperationen für Multicore-Systeme beschäftigen
sich eine Reihe von Arbeiten, die sich in drei Klassen unterteilen lassen:

- nichtpartitionierende Verfahren,
- partitionierende Verfahren sowie
- radix-basierte Verfahren.

Nichtpartitionierende Verfahren für Hash-Verbunde (Abb. 9.5) basieren auf einer gemeinsamen Hash-Tabelle für alle Threads. Hierzu wird in der Build-Phase die kleinere Relation R in gleich große Teile aufgeteilt, die jeweils einem Thread zugeordnet werden. Diese
Threads arbeiten parallel und fügen die Tupel in die gemeinsame Hash-Tabelle ein. Zum
Übergang in die Probe-Phase werden die Threads durch eine Barriere (ein Synchroni-
sationspunkt zwischen Threads) synchronisiert. Anschließend bearbeiten wiederum eine
Anzahl von Threads die Probe-Phase, in der die Relation S gelesen und die Tupel über
die Hash-Tabelle verbunden werden. Ein Problem kann dabei die Synchronisation der Zugriffe der konkurrierenden Threads auf die gemeinsame Hash-Tabelle darstellen. Hierfür
kommen sogenannte *Latches* – leichtgewichtige Sperren – pro Bucket zum Einsatz. Bei
einer großen Anzahl von Buckets ist die Kollisionswahrscheinlichkeit der Hash-Funktion

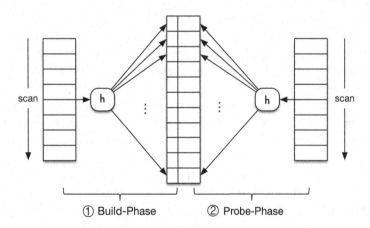

Abb. 9.5 Nichtpartitionierender Hash-Verbund

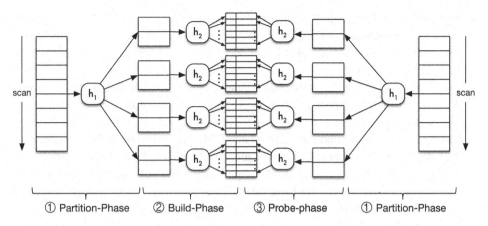

① Partition-Phase   ② Build-Phase   ③ Probe-phase   ① Partition-Phase

Abb. 9.6 Partitioned Hash Join

jedoch relativ gering, sodass der Synchronisations-Overhead ebenfalls gering ist. Weiterhin ist die Synchronisation nur in der Build-Phase notwendig, da in der Probe-Phase nur
Leseoperationen auf der Hash-Tabelle ausgeführt werden.

Ein Problem einer gemeinsamen Hash-Tabelle sind die resultierenden wahlfreien Spei-
cherzugriffe. So wurde in [22] festgestellt, dass wenn die Hash-Tabelle größer als der
CPU-Cache ist, nahezu jeder Zugriff auf die Hash-Tabelle zu einem Cache Miss führt.
Es bietet sich daher an, die Relationen in Partitionen mit der Größe des CPU-Caches zu
zerlegen. Da bei modernen Prozessoren die L1-, L2- und L3-Caches pro Prozessorkern
vorhanden sind, können die Partitionen parallel durch jeweils eigene Threads bearbeitet
werden.

Der *Partitioned Hash Join* (Abb. 9.6) arbeitet in drei Phasen: In der ersten Phase
werden beide Relationen R und S unter Verwendung einer Hash-Funktion h_1 auf dem
Verbundattribut partitioniert, sodass Tupel mit gleichen Verbundattributwerten in die gleiche Partition R_i bzw. S_i aufgenommen werden. In der folgenden pro Partition ausgeführten Build-Phase wird mit einer weiteren Hash-Funktion h_2 für die kleinere der beiden
Relationen (hier R_i) eine Hash-Tabelle aufgebaut, die in den CPU-Cache passt. Anschließend wird ebenfalls parallel und pro Partition die Probe-Phase ausgeführt, in der für jede
S_i-Partition die Tupel gelesen und über die jeweilige Hash-Tabelle mit den R_i-Tupeln
verbunden werden.

Zur eigentlichen Partitionierung lassen sich verschiedene Techniken einsetzen. Grundsätzlich muss dabei zum einen die Partitions-ID bestimmt werden und zum anderen das
Tupel in diese Partition verschoben werden. Die Techniken sind im Einzelnen [8]:

- *Unabhängige Ausgabepuffer*: Jeder Thread verwaltet hierbei einen eigenen Ausgabe-
  puffer für jede Partition. Es ist somit kein Zugriff auf gemeinsame Datenstrukturen
  (Puffer) notwendig, allerdings werden eine große Zahl von Puffern benötigt und die
  Partitionen sind über viele Puffer fragmentiert.

- *Konkurrierende Ausgabepuffer*: Hier wird ein gemeinsamer Puffer für alle Threads verwendet. Beim Schreiben der Tupel in diesen Puffer ist jedoch eine Synchronisation der konkurrierenden Zugriffe über Locks oder Latches notwendig, was einen erhöhten Aufwand produziert.

- *Count-then-Move*: Bei dieser Technik werden zwei Läufe über die zu partitionierenden Daten benötigt. Im ersten Durchlauf bearbeitet jeder Thread einen vorbestimmten Teil der Relation und zählt, wie viel Tupel dieser Thread pro Partition einfügen würde. Dafür wird pro Thread und pro Partition ein Zähler benötigt. Dieser Schritt kann parallel und ohne Inter-Thread-Kommunikation erfolgen. Das Ende der Phase erfordert jedoch eine Synchronisation (z. B. über eine Barriere), sodass die Threads ihre Zähler austauschen können. Damit kann jeder Thread seine eigenen Offsets pro Partition berechnen. Im folgenden zweiten (wieder parallel ausgeführten) Durchlauf bearbeitet jeder Thread erneut seinen Teil der Relation und verschiebt die Tupel anhand des Offsets an die richtige Stelle der Partition und aktualisiert seine Offsets entsprechend. Der Vorteil dieser Technik ist das Fehlen einer Inter-Thread-Koordination (abgesehen von der Synchronisation zwischen beiden Läufen), der Nachteil ist die Notwendigkeit von zwei Durchläufen.

- *Parallele Puffer*: Dieses Verfahren arbeitet ähnlich wie das Prinzip der konkurrierenden Puffer. Statt einzelner Tupel werden jedoch „Chunks" verwendet, d. h. zusammenhängende Bereiche von einigen (wenigen) Tupeln mit exklusivem Zugriff der jeweiligen Threads. Im Puffer wird somit mindestens ein Chunk pro Thread verwaltet, sodass sich ein geringerer Synchronisationsaufwand ergibt.

Die Partitionierung reduziert die Zahl der Cache Misses in den CPU-Caches, führt aber zu einer zweiten Art von Cache-Problemen. Partitionen sind auf Hauptspeicherseiten im virtuellen Speicher abgelegt. Die Umrechnung der virtuellen Adressen in physische Adressen ist jedoch vergleichsweise aufwendig und wird daher von modernen CPUs für die zuletzt zugegriffenen Seiten im TLB zwischengespeichert. Bei großen Partitionen, die viele Seiten umfassen, kommt es aber wieder zu Cache Misses im TLB und damit zu Performance-Einbußen. Der *Radix-Cluster-Algorithmus* (auch *Radix Partitioning*) sowie der darauf aufbauende *Radix Join* [5] sollen auch diese TLB-Cache-Misses vermeiden.

Beim *Radix Clustering* wird die Relation mehrfach sequenziell durchlaufen. In jedem Durchlauf werden die unteren b Bits der Schlüsselwerte betrachtet, sodass dabei 2^b Cluster (bzw. Partitionen) entstehen. Wie oben bei der Count-then-Move-Partitionierung beschrieben, wird ein Histogramm mit den Häufigkeiten pro Partition benötigt, aus dem sich – berechnet als Präfixsumme – die neuen Positionen der Tupel berechnen lassen. Abbildung 9.7 illustriert diesen Ablauf: Von den Schlüsselwerten werden im ersten Schritt die unteren zwei Bits (grau unterlegt) betrachtet. Beim Durchlaufen der Relation kann jedes Tupel an der richtigen – durch das Histogramm bestimmten – Position abgespeichert werden, die entsprechend aktualisiert wird. Im nächsten Durchlauf werden die nächsten zwei Bits betrachtet, die Tupel wieder umverteilt usw. Auf diese Weise können mit weni-

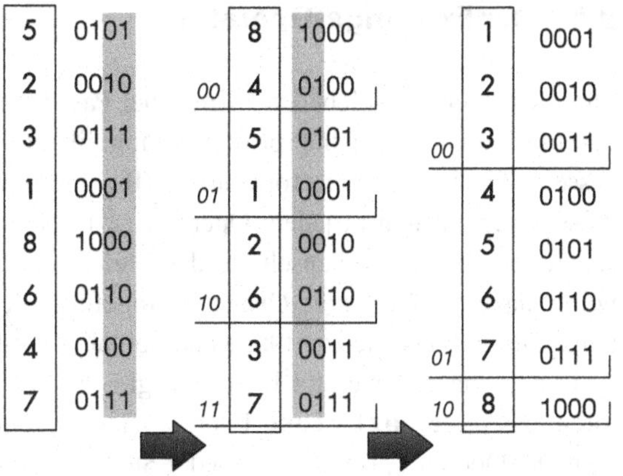

Abb. 9.7 Radix-Partitionierung

5	0101		8	1000		1	0001
2	0010	00	4	0100		2	0010
3	0111		5	0101	00	3	0011
1	0001	01	1	0001		4	0100
8	1000		2	0010		5	0101
6	0110	10	6	0110		6	0110
4	0100		3	0011	01	7	0111
7	0111	11	7	0111	10	8	1000

gen Durchläufen Partitionen in Cache-Größe erzeugt und dabei die Anzahl der wahlfreien Zugriffe auf Speicherseiten sowie auch die Anzahl der TLB-Misses reduziert werden.

Mit den durch das Radix-Clustering erzeugten Partitionen kann nun ein partitionierter Hash-Verbund berechnet werden, indem die korrespondierenden Partitionen beider Relationen R_i und S_i parallel verbunden werden. Grundsätzlich kann dies wie oben beschrieben erfolgen, in [16] werden jedoch zur Reduzierung der Cache Misses auch in der Verbundphase die folgenden Schritte beschrieben:

1. Die kleinere Relation R_i wird durchlaufen und es wird ähnlich wie in der Partitionierungsphase unter Nutzung einer Hash-Funktion auf b Bits der Verbundwerte ein Histogramm *Hist* konstruiert.
2. Die Präfixsumme wird auf dem Histogramm berechnet, um die Anfangspositionen der Tupel zu bestimmen.
3. Die Tupel von R_i werden entsprechend an den neuen Positionen eingeordnet, sodass ein Block R'_i mit Tupeln entsteht. Histogramm und R'_i zusammen bilden somit die Hash-Tabelle.
4. Nachdem die Schritte 1–3 die Build-Phase repräsentieren, muss im letzten Schritt die Probe-Phase ausgeführt werden. Hierbei ist zu berücksichtigen, dass sich die Positionen in der Hash-Tabelle aus dem Histogramm ableiten lassen, d. h. für einen Hash-Wert k müssen die Einträge der Hash-Tabelle von der Position $Hist[k]$ bis $Hist[k + 1]$ durchsucht werden. Weitere Details sind in [16] beschrieben.

Hash-Verbunde sind nur eine Möglichkeit zur Realisierung der Verbundberechnung auf Multicore-Systemen. In [16, 1] werden darüber hinaus spezielle Varianten des Sort-Merge-Verbundes diskutiert und evaluiert, die SIMD-Operationen zur Implementierung von Sortiernetzwerken (siehe Abschn. 9.2) nutzen.

9.4   Der Exchange-Operator

Für alle bisher beschriebenen Formen der Parallelisierung von Datenbankoperatoren werden Mechanismen zur Interprozesskommunikation, zur Koordination der parallelen Prozesse sowie für die ggf. notwendige (Re-)Fragmentierung der Daten benötigt. Anstatt diese Mechanismen in jedem Operator zu implementieren, können diese auch in einem separaten Operator gekapselt werden, der in den Anfrageplan eingeführt wird. In [13] wurde dazu der *Exchange-Operator* eingeführt, der sowohl horizontale Parallelität (Datenparallelität) als auch vertikale Parallelität (Task-Parallelität) unterstützt.

Der Exchange-Operator bietet die gleiche Schnittstelle wie alle anderen Planoperatoren: das **open/next/close**-Interface des Volcano-Modells (siehe Abschn. 7.2). Somit kann der Operator prinzipiell an jeder Stelle im Anfrageplan eingefügt werden.

Für die vertikale Parallelisierung (Pipelining) trennt der Exchange-Operator zwei Prozesse oder Threads und übernimmt somit die Rollen von Konsumenten und Produzenten (Abb. 9.8). Im Rahmen der **open**-Funktion erzeugt der Konsument einen neuen Prozess/Thread. Dieser arbeitet als Produzent und initiiert und koordiniert die Teilanfrage. Die Anfrageergebnisse werden gesammelt und über einen geeigneten Interprozesskommunikationsmechanismus (z. B. Shared Memory) zum Konsumenten gesendet. Der Konsument stellt die Daten dann wiederum über seine **next**-Funktion zur Verfügung. Aufgabe des Exchange-Operators ist es daher auch, das push-getriebene Datenflussprinzip der Interprozesskommunikation auf das pull-getriebene Iteratorprinzip abzubilden.

Mit der horizontalen Parallelisierung ermöglicht der Exchange-Operator die bekannte Datenparallelität durch Fragmentierung der Daten (Intra-Operator-Parallelität). Hierbei umfasst der Operator für jedes Fragment ein Produzenten-Konsumenten-Paar, die über eine Queue kommunizieren. Der Grad der Parallelität (die Anzahl der Fragmente) sowie die Fragmentierungsstrategie werden dabei als Parameter des Exchange-Operators festgelegt. Auf diese Weise kapselt der Operator auch hier die Kommunikation und alle Aspekte der Parallelisierung (Abb. 9.9).

Abb. 9.8 Pipelining mit dem
Exchange-Operator

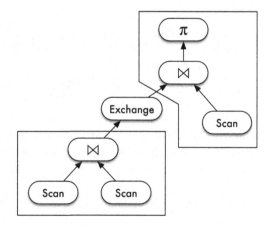

Abb. 9.9 Datenparallelität mit
dem Exchange-Operator

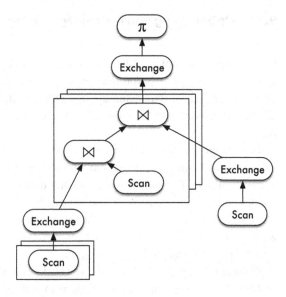

Der wesentliche Vorteil des Exchange-Operators besteht damit darin, dass alle anderen
Anfrageoperatoren unverändert bleiben können und keine Erweiterungen für die Paralle-
lisierung notwendig sind. Wie in Abschn. 9.3 behandelt, erfordern aber etwa Multicore-
Architekturen zur effizienten Nutzung spezielle Maßnahmen.

In [15] werden noch weitere Aspekte wie der Einsatz in Shared-Memory-Systemen
und in Systemen mit verteiltem und hierarchischem Speicher behandelt sowie Implemen-
tierungsaspekte diskutiert.

9.5 Optimierung und Ressourcenallokation

Für die Optimierung paralleler Anfragen gelten grundsätzlich die gleichen Aussagen wie
für zentralisierte Datenbanksysteme (siehe Abschn. 7.4). Zusätzlich sind jedoch noch einige wichtige Aspekte zu berücksichtigen:

- die Ausnutzung von Parallelität in den in Abschn. 3.1 beschriebenen Formen,
- die Planung und Zuordnung von Ressourcen wie Anzahl der parallelen Threads, Zuordnung von CPUs und Speicher etc.,
- der Umgang mit Skew-Effekten, d. h. mit der Varianz von Bearbeitungszeiten der parallel ausgeführten Teilanfragen.

In den folgenden Abschnitten werden wir diese Aspekte genauer betrachten.

9.5.1 Optimierung von Mehr-Wege-Verbunden

Ein wichtige Fragestellung bildet insbesondere die Optimierung von Mehr-Wege-Verbunden in Form einer Folge von binären Verbunden. In Abschn. 7.4 haben wir bereits die unterschiedlichen Verbundbäume vorgestellt und darauf hingewiesen, dass die traditionelle Beschränkung auf linksorientierte Verbundbäume für Parallelisierung nicht optimal ist.

Betrachten wir hierzu eine Folge von Hash-Verbunden $R_1 \bowtie R_2 \bowtie \cdots \bowtie R_n$. Ein solcher Hash-Verbund wird bekanntlich in zwei Phasen ausgeführt: der Build-Phase und der Probe-Phase. Die zweite Relation kann dabei erst dann für die Probe-Phase gelesen werden, wenn die erste Build-Phase abgeschlossen ist. In Abb. 9.10 ist diese Abhängigkeit durch den dicken Pfeil von Relation R_1 zur Relation R_2 dargestellt. Die Abbildung zeigt gleichzeitig den kompletten Abhängigkeitsgraphen für einen linksorientierten Verbundbaum der Verbunde $V_1, V_2, \ldots V_{n-1}$.

Offensichtlich kann die Build-Phase von V_2 erst mit der Probe-Phase von V_1 beginnen und die Probe-Phase von V_2 ist abhängig vom vollständigen Lesen von R_2. Diese Strategie erlaubt zwar ein Pipelining, aber kein paralleles Lesen der Relationen.

Abbildung 9.11 zeigt die gleiche Verbundanfrage mit einem rechtsorientierten Baum. Auch hier sind wieder die Abhängigkeiten durch dicke Pfeile dargestellt. Die Abbildung macht deutlich, dass die Relationen $R_2, R_3, \ldots, R_n$ parallel gelesen und in ihre Hash-Tabellen eingefügt werden können. Die einzige Abhängigkeit ist die Probe-Phase für R_1:

Abb. 9.10 Abhängigkeits-graph für einen linksorientierten Mehr-Wege-Verbund

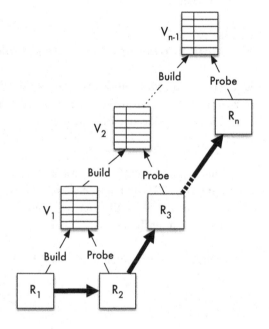

Abb. 9.11 Abhängigkeitsgraph für einen rechtsorientierten Mehr-Wege-Verbund

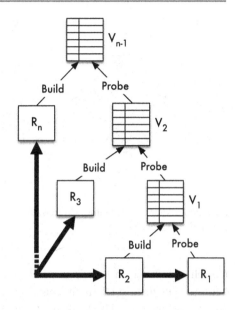

Nachdem die Build-Phase abgeschlossen ist, kann R_1 verarbeitet werden und im Pipelining durch alle Hash-Tabellen gesendet werden.

Die erhöhte Parallelität dieser Strategie wird durch den Nachteil eines hohen Speicherbedarfs erkauft. Nur wenn die Hash-Tabellen für alle Relationen $R_2, \ldots, R_n$ im Hauptspeicher gehalten werden können, ergeben sich deutliche Vorteile gegenüber linksorientierten Bäumen [21]. Der geringere Speicherbedarf linksorientierter Bäume ist dagegen
vor allem bei hoher Verbundselektivität sehr ausgeprägt.

Links- und rechtsorientierte Bäume stellen im Prinzip nur die extremen Fälle hinsichtlich des Speicherbedarfs dar. Als Kompromiss dazu wurden in [27] sogenannte *Zick-Zack-
Bäume* vorgeschlagen, die lineare (tiefe) Operatorbäume darstellen, bei denen jedoch für
Teilbäume zwischen linksorientierter und rechtsorientierter Vorgehensweise gewechselt
werden kann.

So kommt im Beispiel von Abb. 9.12a zunächst ein linksorientierter Teilbaum zur
Auswertung, um den Verbund zwischen R_1 und R_2 zu berechnen. Das Ergebnis dieser
Operation bildet mit den Relationen R_3 und R_4 die jeweils linke Eingabe zu einem rechts-
orientierten und kann somit parallel in der Build-Phase verarbeitet werden.

Eine solche Kompromisslösung ermöglicht einen reduzierten Speicherbedarf gegenüber rechtsorientierten sowie einen höheren Parallelitätsgrad gegenüber linksorientierten
Bäumen. Der Suchraum zur Optimierung erhöht sich allerdings, wobei rechts- bzw. linksorientierte Bäume als Spezialfälle angesehen werden können.

Eine ähnliche Zielstellung wie mit Zick-Zack-Bäumen wird mit *segmentierten rechtsorientierten Bäumen* [6, 24] verfolgt. Diese „brechen" den Operatorbaum in eine Menge
rechtsorientierter Teilbäume (Segmente) auf, für welche die linken Eingaberelationen jeweils hauptspeicherresident gehalten und daher parallel eingelesen werden können. Es

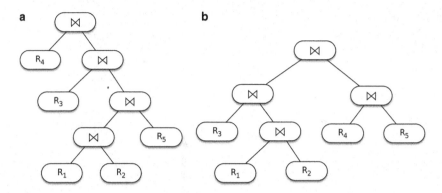

Abb. 9.12 Alternative Baumstrukturen für Mehr-Wege-Verbunde, **a** Zick-Zack-Baum, **b** segmentierter Verbundbaum

handelt sich dabei im Prinzip um eine Verallgemeinerung von Zick-Zack-Bäumen, wobei nicht nur *tiefe*, sondern beliebige Baumstrukturen (bushy trees) zugelassen werden, wie das Beispiel in Abb. 9.12b zeigt. Zur Vereinfachung von Optimierung und Scheduling-Entscheidungen wird zu jedem Zeitpunkt jeweils nur ein Segment bearbeitet, also die Parallelität gegenüber unbeschränkten Operatorbäumen reduziert. Im Beispiel von Abb. 9.12b wird die Berechnung von $R_4 \bowtie R_5$ erst begonnen, wenn die Berechnung des linken Segmentes abgeschlossen ist.

9.5.2 Prozessorallokation

Neben der Bestimmung der optimalen Reihenfolge der Operatorausführung besteht als zweite Aufgabe die Zuweisung von Ressourcen an die einzelnen Operatoren. In einem parallelen DBMS betrifft dies insbesondere die Zuordnung von Prozessoren. Dies kann zur Übersetzungs- bzw. Optimierungszeit der Anfrage (entweder als Teil der Optimierung und einer nachgeschalteten Scheduling-Phase) oder zur Ausführungszeit der Anfrage durch adaptives Scheduling erfolgen. Prozessorallokation betrifft nicht nur die Zuweisung von Prozessoren an Anfragen, sondern bei Nutzung von Intra-Anfrageparallelität auch die Bestimmung des Parallelisierungsgrades der Operatoren. Einerseits sollten die verfügbaren Prozessoren zur Erzielung kurzer Antwortzeiten ausgenutzt werden, andererseits sollten die verarbeiteten Relationenfragmente eine minimale Größe nicht unterschreiten, da sonst der Overhead zu groß wird. Weiterhin muss die zugrunde liegende Architektur berücksichtigt werden: Für ein Multicore-System kann die Bestimmung der Anzahl der parallelen Threads und deren Zuordnung zu Cores deutlich feingranularer erfolgen als in einer Shared-Nothing-Architektur, wo die Anzahl der Fragmente den Parallelisierungsgrad bestimmt und Kommunikation vergleichsweise teuer ist.

Abb. 9.13 Antwortzeit und
Ausführungseffizienz

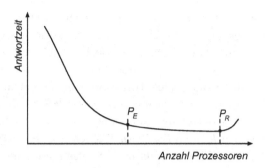

Als ein konkretes Beispiel eines derartigen Scheduling-Problems wollen wir die Allokation von Prozessoren für Mehr-Wege-Verbunde betrachten. Hierbei sind zwei Aspekte zu berücksichtigen: die Abhängigkeiten der einzelnen Verbundoperationen sowie die Anzahl der Prozessoren pro Verbund. Nach [7] können für jeden Verbund zwei Schwellwerte bezüglich der Prozessorzahl angegeben werden: der Wert P_R für die minimale Antwortzeit sowie der Wert P_E für die beste Ausführungseffizienz. Der Grund hierfür liegt in der begrenzten Parallelisierbarkeit: Eine Hinzunahme von Prozessoren wirkt sich ab einer bestimmten Anzahl negativ auf die Antwortzeit aus, da der Overhead für Komunikation und Koordination zu hoch wird. Ausführungseffizienz beschreibt das Verhältnis von Antwortzeit für einen Prozessor zum Produkt aus der Antwortzeit für n Prozessoren und n, d. h.:

$$\frac{Antwortzeit\ für\ 1\ Prozessor}{n \cdot Antwortzeit\ für\ n\ Prozessoren}.$$

Für einen linearen Speedup würde die Ausführungseffizienz bei 1 liegen, bei sublinearem Speedup entsprechend unter 1. Das bedeutet, dass die Ausführungseffizienz bei der Hinzunahme von Prozessoren so lange gut ist, wie sich der Speedup linear verhält. P_E bezeichnet damit den Punkt, an dem die Ausführungseffizienz deutlich abfällt (Abb. 9.13).

Mithilfe dieser beiden Parameter für jede Verbundoperation einer Anfrage lassen sich nun diverse Heuristiken einsetzen, um den hohen Aufwand einer vollständigen Suche nach der optimalen Lösung zu vermeiden. In [7] werden dazu u. a. die folgenden Heuristiken beschrieben:

- *Sequential Execution*: Ausgehend von den Ausführungsabhängigkeiten der Verbundoperationen werden die Verbunde nacheinander mit jeweils allen verfügbaren Prozessoren ausgeführt.
- *Fixed Cluster Size*: Diese Strategie arbeitet ähnlich, nutzt aber nur eine feste Zahl an Prozessoren.
- *Minimum Time Point*: Jedem Verbund werden P_R Prozessoren nach Abb. 9.13 zugewiesen. Sofern die Ausführungsabhängigkeit und die Anzahl der Prozessoren es zulässt, können Verbunde parallel ausgeführt werden – damit werden sowohl Intra-Operator- und Inter-Operator-Parallelität ermöglicht.

- *Time-efficiency Point*: Statt einem Verbund nur P_E Prozessoren zuzuordnen, wird mit dieser Strategie ein Anzahl Prozessoren zwischen P_E und P_R gewählt, da sich die Antwortzeit bei mehr als P_E noch deutlich verbessern könnte. Die Anzahl kann somit für einen Verbund V durch $P(V) = c \cdot P_E + (1 - c) \cdot P_R$ für ein c mit $0 \leq c \leq 1$ bestimmt werden. Hierbei werden die Verbunde entsprechend der Ausführungsabhängigkeiten durchlaufen und jeweils P Prozessoren (sofern verfügbar) zugewiesen. Auch hier werden sowohl Intra-Operator- als auch Inter-Operator-Parallelität ermöglicht.

- *Synchronous Top Down*: Während die obigen Heuristiken den Verbundbaum bottom-up durchlaufen, startet diese Strategie mit einer Allokationsphase beim Wurzel-Operator und weist ihm die benötigte Anzahl $P(V)$ an Prozessoren zu. Danach werden die Kindknoten in folgender Weise bearbeitet: Gibt es nur einen Verbund V_i als Kind, werden diesem wiederum $P(V_i)$ Prozessoren zugeordnet. Hat V dagegen zwei Verbunde V_i und V_j als Kinder, wird diesen jeweils eine Anzahl Prozessoren proportional zu den Verbundkosten zugewiesen. Erst in der zweiten Ausführungsphase werden die Verbunde dann entsprechend ihrer Abhängigkeiten mit den zuvor zugewiesenen Prozessorzahlen ausgeführt.

Diese Heuristiken behandeln allerdings nur die Prozessorzuordnung für Mehr-Wege-Verbunde in Multiprozessor-Systemen und wurden auch nur simulativ untersucht. Weitere Verfahren wurden u. a. in [19, 12] vorgeschlagen.

9.5.3 Skew-Behandlung

Die effektive Parallelisierung einer Operation in mehrere Teilanfragen verlangt, dass jede Teilanfrage möglichst gleich schnell bearbeitet wird, da die gesamte Bearbeitungszeit durch die langsamste Teiloperation bestimmt ist. Die Varianz in den Bearbeitungszeiten, die wir als *Ausführungs-Skew* (execution skew) bezeichnen, ist jedoch oft nur schwer zu begrenzen und beeinträchtigt somit Speedup und Skalierbarkeit (Abb. 9.14). Ausführungs-Skew geht vielfach auf *Daten-Skew* zurück, der vorliegt, wenn einzelne Teiloperationen unterschiedlich große Datenmengen zu verarbeiten haben. Daten-Skew wiederum ist oft eine Folge ungleicher Werteverteilungen in der Datenbank (attribute value skew [25]). In der folgenden Diskussion unterstellen wir Einbenutzerbetrieb, wo die Umgehung von Ausführungs-Skew bereits ein großes Problem darstellt. Im Mehrbenutzerbetrieb verschärfen sich die Skew-Probleme, da das damit einhergehende Ausmaß an Behinderungen zwischen Transaktionen an verschiedenen Rechnern i. Allg. differiert.

Der Einsatz von Pipelineparallelität (Inter-Operatorparallelität) ist besonders anfällig für Ausführungs-Skew, da die von einzelnen Operatoren zu verarbeitenden Datenmengen stark differieren können. Die Datenmengen sind zudem durch die konkreten Datenbankinhalte und Anfragecharakteristika bestimmt, welche von der Anfrageoptimierung jedoch nicht beeinflussbar und deren Auswirkungen auf die Größe von Zwischenergebnissen oft nur ungenau abschätzbar sind.

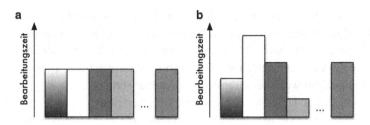

Abb. 9.14 Einfluss von Ausführungs-Skew, **a** kein Skew (optimale Parallelisierung), **b** Ausführungs-Skew

Im Falle von Datenparallelität (Intra-Operatorparallelität) äußert sich Daten-Skew meist in der Form von *Partitions-Skew*, der vorliegt, wenn Teiloperationen unterschiedlich große Datenpartitionen bearbeiten, die statisch oder dynamisch definiert sein können. Für parallele Verbundverfahren (Abschn. 9.3) kann sich Partitions-Skew in der Scan-Phase, während der dynamischen Umverteilung sowie in der Verbundphase negativ bemerkbar machen. Dabei können nach [25] insgesamt vier Arten von Partitions-Skew unterschieden werden, die auch kombiniert auftreten können:

- *Datenverteilungs-Skew (tuple placement skew)*: Die statische Datenverteilung unter mehreren Rechnern (bzw. Platten) führte zu unterschiedlich großen Partitionen, sodass Leseoperationen (Scans) darauf unterschiedlich lange andauern. Bei Definition der Datenverteilung auf einem Verteilungsattribut (Hash- bzw. Bereichsfragmentierung, Abschn. 6.2) kann dies durch eine ungleichmäßige Werteverteilung für dieses Attribut und/oder eine ungeeignete Verteilungsfunktion hervorgerufen werden.
- *Selektivitäts-Skew*: Die Scanoperationen auf den einzelnen Partitionen weisen unterschiedliche Selektivitätsfaktoren auf, sodass sich unterschiedlich viele Tupel qualifizieren. Ein Beispiel hierfür ist etwa eine Bereichsanfrage auf dem Verteilungsattribut.
- *Umverteilungs-Skew (redistribution skew)*: Die dynamische Umverteilung der Ergebnisse der Scan-Phase führt zu unterschiedlich großen Verbundoperanden für verschiedene Verbundprozesse. Dies ist möglich aufgrund einer schiefen Werteverteilung für das Verbundattribut und/oder einer ungeeigneten Verteilungsfunktion zur dynamischen Partitionierung der Daten.
- *Verbund-Produkt-Skew*: Die Verbundselektivität differiert zwischen den Verbundknoten, sodass sich unterschiedlich viele Sätze für das Verbundergebnis qualifizieren.

Selektivitäts-Skew kann dynamisch kaum beeinflusst werden, da er durch die jeweilige Anfrage sowie die gewählte Datenverteilung bestimmt ist. Voraussetzung zur Vermeidung von *Datenverteilungs- und Umverteilungs-Skew* ist eine möglichst genaue Kenntnis der Werteverteilung für das Attribut, auf dem die Verteilungsfunktion anzuwenden ist. Die Häufigkeit bestimmter Attributwerte kann entweder vollständig in Form von Histogrammen geführt oder stichprobenartig über Sampling-Verfahren ermittelt werden. Zur Definition der statischen Datenverteilung empfiehlt sich die Nutzung von Histogrammen, welche durch Lesen aller Sätze ermittelt und im Katalog gespeichert werden können. Durch Definition einer auf die Werteverteilung abgestimmten Bereichspartitionierung kann dann Datenverteilungs-Skew umgangen werden, insbesondere wenn der Primärschlüssel als Verteilattribut gewählt wird (keine replizierten Attributwerte).

Für die dynamische Umverteilung kann die Werteverteilung i. Allg. vorab nicht abgeschätzt werden, sodass sie dynamisch zu ermitteln ist. Der Aufwand hierfür ist relativ gering für Sort-Merge-Verbunde, wenn bereits vor der Umverteilung eine Sortierung an den Datenknoten erfolgt. Die Werteverteilung kann dann nämlich während des Sortierens bestimmt und an einem ausgezeichneten Knoten für alle Datenknoten kombiniert werden (ähnlich wie für parallele Sortierverfahren, Abschn. 9.2). Anderenfalls muss über einen Sampling-Ansatz eine Approximation der Werteverteilung bestimmt werden. Der Aufwand hierfür kann nach [10] relativ gering gehalten werden, jedoch ist eine effektive Stichprobenerhebung erst möglich, wenn die umzuverteilenden Datenmengen vollständig vorliegen [14]. Dies impliziert, dass Pipelineparallelität zwischen Scan- und Verbundphase nicht mehr nutzbar ist.

Umverteilungs-Skew lässt sich bei (in Annäherung) bekannter Werteverteilung für das Verbundattribut auch wieder am besten durch eine Verteilung über eine Bereichspartitionierung erreichen [10], da hiermit in etwa gleich große Partitionsgrößen gebildet werden können. Weiterhin lässt sich auch der Extremfall, dass das gehäufte Auftreten eines einzigen Wertes zu Skew führt, behandeln, während eine Hash-Funktion alle Sätze mit übereinstimmendem Verbundattributwert dem gleichen Verbund-Prozessor zuordnet. Die Lösung besteht darin, Tupel mit dem betreffenden Verbundattributwert w mehreren Verbundprozessoren zuzuordnen (überlappende Bereiche), sodass die einzelnen Partitionen in etwa die gleiche Größe annehmen. In diesem Fall muss jedoch darauf geachtet werden, das vollständige Verbundergebnis zu erhalten. Eine Möglichkeit besteht darin, die Sätze der ersten Relation mit Verbundattributwert w unter mehreren Verbundprozessoren zu partitionieren und die zugehörigen Sätze der zweiten Relation an den betreffenden Verbundprozessor zu replizieren (d. h. an alle Verbundprozessoren mit w-Sätzen der ersten Relation zu schicken). Der umgekehrte Ansatz ist, die w-Sätze der ersten Relation zu replizieren und die der zweiten Relation zu partitionieren.

Beispiel 9.1 Für die folgenden Relationen R und S soll der Verbund über Attribut B an zwei Verbundprozessoren berechnet werden.

$R(A, B)$	$S(B, C)$
(1, 3)	(1, 1)
(2, 3)	(2, 2)
(3, 3)	(3, 3)
(4, 4)	(4, 4)
	(5, 4)

Es wird entschieden, dass die Tupel im Wertebereich 1–3 für B dem ersten und im Bereich 3–5 dem zweiten Verbundprozessor zugeordnet werden, sodass der Verbundattributwert 3 zwei Prozessoren zugeordnet wird. Eine Partitionierungsmöglichkeit von R hierzu ist, die R-Tupel $(1, 3)$ und $(2, 3)$ dem ersten und die Tupel $(3, 3)$ und $(4, 4)$ dem zweiten Verbundprozessor zuzuordnen. In diesem Fall ist das S-Tupel $(3, 3)$ zu replizieren, also beiden Verbundprozessoren zuzuweisen, um das vollständige Verbundresultat zu erhalten.   □

Das Ausmaß von *Verbund-Produkt-Skew* ist durch die Werteverteilung des Verbundattributs beider Relationen bestimmt, wie sie sich im Verbundergebnis niederschlägt. Eine Bereichspartitionierung der beiden Eingaberelationen in je p etwa gleich große Partitionen (p = Anzahl der Verbundprozessoren) reicht daher zur Vermeidung dieses Skew-Typs nicht aus, da der Umfang der Verbundergebnisse für die einzelnen Partitionen stark schwanken kann. Die Lösung erfordert vielmehr eine Abschätzung der Gesamtgröße des Verbundergebnisses sowie der dabei entstehenden Werteverteilung für das Verbundattribut, welche aus der Werteverteilung für die Eingaberelationen abgeleitet werden kann. Damit lässt sich dann eine Bereichspartitionierung festlegen, welche für jeden der p Verbundprozessoren ein etwa gleich großes Teilergebnis ergibt. Problematisch ist dabei vor allem wieder der Fall, wenn aufgrund stark ungleicher Werteverteilung ein einzelner Attributwert zur Überlastung eines Verbundprozessors führt. Solche Werte sind dann von mehreren Prozessoren zu bearbeiten, wobei wieder für eine der Relationen eine Partitionierung, für die andere eine Replizierung der entsprechenden Sätze an die zuständigen Verbundprozessoren notwendig wird. Zur Balancierung der Last ist es hierzu auch oft erforderlich, mehr Partitionen (Bereiche) als Verbundprozessoren zu bilden und jedem Prozessor mehrere Partitionen zuzuweisen [10].

Beispiel 9.2 Es soll ein Verbund zwischen zwei Relationen mit je 10.000 Sätzen bestimmt werden, wobei Verbundattributwert w in beiden Relationen 1000-mal vorkommen soll, alle übrigen Werte dagegen nur einmal. Für den Wert w ergeben sich somit 1 Mio. Resultatstupel, gegenüber höchstens 9000 Ergebnistupeln für die anderen Werte. Bei 10 Verbundprozessoren ist einer somit hoffnungslos überlastet, wenn jeder Verbundattributwert nur einem Rechner zugeordnet wird (wie bei einer Hash-Funktion der Fall). Auch eine Bereichspartitionierung mit einer Aufteilung der Relationen in 10 Bereiche ergibt den gleichen Effekt, da die w-Tupel nur 1/10 der Sätze ausmachen und somit einer Partition (einem Verbundprozessor) zugewiesen werden. Zur Lösung des Problems müssen die w-Tupel offenbar von allen 10 Verbundprozessoren bearbeitet werden, sodass für den Attributwert w bereits wenigstens 10 Partitionen vorzusehen sind. Für die Zuordnung der anderen Werte sind nochmals mindestens 10 Wertebereiche erforderlich, sodass also jedem Verbundprozessor wenigstens 2 Partitionen zugewiesen werden. Die 1000 w-Sätze der ersten Relation können somit unter den 10 Verbundprozessoren partitioniert werden, während die 1000 w-Sätze der zweiten Relation an jeden Verbundprozessor gehen. Damit umfasst das Teilergebnis jedes Verbundprozessors 100.000 w-Tupel, wie zur Lastbalancierung bzw. Vermeidung von Verbund-Produkt-Skew erforderlich.   □

9.6 Übungsaufgaben

Übung 9.1 (Parallele Verbundberechnung)
Relation R (1 Mio. Tupel) sei an 4 Rechnern ($n = 4$), Relation S (100.000 Tupel) an 2
Rechnern ($m = 2$) gespeichert. Wie hoch ist der Kommunikationsumfang (in MB) für die
Datenumverteilung zur parallelen Verbundberechnung

- für dynamische Replikation,
- für dynamische Partitionierung und 5 Verbundrechner ($p = 5$),
- für dynamische Partitionierung, wenn für S das Verteil- mit dem Verbundattribut übereinstimmt, nicht jedoch für R?

Die Tupelgröße betrage 100 Byte.

Übung 9.2 (Mindesthauptspeichergröße für partitionierten Hash-Verbund)
Der GRACE-Hash-Join partitioniert S und R in q Partitionen, falls die kleinere Relation S
nicht in den Hauptspeicher passt. Zeigen Sie, dass bei einer Größe der S-Relation von b
Seiten eine Hauptspeichergröße von wenigstens $\sqrt{b} + 1$ Seiten erforderlich ist.

Übung 9.3 (TID-Hash-Join)
Eine Reduzierung des Speicherbedarfs von Hash-Verbunden ergibt sich, wenn in der
Hash-Tabelle anstelle der vollständigen Sätze nur die Schlüsselwerte für das Verbund-
attribut sowie die Verweise (Tupelidentifikatoren, TID) auf die Sätze gespeichert werden.
Diskutieren Sie Vor- und Nachteile eines solchen Ansatzes. Welche Auswirkungen erge-
ben sich für die parallele Verbundberechnung in Shared-Nothing-Systemen?

Übung 9.4 (Paralleler Hash-Verbund mit Überlaufbehandlung an Datenknoten)
Geben Sie analog zu Abschn. 9.3 einen Algorithmus für einen parallelen Hash-Verbund
in Shared-Nothing-Systemen an, bei dem die Überlaufbehandlung gemäß dem GRACE-
Ansatz an den Datenknoten erfolgt.

Übung 9.5 (Paralleler Hash-Verbund bei Shared-Everything)
Wie können die Algorithmen zur parallelen Hash-Verbundberechnung für Shared Everything abgewandelt werden?

Übung 9.6 (Daten-Skew)
Der Verbund zwischen R und S soll parallel auf 5 Verbundprozessoren berechnet werden.
R umfasse 500, S 1000 Tupel, der Wertebereich für das Verbundattribut liege zwischen
1 und 1000. Der Wert 1 soll in R und S je 200-mal auftreten, der Wert 2 100-mal in R
und 600-mal in S; alle übrigen Werte sollen höchstens einmal pro Relation vorkommen.
Welche Skew-Effekte sind zu erwarten, wenn eine Hash-Funktion zur Umverteilung der
Tupel verwendet wird? Welche Bereichspartitionierung vermeidet diese?

Literatur

1. Balkesen, C., Alonso, G., Teubner, J., Özsu, M.T.: Multi-core, main-memory joins: Sort vs. hash revisited. PVLDB **7**(1), 85–96 (2013)

2. Baudet, G.M., Stevenson, D.: Optimal sorting algorithms for parallel computers. IEEE Trans. Computers **27**(1), 84–87 (1978)

3. Bitton, D., Boral, H., DeWitt, D.J., Wilkinson, W.K.: Parallel algorithms for the execution of relational database operations. ACM Trans. Database Sysx t. **8**(3), 324–353 (1983). DOI 10.1145/319989.319991

4. Bitton, D., DeWitt, D.J., Hsiao, D.K., Menon, J.: A taxonomy of parallel sorting. ACM Comput. Surv. **16**(3), 287–318 (1984)

5. Boncz, P.A., Kersten, M.L., Manegold, S.: Breaking the memory wall in monetdb. Commun. ACM **51**(12), 77–85 (2008)

6. Chen, M.S., Lo, M.L., Yu, P.S., Young, H.C.: Using segmented right-deep trees for the execution of pipelined hash joins. In: VLDB, 15–26 (1992)

7. Chen, M.S., Yu, P.S., Wu, K.L.: Optimization of Parallel Execution for Multi-Join Queries. IEEE Transactions on Knowledge and Data Engineering **8**(3), 416–428 (1996)

8. Cieslewicz, J., Ross, K.A.: Data partitioning on chip multiprocessors. In: 4th Workshop on Data Management on New Hardware, DaMoN 2008, Vancouver, BC, Canada, June 13, 2008, 25–34 (2008)

9. DeWitt, D.J., Katz, R.H., Olken, F., Shapiro, L.D., Stonebraker, M., Wood, D.A.: Implementation techniques for main memory database systems. In: Proc. ACM SIGMOD Conf., 1–8 (1984)

10. DeWitt, D.J., Naughton, J.F., Schneider, D.A., Seshadri, S.: Practical skew handling in parallel joins. In: VLDB, 27–40 (1992)

11. Fernando, R. (ed.): GPU Gems. Addison Wesley (2004)

12. Garofalakis, M.N., Ioannidis, Y.E.: Multi-dimensional resource scheduling for parallel queries. In: Proceedings of the 1996 ACM SIGMOD International Conference on Management of Data, Montreal, Quebec, Canada, June 4–6, 1996., 365–376 (1996)

13. Graefe, G.: Encapsulation of parallelism in the volcano query processing system. In: Proceedings of the 1990 ACM SIGMOD International Conference on Management of Data, Atlantic City, NJ, May 23–25, 1990., 102–111 (1990)

14. Graefe, G.: Query evaluation techniques for large databases. ACM Comput. Surv. **25**(2), 73–170 (1993)

15. Graefe, G., Davison, D.L.: Encapsulation of parallelism and architecture-independence in extensible database query execution. IEEE Trans. Software Eng. **19**(8), 749–764 (1993)

16. Kim, C., Sedlar, E., Chhugani, J., Kaldewey, T., Nguyen, A.D., Blas, A.D., Lee, V.W., Satish, N., Dubey, P.: Sort vs. hash revisited: Fast join implementation on modern multi-core cpus. PVLDB **2**(2), 1378–1389 (2009)

17. Kitsuregawa, M., Tanaka, H., Moto-Oka, T.: Application of Hash to Data Base Machine and Its Architecture. New Generation Comput. **1**(1), 63–74 (1983)

18. Lorie, R.A., Young, H.C.: A low communication sort algorithm for a parallel database machine. In: VLDB, 125–134 (1989)

19. Mehta, M., DeWitt, D.J.: Managing intra-operator parallelism in parallel database systems. In: VLDB'95, Proceedings of 21th International Conference on Very Large Data Bases, September 11–15, 1995, Zurich, Switzerland., 382–394 (1995)

20. Pang, H., Carey, M.J., Livny, M.: Partially preemptive hash joins. In: Proc. ACM SIGMOD Conf., 59–68 (1993)

21. Schneider, D.A., DeWitt, D.J.: Tradeoffs in processing complex join queries via hashing in multiprocessor database machines. In: VLDB, 469–480 (1990)

22. Shatdal, A., Kant, C., Naughton, J.F.: Cache conscious algorithms for relational query processing. In: VLDB'94, Proceedings of 20th International Conference on Very Large Data Bases, September 12–15, 1994, Santiago de Chile, Chile, 509–521 (1994)

23. Shatdal, A., Naughton, J.F.: Adaptive parallel aggregation algorithms. In: Proceedings of the 1995 ACM SIGMOD International Conference on Management of Data, San Jose, California, May 22–25, 1995., 104–114 (1995)

24. Shekita, E.J., Young, H.C., Tan, K.L.: Multi-join optimization for symmetric multiprocessors. In: VLDB, 479–492 (1993)

25. Walton, C.B., Dale, A.G., Jenevein, R.M.: A taxonomy and performance model of data skew effects in parallel joins. In: VLDB, 537–548 (1991)

26. Ye, Y., Ross, K.A., Vesdapunt, N.: Scalable aggregation on multicore processors. In: Proceedings of the Seventh International Workshop on Data Management on New Hardware, DaMoN 2011, Athens, Greece, June 13, 2011, 1–9 (2011)

27. Ziane, M., Zaït, M., Borla-Salamet, P.: Parallel query processing in dbs3. In: PDIS, 93–102 (1993)

Parallele Analyse großer Datenmengen mit MapReduce

10

MapReduce ist ein 2004 von *Google* in [4] vorgestelltes Programmiermodell für die datenparallele Verarbeitung riesiger Datenmengen in Clustern. Aufgrund seiner Einfachheit, hohen Flexibilität und der Möglichkeit, auf vergleichsweise einfache Weise hochparallele Datenverarbeitungs- und Analyseprogramme zu schreiben, hat das MapReduce-Modell in kurzer Zeit eine weite Verbreitung gefunden. Nachdem wir in Kap. 3 bereits am Beispiel von Hadoop auf Architekturaspekte von MapReduce-Systemen eingegangen sind, wollen wir in diesem Kapitel die Techniken zur parallelen Datenverarbeitung mit dem MapReduce-Paradigma vorstellen. Neben dem Basismodell diskutieren wir dabei auch darauf aufbauende Ansätze wie Datenflusssprachen sowie aktuelle Erweiterungen.

10.1 Grundlagen

Idee und Name von MapReduce sind von den `map`- und `reduce`-Primitiven funktionaler Programmiersprachen wie Lisp oder Haskell inspiriert. Dort kann mithilfe von `map` eine Funktion f_m auf alle Elemente einer Liste angewendet und damit eine neue Liste produziert werden. Das folgende, in Python formulierte Beispiel illustriert dies anhand einer Liste, deren Elemente jeweils verdoppelt werden.

```
>>> map(lambda x: x * 2, [1, 2, 3, 4])
[2, 4, 6, 8]
```

Es handelt sich hierbei um eine Funktion höherer Ordnung, die Funktionen als Argumente (hier f_m) verarbeiten kann. Die Funktion f_m als Argument von `map` ist ein Lambda-Ausdruck, der seine Argument x jeweils mit 2 multipliziert.

Dagegen kann `reduce` (in anderen Programmiersprachen auch als `fold` oder `accumulate` bezeichnet) genutzt werden, um eine Funktion f_r zur (paarweisen) Kombination der Elemente einer Liste anzuwenden. So zeigt das folgende Python-Beispiel eine

© Springer-Verlag Berlin Heidelberg 2015   203
E. Rahm, G. Saake, K.-U. Sattler, *Verteiltes und Paralleles Datenmanagement*, eXamen.press,
DOI 10.1007/978-3-642-45242-0_10

Anwendung von reduce zur Addition der Elemente einer Liste – das Argument ist hier eine Lambda-Funktion zur Addition zweier Zahlen.

```
>>> reduce(lambda x, y: x+y, [1, 2, 3, 4])
10
```

Auch reduce ist somit eine Funktion höherer Ordnung.

Das MapReduce-Modell nutzt nun nicht exakt die gleiche Semantik (siehe hierzu u. a. [6]), übernimmt aber die Idee der Funktionen höherer Ordnung. Dies bedeutet, dass der Entwickler nur die oben mit f_m und f_r bezeichneten Funktionen implementieren muss.

Die Motivation hierfür liefert ein Beispiel eines Suchmaschinenbetreibers [5]: Nehmen wir an, es müssen 20 Mrd. Webseiten von jeweils 20 KB Größe verarbeitet werden. Dies entspricht einer Datenmenge von ca. 400 TB. Ein einzelner Computer würde bei einer I/O-Leistung der Festplatte von 40 MB/s allein für das Lesen ca. 121 Tage benötigen und müsste bei Standardfestplatten von 1 TB auch ca. 400 Platten allein für das Speichern besitzen. 400 Maschinen mit je einer Festplatte würden dagegen nur gut 7 Stunden benötigen, mit weiteren 400 Maschinen könnte die Verarbeitungszeit weiter halbiert werden.

Das Problem ist in diesem Fall jedoch die Entwicklung und der Betrieb der Software, da ein verteiltes System implementiert werden muss, dass mit mehreren Hundert Maschinen arbeitet. Es besteht ein hoher Aufwand für Kommunikation und Koordination der Verarbeitung sowie für die Zustandsüberwachung. Weiterhin ist die Fehlersuche in einem derart verteilten System sehr schwierig und der Umgang mit Ausfällen ist eine zentrale Aufgabe. Auch dies lässt sich leicht verdeutlichen, wenn man annimmt, dass ein Server im Durchschnitt alle 3 Jahre einmal ausfällt (zur Vereinfachung ca. 1000 Tage). Betreibt man jedoch 10.000 dieser Server, dann bedeutet dies statistisch pro Tag ca. 10 Ausfälle! Der Ausfall einer Maschine während der Verarbeitung der Webseiten ist somit nicht mehr der seltene Ausnahmefall, sondern die Regel – bei einer naiven „Neustart-im-Fehlerfall"-Strategie besteht die Gefahr, dass die Verarbeitung niemals abgeschlossen werden kann. Alle diese Maßnahmen zur Kommunikation, Koordination und Ausfallsicherheit müssten nun für jedes neu zu lösende Problem immer wieder implementiert werden. MapReduce-Systeme wie Hadoop setzen daher hier an, um den Entwickler von diesen nichtproblemspezifischen Aufgaben zu befreien.

Die Anwendungsbereiche von MapReduce liegen überall dort, wo traditionelle Datenbanksysteme ungeeignet sind. Hierzu zählen u. a.

- die Verarbeitung großer Mengen unstrukturierter Daten wie Texten oder von Daten, für die sich nur schwer relationale Schemata angeben lassen,
- Einsatzgebiete, in denen eine kostengünstige Skalierbarkeit benötigt wird und daher zum einen Commodity-Hardware zum Einsatz kommt sowie zum anderen eine einfache Anpassung des Clusters durch Hinzunahme von Knoten möglich sein soll.

Daher ist es auch verständlich, dass das MapReduce-Paradigma von Webfirmen wie Google, Yahoo oder Facebook vorangetrieben wurde und inzwischen in Clustern von bis zu mehreren 1000 Knoten zum Einsatz kommt. Neben Googles eigener, nichtöffentlicher Implementierung gibt es eine ganze Reihe von Umsetzungen in den verschiedensten Programmiersprachen – das bekannteste Framework ist sicher das *Apache*-Projekt *Hadoop* [10]. Daneben existieren aber auch diverse kommerzielle Produkte wie *Cloudera*, *IBM BigInsights* sowie Integrationen in eher klassische DBMS.

10.2 MapReduce als Programmiermodell

MapReduce basiert auf einem sehr einfachen aber flexiblen Datenmodell: Die Ein- und Ausgabe der map- und reduce-Funktionen sind Datensätze aus Schlüssel-Wert-Paaren (k, v). Beispiele hierfür sind Paare wie Dokument-URL/Dokumentinhalt für Webdokumente, Dokument-URL/Wort für das Vorkommen von Wörtern in Dokumenten oder Objekt-ID/Attributliste zur Repräsentation von Objekten mit ihren Attributwerten. Wichtig ist hier, dass Schlüssel zwar zur Identifizierung von Paaren genutzt werden, dabei aber nicht eindeutig sein müssen. So können mehrere Dokument-URL/Wort-Paare mit der gleichen Dokument-URL auftreten, wenn verschiedene Wörter im gleichen Dokument vorkommen.

Mit diesem Datenmodell kann die Signatur der map- und reduce-Funktionen wie folgt angegeben werden:

$$\text{map}(k_1, v_1) \rightarrow \textbf{list of}(k_2, v_2)$$
$$\text{reduce}(k_2, \textbf{list of}(v_2)) \rightarrow \textbf{list of}(v_3)$$

Die Signaturen machen zum einen deutlich, dass die map-Funktion die Schlüssel bzw. Werte der Datensätze verändern kann. Schlüssel haben somit keine besondere Bedeutung, sondern dienen nur dazu, Datensätze über gleiche Schlüssel zu gruppieren. Zum anderen geht das Ergebnis von map nicht direkt in den Aufruf von reduce ein. Stattdessen werden erst alle Datensätze mit gleichem Schlüssel k_2 gruppiert und dann gemeinsam an reduce übergeben. Hierbei wird Datenparallelität ausgenutzt, indem jeweils die gleiche map- bzw. reduce-Funktion auf einen Teil der Daten angewendet wird. Abbildung 10.1 verdeutlicht diesen Ablauf.

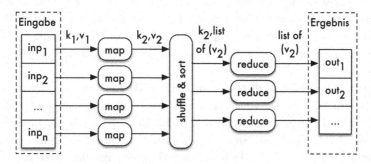

Abb. 10.1 Ablauf bei MapReduce

```
1  Function map(Key: String, Value: Text) is
2  |   (KNr,URL) ← split (Value, ',');
3  |   emit (URL, KNr);
4  end
5  Function reduce(URL: String, KNrList: list of String) is
6  |   Count ← 0;
7  |   foreach k ∈ KNrList do
8  |   |   Count ← Count + 1;
9  |   end
10 |   emit (URL, Count);
11 end
```

Abb. 10.2 MapReduce-Programm zur Häufigkeitsbestimmung

Zunächst werden die Datensätze über einen speziellen Reader aus einer Datei gelesen. Bereits hier findet eine Partitionierung der Daten statt: Jeder Mapper (d. h. der Aufruf der map-Funktion) verarbeitet seine eigene Partition (eine Folge von Datensätzen), indem der für die jeweilige Problemstellung relevante Ausschnitt aus dem Datensatz extrahiert wird und ein ggf. neuer Schlüssel berechnet wird. Die resultierenden Schlüssel-Wert-Paare werden als Zwischenergebnis zurück an das MapReduce-Framework gegeben. Nun werden alle Zwischenergebnisse gesammelt und anhand ihres Schlüssels gruppiert, beispielsweise über eine Sortierung. Die auf diese Weise sortierten Zwischenergebnisse werden anschließend auf die Reducer aufgeteilt, wobei alle Datensätze mit dem gleichen Schlüssel zum gleichen Reducer (eine Instanz der reduce-Funktion) geschickt werden. Der Reducer fasst die Daten in anwendungsspezifischer Weise (z. B. durch Aggregation) zusammen und gibt das Ergebnis aus. Dieser Ablauf ist immer gleich, nur die Berechnung innerhalb der Mapper bzw. Reducer ist anwendungsspezifisch.

Betrachten wir hierzu ein einfaches Beispiel. Gegeben sei eine Logdatei mit Webzugriffen von Kunden mit den Feldern ⟨*Zeit, Kundennummer, URL*⟩, wobei *Zeit* zunächst den Schlüssel bildet. Die Aufgabe ist es dabei, die Zugriffshäufigkeiten aller URLs zu bestimmen. In SQL könnte dies offensichtlich mit einer **GROUP BY**-Anfrage zusammen mit einer Aggregation gelöst werden. Ein ähnlicher Ansatz ist auch mit MapReduce möglich: Zunächst werden alle Datensätze gelesen und über map parallel nach der URL als Schlüssel gruppiert. Dies erfolgt, indem in der map-Funktion ein neuer Schlüssel (die URL) erzeugt und der Datensatz damit als Zwischenergebnis (hier durch **emit** notiert) geschrieben wird (Zeile 3 in Abb. 10.2).

Für den anschließenden **reduce**-Schritt werden alle Kundendatensätze mit der gleichen URL als Liste an einen Reducer gesendet. Zur Häufigkeitsbestimmung muss daher jeweils nur noch die Anzahl der Kunden pro URL (d. h. die Länge der Liste) bestimmt werden (Zeile 7–9). In Abb. 10.3 sind diese Schritte noch einmal verdeutlicht.

Mit MapReduce lassen sich jedoch nicht nur Gruppierungs- und Aggregationsprobleme lösen, zu denen auch das typische WordCount-Beispiel zählt. Auch Aufgaben wie

Abb. 10.3 Häufigkeitsbestimmung am Beispiel

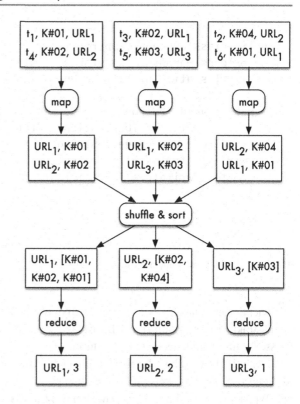

Suchen und Sortieren sowie relationale Anfrageoperatoren können sehr einfach realisiert werden. In Abschn. 10.4 werden wir dies genauer beschreiben.

10.3   MapReduce-Programmierung mit Hadoop

Bisher haben wir MapReduce nur als Programmierparadigma für die datenparallele Verarbeitung betrachtet. In dieser Form kann es auf ganz unterschiedliche Weise implementiert werden: zum einen in verschiedenen Programmiersprachen, zum anderen in verschiedenen Ausführungsmodellen wie etwa als Programmiermuster für Multi-Threaded-Programme oder auch als massiv verteiltes System (siehe auch Abschn. 3.6).

Im Folgenden wollen wir die konkrete Implementierung eines MapReduce-Programms mit dem *Hadoop-Framework* betrachten und greifen dazu das Beispiel aus Abb. 10.2 auf. Hadoop ist in der Programmiersprache Java implementiert, demzufolge werden auch MapReduce-Programme meist in Java geschrieben, obwohl auch Schnittstellen zu anderen Programmiersprachen existieren (z. B. über Hadoop Pipes für C++). Das Hadoop-Framework stellt hierzu eine Reihe von Java-Schnittstellen und Basisklassen zur Verfügung [14].

```
1   public class URLCountMapper
2       extends Mapper<LongWritable, Text, Text, IntWritable> {
3       final static IntWritable one = new IntWritable(1);
4
5       public void map(LongWritable key, Text value, Context context)
6                   throws IOException, InterruptedException {
7     String record = value.toString();
8       String[] fields = record.split(",");
9       context.write(new Text(fields[2]), one);
10      }
11  }
```

Abb. 10.4 Hadoop-Implementierung des Mappers

Die wichtigsten Klassen[1] sind im Paket org.apache.hadoop.mapreduce zu finden: die abstrakte Klasse Mapper als Basisklasse für die Realisierung der Mapper und die Klasse Reducer entsprechend für Reducer.

In Abb. 10.4 ist die Java-Implementierung des Mappers dargestellt, Abb. 10.5 zeigt den Reducer-Teil. Die Basisklassen Mapper und Reducer sind generische Typen (*Generics*). Die Typparameter sind dabei der Datentyp des Eingabeschlüssels der Datensätze, Daten-

```
1   public class URLCountReducer
2       extends Reducer<Text, IntWritable, Text, IntWritable> {
3       public void reduce(Text key, Iterable<IntWritable> values,
4                           Context context)
5           throws IOException, InterruptedException {
6           int count = 0;
7           for (IntWritable value : values) {
8               count += value.get();
9           }
10          context.write(key, new IntWritable(count));
11      }
12  }
```

Abb. 10.5 Hadoop-Implementierung des Reducers

---

[1] Die folgenden Beispiele nutzen die neue API Version 1.x.

```
1  public class URLCounter {
2    public static void main(String[] args) throws Exception {
3      Job job = new Job();
4      job.setJobName("URL Counter");
5      job.setJarByClass(URLCounter.class);
6      job.setMapperClass(URLCountMapper.class);
7      job.setReducerClass(URLCountReducer.class);
8      job.setOutputKeyClass(Text.class);
9      job.setOutputValueClass(IntWritable.class);
10
11     FileInputFormat.addInputPath(job, new Path(args[0]));
12     FileOutputFormat.setOutputPath(job, new Path(args[1]));
13
14     System.exit(job.waitForCompletion(true) ? 0 : 1);
15   }
16 }
```

Abb. 10.6 Job-Implementierung in Hadoop

typ des Eingabewerts, Datentyp des Ergebnisschlüssels und Datentyp des Ergebniswerts. Für unser Beispiel der map-Funktion zum Zählen der Häufigkeiten von URLs demnach LongWritable für Zeitstempel als Schlüssel, Text für den restlichen Datensatz, Text wiederum für den Schlüssel der Zwischenergebnisse (hier: die URL) und IntWritable für die Häufigkeit. LongWritable bzw. IntWritable sind spezielle Wrapper-Klassen für **long** und **int**-Werte. Abgesehen von diesen Klassen besteht die einzige Besonderheit im Schreiben des Schlüssel-Wert-Ergebnispaares über die Methode write des context-Objektes.

Ein *Reducer* muss von der Basisklasse Reducer abgeleitet werden und die Methode reduce implementieren (Abb. 10.5). Hierbei wird die Liste der Werte zu einem Schlüssel über eine Iterable-Schnittstelle bereitgestellt, sodass innerhalb des Reducers über alle Werte iteriert werden kann. Auch hier wird das Ergebnis über context.write() geschrieben. Weiterhin ist zu beachten, dass die Typparameter der Eingabe (hier: Text, IntWritable) denen des Map-Ergebnisses entsprechen.

Mithilfe dieser beiden Klassen kann nun der eigentliche Job definiert werden. Dies erfolgt im Rahmen einer Klasse mit einer main-Methode, in der ein Objekt der vordefinierten Hadoop-Klasse Job instanziiert wird und dabei auch die Mapper- und Reducer-Klassen sowie die Pfade für die Ein- und Ausgabe angegeben werden (Abb. 10.6).

Wird diese Klasse zusammen mit den beiden Klassen URLCountMapper und URLCountReader kompiliert und in einem Jar-File url-job.jar zusammengefasst, kann der MapReduce-Job wie folgt ausgeführt werden:

```
hadoop jar url-job.jar URLCounter \
  -fs hdfs://host1:8765/home \
  -jt jtracker:3456 input output
```

Hierbei bezeichnen die Optionen -fs die Default-URI des HDFS-Dateisystems, -jt
Hostname und Port des Job-Trackers sowie input das HDFS-Verzeichnis mit den Eingabedaten bzw. output das Verzeichnis für die Ergebnisse.

Dieses Beispiel macht zwei Dinge deutlich. Erstens ist das Problem der Parallelisierung
der Verarbeitung durch Partitionierung der Daten vor dem Entwickler nahezu vollständig
verborgen: Der Entwickler kann sich auf die Verarbeitung der Daten innerhalb der Map-
und Reduce-Klasse konzentrieren.

Zweitens sind MapReduce-Programme in ihrer Struktur sehr eingeschränkt, da sie
immer aus einem Map-Teil und einem (wenn auch optionalen) Reduce-Teil bestehen. Erfordert eine Lösung mehrere MapReduce-Schritte, müssen Workflows definiert werden.
Im einfachsten Fall eines sequenziellen Workflows kann dies einfach durch Nacheinan-
derausführung mehrerer Jobs erreicht werden:

```
Job job1 = new Job();
job1.setJobName("First MR Job");
...
job1.waitForCompletion();
Job job2 = new Job();
...
job2.setJobName(SSecond MR Job");
job2.waitForCompletion();
```

Dabei bildet die Ausgabe des ersten Jobs die Eingabe des zweiten. Sollen komplexere
Workflows in Form beliebiger azyklischer gerichteter Graphen definiert werden, können
Systeme wie *Apache Oozie* [11] eingesetzt werden. Oozie ist ein Workflow-Scheduler,
der die Ausführung einer Menge von MapReduce-Jobs anhand einer in XML definierten
Ablaufbeschreibung übernimmt. Dennoch bleiben die Beschränkungen auf die Primitive
Map und Reduce, die Verarbeitung einer einzelnen Eingabedatei und das einfache Schema
aus Schlüssel-Wert-Paaren – deutlich wird diese Einschränkung, wenn man eine klas-
sische Datenbankoperation wie den Verbund zweier Relationen betrachtet (siehe hierzu
Abschn. 10.4).

Verschiedene Erweiterungen versuchen diese Einschränkungen aufzuheben. Neben
speziellen Datenflusssprachen, auf die wir in Abschn. 10.5 eingehen werden, sei an dieser
Stelle stellvertretend das Cascading-Framework genannt. Cascading ist eine Java-Biblio-
thek, die eine Abstraktionsebene oberhalb von MapReduce bildet. Diese Abstraktionen
betreffen die *Struktur der Datensätze*, indem Tupel aus benannten oder positionalen Feldern statt einfacher Schlüssel-Wert-Paare unterstützt werden, *höherwertige Operationen*
(sogenannte *Pipes*) wie Each, GroupBy oder CoGroup (für Verbunde), die auf Map- und

Reduce-Operationen abgebildet werden, sowie *Flows* als ausführbare Repräsentation von *Datenverarbeitungspipelines*, die durch Pipes gebildet werden.

10.4 Datenbankoperationen mit MapReduce

MapReduce ist zunächst nur ein Programmierparadigma für datenparallele Programme. Dies bedeutet, dass alle Datenverarbeitungsschritte von Hand implementiert werden müssen, solange keine Bibliothek von Standardoperationen genutzt wird. Bei der Umsetzung von Verarbeitungsoperationen sollten aus Effizienzgründen die wesentlichen Prinzipien von MapReduce (Zerlegung von Aufgaben in zwei Teilfunktionen, parallele Ausführung von Map- und Reduce-Tasks, schlüsselbasierte Zuordnung der Daten) berücksichtigt werden. Im Folgenden wollen wir dies anhand der Umsetzung ausgewählter relationaler Anfrageoperationen vorstellen.

Filter bzw. Selektion Zustandslose Operationen, die nur auf einen einzelnen Datensatz angewendet werden, sind am einfachsten zu realisieren. Ein Beispiel hierfür ist die Selektion, die sowohl als Teil des Map-Tasks als auch des Reduce-Tasks implementiert werden kann. Hierbei werden nur die Datensätze in das jeweilige Ergebnis aufgenommen, welche die Selektionsbedingung erfüllen. Während die Integration im Map-Task eine Vorfilterung erlaubt, kann mit einer Selektion im Reduce-Task eine HAVING-Bedingung simuliert werden.

Sortierung Die auf den ersten Blick komplex erscheinende parallele Sortierung ist mit MapReduce sehr einfach zu realisieren, da – wie in Abschn. 3.6.2 dargestellt – MapReduce eine effiziente Sortierfunktion als Teil des „Shuffle & Sort"-Schritts mitbringt. Hierzu muss zu jedem Datensatz im Map-Task ein Schlüssel aus den Sortierattributen generiert werden, sodass die Datensätze vom MapReduce-Framework danach sortiert werden können. Der Reduce-Task realisiert dann im einfachsten Fall nur noch eine Identitätsfunktion, die alle eingehenden Datensätze unverändert ausgibt.

Projektion mit Duplikateliminierung In ähnlicher Weise wie die Sortierung kann die relationale Projektion mit Duplikateliminierung umgesetzt werden. Auch hier wird im Map-Task aus den Projektionsattributen ein Schlüssel generiert, der zur Sortierung als Teil der „Shuffle & Sort"-Phase genutzt wird. Im Reduce-Task sind danach zu jedem Schlüssel alle Duplikate zugeordnet und können entsprechend eliminiert werden.

Gruppierung und Aggregation Das in Abschn. 10.3 dargestellte Beispiel der Analyse einer Logdatei ist bereits eine Anwendung der Gruppierung mit Aggregation. Verallgemeinert man dies, so übernimmt der Map-Task die Gruppierung der Datensätze, indem aus den Gruppierungsattributen ein Schlüssel abgeleitet wird, mit dem der Datensatz an das MapReduce-Framework zurückgegeben wird. Im Reduce-Task liegen anschließend zu jeder Gruppe alle Datensätze vor, die nun in geeigneter Weise aggregiert werden können.

Verbund Die bei der Gruppierung angewendete Idee der Partitionierung der Datensätze anhand ihres Schlüssels kann auch für die Umsetzung der Verbundoperation genutzt werden. Hierbei muss jedoch berücksichtigt werden, dass MapReduce nur eine Eingabedatei verarbeitet und nicht zwischen rechter und linker Relation unterscheidet. Daher besteht der erste Schritt bei der Verbundberechnung im Map-Task im Hinzufügen eines Attributs zur Unterscheidung beider Relationen. Anschließend kann wiederum ein Schlüssel auf Basis des Verbundattributs generiert und der Datensatz als Map-Ergebnis geschrieben werden. Im Reduce-Task sind danach alle Datensätze zu einem Schlüssel – und damit alle Verbundpartner aus *beiden* Relationen – verfügbar. Demzufolge kann hier der eigentliche Verbund berechnet werden, indem jeder Datensatz der ersten Relation mit jedem Datensatz der zweiten Relation verknüpft wird. Offensichtlich handelt es sich bei dieser Variante um einen Gleichverbund durch Partitionierung, weitere Varianten sind u. a. in [3, 7] beschrieben.

10.5   Datenflusssprachen für MapReduce

Der großen Flexibilität von MapReduce als Programmierparadigma stehen eine Reihe von Nachteilen gegenüber. Auf die rigide Aufteilung in Map- und Reduce-Tasks und das sehr einfache Datenmodell haben wir im vorigen Abschnitt schon hingewiesen. Hinzu kommt, dass die Programmerstellung auf einem vergleichsweise niedrigen Abstraktionsniveau erfolgt (vergleichbar mit Ausführungsplänen in Datenbanksystemen) und so die Gefahr suboptimaler und nur schwer wartbarer Programme mit Performanzproblemen besteht.

Datenflusssprachen wie *Pig* [8] oder *Jaql* [2] versuchen daher, die Vorteile deklarativer (Anfrage-)Sprachen wie SQL (z. B. einfache und kompakte Formulierung, Optimierbarkeit) mit dem MapReduce-Paradigma zu verbinden. Als ein Vertreter soll im Folgenden *Pig* – eine Komponente des Hadoop-Systems – näher betrachtet werden.

Das Pig-Projekt umfasst die eigentliche Sprache *Pig Latin* sowie einen Compiler für Pig-Latin-Skripte, die in ein oder mehrere MapReduce-Jobs übersetzt und auf Hadoop ausgeführt werden können. Ein Pig-Skript besteht aus einer Sequenz von Datentransformationsschritten, wobei jeder Schritt durch eine Anweisung formuliert wird.

Pig basiert auf einem geschachtelten Datenmodell. Aus atomaren Werten wie Zeichenketten und numerischen Werten können Tupel als Folge heterogener Werte gebildet werden. Kollektionen von Tupeln sind entweder Bags mit Duplikaten oder Maps als Schlüssel-Element-Paaren, wobei Elemente wiederum Bags, Maps, Tupel oder atomare Werte sein können. Das Schema von Bags und Maps ist dabei flexibel, d. h., die einzelnen Tupel bzw. Elemente können von verschiedenen Typen sein. Abbildung 10.7 illustriert dies anhand eines Beispiels eines Bags aus zwei Tupeln.

Pig-Anweisungen mit Datentransformationsoperationen erwarten typischerweise ein oder im Fall binärer Operationen wie Verbund mehrere Bags als Eingabe und produzieren wiederum ein Bag als Ergebnis. Diese Bags werden über Variablen referenziert, sodass

Abb. 10.7 Tupel in Pig
$$\left\{ \left(K\#42,\ (\text{Magdeburg, Sachsen-Anhalt}),\ \begin{bmatrix} url_1 \mapsto 07/14/2014 \\ url_2 \mapsto 07/15/2014 \end{bmatrix} \right),\right.$$

$$\left.\left(K\#43,\ (\text{Dresden, Sachsen}),\ \begin{bmatrix} url_2 \mapsto 07/14/2014 \\ url_3 \mapsto 07/15/2014 \end{bmatrix} \right) \right\}$$

das Ergebnis einer Operation als Eingabe der nächsten Operation verwendet werden kann und sich daraus der Datenfluss ergibt. Pig unterstützt als Standardoperationen u. a.:

- **LOAD** zum Laden von Datensätzen aus Dateien, die typischerweise in HDFS abgelegt sind. Das Schema der Datei kann dabei explizit angegeben werden.
- **FOREACH** entspricht im Wesentlichen einer relationalen Projektion, indem ein **GENERATE**-Ausdruck auf jedes Tupel eines Eingabe-Bags angewendet wird.
- **FILTER** realisiert eine Selektion zur Filterung von Tupeln anhand einer gegebenen Bedingung.
- **ORDER** sortiert die Tupel eines Bags entsprechend eines Sortierkriteriums.
- **COGROUP** ist eine Basisoperation zur Gruppierung von Tupeln aus einem oder mehreren Bags, mit deren Hilfe andere Operationen realisiert werden können.
- **JOIN** berechnet den Gleichverbund zwischen zwei Bags. Hierbei handelt es sich jedoch nur um eine syntaktische Kurzform für den **COGROUP**-Operator.
- **GROUP** entspricht der relationalen Gruppierung, jedoch ohne Aggregation. Diese kann mittels einer nachfolgenden **FOREACH**-Anweisung realisiert werden. Auch bei der Gruppierung handelt es sich um eine Kurzform der **COGROUP**-Anweisung.
- **DISTINCT** eliminiert Duplikate durch Anwendung einer Gruppierung.
- **UNION** berechnet die Vereinigung von zwei oder mehreren Bags.
- **STORE** und **DUMP** schreiben die Ergebnisse (d. h. die Tupel eines Bags) in eine Datei bzw. auf die Standardausgabe.

Wie aus dieser Auflistung ersichtlich, bildet die **COGROUP**-Operation die Grundlage für weitere Operationen. Mit einer Anweisung wie

```
result = COGROUP web_log BY cust_id, customers BY cust_id;
```

werden die Datensätze aus `web_log` und `customers` nach den Gruppierungsattributen (hier: `cust_id`) gruppiert. Im Ergebnis entsteht für jede Gruppe ein Datensatz, der aus dem Gruppenwert und je einem Bag pro Eingabe mit den Datensätzen zum Gruppenwert besteht (Abb. 10.8).

Dieses Prinzip ermöglicht es, nicht nur einen Gleichverbund zu berechnen, sondern auch über die in den Bags geschachtelten Datensätze zu aggregieren.

Ein (Gleich-)Verbund wie

```
result = JOIN web_log BY cust_id, customers BY cust_id;
```

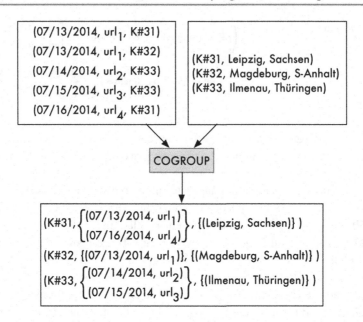

Abb. 10.8 Prinzip der COGROUP-Operation

ist damit nur noch eine Kurzform für folgende Anweisungsfolge:

```
temp_result = JOIN web_log BY cust_id,
                   customers BY cust_id;
result = FOREACH temp_result
         GENERATE FLATTEN(web_log), FLATTEN(customers);
```

Die Funktion FLATTEN in der **FOREACH**-Anweisung übernimmt hierbei die Entschachtelung der Bags, wobei für jeden Datensatz in einem Bag das Kreuzprodukt mit allen
anderen **GENERATE**-Ausdrücken berechnet wird.

In Abb. 10.9 ist ein vollständiges Skript zur Analyse der Logdatei aus unserem Beispiel dargestellt, in dem die Anzahl der Aufrufe pro Webdomain von Thüringer Nutzern
bestimmt werden. Hierzu wird zunächst die Logdatei eingelesen und aus der URL die
Domain abgeleitet. Anschließend werden die Kundendaten gelesen, nach dem Bundesland
gefiltert. Die so verarbeiteten Log- und Kundendaten werden nun über die Kundennummer
verbunden und nach der Webdomain gruppiert. Mit einer **FOREACH**-Anweisung werden
die Daten nun aggregiert (COUNT_STAR ist das Äquivalent zu COUNT(*) in SQL). Abschließend wird das Ergebnis in eine HDFS-Datei zurückgeschrieben.

Im Beispiel in Abb. 10.9 wird zur Ableitung der Domain aus der URL eine benutzerde-
finierte Funktion (User Defined Function – UDF) verwendet. Derartige UDFs stellen ein
wichtiges Mittel zur Erweiterung von Pig um anwendungsspezifische Funktionalitäten dar
und können eingesetzt werden:

```
 1  web_log   = LOAD 'logfile.csv'
 2              USING PigStorage(',') AS (zeit, kno, url);
 3  web_log2 = FOREACH web_log
 4              GENERATE zeit, kno, url AS web_domain;
 5  kunden = LOAD 'kunden.csv' USING PigStorage(',')
 6              AS (kno, ort, bundesland);
 7  th_kunden = FILTER kunden BY bundesland == 'Thüringen';
 8  jres = JOIN web_log2 BY kno, th_kunden BY kno;
 9  gr = GROUP jres BY web_domain;
10  result = FOREACH gr
11              GENERATE jres.web_domain, COUNT_STAR() AS anzahl;
12  STORE result INTO 'result.data' USING PigStorage();
```

Abb. 10.9 Pig-Skript zur Logdateianalyse

- als skalare Funktionen für die **FOREACH**-Operation, wobei auch komplexe Werte wie Bags oder Maps als Eingabe oder Ergebnis verarbeitet werden können,
- als Aggregatfunktionen,
- als Lade- und Speicherfunktionen für **LOAD** und **STORE**.

UDFs werden in Java implementiert und müssen im Pig-Skript über die **REGISTER**-Anweisung bekannt gemacht werden und können anschließend über ihren vollständigen Java-Namen referenziert werden:

```
REGISTER 'meine_func.jar';
...
web_log2 = FOREACH web_log
           GENERATE zeit, kno, url,
                    ddm.pig.Domain(url) AS web_domain;
```

Für weitere Details zu den Schnittstellen von UDFs sowie zu deren Implementierung sei an dieser Stelle auf die Pig-Dokumentation verwiesen.

Ein Pig-Skript wird vom Pig-Compiler wie in ein MapReduce-Programm überführt und ausgeführt. Dies erfolgt in zwei Phasen. Zunächst wird ein logischer Plan konstruiert, indem für jede nutzerdefinierte Bag ein Plan erzeugt wird, der sich aus dem Plan für die Eingabe-Bag und die eigentliche Operation zusammensetzt. Eine Anweisung wie

```
res = FOREACH inp GENERATE a, b, c;
```

produziert für res somit einen logischen Plan aus **FOREACH** und dem Plan für inp. Diese logischen Pläne werden noch nicht ausgeführt. Pig nutzt dafür eine verzögerte Aus-

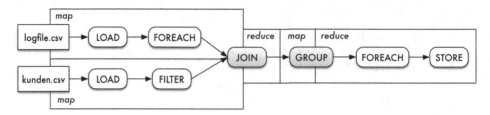

Abb. 10.10 Compilierung von Pig in MapReduce

wertestrategie (*lazy evaluation*), bei der erst beim Auftreten einer **STORE**-Operation die Übersetzung des logischen Plans in ein MapReduce-Programm und dessen Ausführung erfolgt. Auf diese Weise kann Pig auch als interaktiver Compiler genutzt werden.

Die Übersetzung in ein MapReduce-Programm basiert darauf, dass eine **COGROUP**-Operation (und damit auch alle darauf aufbauenden Operationen) immer in einen Map- und einen Reduce-Teil zerlegt werden muss. Demzufolge werden in einem gegebenen logischen Plan zunächst alle **COGROUP**-Operationen gesucht und als Grenze zwischen der Map- und der Reduce-Funktion betrachtet. Im nächsten Schritt werden alle Operationen beginnend bei **LOAD** bis zum ersten **COGROUP** in den Map-Teil dieser **COGROUP**-Operation integriert. Alle dem **COGROUP** folgenden Operationen bis zum **STORE** oder dem nächsten **COGROUP** werden entsprechend in den Reduce-Teil eingefügt. Eine spezielle Behandlung erfordern **COGROUP**-Operationen mit mehr als einer Eingabe (d. h. etwa Joins). Hier wird ein Extrafeld eingefügt, das die Unterscheidung der Datensätze auf der Reduce-Seite ermöglicht. Abbildung 10.10 zeigt die Anwendung dieses Prinzips auf das Pig-Skript aus Abb. 10.9: Das Skript wird durch zwei MapReduce-Läufe implementiert, wobei der **JOIN**-Operator und **GROUP**-Operator als **COGROUP**-Varianten die Grenzen zwischen Map- und Reduce-Task bilden. Eine textuelle Ausgabe dieser Pläne kann über die EXPLAIN-Anweisung von Pig erstellt werden.

Weiterhin werden Operationen wie **LOAD**, **FILTER** und **FOREACH** parallel realisiert, indem zum einen bei **LOAD** die Möglichkeit des parallelen Lesens aus HDFS und zum anderen mehrere Map- bzw. Reduce-Tasks parallel ausgeführt werden können.

Pig ist nicht die einzige Datenflusssprache für MapReduce. Vergleichbar mit Pig ist u. a. die im Rahmen eines IBM-Forschungsprojektes entwickelte Sprache *Jaql*, die inzwischen als Teil der *IBM BigInsights*-Plattform angeboten wird. Im Gegensatz zu Pig verarbeitet Jaql jedoch Objekte im JSON-Format (Javascript Object Notation).

Zur Hadoop-Plattform gehört weiterhin *Hive* [13]. Hierbei handelt es sich um eine eher auf Data-Warehouse-Anwendungen ausgerichtete Lösung, bei der ähnlich wie in SQL relationale Tabellen angelegt und in HDFS gespeichert werden können. Diese Tabellen lassen sich dann mit der zugehörigen SQL-ähnlichen Anfragesprache *HiveQL* anfragen.

10.6 Apache Spark

Hadoop wurde mit dem Ziel einer fehlertoleranten Ausführung in großen Clustern entwickelt. Wie bereits in Abschn. 3.6.2 dargestellt, wird dies u. a. durch das Sichern der Zwischenergebnisse der Mapper auf dem Externspeicher erreicht. Weiterhin werden die Reduce-Tasks erst dann gestartet, wenn die Map-Tasks abgeschlossen sind. Diese Batch-Verarbeitung ist jedoch für iterative Algorithmen sowie allgemein für Analyseaufgaben, die aus mehreren MapReduce-Tasks bestehen, nicht optimal bzw. für die Verarbeitung von Datenströmen völlig ungeeignet. Eine der Alternativen für eine skalierbare Datenverarbeitung in Cluster-Umgebungen ist das Apache-Spark-Projekt, das ursprünglich am AMPLab der Universität Berkeley entwickelt wurde [15]. In der aktuellen Version umfasst Spark mehrere Komponenten [12]:

- *Spark Core*: Diese Komponente bildet den Kern von Spark und stellt neben den Programmierabstraktionen Funktionen zur Verteilung und zum Scheduling von Tasks, zur I/O-Verarbeitung u. a. auf HFDS etc. zur Verfügung.
- *Spark SQL*: Aufbauend auf Spark Core werden mit Spark SQL sogenannte SchemaRDDs bereitgestellt, auf denen SQL-Anfagen im Rahmen einer der unterstützten Programmiersprachen sowie über ein Kommandozeileninterface ausgeführt werden können.
- *MLlib*: Diese Bibliothek stellt ein Framework von (einfachen) Machine-Learning-Algorithmen zur Verfügung.
- *GraphX*: Hierbei handelt es sich um eine Bibliothek zur Verarbeitung und Analyse großer Graphen ähnlich Googles Pregel oder Hadoop Giraph.
- *Spark Streaming*: Im Gegensatz zur Batch-Verarbeitung der anderen Komponenten ist Spark Streaming auf die stromorientierte Verarbeitung ausgerichtet. Hierzu werden die zu analysierenden Daten in Mini-Batches zerlegt, die nacheinander verarbeitet werden.

Der wesentliche Unterschied von Spark zu MapReduce besteht in den *Resilient Distributed Datasets (RDD)* – einer Abstraktion einer verteilten Hauptspeicherdatenstruktur. RDDs sind nichtänderbare, partitionierte Kollektionen von Datensätzen, die

1. sowohl im Hauptspeicher der Cluster-Knoten (und dabei auch verteilt) als auch diskresistent gespeichert,
2. aus disk-basierten Daten oder aus anderen RDDs erzeugt werden können.

Speziell durch die Möglichkeit, RDDs verteilt im Hauptspeicher zu halten, kann Spark einen deutlichen Performancevorteil gegenüber einer MapReduce-Plattform wie Hadoop erreichen. RDDs können somit als eine spezielle Form von verteilten Hauptspeichern (distributed memory) angesehen werden, sind dabei aber grobgranular: Zugriffe sind nur auf die eigene Partition möglich. Dennoch lassen sich damit viele (parallele) Programmiermodelle, wie z. B. MapReduce, aber auch iterative Modelle realisieren.

RDDs werden über verschiedene programmiersprachenintegrierte APIs zur Verfügung gestellt. Gegenwärtig kann Spark mit Java, Scala oder Python genutzt werden – wir nutzen in den folgenden Beispielen jedoch nur Python.

Zur Erzeugung von RDDs gibt es zwei Möglichkeiten. Zum einen können aus vorhandenen Datenstrukturen durch Nutzung einer Parallelize-Funktion RDDs erzeugt werden. Diese Funktion wird als Methode eines SparkContext-Objekts bereitgestellt. Im Python-Treiberprogramm von Spark `pyspark` ist dieses Objekt bereits vordefiniert und über die Variable `sc` verfügbar. So wird im folgenden Beispiel aus einer Python-Liste ein RDD erzeugt:

```
rdd1 = sc.parallelize([1, 2, 3, 4, 5])
```

Zum Zweiten können mithilfe der Methode `textFile` Daten aus Dateien (etwas aus dem HDFS) geladen werden:

```
rdd2 = sc.textFile("datei.dat")
```

Auf RDDs können zwei Arten von Operationen angewendet werden: Transformationen, die aus einem RDD ein neues RDD erzeugen, sowie Aktionen, die einen Wert (z. B. ein Aggregat) an das Treiberprogramm zurückliefern. Hierbei ist zu beachten, dass einige der Operationen als Eingabe RDDs erfordern, die Schlüssel-Wert-Paare (K, V) als Elemente enthalten. Sofern für Operationen Funktionen als Parameter erwartet werden, können diese auch als Lambda-Ausdrücke notiert werden, sodass keine zusätzlichen Funktionen definiert werden müssen. Zu den *Transformationen* gehören u. a.:

- `map(`*func*`)`: erzeugt ein neues RDD, indem auf jedes Element des Quell-RDDs eine Funktion angewendet wird:

  ```
  res = rdd.map(lambda d: d * 2)
  # liefert: ein RDD mit [1, 4, 6, 8, 10]
  ```

- `filter(`*func*`)`: liefert ein neues RDD mit allen Elementen aus dem Quell-RDD, welche ein gegebenes Prädikat erfüllen:

  ```
  res = rdd.map(lambda d: d % 2 == 0)
  # liefert: ein RDD mit [2, 4]
  ```

- `union(`*otherRDD*`)` und `intersection(`*otherRDD*`)`: liefern neue RDDs, die durch die entsprechende Mengenoperation mit dem als Parameter übergebenen RDD entstehen:

  ```
  otherRdd = sc.parallelize([4, 5, 6, 7])
  res = rdd.union(otherRdd)
  # liefert: ein RDD mit [1, 2, 3, 4, 5, 6, 7]
  ```

- `distinct()`: liefert ein neues RDD, das alle duplikatfreien Elemente des Quell-RDDs beinhaltet
- `groupByKey()`: gruppiert alle Elemente des Quell-RDDs anhand gleicher Schlüssel. Die Elemente des RDDs müssen dazu Schlüssel-Wert-Paare der Form (k, v) sein. Das Ergebnis ist ein RDD mit Elementen der Form $(k, \text{Iterable}\langle v\rangle)$. `reduceByKey`(*func*) stellt eine verallgemeinerte Form davon dar, bei der alle Werte eines Schlüssels durch die gegebene kommutative Funktion aggregiert werden. Diese muss von der Form $(v, v) \to v$ sein. Ein Beispiel hierfür ist die Addition aller Werte:

```
kvRdd = sc.parallelize([("A", 1), ("B", 2), ("C", 3), ("A", 4), ("C", 5)])
kvRes = kvRdd.reduceByKey(lambda x, y: x + y)
# liefert ein RDD mit [("A", 5), ("B", 2), ("C", 8)]
```

Für echte Aggregation kann `aggregateByKey`(*nullVal*)(*seqOp, combOp*) verwendet werden. Hierbei können ein Nullwert sowie Funktionen zum Kombinieren der Aggregate angegeben werden. `sortByKey()` liefert schließlich ein RDD, bei dem die Elemente nach dem Schlüssel sortiert sind.

- `join`(*otherRDD*): berechnet den Verbund der beiden Quell-RDDs auf Basis gleicher Schlüsselwerte. Hierzu müssen die RDDs aus Schlüssel-Wert-Paaren (k, v) bzw. (k, w) bestehen. Das Ergebnis ist ein RDD mit Elementen des Typs $(k, (v, w))$. Für den Verbund sind auch die bekannten äußeren Verbundvarianten verfügbar. Das folgende Beispiel illustriert dies:

```
rdd1 = sc.parallelize([("A", 1), ("B", 2), ("C", 3)])
rdd2 = sc.parallelize([("B", 4), ("C", 5), ("D", 6)])
jRes = rdd1.join(rdd2)
# liefert ein RDD mit [("B", (2, 4)), ("C", (3, 5))]
```

`cogroup`(*otherRDD*) ist die bereits in Abschn. 10.5 beschriebene **COGROUP**-Operation: Für Eingabe-RDDs mit (k, v)- bzw. (k, w)-Elementen wird ein RDD mit Elementen des Typs $(k, \text{Iterable}\langle v\rangle, \text{Iterable}\langle w\rangle)$ erzeugt.

- `repartition`(*numPartitions*) verteilt die Datenelemente des Quell-RDDs neu, sodass die als Parameter angegebene Zahl von Partitionen entsteht, während `coalesce`(*numPartitions*) die Anzahl der Partitionen reduziert.

Aktionen sind u. a.:

- `foreach`(*func*) führt für jedes Element des RDDs die angegebene Funktion aus.
- `collect()` liefert die Elemente des RDDs als ein Feld zum Treiberprogramm zurück.
- `count()` liefert die Anzahl der Elemente im RDD.
- `saveAsTextFile`(*path*) speichert das RDD in einer Textdatei, die im lokalen Dateisystem oder in HDFS liegen kann.

```
 1  from pyspark import SparkContext, SparkConf
 2  from operator import add
 3
 4  conf = SparkConf().setAppName("LogAnalysis")
 5  sc = SparkContext(conf=conf)
 6
 7  logFile = sc.textFile("log.csv")
 8
 9  # zerlege die Zeilen in einzelne Felder und
10  # erzeuge Schlüssel-Wert-Paare
11  logEntries = logFile.map(lambda s: s.split(","))
12                      .map(lambda l: (l[1], l))
13
14  custFile = sc.textFile("cust.csv")
15  customers = custFile.map(lambda s: s.split(","))
16
17  # zerlege die Zeilen in einzelne Felder und
18  # erzeuge Schlüssel-Wert-Paare
19  thCustomers = customers.filter(lambda c: c[2] == "Thüringen")
20                         .map(lambda l: (l[0], l))
21
22  # führe den Verbund aus und
23  # erzeuge neue Schlüssel-Wert-Paare
24  jRes = thCustomers.join(logEntries)
25            .map(lambda (k, v): (v[1][2], 1))
26
27  # führe ein reduce über den neuen Schlüsseln aus und
28  # wende dabei die add-Operation an
29  gr = jRes.reduceByKey(add)
30
31  print gr.collect()
```

Abb. 10.11 Logfile-Analyse in Spark

Das in Abb. 10.11 dargestellte (vollständige) Python-Skript implementiert unser Beispiel
der Webloganalyse. Zunächst werden die Dateien zeilenweise eingelesen und mit der
map-Operation in einzelne Elemente zerlegt. Daraus werden anschließend Schlüssel-Wert-
Paare (bestehend aus dem Schlüsselattribut kno und dem gesamten Datensatz als Wert)
erzeugt, die für den Verbund über join benötigt werden. Nach dem Verbund werden mithilfe von map neue Schlüssel-Wert-Paare erzeugt, bei denen das Attribut url den Schlüssel

bildet und als Wert 1 eingesetzt wird. Im letzten Schritt werden über `reduceByKey` für jeden Schlüsselwert die Anzahl der Datensätze aggregiert, indem die vordefinierte `add`-Operation als Aggregationsfunktion genutzt wird. Aus dem Ergebnis-RDD wird schließlich durch Anwendung der `collect`-Aktion ein Python-Objekt erzeugt und ausgegeben.

Bei der Definition und Nutzung von Spark-Skripten ist zu berücksichtigen, dass Transformationen „Lazy"-Operationen sind. Dies bedeutet, dass sie nicht sofort ausgeführt werden, sondern erst dann, wenn auf den von ihnen erzeugten RDDs eine Aktion ausgeführt werden soll. Im obigen Beispiel wird dies etwa durch die `collect`-Aktion erzwungen, alternativ könnte auch eine `saveAsTextFile`-Aktion ausgeführt werden. Ohne diese Aktionen wird dagegen keine der Transformationen gestartet.

Im Gegensatz zu MapReduce, wo Fehlertoleranz durch das explizite Sichern der Zwischenergebnisse erreicht wird, erfolgt dies in Spark durch die Verwaltung von „Abstammungsgraphen" (*lineage graph*) von RDDs. Für jedes RDD wird verzeichnet, durch welche Transformationen dieses RDD aus Daten vom stabilen Speicher konstruiert wurde. Im Fall eines Knotenausfalls und dem damit verbundenen Verlust der RDD-Partition wird diese auf einem anderen Knoten durch Wiederholung der Transformationen neu generiert.

Weitere Details zu Architektur und Programmiermodell von Spark können der Originalpublikation [15] sowie der aktuellen Dokumentation [12] entnommen werden. Ein ähnlicher Ansatz wie Spark wird mit Apache Flink [9] verfolgt. Flink ist aus dem Forschungsprojekt Stratosphere [1] hervorgegangen und bietet eine Plattform zur Verarbeitung und Analyse großer Datenmengen für Cluster-Umgebungen, wobei ebenfalls HDFS und YARN genutzt werden. Wie bei Spark werden auch bei Flink Techniken der In-Memory-Verarbeitung genutzt, um speziell iterative Probleme schneller verarbeiten zu können.

10.7 Übungsaufgaben

Übung 10.1 (Hadoop vs. paralleles DBMS)
Diskutieren Sie die Vor- und Nachteile von Hadoop im Vergleich zu Parallelen Datenbanksystemen. Wann würden Sie eher Hadoop einsetzen und wann ist ein Paralleles Datenbanksystem die bessere Wahl?

Übung 10.2 (MapReduce-Programmierung)
Erweitern Sie das MapReduce-Programm `URLCounter` aus Abschn. 10.3 so, dass die URLs sortiert nach ihrer Häufigkeit ausgegeben werden.

Übung 10.3 (Verbundimplementierung in MapReduce)
Implementieren Sie die in Abschn. 10.4 skizzierte Verbundoperation in einem MapReduce-Programm.

Übung 10.4 (Pig-Operatoren)
Wie kann die relationale Gruppierung durch den **COGROUP**-Operator realisiert werden?

Übung 10.5 (Datenanalyse mit Pig)
Wie in Abb. 10.7 illustriert, unterstützt Pig komplexe Tupel. Schreiben Sie ein Pig-Skript, das die Kunden- und Log-Daten so verknüpft und eine Ergebnisdatei schreibt, dass mit jedem Kunden die von ihm besuchten Websites gespeichert sind.

Übung 10.6 (Datenanalyse mit Spark)
Lösen Sie Aufgabe 10.2 mithilfe von Spark und vergleichen Sie den Programmieraufwand.

Literatur

1. Alexandrov, A., Bergmann, R., Ewen, S., Freytag, J., Hueske, F., Heise, A., Kao, O., Leich, M., Leser, U., Markl, V., Naumann, F., Peters, M., Rheinländer, A., Sax, M.J., Schelter, S., Höger, M., Tzoumas, K., Warneke, D.: The stratosphere platform for big data analytics. VLDB J. **23**(6), 939–964 (2014)

2. Beyer, K., Ercegovac, V., Gemulla, R., Balmin, A., Kanne, M.E.C.C., Ozcan, F., Shekita, E.J.: Jaql: A scripting language for large scale semistructured data analysis. PVLDB (2011)

3. Blanas, S., Patel, J.M., Ercegovac, V., Rao, J., Shekita, E.J., Tian, Y.: A comparison of join algorithms for log processing in mapreduce. In: Proceedings of the 2010 ACM SIGMOD International Conference on Management of Data, SIGMOD '10, 975–986. ACM, New York, NY, USA (2010)

4. Dean, J., Ghemawat, S.: Mapreduce: simplified data processing on large clusters. In: OSDI, 10–10 (2004)

5. Kleber, M.: The MapReduce Paradigm. http://sites.google.com/site/mriap2008/intro_to_mapreduce.pdf (2008)

6. Lämmel, R.: Google's MapReduce Programming Model – Revisited. Sci. Comput. Program. **68**(3), 208–237 (2007)

7. Okcan, A., Riedewald, M.: Processing theta-joins using mapreduce. In: Proceedings of the 2011 ACM SIGMOD International Conference on Management of Data, SIGMOD '11, 949–960. ACM, New York, NY, USA (2011)

8. Olston, C., Reed, B., Srivastava, U., Kumar, R., Tomkins, A.: Pig latin: a not-so-foreign language for data processing. In: SIGMOD, 1099–1110 (2008)

9. The Apache Software Foundation: Apache flink. http://flink.apache.org

10. The Apache Software Foundation: Apache Hadoop. http://wiki.apache.org/hadoop/

11. The Apache Software Foundation: Apache Oozie (2014). http://oozie.apache.org

12. The Apache Software Foundation: Spark – Lightning-fast cluster computing (2014). https://spark.apache.org

13. Thusoo, A., Sarma, J.S., Jain, N., Shao, Z., Chakka, P., Anthony, S., Liu, H., Wyckoff, P., Murthy, R.: Hive: a warehousing solution over a map-reduce framework. The VLDB Journal **2**(2), 1626–1629 (2009)

14. White, T.: Hadoop: The Definitive Guide. O'Reilly Media (2009)

15. Zaharia, M., Chowdhury, M., Das, T., Dave, A., Ma, J., McCauley, M., Franklin, M.J., Shenker, S., Stoica, I.: Resilient distributed datasets: A fault-tolerant abstraction for in-memory cluster computing. In: Proceedings of the 9th USENIX Conference on Networked Systems Design and Implementation, NSDI'12, 2–2. USENIX Association, Berkeley, CA, USA (2012)

Teil IV
Konsistenzsicherung

Die bisherigen Kapitel des Buchs haben sich intensiv mit der Modellierung verteilter Datenbestände sowie der Ausführung von Anfragen auf derartig verteilten Daten beschäftigt. Dieser Teil des Buchs fokussiert nun auf Änderungen in verteilten Datenbeständen beziehungsweise den Konsistenzproblemen, die bei Änderungen in verteilten Systemen auftreten können.

Zentrales Konzept zur Konsistenzsicherung ist dabei das Konzept der Transaktion, das in zentralen Systemen eng mit den ACID-Eigenschaften verbunden ist (Atomarität, Konsistenz, Isolation und Dauerhaftigkeit). In verteilten Szenarien sind insbesondere die Eigenschaften der Atomarität und der Isolation schwer zu erreichen.

Im Kap. 11 werden einige Aspekte der verteilten Verarbeitung von Transaktionen behandelt, mit Schwerpunkt auf der für Atomarität wichtigen Synchronisation von verteilten Commit-Ausführungen. Das folgende Kap. 12 behandelt konkrete Verfahren der verteilten Synchronisation von Datenbankänderungen. Kapitel 13 widmet sich der Replikation von Datenbeständen, die aus Gründen der erhöhten Verfügbarkeit von Daten und zur Beschleunigung des Zugriffs eingesetzt wird. Im Kap. 14 werden Techniken der Transaktionsverarbeitung in Shared-Disk-Datenbanksystemen behandelt. Abschließend widmet sich das Kap. 15 eingeschränkten Konsistenzforderungen, wie sie insbesondere bei Cloud-Datenbanken eingesetzt werden.

Verteilte Transaktionsausführungen **11**

In verteilten Datenbanken ergibt sich eine Reihe von neuen Fragestellungen bei der Verarbeitung von Transaktionen nach dem ACID-Prinzip:

- Das Commit wird in Transaktionen als ein atomares Ereignis behandelt, das den Zeitpunkt des Gültigwerdens der modifizierten Daten festlegt. In verteilten Datenbanken existiert keine echte Gleichzeitigkeit, sodass diese Commit-Eigenschaft durch geeignete Protokolle garantiert werden muss.
- Eng verbunden mit der Frage nach dem verteilten Commit ist die Aufgabe des *verteilten Recovery*. Wird eine knotenüberspannende Transaktion abgebrochen, müssen überall etwaige Änderungen zurückgesetzt werden. Ähnliches wird notwendig bei Knotenausfällen.
- Subtransaktionen als Resultat der Schachtelung von Transaktionen ineinander sind ein natürliches Modell zur Verteilung von Teilaufgaben einer Transaktion auf verschiedene Knoten eines verteilten Systems. Geschachtelte Transaktionen formalisieren diesen Ansatz.

Transaktionen in zentralen DBMS werden in Lehrbüchern über Datenbankimplementierungstechniken jeweils ausführlich behandelt [20, 13, 12, 21, 7]. Die Bücher von Vossen und Weikum [23] sowie von Gray und Reuter [11] vertiefen die Thematik in dedizierten Büchern. Dort werden in der Regel auch Commit-Protokolle behandelt. Dedizierte Lehrbücher über verteilte Datenbanken beinhalten jeweils ausführliche Abschnitte über Commit-Protokolle [19].

Bevor wir die einzelnen Verfahren detailliert vorstellen, betrachten wir kurz die allgemeine Struktur von Transaktionen in verteilten Szenarien in Abschn. 11.1. Das Problem des Findens eines eindeutigen Konsensus und die daraus resultierenden Anforderungen werden in Abschn. 11.2 behandelt.

Als konkrete Protokolle für ein verteiltes Commit werden das Zwei-Phasen-Commit und dessen Varianten (Abschn. 11.3 und 11.4) sowie das Drei-Phasen-Commit betrachtet

© Springer-Verlag Berlin Heidelberg 2015
E. Rahm, G. Saake, K.-U. Sattler, *Verteiltes und Paralleles Datenmanagement*, eXamen.press,
DOI 10.1007/978-3-642-45242-0_11

(Abschn. 11.5). Eine Verallgemeinerung bietet der Paxos-Ansatz, der gleich eine ganze Familie von Protokollen ermöglicht (Abschn. 11.6). Abschnitt 11.7 behandelt Prinzipien der Datenwiederherstellung in verteilten Szenarien. Abschließend wird in Abschn. 11.8 das Konzept der geschachtelten Transaktionen und dessen Bezug zu verteilten Transaktionsausführungen detaillierter behandelt.

11.1 Struktur verteilter Transaktionen

Eine *Transaktion* besteht aus einer Folge von DB-Operationen, die durch eine BOT-Operation (*Begin of Transaction*) und eine Commit- oder EOT-Operation (*End of Transaction*) geklammert sind. Daneben besteht die Möglichkeit, mit einer *Rollback*-Anweisung eine Transaktion abzubrechen. Diese Benutzersicht auf Transaktionen besteht für zentralisierte DBS und ist auch von Verteilten DBS bei Wahrung der ACID-Eigenschaften zu unterstützen (als Konsequenz der Verteilungstransparenz).

In Verteilten DBS können bei der Ausführung einer Transaktion ein oder mehrere Knoten beteiligt sein. Eine Sonderrolle kommt dabei dem Knoten zu, an dem die Transaktion gestartet wurde, wo also die BOT-Operation ausgeführt wurde. Dieser Rechner wird als Heimat- oder *Koordinatorknoten* einer Transaktion bezeichnet. Die weiteren DB-Operationen sowie die Commit-Anweisung werden ebenfalls am Heimatknoten einer Transaktion gestartet, können jedoch weitere Knoten involvieren. Falls eine Transaktion vollständig an ihrem Heimatknoten ausgeführt wird, sprechen wir von einer lokalen Transaktion, anderenfalls von einer verteilten oder globalen Transaktion. An jedem bei der Ausführung einer globalen Transaktion T beteiligten Knoten wird eine Teil- oder Subtransaktion ausgeführt, die alle DB-Operationen bzw. Teiloperationen von T umfasst, die an dem Knoten bearbeitet wurden. Die am Heimatknoten ausgeführte Teiltransaktion wird auch als *Primärtransaktion* bezeichnet.

Die Aufrufstruktur zwischen Primär- und Subtransaktionen bildet im allgemeinen Fall einen gerichteten Graphen, bei dem die beteiligten Rechner (Subtransaktionen) als Knoten fungieren. Zyklische Aufrufbeziehungen sind möglich, da z. B. während der Ausführung einer DB-Operation möglicherweise Daten eines Knotens benötigt werden, der bereits vorher an der Transaktion beteiligt war. Zur Transaktionsverwaltung reicht es jedoch aus, die Aufrufbeziehungen in reduzierter (hierarchischer) Form darzustellen, innerhalb eines sogenannten *Transaktionsbaumes* [11]. Darin bildet die Primärtransaktion die Wurzel; jeder andere Knoten im Baum entspricht einer Subtransaktion eines anderen, an der Transaktionsausführung beteiligten Rechners. Dabei wird für jede Subtransaktion lediglich der erste Aufruf im Baum aufgenommen. Im Beispiel von Abb. 11.1 wurde so Teiltransaktion T_5 zuerst von Subtransaktion T_2 aufgerufen. Weitere Anforderungen an den Rechner von T_5, z. B. während der Ausführung von T_3 oder T_4, haben keine Auswirkungen mehr auf den Transaktionsbaum. Ein Transaktionsbaum ist im allgemeinen Fall nicht balanciert und in der Höhe nur durch die Rechneranzahl beschränkt. Weiterhin können Teiltransaktionen im Allgemeinen parallel ausgeführt werden.

Abb. 11.1 Beispiel eines
Transaktionsbaumes einer
verteilten Transaktion

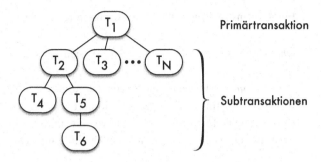

Die Struktur verteilter Transaktionen ist wesentlich durch die Datenverteilung und die von der Transaktion benötigten Daten bestimmt. Zwischen Primär- und Subtansaktionen besteht i. Allg. eine hierarchische Aufrufstruktur, die im Transaktionsbaum reflektiert ist. Allerdings bedeutet dies nicht, dass es sich bei verteilten Transaktionen automatisch um sogenannte *geschachtelte Transaktionen* (nested transactions) [18] handelt. Geschachtelte Transaktion bieten flexible Mechanismen, um auf den Abbruch einer Subtransaktion zu reagieren, auf die wir in Abschn. 11.8 eingehen werden.

Geschachtelte Transaktionen könnten bei der Realisierung verteilter Transaktionen vorteilhaft eingesetzt werden, allerdings wird dieses Konzept in derzeitigen Implementierungen von Verteilten DBS nicht genutzt. Im Gegensatz zu geschachtelten Transaktionen mit ihren flexibleren Abbruchbedingungen, resultiert der Abbruch einer Subtransaktion eines Transaktionsbaumes einer verteilten Transaktion daher immer im Zurücksetzen der gesamten Transaktion.

11.2 Konsensus-Protokolle

Ein *Konsensus* in verteilten Systemen wird erreicht, wenn alle Knoten des verteilten Systems bei einer globalen Fragestellung lokal zur selben Entscheidung kommen. Das Konsensus-Problem ist in vielen verteilten Szenarien relevant, nicht nur in verteilten DBMS. Eine typische Fragestellung für einen Konsensus in DBMS ist das *verteilte Commit,* bei dem mehrere Knoten entscheiden müssen, ob eine verteilte Transaktionsausführung erfolgreich in einem Commit mündet oder nicht.

Treten keine Fehlerfälle wie Knotenausfälle oder Verbindungsfehler auf, ist ein Konsensus leicht zu erreichen. Hierzu müssten nur alle beteiligten Knoten sich gegenseitig über ihre Entscheidung informieren; haben alle Knoten geantwortet, kann jeder Knoten lokal entscheiden. Eine derartige Abstimmungsrunde basiert auf Votierungen. Eine *Votierung* gibt die Präferenz eines Knotens für das Gesamtergebnis wieder. Das Gesamtergebnis wird dann nach einer für die Anwendung spezifischen Regel ermittelt – so erfordert das globale Commit beispielsweise, dass kein Knoten gegen ein Commit stimmt.

Ein Konsensus-Protokoll hat drei wichtige Korrektheitseigenschaften zu erfüllen:

- *Übereinstimmung*: Alle Teilnehmer kommen zur selben Entscheidung, also zum Konsens.
- *Terminierung*: Alle beteiligten Prozesse kommen tatsächlich zu einer Entscheidung, sodass der Abstimmungsprozess terminiert.
- *Gültigkeit*: Die Entscheidung wurde von einem der Teilnehmer vorgeschlagen, und der Konsens entspricht der verwendeten Abstimmungsregel.

Zu diesen formalen Korrektheitsbedingungen kommen zwei weitere für den praktischen Betrieb wichtige Eigenschaften hinzu:

- *Robustheit*: Das Protokoll sollte möglichst robust gegenüber auftretenden Fehlern sein.
- *Maximale Autonomie*: Abhängigkeit von einzelnen Knoten, etwa einem Koordinatorknoten, welche die Autonomie der Teilnehmer beschränkt, sollte auf das Nötigste begrenzt werden.

Wichtige Anwendung allgemeiner Konsensus-Protokolle in DBMS ist das verteilte Commit, das wir im Folgenden explizit diskutieren.

11.3   Das Zwei-Phasen-Commit

Ein *Commit-Protokoll* hat die Aufgabe, die Atomarität und Dauerhaftigkeit der ACID-Eigenschaften von verteilten Transaktionen, die auf mehreren Datenbanken ausgeführt werden, zu gewährleisten. An diese Commit-Protokolle werden die folgenden Anforderungen gestellt (Rechnerknoten entsprechen dabei Datenbankprozessen):

1. Alle Rechnerknoten kommen zu einer Entscheidung. Dabei sind nur Commit oder Abort als Entscheidung möglich. Global kommen alle Rechnerknoten zur selben Entscheidung (Commit oder Abort).
2. Ein Knoten kann eine getroffene Entscheidung nicht mehr rückgängig machen.
3. Eine Commit-Entscheidung kann nur getroffen werden, wenn *alle* Knoten mit „Ja" votiert haben.
4. Treten keine Fehler auf und votieren alle Knoten für „Ja", so lautet die Entscheidung auf Commit.
5. Das Protokoll ist robust, d. h., unter den vorgegebenen Randbedingungen terminieren alle Prozesse.

Um diese Anforderungen zu erfüllen, werden das *Zwei-Phasen-Commit* und das *Drei-Phasen-Commit* Protokoll eingeführt. Diese Protokolle sollen nun näher erläutert werden.

11.3.1 Das Zwei-Phasen-Commit-Protokoll

Das einfachste und meistbenutzte Commit-Protokoll ist das *Zwei-Phasen-Commit-Protokoll* (2PC; engl. *two-phase-commit protocol*). Laut [17] ist das Zwei-Phasen-Commit-Protokoll 2PC von mehreren Forschern unabhängig entwickelt worden. Allgemein wird die Veröffentlichung von Gray [8] als erste Veröffentlichung genannt. Beim 2PC-Protokoll wird *ein* Koordinator bestimmt. Die anderen beteiligten Rechnerknoten werden mit Teilnehmer (oder Agent) bezeichnet. Nachdem der Koordinator bestimmt wurde, verteilt dieser die Aufträge an die anderen Teilnehmer. Die Phasen des 2PC sind (mit den entsprechenden Aktionen):

1. *Wahlphase*:
   (a) Der Koordinator fragt die Teilnehmer, ob sie ein Commit durchführen können.
   (b) Die Teilnehmer teilen dem Koordinator ihre Entscheidung mit.
2. *Entscheidungsphase*:
   (a) Der Koordinator entscheidet, indem er die erhaltenen Ergebnisse auswertet.
   (b) Die Knoten die mit „Ja" geantwortet haben, warten auf eine Entscheidung.

In der Abb. 11.2 ist das prinzipielle Ablaufschema des 2PC-Protokolls dargestellt.

Unter der Annahme, dass keine Fehler auftreten, kann man die folgende Erläuterung zu diesem Ablaufschema geben. Das Ablaufschema wird auch mit *Centralized 2PC* bezeichnet (C2PC), da ein zentraler Knoten die Kontrolle über den Gesamtablauf hat.

- Der Koordinator sendet eine **Prepare**-Nachricht an alle Teilnehmer.
- Diese schreiben ihre Entscheidung in ein Log, gehen in den entsprechenden Zustand über (**READY** bzw. **ABORT**) und senden ein **Vote-Commit** (bzw. **Vote-Abort**) an den Koordinator zurück.
- Sind alle beim Koordinator eingetroffenen Votes positiv, so wird ein Commit protokolliert und an alle Teilnehmer, die mit Commit votiert haben, eine **Global-Commit** Nachricht gesendet. Ansonsten wird ein **Global-Abort** zu den Teilnehmern gesendet, die zugestimmt hatten.
- Die Teilnehmer, die mit **Vote-Commit** zugestimmt hatten, befinden sich im **READY**-Zustand. Sie werten die globale Nachricht vom Koordinator aus und gehen in den entsprechenden Zustand über (**COMMIT** oder **ABORT**).

Während der Ausführung des 2PC-Protokolls gibt es verschiedene Zustände des Systems. In Abb. 11.3 und 11.4 sind die entsprechenden Zustände und die zugehörigen Zustandsübergänge dargestellt.

Zusätzlich zu den beschriebenen Phasen ist im Zustandsübergangsgraphen des Koordinators noch aufgenommen, dass er die Acknowledgements **ACK** entgegennimmt und im Log-Buch protokolliert, obwohl es am Ergebnis des Gesamtprozesses nichts mehr ändern

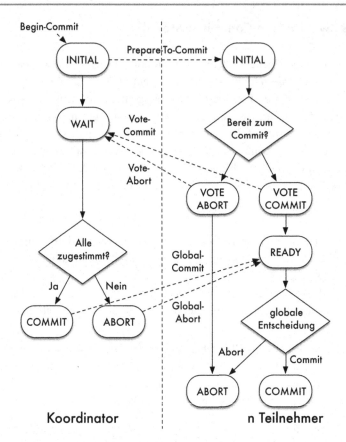

Abb. 11.2 Ablaufschema des 2PC-Protokolls

Abb. 11.3 Zustandsübergänge
beim 2PC-Protokoll – Koordinator

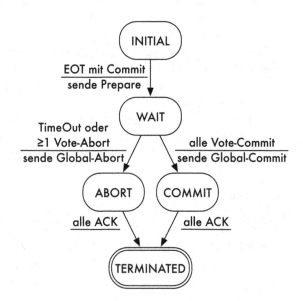

Abb. 11.4 Zustandsübergänge beim 2PC-Protokoll – Teilnehmer

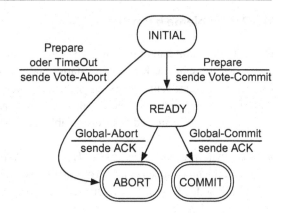

kann, da die Entscheidung ja gefallen ist. Ebenfalls ist in den Zustandsübergängen aufgenommen, dass sowohl beim Koordinator als auch bei den Teilnehmern Timeouts zu der Entscheidung auf Abort führen können. Allerdings ist bei Teilnehmern kein Abort aufgrund von Timeouts mehr möglich, sobald sie mit einem **Vote-Commit** einmal ihre Bereitschaft zum Commit gemeldet haben.

Zur Verdeutlichung betrachten wir eine einfache Beispielsituation, die in Abb. 11.5 gezeigt wird. Es existieren ein Koordinator und drei Teilnehmer. Die Abb. 11.5 stellt die Situation eines fehlerfreien Ablaufs eines 2PC-Protokolls dar. Der Koordinator sendet an alle Teilnehmer eine **Prepare-To-Commit**-Nachricht. Alle Teilnehmer sind zu einem Commit bereit und teilen dies dem Koordinator mit (**Vote-Commit**-Nachricht). Dieser sendet dann die **Global-Commit**-Nachricht an alle Teilnehmer.

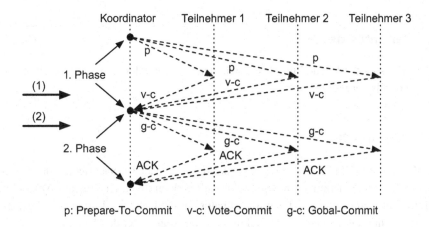

Abb. 11.5 Beispiel für Ablauf im 2PC-Protokoll

11.3.2 Probleme beim 2PC

Das 2PC-Protokoll kann mit Fail-Stop-Return-Fehlern umgehen, d. h. mit Ausfällen, bei denen der ausgefallene Knoten neu startet und fortsetzen kann. In diesem Fall kann der letzte Zustand des Teilnehmers unter Nutzung des Logs wiederhergestellt werden. Für Fail-Stop-Fehler (ohne Wiederkehr des ausgefallenen Knotens) gibt es aber eine Reihe von Problemen, die anhand des Beispielablaufs in Abb. 11.5 erläutert werden können:

- *Was passiert, wenn an der Stelle (1) der Koordinator ausfällt?*
  Alle Teilnehmer haben eine **Vote-Commit**-Nachricht gesendet und warten auf die Entscheidung des Koordinators. Dieser kann aber keine Nachricht mehr senden, denn er ist ausgefallen.
  Eine Lösung wäre, alle Teilnehmer über Timeout ein Abort machen zu lassen – aber eine einmal getroffene Entscheidung kann nicht mehr rückgängig gemacht werden.
- *Was passiert, wenn an der Stelle (2) der Koordinator und der Teilnehmer 1 ausfallen?*
  Können dann die Teilnehmer 2 und 3 noch ein **Commit** machen? Dies führt zu einem Widerspruch, denn von wem sollen sie die **Global-Commit**-Nachricht erhalten. Können die restlichen Teilnehmer einfach abgebrochen werden? Aber woher bekommen sie die **Abort**-Nachricht?

Bei der Suche nach der Lösung der genannten Probleme ist das Ziel, eine robustere Version des 2PC-Protokolls, die den Ausfall des Koordinators (und eventuell weiterer Knoten) toleriert, zu finden. Diese Erweiterung des 2PC führt zum *Drei-Phasen-Commit-Protokoll*, das wir in Abschn. 11.5 behandeln werden.

Das Basisprotokoll des 2PC benötigt pro weiterer Teilnehmer vier Nachrichten, die vom Koordinator verschickt werden, sodass eine über n Knoten verteilte globale Transaktion insgesamt im Erfolgsfall $4(n-1)$ Nachrichten benötigt.

11.4 Varianten des 2PC

Im Anschluss an die Darstellung des allgemeinen 2PC werden nun einige Varianten des 2PC-Protokolls vorgestellt.

11.4.1 Lineares 2PC

Eine Variante, das 2PC abzuändern, liegt darin, die Broadcast-Nachrichten des Koordinators und das Sammeln der Antworten durch denselben durch eine lineare Abarbeitung der Teilnehmer zu ersetzen und den Koordinator auf die Rolle des Initiators zu beschränken. Das resultierende *lineare 2PC* funktioniert wie folgt (unter der Annahme, dass keine Fehler auftreten):

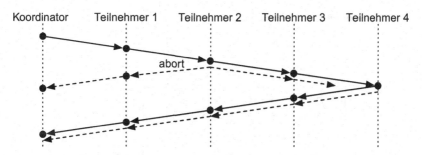

Abb. 11.6 Lineares 2PC-Protokoll

1. Der Koordinator (Teilnehmer 1) sendet eine **Prepare-To-Commit**-Nachricht an den Teilnehmer 2.
2. Dieser trifft seine Entscheidung und sendet dann entweder eine **Vote-Commit** oder **Vote-Abort**-Nachricht an den nächsten Teilnehmer.
3. Erhält ein Teilnehmer eine **Vote-Abort**-Nachricht, so leitet er diese an den nächsten Teilnehmer und an seinen Vorgänger weiter. Die **Vote-Abort**-Nachricht wird dann durch die Kette hindurch zum Koordinator weitergeleitet. Ansonsten kann der Teilnehmer selbst entscheiden, ob er ein **Vote-Cómmit** oder **Vote-Abort** zum nächsten Teilnehmer schickt.
4. Ist beim letzten Teilnehmer der Kette eine **Vote-Commit**-Nachricht eingetroffen und entscheidet er sich für Commit, dann wird eine **Global-Commit**-Nachricht an den Vorgängerknoten gesendet. Ansonsten wird eine **Global-Abort**-Nachricht zurückgegeben. Diese „Global"-Nachrichten werden durch die Kette hindurch zum Koordinator weitergeleitet.

Der Ablauf im linearen 2PC ist in Abb. 11.6 skizziert.

Die Probleme mit dem linearen 2PC resultieren aus der sequenziellen Abarbeitung der Teilnehmer. Diese Abarbeitung führt zu langen Antwortzeiten bei diesem Verfahren. Durch die Art und Weise des Verfahrens wird keine Parallelität ausgenutzt. Vorteilhaft hingegen ist, dass nur wenige Nachrichten verschickt werden. So werden im Erfolgsfall nur $2n - 1$ Nachrichten bei n beteiligten Rechnern benötigt, da zusätzlich zu den 2 Nachrichten pro nichtkoordinierendem Teilnehmer nur noch ein Acknowledgement an den letzten Rechner der Kette notwendig ist.

11.4.2 Verteiltes 2PC

Eine Möglichkeit, den Engpass des Koordinators zu beseitigen, ist, den Abstimmungsvorgang lokal bei den Teilnehmern durchzuführen. Das *verteilte 2PC* funktioniert wie folgt (wieder unter der Annahme, dass keine Fehler auftreten):

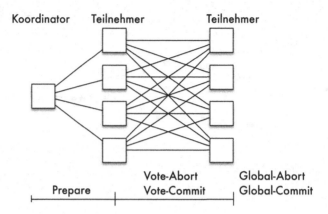

Abb. 11.7 Verteiltes 2PC

1. Der Koordinator sendet eine **Prepare-To-Commit**-Nachricht an alle Teilnehmer.
2. Diese schreiben ihre Entscheidung in ein Log und gehen in den entsprechenden Zustand über (**READY** bzw. **ABORT**) und senden ein **Vote-Commit** (bzw. **Vote-Abort**) an alle anderen Teilnehmer.
3. Erhält ein Teilnehmer alle Abstimmungsergebnisse, so kann er unabhängig entsprechend der Global-Commit-Regel beenden.

Der Ablauf im verteilten 2PC ist in Abb. 11.7 skizziert.

Als Nachteil stellt sich heraus, dass der Kommunikations-Overhead bei den vielen beteiligten Knoten problematisch wird, obwohl nur zwei anstatt drei Kommunikationsrunden entstehen. Ein derartiges Protokoll ist daher insbesondere in Szenarien sinnvoll, in denen ein „billiger" Broadcast an alle Teilnehmer technisch realisiert werden kann.

Vorteilhaft ist, dass im Vergleich zum C2PC bei diesem Verfahren mit kürzeren Antwortzeiten zu rechnen ist (Fehlen der 2. Phase). Es erfolgt kein Broadcast des Koordinators an alle, sondern an alle Subnetze.

11.4.3 Hierarchisches 2PC

In der Abb. 11.8 ist eine weitere Variante des 2PC dargestellt, das *hierarchische 2PC*.

Während des Betriebes von verteilten Datenbanksystemen kann es vorkommen, dass Verbindungen zu räumlich weit entfernten Rechnerknoten aufgebaut werden müssen. Die Kosten solcher Verbindungen sind im Vergleich zu den Kosten, die beim Aufbau von lokalen Verbindungen, zum Beispiel zwischen zwei Instituten der Universität, entstehen, sehr hoch. In der Abb. 11.8 ist ein Beispiel einer solchen Situation angegeben. Zwischen den Rechnerknoten A und C existiert eine teure Verbindung. Um die Kosten, die bei der Ausführung des 2PC entstehen, zu minimieren, wird das 2PC auf die in der Abb. 11.8

Abb. 11.8 Hierarchisches
2PC-Protokoll

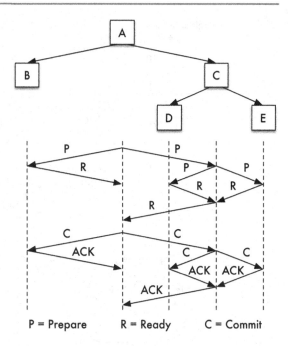

P = Prepare   R = Ready   C = Commit

dargestellte Weise ausgeführt. Der Koordinator arbeitet nicht mehr nur direkt mit den einzelnen Rechnerknoten, sondern mit *Subkoordinatoren*, die ihrerseits Koordinatoren eines Subsystems sind.

Das hierarchische 2PC ist das in der Praxis am weitesten verbreitete Commit-Protokoll, da es direkt zur Struktur von Transaktionsbäumen passt. Es wird unter anderem in DB2 eingesetzt. Da es auch dem *XA-Standard* zugrunde liegt, wird es auch in den meisten relationalen DBS (inklusive *MySQL*) unterstützt.

11.5 Das Drei-Phasen-Commit-Protokoll

Das 2PC-Protokoll hat den entscheidenden Nachteil, dass es während der Ausführung zu blockierenden Zuständen des Systems kommen kann. Dies ist genau der Fall, wenn der Koordinator ausfällt, bevor alle anderen Teilnehmer ein `Global-Commit` oder `Global-Abort` erhalten haben. Die Teilnehmer sind im **READY**-Zustand und warten auf die `Global-Commit`- oder `Global-Abort`-Nachricht vom Koordinator.

11.5.1 Phasen des Drei-Phasen-Commit-Protokolls

Um dieses Problem zu beheben, wird eine *dritte Phase* eingeschoben. Dieses Verfahren wird mit *3-Phasen-Commit-Protokoll* (3PC; engl. *three phase commit protocol*) bezeich-

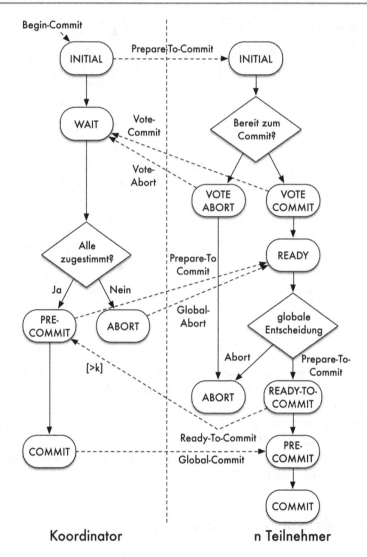

Abb. 11.9 Ablaufschema des 3PC-Protokolls

net. Die Originalversion des 3PC wurde von Skeen und Stonebraker in [22] veröffentlicht. In der Abb. 11.9 ist das Ablaufschema des Verfahrens zwischen dem Koordinator und einem Teilnehmer dargestellt.

Im Unterschied zum 2PC wird beim 3PC die **PRE-COMMIT**-Phase neu eingeschoben. Dies bedeutet, dass die Teilnehmer, die ein **Prepare-To-Commit** empfangen haben, wissen, dass nur ein **Commit** folgen kann, wenn der Koordinator nicht ausfällt. Nach einem **Prepare-To-Commit** kann der Koordinator also kein **Global-Abort** aus eigener Entscheidung initiieren. Der Koordinator sendet erst dann ein Commit, wenn mindestens k

Teilnehmer das **Prepare-To-Commit** mit **Ready-To-Commit** bestätig haben. Dieses k ist ein wählbarer Parameter, der die Anzahl der Knoten festlegt, die ausfallen können, ohne dass die Korrektheit des Protokolls beeinflusst wird.

Die interessante Situation ergibt sich, wenn der Koordinator und weitere bis zu $k - 1$ Teilnehmer ausgefallen sind. Zur Lösung dieser Situation gibt es zwei mögliche Situationen:

1. Alle restlichen Teilnehmer sind im Zustand **READY**, d. h., kein Teilnehmer befindet sich im **PRE-COMMIT**- oder **COMMIT**-Zustand. Da die ausgefallenen Teilnehmer nur die Zustände **READY, ABORT** oder **PRE-COMMIT** haben können, muss die Transaktion abgebrochen werden, weil ein ausgefallener Knoten bereits ein Abort gemacht haben könnte.
2. Einer der restlichen Teilnehmer befindet sich im Zustand **PRE-COMMIT** (oder **COMMIT**). Dann ist dieser Teilnehmer der neue Koordinator, der das Protokoll fortsetzen kann. Dies muss erfolgen, da die Entscheidung für Commit gefallen war und eventuell ein ausgefallener Teilnehmer bereits ein Commit gemacht haben könnte.

Die Phasen des 3PC-Protokolls können wie folgt zusammenfasst werden (mit den dazugehörigen Aktionen):

1. *Wahlphase*:
   (a) Der Koordinator sendet eine **Prepare**-Nachricht an alle Teilnehmer.
   (b) Jeder Teilnehmer antwortet mit seiner Entscheidung (**Vote-Commit** oder **Vote-Abort**). Lautet seine Antwort **Vote-Abort**, dann geht der Teilnehmer in den **ABORT**-Zustand über.
2. *Entscheidungsvorbereitungsphase*:
   (a) Der Koordinator sammelt alle Entscheidungsnachrichten von den Teilnehmern. Lauten alle auf **Vote-Commit**, so sendet er an alle Teilnehmer eine **Prepare-To-Commit**-Nachricht. Andernfalls entscheidet er auf **Global-Abort** und teilt dies allen Teilnehmern mit.
   (b) Jeder Teilnehmer, der mit **Vote-Commit** geantwortet hat, wartet auf eine **Prepare-To-Commit**- oder **Global-Abort**-Nachricht des Koordinators. Trifft ein **Global-Abort** ein, dann entscheidet er auf Abbruch. Ansonsten antwortet er dem Koordinator mit einer Bestätigung (**Ready-To-Commit**) und geht in den **PRE-COMMIT**-Zustand über.
3. *Entscheidungsphase*:
   (a) Der Koordinator sammelt alle Bestätigungen. Hat er alle erhalten, dann entscheidet er auf **Global-Commit** und teilt dieses den anderen Teilnehmern mit.
   (b) Die Teilnehmer warten auf die Entscheidung des Koordinators und führen dann die entsprechende Freigabeoperation aus.

In Abb. 11.10 und 11.11 sind abschließend die Zustände und die Zustandsübergänge des 3PC-Protokolls dargestellt.

Abb. 11.10 Zustandsübergänge beim 3PC-Protokoll –
Koordinator

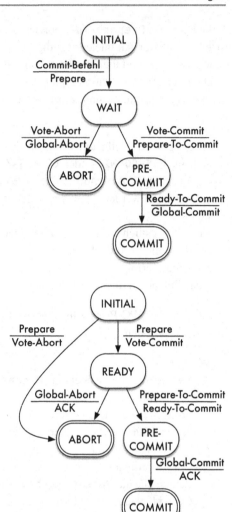

Abb. 11.11 Zustandsübergänge
beim 3PC-Protokoll – Teilnehmer

11.5.2 Probleme des Drei-Phasen-Commit-Protokolls

Das 3PC löst einige Probleme des einfachen 2PC-Protokolls und blockiert nicht beim
Ausfall einzelner Knoten. Neben diesen unbestrittenen Vorteilen hat das 3PC allerdings
einige Nachteile:

- Der Preis für die höhere Robustheit des 3PC liegt in der signifikanten Zunahme an
  Nachrichten und Log-Zugriffen. Insgesamt fallen beim 3PC mit N Teilnehmern jetzt $6 \cdot
  (N - 1)$ Nachrichten sowie $3N$ Log-Vorgänge an. Das einfache 2PC benötigt hingegen
  nur $4 \cdot (N - 1)$ Nachrichten; das lineare 2PC sogar nur $2 \cdot (N - 1)$.

- Die Voraussetzung für den ordnungsgemäßen Abschluss des 3PC ist, dass keine Netzwerkpartitionierungen auftreten. Dies ist eine notwendige Bedingung, da ansonsten in mehreren Partitionen ein neuer Koordinator gewählt werden könnte. Die einzelnen Koordinatoren könnten dann zu unterschiedlichen Commit-Ergebnissen kommen.

11.6 Das Paxos-Protokoll

Wie oben beschrieben, stellen Commit-Protokolle im Prinzip Konsensus-Protokolle dar. Sowohl das 2PC als auch das 3PC haben jedoch Probleme mit Knotenausfällen. Speziell im Kontext großer verteilter Systeme und Cloud-Umgebungen hat daher in jüngerer Zeit das Paxos-Protokoll einige Aufmerksamkeit und praktische Anwendung gefunden.

Paxos ist genau genommen eine Familie von Protokollen und wurde von Lesley Lamport vorgeschlagen [14]. Der Name wurde von Lamport in Anlehnung an ein fiktives Parlament auf der gleichnamigen griechischen Insel gewählt.

Paxos hat als Ziel, Konsensus zwischen Prozessen zu erreichen, die mit unterschiedlicher Geschwindigkeit arbeiten, asynchron mit beliebigen anderen Prozessen kommunizieren und ausfallen können. Weiterhin können Nachrichten verloren gehen. Außerdem haben einzelne Prozesse einen persistenten Speicher für das Recovery.

Im Prinzip realisiert Paxos eine – möglicherweise mehrfach wiederholte – Abstimmung, ohne dabei aber durch Ausfall von Knoten (insbesondere des Koordinators) zu blockieren. Jede Runde hat einen zentralen Koordinator (dort auch als *leader* bezeichnet), der die Abstimmung einleitet. Dieser Koordinator wird aus der Menge der Knoten gewählt und versucht, die Mehrheit für einen vorgeschlagenen Wert v_i zu gewinnen. Wird in einer Runde die Mehrheit für v_i gefunden, dann ist v_i die Entscheidung. Im Falle eines Ausfalls wird eine neue Runde gestartet, ggf. durch Neuwahl eines Koordinators. Die entscheidende Frage ist dabei: Was passiert, wenn mehrere Teilnehmer gleichzeitig denken, dass sie Koordinator sind?

Abbildung 11.12 zeigt den Ablauf einer Runde im Paxos-Protokoll. Der Parameter r gibt dabei die Nummer der Runde an.

Abb. 11.12 Ablauf im Paxos-Protokoll

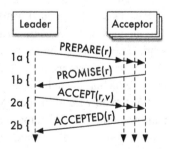

Phase 1a   Der Koordinator wählt eine Nummer r, die seiner Ansicht nach höher ist als die höchste Nummer in anderen (erfolgreichen oder fehlgeschlagenen) Runden derselben Abstimmung. Die Runde wird dann damit eröffnet, dass diese Nummer als Teil der Nachricht **prepare**(r) an alle Teilnehmer geschickt wird.

Phase 1b   Die Nachricht **prepare**(r) wird von allen Empfängern (engl. acceptor) bearbeitet. Zuerst prüft der Empfänger, ob er schon eine Nachricht mit einer Nummer $\geq r$ bearbeitet hat – in diesem Fall wird die (verspätet eingetroffene) Nachricht ignoriert. Anderenfalls antwortet er mit einer **promise**(r) Nachricht, die verspricht, dass er keine Nachricht mit einer Nummer $< r$ akzeptieren wird. Der **promise**-Nachricht wird die Information mitgegeben, ob der Empfänger schon für ein kleineres r ein **accepted** gesendet hat und welches kleinere r er bisher als größte Nummer bearbeitet hat (wenn überhaupt).

Phase 2a   Der Koordinator kann nun zwei unterschiedliche Situationen vorfinden, wenn er von einer Mehrheit der Empfänger ein **promise** erhalten hat:

– Einige der Teilnehmer aus dieser Mehrheit haben bereits ein **accepted** in Phase 2b gesendet. Dann wählt der Koordinator den Wert v mit der höchsten Rundennummer $r_{max} < r$ und sendet ein **accept**(r, v) an alle Teilnehmer.

– Wenn noch kein Teilnehmer eine **accepted**-Nachricht geschickt hat, kann der Koordinator einen der vorgeschlagenen Werte für v wählen.

Die Nachricht **accept**(r, v) kann somit in jedem Fall geschickt werden.

Phase 2b   Die Nachricht **accepted**(r) wird vom Teilnehmer als Reaktion auf eine **accept**-Anfrage geantwortet, wenn er noch nicht auf eine **prepare**-Nachricht einer höheren Runde reagiert hat. In diesem Fall wird die **accept**-Anfrage ignoriert.

Ein derartiges Accept ist endgültig und wird vom Koordinator den Teilnehmern mitgeteilt (es bleibt auch endgültig wenn dieser ausfallen sollte; die Abstimmung wird allerdings gegebenenfalls mit neuem Koordinator, aber demselben Ergebnis wiederholt).

Paxos kommt garantiert zu einem Ergebnis, sofern jeweils ein neuer Koordinator gewählt werden kann und eine Mehrheit der Teilnehmer lange genug nicht ausfällt. Grundsätzlich gilt auch, dass zwei beliebige Runden, die eine Mehrheit gewinnen konnten, den gleichen Wert für v ermittelt haben.

Paxos kann F Teilnehmerausfälle tolerieren, sofern mindestens $2F + 1$ Teilnehmer existieren.

Paxos kann nun genutzt werden, um ein verteiltes Commit-Protokoll zu implementieren, indem für v die Werte **Prepared** und **Aborted** gewählt werden. Das in [10] beschriebene Paxos Commit kommt dabei sogar ohne expliziten Transaktionsmanager (Koordinator) aus, dessen Ausfall zu Problemen führen kann. Dies wird dadurch erreicht, dass jeder Teilnehmer eine Instanz des Paxos-Protokolls laufen lässt, um zwischen **Prepared** und **Aborted** zu entscheiden. Mit der Initiierung des Commits wird ein **BeginCommit** zum gewählten Koordinator gesendet, der wiederum ein **Prepare** an alle Teilnehmer schickt. Wenn ein Teilnehmer zum Abschluss der Transaktion bereit ist, sendet er eine

Accept-Nachricht mit dem Wert **Prepared**, anderenfalls **Aborted**. Hat der Koordinator $F + 1$ **Accept**-Nachrichten erhalten, kann er das Ergebnis bestimmen. Sollte dagegen keine Entscheidung möglich sein, muss angenommen werden, dass einer der Teilnehmer ausgefallen ist und eine neue Runde wird gestartet. Das globale Commit wird nur dann durchgeführt, wenn die Paxos-Instanzen aller Teilnehmer ein **Prepared** gewählt haben.

Im Vergleich zum 2PC-Protokoll ist ein solches Protokoll fehlertolerant und nichtblockierend, im Vergleich zu 3PC garantiert Paxos auch im Fall von Netzwerkpartitionierungen ein konsistentes Ergebnis.

Wie eingangs erwähnt, stammt das allgemeine Paxos-Protokoll von Lesley Lamport [14]. Lampson hat die eher abstrakte Beschreibung von Lamport in einem Informatikszenario umgesetzt [15], Aspekte der praktischen Umsetzung werden in [2] diskutiert. Die Anwendung als verteiltes Commit-Protokoll wird in [10] beschrieben. Lehner und Sattler diskutieren den Einsatz von Paxos in Cloud-Szenarien [16].

Paxos wird u. a. in einigen Google-Systemen eingesetzt, so u. a. im verteilten Sperrmanager *Chubby* [1] sowie *Spanner* [3], in Microsofts *Bing-Suchmaschine* zum Cluster-Management.

11.7 Recovery

Unter dem Begriff des *Recovery* werden alle Vorkehrungen zusammengefasst, die es im Fehlerfall ermöglichen, eine Datenbank wieder auf einen aktuellen und konsistenten Zustand hochzufahren.

11.7.1 Klassisches Recovery

Klassische Recovery-Algorithmen sind für den Ausfall eines zentralen DBMS-Knotens ausgelegt. Bei einem derartigen Ausfall geht insbesondere der Inhalt des Hauptspeichers verloren. Die persistente Version der Datenbank muss in diesem Fall auf einen konsistenten, aktuellen Zustand gebracht werden, wobei Folgendes zu beachten ist:

- Die Effekte einer erfolgreich mit Commit abgeschlossenen Transaktion müssen auf dem Datenbestand nachvollzogen werden, sofern diese nicht bereits in der persistenten Version der Datenbank berücksichtigt worden sind.
- Keine Effekte abgebrochener Transaktionen sind auf dem persistenten Medium berücksichtigt.
- Noch offene Transaktionen werden abgebrochen und neu gestartet. Bereits persistente Ergebnisse dieser Transaktionen müssen rückgängig gemacht werden.

Das Recovery hat nun die Aufgabe diese Anforderungen zu erfüllen. Hierbei werden zwei Verfahren eingesetzt:

- Ein *UNDO* ermöglicht es, bereits im persistenten Medium gespeicherte Transaktions-ergebnisse rückgängig zu machen.
- Ein *REDO* fährt erfolgreiche Transaktionen nach, deren Ergebnisse verloren gegangen sind.

Neben dem Verlust des Hauptspeichers können natürlich auch persistente Datenbe-stände verloren gehen. Hier gelten dieselben Anforderungen und möglichen Recovery-Schritte.

Um UNDO und REDO ausführen zu können, muss ein DBMS geeignete Vorkehrungen treffen:

- Das *Log-Buch* protokolliert alle in der Datenbank durchgeführten Modifikationen so-wie die relevanten Entscheidungen (also Commit versus Abort, aber auch Versenden von Nachrichten in Commit-Protokollen). Das Log-Buch muss direkt persistent ge-schrieben werden und dies auf einem separaten Medium (nicht auf dem wiederher-zustellenden Medium). Ein logisches Log protokolliert hierbei logische Operationen, während ein physisches die tatsächlichen physischen Änderungen auf einem Speicher-medium protokolliert.
- *Sicherungspunkte* speichern einen Zustand der Datenbank, entweder als komplette Ko-pie oder als Delta zu einer zurückliegenden Kopie. Typischerweise starten REDOs von einem zurückliegenden Sicherungspunkt, und UNDOs gehen nur bis zu einem definier-ten Sicherungspunkt zurück.

Konkrete Recovery-Prozesse unterscheiden sich jetzt dadurch, in welcher Reihenfolge REDOs und UNDOs ausgeführt werden müssen und ob das physische oder logische Log (oder beide) benutzt werden.

11.7.2   Recovery in verteilten DBMS

Zu den beim Recovery zu behandelnden Fehlerfällen in Einzelsystemen kommen weitere, neue Fehlerfälle in verteilten Szenarien hinzu:

- Ein ausfallender Knoten kann globale Aufgaben übernommen haben, sodass sein Aus-fall besondere Maßnahmen erfordert, etwa als Koordinator einer globalen Transaktion.
- Neben Knotenausfällen treten auch Ausfälle von Kommunikationsverbindungen auf.
- Die Replikation von Datenbeständen stellt besondere Anforderungen, da bei der Wie-derherstellung es nicht reicht, eine konsistente Transaktionsmenge in einer erlaubten (serialisierbaren) Abarbeitung nachzuspielen, sondern die Identität des wiederherge-stellten Replikats zu den anderen Replikaten die relevante Forderung ist.
- Neben der Behandlung einzelner wiederherzustellender Rechner kann auch die Wie-derherstellung eines gesamten verteilten Datenbanksystems notwendig werden. Dies ist ein besonderer Fall, da es unter Umständen keinen globalen konsistenten Zustand gibt, der als Ziel der Wiederherstellung dienen kann.

Die Reaktion auf Knotenausfälle bei der Commit-Koordination und Verbindungsabbrüche müssen durch geeignete, in diesem Kapitel ausführlich beschriebene, Konsensus-Protokolle abgefangen werden, sodass wir an diese Stelle nicht erneut darauf eingehen.

Prinzipiell gehen wir davon aus, dass ein Knotenausfall ein dortiges Recovery erfordert. Durch das Szenario der verteilten Datenhaltung ergeben sich sowohl neue Möglichkeiten als auch neue Herausforderungen.

- Im Falle von replizierten Datenbeständen bietet es sich an, statt eines schrittweisen Nachspielens von Änderungen gleich das Recovery durch das Einspielen eines anderen, aktuellen Replikats zu realisieren.
- Bei der Diskussion der Commit-Protokolle wurde deutlich, dass die erreichten Zustände im Log-Buch protokolliert werden und beim Recovery wiederhergestellt werden können. Diese Zustandsinformationen müssen bei der Wiederherstellung ausgenutzt werden, um über den Status noch nicht mit Commit beendeter Transaktionen zu entscheiden.
- Um ein komplett heruntergefahrenes verteiltes System wiederherzustellen, muss aus lokalen Log-Büchern faktisch ein globales Log-Buch synthetisiert werden. Hier ist zu klären, ob dies in allen Fällen sinnvoll und machbar ist.

Diese Auflistung macht deutlich, dass bei der Wiederherstellung von verteilten Datenbeständen eine Reihe von Fragestellungen zu beachten ist. Einige dieser Fragestellungen werden an anderer Stelle in diesem Buch aufgegriffen, so die Frage der Behandlung von Verbindungsfehlern in Commit-Protokollen in diesem Kap. 11 und die Behandlung von Replikaten in Kap. 13.

11.8 Strukturierte Transaktionen

Werden Transaktionen auf mehreren Knoten einer verteilten Architektur ausgeführt, liegt es nahe, lokale Transaktionen zu einer globalen Transaktion zu bündeln. Dieser Ansatz ähnelt dem Ansatz der geschachtelten Transaktionen, der daher im Folgenden kurz skizziert wird.

11.8.1 Geschachtelte Transaktionen

Im Modell der geschachtelten Transaktionen kann eine Transaktion eine beliebige Anzahl von *Subtransaktionen* enthalten, die wiederum selbst Subtransaktionen enthalten können. Eine ausgezeichnete Transaktion ist die *Wurzeltransaktion*, die als Wurzelknoten einen Transaktionsbaum initiiert. Die Notation weicht in dieser Hinsicht von der Notation ab, die für Transaktionsbäume in verteilten Transaktionen in Abschn. 11.1 eingeführt wurde: Statt Primärtransaktion wird von Wurzeltransaktion gesprochen, die Subtransaktionen werden oft auch als Kindtransaktionen bezeichnet.

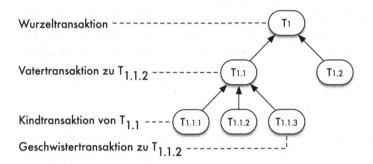

Abb. 11.13 Transaktionsbaum einer geschachtelten Transaktion

Mithilfe eines *Transaktionsbaumes* (Abb. 11.13) lassen sich somit Hierarchien voneinander abhängiger Teiltransaktionen darstellen. Eine Transaktion, die über Subtransaktionen geschachtelt ist, wird als *Vatertransaktion* der zugehörigen Subtransaktionen bezeichnet. Subtransaktionen werden daher auch als *Kindtransaktionen* bezeichnet. Subtransaktionen desselben Vaters werden als *Geschwistertransaktionen* bezeichnet. Die Grundidee
des geschachtelten Transaktionsmodells besteht nun darin, eine komplexe Aufgabe (zum
Beispiel eine lange Transaktion) in Teilaufgaben (Subtransaktionen) aufzuteilen, die unabhängig (und eventuell parallel) bearbeitet werden können.

Es stellt sich nun die Frage, inwieweit die ACID-Eigenschaften von einem solchen
Modell erfüllt werden können?

- Die *Isolation* geschachtelter Transaktionen kann nur gewährleistet werden, wenn die
  Ergebnisse einer Subtransaktion ausschließlich an die Vatertransaktion weitergeleitet
  werden. Diese Ergebnisse sind also nicht sichtbar für andere nebenläufige Transaktionen. Geben Subtransaktionen die Ergebnisse mit dem Commit an nebenläufige Transaktionen frei, wird Isolation nur auf Subtransaktionsebene erreicht.
- Die *Atomarität* einer geschachtelten Transaktion kann nur aufrechterhalten werden,
  wenn entweder alle Transaktionen des Transaktionsbaums erfolgreich enden oder gemeinsam abbrechen.

Basierend auf dem Grad der Isolation, können wir offen geschachtelte von geschlossen
geschachtelten Transaktionen unterscheiden.

11.8.2   Geschlossen geschachtelte Transaktionen

Das Modell der sogenannten *geschlossen geschachtelten Transaktionen* (engl. *closed nested transactions*, abgekürzt CNT) erfüllt die ACID-Kriterien auch für geschachtelte Transaktionen.

- Die isolierte Ausführung einer geschachtelten Transaktion erfolgt beispielsweise über die Weitergabe der Sperren einer Subtransaktion an die Vatertransaktion. Sperren werden also in der Hierarchie nach „oben" (in Richtung der Wurzel) weitergereicht (man spricht auch von Vererbung von Sperren). Damit werden die Ergebnisse einer Subtransaktion der Vatertransaktion und somit auch den *Geschwistertransaktionen* sichtbar gemacht. Die Ergebnisse der geschlossen geschachtelten Transaktion sind folglich erst mit dem Commit der Wurzeltransaktion freigegeben und sichtbar für nebenläufige Transaktionen.

- In dem Grundmodell der geschachtelten Transaktionen sind Transaktionen atomar, weil folgende Kriterien eingehalten werden:

  1. Der Abbruch einer Vatertransaktion erzwingt den Abbruch aller Subtransaktionen.
  2. Eine Transaktion des Transaktionsbaums kann nur erfolgreich enden, wenn alle Subtransaktionen erfolgreich waren.
  3. Der Abbruch einer Subtransaktion führt zum Abbruch der Vatertransaktion.

  Mithilfe dieser Kriterien wird der Abbruch des gesamten Transaktionsbaums erzwungen, sobald eine der Teiltransaktionen abbricht. Bricht beispielsweise eine Subtransaktion T_j ab, so führt dies zum Abbruch der Vatertransaktion T_i. Der Abbruch der Vatertransaktion verlangt wiederum, dass alle Subtransaktionen abbrechen. Dies sind die Geschwistertransaktionen von T_j.

  Ist die abgebrochene Vatertransaktion T_i nicht die Wurzeltransaktion, so hat T_i selbst eine Vatertransaktion, die als Folge ebenfalls abbrechen muss. So pflanzt sich ein Abbruch einer Transaktion aufgrund des dritten Kriteriums bis zur Wurzeltransaktion fort. Das erste der Kriterien garantiert andererseits, dass alle Transaktionen bis zu den Blättern abbrechen.

  Diese Eigenschaft, dass der Abbruch einer Transaktion zum Abbruch einer anderen Transaktion führt, wird auch als *Vitalitätsbeziehung* bezeichnet. Im Grundmodell der geschlossen geschachtelten Transaktionen sind alle Subtransaktionen vital für den Vater. Erweiterte Varianten können auch nichtvitale Subtransaktionen ermöglichen. In der Gegenrichtung gilt die Vitalitätsbeziehung immer – der Abbruch des Vaters erzwingt den Abbruch der Kinder.

Auf der Wurzelebene sind die ACID-Bedingungen erfüllt. Dieses Modell ist daher als *geschlossen* geschachtelt bekannt, da keine Zwischenergebnisse freigegeben werden.

Wie kann nun in einem derartigen Modell die Serialisierbarkeit erreicht werden? Moss stellt in [18] eine erweiterte Form des strikten Zwei-Phasen-Sperrens für geschachtelte Transaktionen vor, die dieses leistet. Sperren werden hier wie beschrieben in der Hierarchie nach „oben" weitergereicht. Am Ende werden alle gesperrten Objekte dann durch die Wurzeltransaktion freigegeben. Auf der Wurzelebene sind die ACID-Bedingungen erfüllt.

Vorteile dieses Modells sind insbesondere die bessere Parallelisierung der Subtransaktionen, die kleineren Rücksetzeinheiten beim Abbruch von Subtransaktionen und die erhöhte Flexibilität beim Abbruch von Subtransaktionen.

11.8.3   Offen geschachtelte Transaktionen

Im Gegensatz zum geschlossen geschachtelten Modell geben Subtransaktionen in *offen geschachtelten Transaktionen* ihre Ergebnisse bereits mit ihrem Commit frei – sie sind für andere Transaktionen *offen*. Das zugehörige Modell wird mit ONT für *open nested transactions* abgekürzt. Die Änderungen der Subtransaktionen werden bereits vor dem Ende der Wurzeltransaktion für nebenläufige Transaktionen sichtbar. Damit wird eine erhöhte Inter-Transaktionsparallelität erreicht. Dies führt aber zur Verletzung der Isolationseigenschaft der geschachtelten Transaktion. Allerdings wird Isolation auf Subtransaktionsebene erreicht. Bestimmte Anwendungsgebiete machen das frühzeitige Freigeben der Ergebnisse notwendig, beispielsweise in kooperativen Umgebungen.

Wie sieht es nun mit der Atomarität offen geschachtelter Transaktionen aus? Dazu sollen zwei Transaktionen T_i und T_j betrachtet werden, wobei T_j von T_i abhängt (also im Transaktionsbaum ein Sohn von T_i ist). Für zwei solcher Transaktionen gelten zunächst folgende Basisbedingungen:

1. Ein **abort**(T_i) erzwingt einen **abort**(T_j).
2. Ein **commit**(T_i) ist nur möglich nach einem **commit**(T_j).

Interessant ist nun die Frage, was bei einem **abort**(T_j) geschieht. Dafür gibt es folgende Möglichkeiten:

1. Ignorieren (**ignore**) für „nichtlebenswichtige" (non-vitale) Subtransaktionen,
2. erneutes Starten der abgebrochenen Subtransaktion: **retry** T_j, evtl. in Abhängigkeit von der Ursache des Abbruchs,
3. Versuch der Ausführung (**try**) einer *Ersatztransaktion* (engl. *contingency transaction*),
   Ersatztransaktionen werden im Falle eines Abbruchs oder der Nichtausführbarkeit einer Transaktion alternativ ausgeführt und werden daher auch als *Alternativtransaktionen* bezeichnet,
4. Abbruch des Vaters: **abort**(T_i).

Aus den vorgestellten Arten von Subtransaktionen folgt für die Atomarität des Transaktionsbaums:

- Die Atomarität der geschachtelten Transaktion kann nur mit dem **retry** von abgebrochenen Subtransaktionen bzw. mit vitalen Subtransaktionen garantiert werden. Geschlossen geschachtelte Transaktionen haben gerade diese Eigenschaften.
- Werden dagegen nichtvitale Subtransaktionen oder Alternativtransaktionen eingesetzt, kann nicht mehr davon gesprochen werden, dass alles oder nichts ausgeführt wurde.

Für offen geschachtelte Transaktionen sind sowohl vitale als auch nichtvitale und Alternativtransaktionen denkbar. Erweiterte Transaktionsmodelle stellen Erweiterungen des allgemeinen offen geschachtelten Modells dar und zeichnen sich dadurch aus, welche Arten der genannten Subtransaktionen zulässig sind und welche nicht. Die sogenannten *flexiblen Transaktionen* [5, 24] erlauben sogar eine Mischform von offen und geschlossen geschachtelten Transaktionen.

11.8.4 Eigenschaften geschachtelter Transaktionen

Insgesamt können folgende Kategorien für Eigenschaften geschachtelter Transaktionen festgestellt werden:

- *Sichtbarkeit der Ergebnisse*
  Der Begriff offen bzw. geschlossen betrifft die Sichtbarkeit der Ergebnisse einer Subtransaktion und des Transaktionsbaums. Dieses führt zum Kriterium der Isolation auf unterschiedlichen Ebenen.
- *Behandlung von Transaktionsabbrüchen*
  Für geschachtelte Transaktionen gilt allgemein, dass der Abbruch der Vatertransaktion den Abbruch aller Subtransaktionen nach sich zieht. Damit ist ein erfolgreiches Ende einer Subtransaktion nur wirksam, wenn alle Vorgängertransaktionen, insbesondere die Wurzeltransaktion, erfolgreich enden.
  Das Abbruchverhalten der Vatertransaktion in Bezug auf eine Subtransaktion wird über die vitale und nichtvitale Eigenschaft von Subtransaktionen festgelegt. Der Abbruch einer vitalen Transaktion führt zum Abbruch der Vatertransaktion. Der Abbruch einer nichtvitalen Transaktion hat hingegen keinen Einfluss.
- *Ausführungsreihenfolge von Subtransaktionen*
  Subtransaktionen werden parallel zu ihrer Vatertransaktion ausgeführt. Untereinander bestehen zwei Möglichkeiten: Geschwistertransaktionen werden entweder sequenziell oder parallel ausgeführt.

Im Falle offen geschachtelter Transaktionen sind bei Abbrüchen von Vatertransaktionen *kompensierende Transaktionen* notwendig, um die Ergebnisse einer Subtransaktion nach ihrem erfolgreichen Ende semantisch zurückzusetzen. Der Einsatz von Kompensationstransaktionen wurde bereits 1981 von Gray in [9] vorgeschlagen. Bricht beispielsweise die Wurzeltransaktion einer offen geschachtelten Transaktion ab, so haben einige Subtransaktionen möglicherweise bereits ein Commit ausgeführt. Die Ergebnisse der Subtransaktionen sind damit in der Datenbank gespeichert, können aber mit der Ausführung einer Kompensationstransaktion nachträglich rückgängig gemacht werden. In diesem Zusammenhang spricht man von semantischer Atomarität.

Geschachtelte Transaktionen sind insofern relevant für verteilte Datenbanken, da mit einem 2PC- oder anderem Protokoll koordinierte Teiltransaktionen einer verteilten Transaktion dem Modell einer einstufig geschachtelten Transaktion ähneln. Die Kombination von Konzepten strukturierter Transaktionen mit verteilten Szenarien ist somit ein nahe liegender Ansatz.

Das Modell der geschachtelten Transaktionen wurde insbesondere von Moss populär gemacht [18]. Einen frühen Überblick über erweiterte Transaktionsmodelle gibt der von Elmagarmid herausgegebene Sammelband [4]. Dort findet sich mit [6] insbesondere eine Einführung in den Forschungsbereich sowie eine Klassifikation verschiedener Ansätze.

11.9   Übungsaufgaben

Übung 11.1 (Nachrichtenanzahl in Commit-Protokollen)
Gegeben sei eine Transaktion mit einem Koordinator und fünf teilnehmenden Knoten. Wie viele Nachrichten sind im erfolgreichen Fall (alle Teilnehmer stimmen für Commit)

- im zentralisierten 2PC,
- im linearen 2PC,
- im 3PC notwendig?

Wie ändert sich die Anzahl, wenn Teilnehmer 3 für Abort stimmt?

Übung 11.2 (Ausfall des Koordinators)
Gegeben sei eine Transaktion mit einem Koordinator und fünf teilnehmenden Knoten. Was passiert, wenn der Koordinator im **READY**-Zustand

- im zentralisierten 2PC bzw.
- im 3PC

ausfällt?

Literatur

1. Burrows, M.: The chubby lock service for loosely-coupled distributed systems. In: OSDI, 335–350 (2006)

2. Chandra, T.D., Griesemer, R., Redstone, J.: Paxos made live: an engineering perspective. In: PODC, 398–407 (2007)

3. Corbett, J.C., Dean, J., Epstein, M., Fikes, A., Frost, C., Furman, J.J., Ghemawat, S., Gubarev, A., Heiser, C., Hochschild, P., Hsieh, W., Kanthak, S., Kogan, E., Li, H., Lloyd, A., Melnik, S., Mwaura, D., Nagle, D., Quinlan, S., Rao, R., Rolig, L., Saito, Y., Szymaniak, M., Taylor, C., Wang, R., Woodford, D.: Spanner: Google's globally distributed database. ACM Trans. Comput. Syst. **31**(3), 8:1–8:22 (2013)

4. Elmagarmid, A.K. (ed.): Database Transaction Models For Advanced Applications. Morgan Kaufmann Publishers, San Mateo, CA (1992)

5. Elmagarmid, A.K., Leu, Y., Litwin, W., Rusinkiewicz, M.: A Multidatabase Transaction Model for InterBase. In: Proc. Int. Conf. on Very Large Data Bases (VLDB) 1990, Brisbane, Australia, 507–518 (1990)

6. Elmagarmid, A.K., Leu, Y., Mullen, J.G., Bukhres, O.: Introduction to Advanced Transaction Models. In: Elmagarmid [4], 34–51

7. Garcia-Molina, H., Ullman, J.D., Widom, J.: Database systems – the complete book (2. ed.). Pearson Education (2009)

8. Gray, J.: Notes on data base operating systems. In: M.J. Flynn, J. Gray, A.K. Jones, K. Lagally, H. Opderbeck, G.J. Popek, B. Randell, J.H. Saltzer, H. Wiehle (eds.) Operating Systems, An Advanced Course, *Lecture Notes in Computer Science*, vol. 60, 393–481. Springer (1978). DOI 10.1007/3-540-08755-9_9. http://dx.doi.org/10.1007/3-540-08755-9_9

9. Gray, J.: The Transaction Concept: Virtues and Limitations. In: Proc. Int. Conf. on Very Large Data Bases (VLDB) 1981, Cannes, France, 144–154 (1981)

10. Gray, J., Lamport, L.: Consensus on Transaction Commit. ACM Transactions on Database Systems **31**(1), 133–60 (2006)

11. Gray, J., Reuter, A.: Transaction Processing: Concepts and Techniques. Morgan Kaufmann (1993)

12. Härder, T., Rahm, E.: Datenbanksysteme – Konzepte und Techniken der Implementierung. 2. Auflage, Springer-Verlag (2001)

13. Kemper, A., Eickler, A.: Datenbanksysteme – Eine Einführung. Oldenbourg Wissenschaftsverlag, München (2009)

14. Lamport, L.: The part-time parliament. ACM Trans. Comput. Syst. **16**(2), 133–169 (1998). DOI 10.1145/279227.279229. http://doi.acm.org/10.1145/279227.279229

15. Lampson, B.W.: How to build a highly available system using consensus. In: Ö. Babaoglu, K. Marzullo (eds.) Distributed Algorithms, 10th International Workshop, WDAG '96, Bologna, Italy, October 9–11, 1996, Proceedings, *Lecture Notes in Computer Science*, vol. 1151, 1–17. Springer (1996). DOI 10.1007/3-540-61769-8_1. http://dx.doi.org/10.1007/3-540-61769-8_1

16. Lehner, W., Sattler, K.: Web-Scale Data Management for the Cloud. Springer (2013). http://www.springer.com/computer/database+management+%26+information+retrieval/book/978-1-4614-6855-4

17. Mohan, C., Lindsay, B., Obermarck, R.: Transaction Management in the R* Distributed Database Management System. ACM Transaction on Database Systems **11**(4), 378–396 (1986)

18. Moss, J.E.B.: Nested Transactions: An Approach to Reliable Distributed Computing. MIT Press, Cambridge, MA (1985)

19. Özsu, M.T., Valduriez, P.: Principles of Distributed Database Systems. Prentice Hall, Englewoods Cliffs, NJ (1991)

20. Saake, G., Sattler, K., Heuer, A.: Datenbanken: Implementierungstechniken. 3. Auflage, mitp (2011)

21. Silberschatz, A., Korth, H., Sudarshan, S.: Database System Concepts, 3 edn. McGraw-Hill, New York (1997)

22. Skeen, D., Stonebraker, M.: A formal model of crash recovery in a distributed system. IEEE Trans. Software Eng. **9**(3), 219–228 (1983). DOI 10.1109/TSE.1983.236608. http://doi.ieeecomputersociety.org/10.1109/TSE.1983.236608

23. Vossen, G., Weikum, G.: Fundamentals of Transactional Information Systems. Morgan Kaufmann Publishers, San Francisco, CA (2001)

24. Zhang, A., Nodine, M., Bhargava, B., Bukhres, O.: Ensuring Relaxed Atomicity for Flexible Transactions in Multidatabase Systems. In: Proc. ACM SIGMOD Conference 1994, Minneapolis, MN, 67–78 (1994)

Synchronisationsverfahren 12

Wir führen zunächst einige Grundlagen zur Synchronisation von Transaktionen ein, so die zu vermeidenden Mehrbenutzeranomalien sowie das Korrektheitskriterium der *Serialisierbarkeit*. Es folgt die Behandlung der wichtigsten Synchronisationstechniken (Sperrverfahren, Zeitstempelansätze und optimistische Verfahren), wobei meist zunächst kurz die Realisierung in zentralisierten DBS besprochen wird, bevor die Alternativen zur Realisierung in Verteilten DBS vorgestellt werden. Danach gehen wir auf die Realisierung einer Mehrversionensynchronisation ein, mit der das Ausmaß an Synchronisationskonflikten zwischen Transaktionen stark reduziert werden kann und die in derzeitigen DMS zunehmend an Bedeutung gewinnt. Abschließend werden dann die wichtigsten Alternativen zur Behandlung globaler Deadlocks vorgestellt.

Die meisten der Synchronisationsansätze wurden zunächst für geografisch verteilte relationale DBS vorgeschlagen, können aber oft auch für Parallele DBS vom Typ Shared Nothing sowie für NoSQL-Systeme eingesetzt werden. Tatsächlich streben NoSQL-Systeme zunehmend die Unterstützung der ACID-Eigenschaften an, z. B. auf Basis von Ansätzen der optimistischen und Mehrversionensynchronisation. Synchronisationsverfahren für Parallele DBS vom Typ Shared Disk werden in Kap. 14 behandelt.

12.1 Grundlagen der Synchronisation

Eine Schlüsseleigenschaft von DBS ist, dass viele Benutzer gleichzeitig lesend und ändernd auf die gemeinsamen Datenbestände zugreifen können, ohne dass die Konsistenz der Daten verletzt wird. Die Wahrung der DB-Konsistenz trotz paralleler Zugriffe ist Aufgabe der Synchronisationskomponente, wobei der Mehrbenutzerbetrieb gegenüber den Benutzern verborgen wird (Transparenz der konkurrierenden Verarbeitung, logischer Einbenutzerbetrieb). Werden alle Transaktionen *seriell* ausgeführt, dann ist der geforderte logische Einbenutzerbetrieb ohne jegliche Synchronisation erreicht und die DB-Konsistenz

E. Rahm, G. Saake, K.-U. Sattler, *Verteiltes und Paralleles Datenmanagement*, eXamen.press, DOI 10.1007/978-3-642-45242-0_12

ist am Ende jeder Transaktion gewährleistet. Eine strikt serielle Ausführung der Transaktionen zur Umgehung der Synchronisationsproblematik verbietet sich jedoch v. a. aus Leistungsgründen. Denn im Einbenutzerbetrieb könnten die Prozessoren aufgrund langer Transaktionsunterbrechungen, z. B. wegen Kommunikations- oder E/A-Vorgängen, nicht vernünftig genutzt werden. Selbst für Hautspeicherdatenbanken erfordert die Nutzung mehrerer Cores bzw. Prozessoren (Shared Everything) die parallele Datenbankverarbeitung durch mehrere Threads bzw. Prozesse.

Beim unkontrollierten Zugriff auf Datenobjekte im Mehrbenutzerbetrieb können mehrere unerwünschte Phänomene auftreten. Die wichtigsten dieser Anomalien sind verloren gegangene Änderungen („lost update"), Lesen „schmutziger" Änderungen („dirty read"), inkonsistente Analyse („non-repeatable read") sowie sogenannte Phantome [20]. Änderungen können verloren gehen, wenn zwei Transaktionen parallel dasselbe Objekt ändern, wobei die zuerst vorgenommene Änderung durch die zweite Transaktion fälschlicherweise überschrieben wird. Das Lesen schmutziger Änderungen, welche von noch nicht zu Ende gekommenen Transaktionen stammen, führt zu fehlerhaften Ergebnissen, wenn die ändernde Transaktion noch zurückgesetzt werden muss und somit ihre Änderungen ungültig werden. Die inkonsistente Analyse sowie das Phantomproblem betreffen Lesetransaktionen, die aufgrund parallel durchgeführter Änderungen während ihrer Ausführungszeit unterschiedliche DB-Zustände sehen. Diese Phänomene werden unter dem Begriff *Mehrbenutzeranomalien* zusammengefasst.

12.1.1 Serialisierbarkeitsbegriffe

Die genannten Anomalien werden vermieden durch Synchronisationsverfahren, welche das Korrektheitskriterium der *Serialisierbarkeit* erfüllen [15, 7]. Dieses Kriterium verlangt, dass das Ergebnis einer parallelen Transaktionsausführung äquivalent ist zu dem Ergebnis irgendeiner der seriellen Ausführungsreihenfolgen der beteiligten Transaktionen. Äquivalent bedeutet in diesem Zusammenhang, dass für jede der Transaktionen dieselbe Ausgabe wie in der seriellen Abarbeitungsreihenfolge abgeleitet wird und dass der gleiche DB-Endzustand erzeugt wird. In der Datenbanktheorie gibt es unterschiedliche Serialisierbarkeitsdefinitionen [40], wovon jedoch die sogenannte *Konfliktserialisierbarkeit* am bedeutsamsten ist und hier unterstellt wird. Dabei wird verlangt, dass in Konflikt stehende Operationen verschiedener Transaktionen (Zugriff auf dasselbe Datenobjekt, wobei mindestens einer der Zugriffe ändernd ist) in derselben Reihenfolge auszuführen sind, wie in der äquivalenten seriellen Ausführungsreihenfolge. Damit sieht eine Transaktion alle Änderungen der Transaktionen, die vor ihr in der äquivalenten seriellen Ausführungsreihenfolge stehen, jedoch keine der in dieser Reihenfolge nach ihr kommenden Transaktionen. Die zur parallelen Transaktionsbearbeitung äquivalente serielle Ausführungsreihenfolge wird auch als *Serialisierungsreihenfolge* bezeichnet.

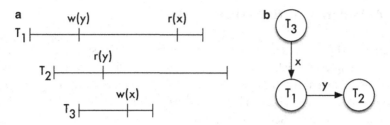

Abb. 12.1 **a** Schedule und **b** Abhängigkeitsgraph (Beispiel)

12.1.2 Abhängigkeitsgraphen

Um zu überprüfen, ob ein bestimmter Schedule, d. h. eine Ablauffolge von Transaktionen mit ihren zugehörigen Operationen, serialisierbar ist, kann ein Serialisierbarkeits- oder *Abhängigkeitsgraph* geführt werden. In diesem Graphen treten die einzelnen Transaktionen als Knoten auf und die Abhängigkeiten zwischen Transaktionen als (gerichtete) Kanten. Eine Abhängigkeit zwischen zwei Transaktionen T_i und T_j liegt vor, wenn T_i vor T_j auf dasselbe Objekt zugegriffen hat und die Operationen der beiden Transaktionen nicht reihenfolgeunabhängig (kommutativ) sind. Werden (wie üblich) als Operationen Lese- und Schreibzugriffe betrachtet, dann liegt eine Abhängigkeit vor, wenn wenigstens eine der beiden Operationen eine Schreiboperation darstellt. Es kann gezeigt werden, dass ein Schedule genau dann serialisierbar ist, wenn der zugehörige Abhängigkeitsgraph azyklisch ist. Denn nur in diesem Fall reflektiert der Graph eine partielle Ordnung zwischen den Transaktionen, die zu einer vollständigen Ordnung, die zugleich den äquivalenten seriellen Schedule bestimmt, erweitert werden kann.

Beispiel 12.1 Abbildung 12.1a zeigt einen Schedule mit drei Transaktionen, wobei $r(x)$ bzw. $w(x)$ den Lese- bzw. Schreibzugriff der jeweiligen Transaktion auf Objekt x kennzeichnen. Der zugehörige Abhängigkeitsgraph ist in Abb. 12.1b gezeigt, wobei die Kanten zusätzlich mit dem die Abhängigkeit verursachenden Objekt gekennzeichnet sind. Da der Graph keinen Zyklus enthält, ist der gezeigte Schedule serialisierbar. Die Serialisierungsreihenfolge lautet $T_3 < T_1 < T_2$. □

Das Führen von Abhängigkeitsgraphen bietet jedoch keinen praktikablen Ansatz zur Implementierung eines Synchronisationsverfahrens, da hiermit meist erst nachträglich die Serialisierbarkeit von Schedules geprüft werden kann [33]. Weiterhin wäre der Verwaltungsaufwand prohibitiv hoch, zumal auch Abhängigkeiten zu bereits beendeten Transaktionen zu berücksichtigen sind. Zur Synchronisation wird daher auf andere Verfahren zurückgegriffen, für welche nachgewiesen werden konnte, dass sie Serialisierbarkeit gewährleisten. Die Mehrzahl der vorgeschlagenen Verfahren lässt sich einer der drei folgenden Klassen zuordnen: Sperrverfahren, optimistische Protokolle sowie Zeitmarkenverfahren.

12.1.3 Anforderungen für Verteilte DBS

Diese Verfahrensklassen kommen auch für Verteilte Datenbanksysteme in Betracht. Als neue Anforderung ergibt sich hier, eine systemweite Serialisierbarkeit aller lokalen und globalen Transaktionen zu erzielen (*globale Serialisierbarkeit*). Hierzu reicht es nicht aus, nur die (lokale) Serialisierbarkeit in jedem Rechner zu gewährleisten, da in den einzelnen Rechnern unterschiedliche Serialisierungsreihenfolgen vorliegen können. Um eine hohe Leistungsfähigkeit zu erhalten, sollte diese Aufgabe wiederum mit möglichst geringem Kommunikationsaufwand erfüllt werden. Weiterhin sollte, wie bereits für zentralisierte DBS, die Synchronisation mit möglichst wenig Blockierungen und Rücksetzungen von Transaktionen erfolgen. Denn diese zur Behandlung von Synchronisationskonflikten verfügbaren Methoden haben beide einen negativen Einfluss auf Durchsatz und Antwortzeiten. Eine weitere Anforderung im verteilten Fall ist eine möglichst hohe Robustheit der Synchronisationsprotokolle gegenüber Fehlern (Rechnerausfall, Kommunikationsfehler). Erweiterungen werden daneben bei replizierten Datenbanken notwendig, um die wechselseitige Konsistenz von Replikaten sicherzustellen und Transaktionen mit aktuellen Objektkopien zu versorgen.

Da replizierte Datenbanken in Kap. 13 behandelt werden, konzentrieren wir uns hier zunächst auf die Synchronisation in partitionierten Datenbanken. Sperrverfahren und optimistische Verfahren können hierzu entsprechend erweitert werden und entweder unter zentralisierter Kontrolle (auf einem ausgezeichneten Knoten) oder verteilt durchgeführt werden. Für Zeitmarkenverfahren ist dagegen nur eine verteilte Realisierung sinnvoll. Wie schon in zentralisierten DBS können die einzelnen Verfahrensklassen auch in Verteilten DBS vielfältig miteinander kombiniert werden (z. B. Sperrverfahren mit optimistischen Protokollen).

12.2 Sperrverfahren in Verteilten DBS

Sperrverfahren sind dadurch gekennzeichnet, dass das DBMS vor dem Zugriff auf ein Objekt für die betreffende Transaktion eine Sperre erwirbt, deren Modus dem Zugriffswunsch entspricht. Zur Sicherstellung der Serialisierbarkeit ist dabei i. Allg. ein sogenanntes *strikt zweiphasiges Sperrprotokoll* erforderlich, bei dem sämtliche Sperren bis zum Transaktionsende gehalten werden (zweite Commit-Phase) [16]. Im einfachsten Fall wird nur zwischen Lese- und Schreibsperren unterschieden (*RX-Sperrverfahren*). Dabei sind Lese- oder R-Sperren (read locks, shared locks) miteinander verträglich, während Schreib- oder X-Sperren (exclusive locks) weder mit sich selbst noch mit Lesesperren kompatibel sind. So können bei gesetzter R-Sperre auf ein Objekt weitere Leseanforderungen gewährt werden, jedoch keine X-Sperren; bei gesetzter X-Sperre sind alle weiteren Sperranforderungen abzulehnen. Ein Sperrkonflikt führt zur Blockierung der Transaktion, deren Sperranforderung den Konflikt verursacht hat; die Aktivierung der wartenden Transaktionen ist möglich, sobald die unverträglichen Sperren freigegeben sind.

Beispiel 12.2 Für den Schedule in Abb. 12.1a tritt mit einem RX-Protokoll ein Sperrkonflikt auf: Für die Lesesperre von T_2 auf Objekt y ergibt sich ein Konflikt aufgrund der zuvor gewährten X-Sperre für T_1. T_2 wird nach Beendigung und Freigabe der Sperren von T_1 fortgesetzt. Dagegen verursacht der Lesezugriff von T_1 auf x keinen Konflikt, da zu diesem Zeitpunkt T_3 bereits beendet ist. Als Serialisierungsreihenfolge ergibt sich $T_3 < T_1 < T_2$. □

12.2.1 Zentrale Sperrprotokolle

Ein nahe liegender Ansatz zur Synchronisation in Verteilten DBS liegt darin, sämtliche Sperranforderungen und -freigaben auf einem dedizierten Rechner zu bearbeiten. Als Vorteil ergibt sich, dass die Synchronisation quasi wie in einem zentralisierten DBS abgewickelt werden kann, da im zentralen Knoten stets der aktuelle Synchronisationszustand bekannt ist. Insbesondere kann auch eine Deadlock-Erkennung wie im Ein-Rechner-Fall vorgenommen werden.

Allerdings sprechen erhebliche Nachteile gegen einen solchen Ansatz, sodass er für Verteilte DBS als ungeeignet anzusehen ist:

- Jede Sperranforderung einer Transaktion, die nicht auf dem zentralen Knoten läuft, verursacht eine Nachricht, auf die die Transaktion synchron warten muss. Eine solche Nachrichtenhäufigkeit ist für Durchsatz und Antwortzeit gleichermaßen inakzeptabel.
- Der zentrale Knoten stellt einen Engpass für Leistung und Verfügbarkeit (single point of failure) dar.
- Es wird keine Knotenautonomie unterstützt.

Für Parallele DBS, insbesondere vom Typ Shared Disk, stellt sich die Bewertung anders dar, weil hier die Knotenautonomie keine Rolle spielt und die beiden erstgenannten Nachteile abgeschwächt werden können (s. Kap. 14).

12.2.2 Verteilte Sperrverfahren

Eine bessere Alternative stellen verteilte Sperrverfahren dar. Hierbei synchronisiert jeder Rechner alle Zugriffe auf die Daten der ihm zugeordneten Datenpartition. Diese lokale Sperrbehandlung erfordert keinerlei zusätzliche Kommunikation (bei fehlender Datenreplikation), da die verteilte Ausführung von Transaktionen und Operationen bereits auf die Datenverteilung abgestimmt wird. Kommunikation fällt also zum Starten der Teiltransaktionen an; für die Datenzugriffe während der Teiltransaktionen werden die benötigten Sperren lokal angefordert. Das Freigeben der Sperren erfolgt im Rahmen des Commit-Protokolls (Kap. 11). Das größte Problem verteilter Sperrverfahren ist die Behandlung globaler Deadlocks, die die Leistungsfähigkeit entscheidend beeinflussen kann. Auf die hierzu bestehenden Alternativen gehen wir in Abschn. 12.6 ein.

12.3 Zeitmarkenverfahren

Bei diesen Verfahren wird die Serialisierbarkeit durch Zeitstempel bzw. -marken an den Datenobjekten überprüft. Die Überprüfungen werden stets an den Speicherungsorten der Daten vorgenommen, sodass sich ein inhärent verteiltes Protokoll ergibt. Weiterhin entfallen eigene Kommunikationsvorgänge zur Synchronisation, ähnlich wie bei verteilten Sperrverfahren. Ein Hauptvorteil gegenüber Sperrverfahren liegt darin, dass keine Deadlocks vorkommen können.

12.3.1 Prinzip des Zeitmarkenverfahrens

Wir beschränken uns hier auf das einfachste Zeitmarkenverfahren (*Basic Timestamp Ordering* [7]). Dabei bekommt jede Transaktion T bei ihrem BOT (Begin Of Transaction) eine global eindeutige Zeitmarke $ts(T)$ fest zugeordnet. Zur Sicherstellung der globalen Eindeutigkeit dieser Zeitmarken bietet sich die Verwendung zweiteiliger Zeitstempel bestehend aus lokaler Uhrzeit und Rechner-ID an [26]. Damit wird die globale Ordnung primär über die lokalen Uhrzeiten festgelegt. Die Rechner-ID wird nur für Transaktionen (verschiedener Rechner) mit übereinstimmender lokaler Uhrzeit benötigt, um eine vollständige Ordnung zu erreichen und die globale Eindeutigkeit sicherzustellen. Der Hauptvorteil eines solchen Ansatzes liegt darin, dass die Zeitstempel an jedem Knoten lokal vergeben werden können. Allerdings ist ohne Synchronisierung der lokalen Uhren [11] nicht gewährleistet, dass die Transaktionszeitstempel monoton wachsen. Es kann also sein, dass nach Beendigung einer Transaktion T_2 an einem anderen Knoten eine Transaktion mit kleinerem Zeitstempel T_1 gestartet wird.

Bei Zeitmarkenverfahren ist die Position einer Transaktion in der Serialisierungsreihenfolge bereits a priori durch ihre BOT-Zeitmarke festgelegt. Konfliktoperationen verschiedener Transaktionen müssen daher stets in der Reihenfolge der Transaktionszeitmarken erfolgen. Dies erfordert, dass eine Transaktion alle Änderungen von älteren Transaktionen (d. h. Transaktionen mit kleinerem Zeitstempel) sehen muss, jedoch keine Änderungen von „jüngeren" Transaktionen sehen darf. Werden diese Bedingungen verletzt, wird die betroffene Transaktion zurückgesetzt und mit einem neuen Zeitstempel wiederholt.

12.3.2 Realisierung des Zeitmarkenverfahrens

Die Überprüfung dieser sehr restriktiven Forderungen geschieht mittels Zeitmarken an den Datenobjekten, wobei für jedes Objekt ein Schreib- und ein Lesezeitstempel geführt wird. Der *Schreibzeitstempel* (write time stamp) *wts* bzw. der *Lesezeitstempel* (read time stamp) *rts* entspricht dabei der Transaktionszeitmarke derjenigen Transaktion, die das Objekt zuletzt geändert bzw. gelesen hat. Ein Lesezugriff einer Transaktion T mit Zeitstempel $ts(T)$

auf ein Objekt x ist nicht zulässig, wenn bereits eine jüngere Transaktion als T das Objekt geändert hat, wenn also gilt: $ts(T) < wts(x)$.

Analog darf für einen Schreibzugriff keine jüngere Transaktion das Objekt bereits geändert oder gelesen haben. Es darf also nicht gelten: $ts(T) < \max(rts(x), wts(x))$.

Liegt eine dieser Bedingungen vor, erfolgt die Rücksetzung der zugreifenden Transaktion T. Das informell beschriebene Verfahren kann in Pseudo-Code wie in Abb. 12.2 formuliert werden:

Beispiel 12.3 Für den Schedule in Abb. 12.1a erfolgen die Zugriffe auf Objekt y in der BOT-Reihenfolge der beiden Transaktionen T_1 und T_2, sodass kein Konflikt vorliegt. Dagegen greift T_1 erst nach der jüngeren Transaktion T_3 auf Objekt x zu, sodass T_1 zurückgesetzt wird. Als Serialisierungsreihenfolge ergibt sich $T_2 < T_3$. □

Die Rücksetzgefahr einer Transaktion steigt mit zunehmender Verweildauer im System, da dann entsprechend mehr jüngere Transaktionen auf die noch benötigten Datenobjekte zugreifen können. Damit besteht vor allem für lange Transaktionen eine hohe Rücksetzwahrscheinlichkeit. Weiterhin kann ein „Verhungern" (Starvation) einer Transaktion nicht verhindert werden, da für eine bereits zurückgesetzte Transaktion wiederum eine Rücksetzung notwendig werden kann. Dies kann dazu führen, dass bestimmte Transaktionen u. U. nie zu Ende kommen.

Ein weiterer Nachteil ergibt sich daraus, dass „schmutzige" Änderungen einer Transaktion durch Zusatzmaßnahmen gegenüber anderen Transaktionen zu verbergen sind. Für

```
 1  if pᵢ[x] ist eingetroffen then
 2      if pᵢ[x] ist rᵢ[x] then
 3          if ts(Tᵢ) < wts[x] then
 4              weise Operation zurück;
 5          else
 6              rts[x] ← max(rts[x],ts(Tᵢ));
 7              gebe Operation weiter;
 8          end
 9      else // pᵢ[x] ist wᵢ[x]
10          if ts(Tᵢ) < wts[x] or ts(Tᵢ) < rts[x] then
11              weise Operation zurück;
12          else
13              wts[x] ← ts(Tᵢ);
14              gebe Operation weiter;
15          end
16      end
17  end
```

Abb. 12.2 Verarbeitung eines Objektzugriffs $p_i[x]$ von Transaktion T_i auf Objekt x bei Zeitmarkensynchronisation

den Schedule in Abb. 12.1a ist so der Zugriff auf Objekt y durch T_2 aufgrund der Zeitmarken zwar zulässig. Jedoch stellt die von T_1 vorgenommene Änderung von y zu diesem Zeitpunkt eine schmutzige (vorläufige) Änderung dar, da T_1 noch kein Commit erreicht hat. In der Tat wird ja T_1 später aufgrund des Zugriffs auf Objekt x noch zurückgesetzt, sodass die von ihr vorgenommene Änderung von y zurückgenommen werden muss. Damit T_2 nicht die schmutzige Änderung sieht, muss ihr Zugriff auf y bis zum Ende von T_1 blockiert werden.

Das Beispiel verdeutlicht, dass nach einer Änderung wie bei Sperrverfahren alle weiteren Zugriffe (die nicht schon wegen des Zeitstempelvergleichs abgewiesen wurden) bis zum Transaktionsende des Änderers verzögert werden müssen. Damit kann ein ähnlich hohes Ausmaß an Blockierungen wie bei Sperrverfahren verursacht werden, zusätzlich zu den aufgrund der Zeitmarkenvergleiche eingeführten Rücksetzungen. Deadlocks (zyklische Wartebeziehungen zwischen Transaktionen) sind jedoch nicht möglich, da die Objektzugriffe stets in der Reihenfolge der BOT-Zeitstempel durchgeführt werden.

12.4 Optimistische Synchronisation

Optimistische Synchronisationsverfahren gehen von der Annahme aus, dass Konflikte zwischen Transaktionen seltene Ereignisse darstellen und somit das präventive Sperren der Objekte unnötigen Aufwand verursacht [25]. Daher greifen diese Verfahren zunächst nicht in den Ablauf einer Transaktion ein, sondern erlauben ein nahezu beliebig paralleles Arbeiten auf der Datenbank. Erst bei Transaktionsende wird überprüft, ob Konflikte mit anderen Transaktionen aufgetreten sind. Gemäß dieser Vorgehensweise unterteilt man die Ausführung einer Transaktion in drei Phasen:

- In der *Lesephase* wird die eigentliche Transaktionsverarbeitung vorgenommen, d. h., es werden Objekte der Datenbank gelesen und modifiziert. Jede Transaktion führt dabei ihre Änderungen auf Kopien in einem ihr zugeordneten *Transaktionspuffer* durch, der für keine andere Transaktion zugänglich ist.
- Bei EOT (End of Transaction) wird eine *Validierungsphase* gestartet, in der geprüft wird, ob die beendigungswillige Transaktion mit einer parallel zu ihr laufenden Transaktion in Konflikt geraten ist. Im Gegensatz zu Sperrverfahren, bei denen Blockierungen das primäre Mittel zur Behandlung von Synchronisationskonflikten sind, werden hier Konflikte stets durch Zurücksetzen einer oder mehrerer beteiligter Transaktionen aufgelöst. Es ist so zwar mit mehr Rücksetzungen als bei Sperrverfahren zu rechnen, dafür können aber bei optimistischen Verfahren keine Deadlocks entstehen. Dies ist vor allem für Verteilte DBS ein potenzieller Vorteil.
- Die *Schreibphase* wird nur von Änderungstransaktionen ausgeführt, die die Validierungsphase erfolgreich beenden konnten. In dieser Phase wird zuerst die Wiederholbarkeit der Transaktion sichergestellt (Logging), bevor alle Änderungen durch Einbringen in die Datenbank für andere Transaktionen sichtbar gemacht werden.

12.4.1 Validierungsansätze

Um die Validierungen durchführen zu können, werden für jede Transaktion T_i während ihrer Lesephase die Namen von ihr gelesener bzw. geänderter Objekte in einem *Read-Set RS(T_i)* bzw. *Write-Set WS(T_i)* geführt. Wir nehmen an, dass vor jeder Änderung das entsprechende Objekt gelesen wird, sodass der Write-Set einer Transaktion stets eine Teilmenge des Read-Sets bildet. Nach [18] lassen sich optimistische Synchronisations-verfahren gemäß ihrer Validierungsstrategie grob in zwei Klassen unterteilen. Bei den rückwärts orientierten Verfahren (*Backward Oriented Optimistic Concurrency Control, BOCC*) erfolgt die Validierung ausschließlich gegenüber bereits beendeten Transaktionen. Bei den vorwärts orientierten Verfahren (*Forward Oriented Optimistic Concurrency Control, FOCC*) dagegen wird gegen noch laufende Transaktionen validiert. In beiden Fällen wird durch die Validierung sichergestellt, dass die validierende Transaktion alle Änderungen von zuvor erfolgreich validierten Transaktionen gesehen hat. Damit ist die Serialisierungsreihenfolge durch die Validierungsreihenfolge gegeben.

Beispiel 12.4 Abbildung 12.3 verdeutlicht die unterschiedliche Vorgehensweise bei vor-wärtsorientierter und rückwärtsorientierter Validierung am Beispiel. Bei der Rückwärts-validierung wird die Transaktion T_1 gegen die Transaktionen T_2 und T_3 validiert, deren Persist-Phase sich mit der Execute-Phase von T_1 überlappen.

Bei dem zweiten Szenario wird T_4 in der Rückwärtsvalidierung gegen noch laufende Transaktionen getestet, deren Execute-Phase mit der aktuellen Validierungsaktion über-lappt, also im Beispiel mit T_5 und T_6. □

Im ursprünglichen BOCC-Verfahren nach [25] wird bei der Validierung überprüft, ob die validierende Transaktion ein Objekt gelesen hat, das während ihrer Lesephase geändert wurde. Dazu wird in der Validierungsphase der Read-Set der validierenden Transaktion T_j mit den Write-Sets aller Transaktionen T_i verglichen, die während der Lesephase von T_j validiert haben (Abb. 12.4a). Ergibt sich eine Überschneidung mit einem dieser Write-Sets, wird die validierende Transaktion zurückgesetzt, da sie möglicherweise auf veraltete Daten zugegriffen hat (die am Konflikt beteiligten Transaktionen können nicht mehr zu-rückgesetzt werden, da sie bereits beendet sind). Die Validierungen werden dabei in einem kritischen Abschnitt durchgeführt, der sicherstellt, dass zu einem Zeitpunkt höchstens eine Validierung vorgenommen wird.

Beispiel 12.5 Für den Schedule in Abb. 12.1a wird mit diesem BOCC-Protokoll zunächst T_3 erfolgreich validiert. Bei der nachfolgenden Validierung von T_1 wird festgestellt, dass das gelesene Objekt x sich im Write-Set der parallel ausgeführten und bereits validierten Transaktion T_3 befindet. Folglich wird T_1 zurückgesetzt. Die Validierung von T_2 schließ-lich ist erfolgreich. Es ergibt sich damit folgende Serialisierungsreihenfolge: $T_3 < T_2$. □

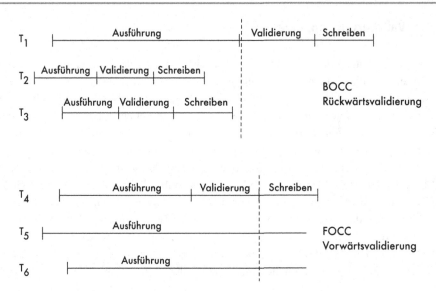

Abb. 12.3 Vorwärtsorientierte versus rückwärtsorientierte Validierung

Ein generelles Problem optimistischer Verfahren ist, dass also Transaktionen bei der Validierung ständig scheitern und somit „verhungern" können. Dies ist v. a. für lange Transaktionen zu befürchten, da sie einen großen Read-Set aufweisen und sich gegenüber vielen Transaktionen validieren müssen. Die skizzierte BOCC-Validierung hat zudem den Nachteil, dass Transaktionen oft unnötigerweise (wegen eines „unechten" Konfliktes) zurückgesetzt werden, obwohl die aktuellen Objektversionen gesehen wurden. Dies ist dann der Fall, wenn auf das von einer parallelen Transaktion geänderte Objekt erst nach dem Einbringen in die Datenbank zugegriffen wurde. So wird in obigem Beispiel (Abb. 12.1a) T_1 unnötigerweise zurückgesetzt, weil die Änderung von T_3 gesehen wurde. Diese unnötigen Rücksetzungen betreffen v. a. lange Transaktionen, die bereits durch kurze Änderer zum Scheitern gezwungen werden können.

Eine Abhilfe des zuletzt genannten Problems wird jedoch einfach möglich, in dem man Änderungszähler oder Versionsnummern an den Objekten führt und eine Rücksetzung nur vornimmt, wenn tatsächlich veraltete Daten gelesen wurden. Der Validierungsablauf für dieses auch als BOCC+ bezeichnete Verfahren [36] ist in Abb. 12.4b skizziert. Dabei wird ein monoton wachsender Transaktionszähler *TNC* (transaction number count) verwendet, um einer erfolgreich validierten Transaktion eine Commit-Transaktionsnummer *cts* zuzuweisen. Diese wird als Änderungszeitstempel (write timestamp) *wts* für alle von der Transaktion geänderten Objekte verwendet. Beim Lesen eines Objekts wird zugleich die gesehene Versionsnummer (read timestamp) *rts* im Read-Set einer Transaktion vermerkt. Die Validierung erfordert damit lediglich die schnell ausführbare Überprüfung, ob die gesehenen Versionen noch aktuell sind.

a

```
 1 VALID ← true;
 2 for alle während Tⱼ-Ausführung beendeten Tᵢ do
 3    if RS (Tⱼ)∩ WS (Tᵢ)≠ ∅ then
 4       VALID ← false;
 5    end
 6 end
 7 if VALID then
 8    Schreibphase für Tⱼ;
 9 else
10    rollback (Tⱼ);
11 end
```

BOCC

b

```
 1 VALID ← true;
 2 for alle r in RS (Tⱼ) do
 3    if rts (r,Tⱼ) < wts (r) then
 4       VALID ← false;
 5    end
 6 end
 7 if VALID then
 8    TNC ← TNC +1;
 9    cts (Tⱼ) ← TNC;
10    for alle w in WS (Tⱼ) do
11       wts (w)← cts (Tⱼ);
12    end
13    Schreibphase für Tⱼ;
14 else
15    rollback (Tⱼ);
16 end
```

BOCC+

Abb. 12.4 Validierung einer Transaktion T_j bei BOCC (**a**) und dem verbesserten BOCC+ (**b**)

Beispiel 12.6 Für den Schedule in Abb. 12.1a sei zunächst $TNC = 0$ und $wts(y) = 0$. Transaktion T_3 validiert für BOCC+ erfolgreich und seine Transaktionsnummer 1 wird der neuen Version von x zugewiesen: $wts(x) = 1$. Diese Version wird von T_1 danach gelesen ($rts(x, T_1) = 1$), sodass die Validierung von T_1 erfolgreich ist, da keine veraltete Objektversion gelesen wurde. Es wird zugleich eine neue Version von y mit Zeitstempel 2 erzeugt ($wts(y) = 2$). Damit wird bei der Validierung von T_2 festgestellt, dass eine veraltete Version von y (mit $rts(y, T_2) = 0$) gelesen wurde, sodass T_2 abgebrochen wird. Es ergibt sich damit die Serialisierungsreihenfolge $T_3 < T_1$. ☐

In *FOCC-Verfahren* erfolgt keine Validierung gegenüber bereits beendeten, sondern gegenüber aktiven Transaktionen. Eine Validierung erfolgt nur für Änderungstransaktionen, wobei ein Konflikt besteht, falls eine in der Lesephase befindliche Transaktion ein Objekt aus dem Write-Set der Änderungstransaktion gelesen hat. Zur Konfliktauflösung können anstatt der validierenden Transaktion auch die betroffenen laufenden Transaktionen zurückgesetzt werden, um z. B. den Arbeitsverlust zu verringern. Unter anderem aufgrund dieser Flexibilität weisen FOCC-Ansätze in zentralen DBS Vorteile gegenüber BOCC auf [20]. Allerdings sind FOCC-Ansätze in verteilten Umgebungen aufgrund der Notwendigkeit der Validierung gegenüber laufenden Transaktionen nur schwer realisierbar [36], sodass sie praktisch keine Anwendung erreicht haben. Wir konzentrieren uns daher bei der weiteren Betrachtung optimistischer Ansätze auf BOCC-artige Validierungsansätze.

In Verteilten DBS kommen auch für die optimistischen Synchronisationsverfahren eine zentrale oder eine verteilte Realisierung in Betracht, die im Folgenden diskutiert werden.

12.4.2 Zentrale Validierung

Zur Durchführung der Validierungen sendet eine Transaktion (bei globalen Transaktionen die Primärtransaktion) am Transaktionsende den vollständigen Read- und Write-Set zu einem zentralen Knoten, der für die Durchführung der Validierungen verantwortlich ist. Dieser meldet dann nach der Validierung das Ergebnis zur (Primär-)Transaktion zurück, woraufhin entweder das Zurücksetzen der Transaktion oder die Schreibphase veranlasst wird. Bei globalen Transaktionen erfolgt die Schreibphase im Rahmen eines verteilten Commit-Protokolls, das auf ändernde Teiltransaktionen beschränkt werden kann.

Die zentrale Validierung hat neben der Einfachheit den Vorteil, dass zur eigentlichen Synchronisation nur eine Nachricht (die zur Validierung) erforderlich ist, auf die synchron gewartet werden muss. Damit liegt der Kommunikations-Overhead weit unter dem eines zentralen Sperrverfahrens, bei dem jede Sperranforderung eine synchrone Nachricht an den zentralen Lock-Manager verlangt. Zur Validierung kann nur eine BOCC-artige Synchronisation verwendet werden; die FOCC-Alternative scheitert daran, dass es unmöglich ist, im zentralen Knoten die aktuellen Read-Sets der in den verschiedenen Knoten laufenden Transaktionen zu kennen. Des Weiteren bestehen auch hier wieder die Probleme zentralisierter Lösungen vor allem hinsichtlich Verfügbarkeit sowie Knotenautonomie. Insbesondere ist selbst für lokale Transaktionen Kommunikation zur Validierung erforderlich.

12.4.3 Verteilte Validierung

Beim verteilten Validierungsschema wird jede (Sub-)Transaktion an ihrem ausführenden Rechner validiert. Damit wird für rein lokale Transaktionen, die idealerweise den größten Transaktionsanteil ausmachen, keine Kommunikation mit anderen Rechnern erforderlich. Auch für globale Transaktionen verursacht (wie schon bei verteilten Sperrverfahren) die

Synchronisation keine zusätzlichen Nachrichten, da sich Validierungen und Schreibphasen im Rahmen eines Zwei-Phasen-Commit-Protokolls durchführen lassen:

- Die **PREPARE**-Nachricht, welche die Primärtransaktion an alle Teiltransaktionen schickt, dient jetzt gleichzeitig als Validierungsaufforderung. Nach einer erfolgreichen lokalen Validierung sichert jede Teiltransaktion ihre Änderungen (Prepared-Zustand) und schickt eine **READY**-Nachricht zur Primärtransaktion. Bei gescheiterter lokaler Validierung dagegen wird eine **FAILED**-Nachricht zurückgesendet, und die Teiltransaktion setzt sich zurück. Bei der lokalen Validierung sind nun auch Prepared-Transaktionen.

- Waren alle lokalen Validierungen erfolgreich, so verschickt die Primärtransaktion (nach Schreiben des Commit-Satzes) eine **COMMIT**-Nachricht an alle Teiltransaktionen, die Änderungen vorgenommen haben. Diese führen daraufhin ihre Schreibphasen durch. Verliefen eine oder mehrere der lokalen Validierungen erfolglos, leitet die Primärtransaktion durch Verschicken von **ABORT**-Nachrichten das Zurücksetzen der Transaktion ein.

Diese Vorgehensweise reicht jedoch allein nicht aus, um eine korrekte Synchronisation zu gewährleisten. Denn durch die lokalen Validierungen wird zwar die lokale Serialisierbarkeit in jedem Knoten sichergestellt, nicht aber notwendigerweise die globale Serialisierbarkeit, da die lokale Serialisierungsreihenfolge von Teiltransaktionen zweier globaler Transaktionen auf verschiedenen Rechnern entgegengesetzt sein kann. Zur Behandlung dieses Problems wurden mehrere Alternativen vorgeschlagen [36], wobei die wohl einfachste Lösung möglich wird, wenn die Validierungen globaler Transaktionen auf allen Knoten in der gleichen Reihenfolge ausgeführt werden. In diesem Fall entspricht die auf allen Rechnern gleiche Validierungsreihenfolge nicht nur der lokalen, sondern zugleich der globalen Serialisierungsreihenfolge.

Um die gleiche Validierungsreihenfolge auf allen Knoten zu erzwingen, können global eindeutige Transaktionszeitstempel verwendet werden. Diese Zeitstempel werden (im Gegensatz zu Zeitmarkenverfahren) beim EOT am Heimatknoten zugewiesen und bestimmen die Position der Transaktion in der globalen Serialisierungsreihenfolge. Der Transaktionszeitstempel wird bei den Validierungsaufforderungen mitgeschickt, sodass in jedem Knoten die gleiche Validierungsreihenfolge eingehalten werden kann. „Zu spät" eintreffende Transaktionen, deren Zeitstempel kleiner ist als die von zuletzt lokal validierten Transaktionen, werden im einfachsten Verfahren zurückgesetzt. Das Ausmaß solcher Rücksetzungen ist umso geringer, je schneller und gleichmäßiger die Übertragungszeiten zwischen den Rechnern sind und je enger die lokalen Uhren der Rechner synchronisiert sind. Alternativ kann gemäß [1] bei einer bekannten maximalen Abweichung der lokalen Uhren eine genauere Konfliktprüfung gegenüber in der jüngeren Vergangenheit bereits beendeten Transaktionen erfolgen. Dabei würde eine verspätet eingetroffene Transaktion nur zurückgesetzt, wenn ein Objekt aus ihrem Write-Set von einer bereits beendeten Transaktion mit jüngerem Commit-Zeitstempel gelesen oder geändert wurde.

Abb. 12.5 Probleme mit „unsicheren" Änderungen

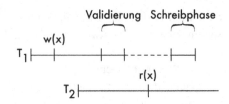

Ein weiteres Problem bei verteilter Validierung entsteht durch die zeitliche Trennung zwischen lokaler Validierung und Schreibphase. Denn im Gegensatz zu zentralisierten DBS ist nun auf einem Knoten nach erfolgreicher lokaler Validierung das Schicksal der globalen Transaktion ungewiss. Die von lokal erfolgreich validierten Teiltransaktionen beabsichtigten Änderungen sind demnach „unsicher", da sie je nach Validierungsausgang der globalen Transaktion weggeworfen oder in die Datenbank eingebracht werden.

Beispiel 12.7 Im Schedule von Abb. 12.5 will Transaktion T_2 auf Objekt x zugreifen, das von der lokal bereits erfolgreich validierten, globalen Änderungstransaktion T_1 geändert wurde. Deren Änderung ist jedoch unsicher, da zu diesem Zeitpunkt ihr globales Commit-Ergebnis noch nicht bekannt ist.   □

Für die Behandlung dieser *unsicheren Änderungen* in der Lesephase und bei der Validierung lokaler Transaktionen bietet sich nach [36] an, den Zugriff auf unsichere Änderungen zu blockieren, bis der Ausgang der globalen Transaktion feststeht. Da die Sperren nur während der Commit-Behandlung gehalten werden, ist die Wahrscheinlichkeit von Sperrkonflikten relativ gering im Vergleich zu reinen Sperrverfahren. Deadlocks können dabei nicht entstehen, da die Transaktion, auf die gewartet wird, ihre Lesephase bereits beendet hat und somit selbst nicht mehr auf solche Sperren laufen kann.

Mit diesem Ansatz können im Falle BOCC-artiger Synchronisation Validierungen und Schreibphasen quasi wie im zentralen Fall erfolgen. Wie in [39] beschrieben, können die Sperren weitergehend genutzt werden, um ein mehrfaches Zurücksetzen derselben Transaktion zu verhindern. Dabei werden die von einer Transaktion erworbenen Sperren im Falle einer gescheiterten Validierung beibehalten. Die Sperren sichern zu, dass die erneute Transaktionsausführung erfolgreich ist, sofern keine zusätzlichen Objekte referenziert werden. Es handelt sich dabei um eine spezielle Kombination von optimistischem Ansatz und Sperrverfahren. Deadlocks können verhindert werden, da die Sperranforderungen in allen Knoten in der Reihenfolge der Transaktionszeitstempel bearbeitet werden.

12.5 Mehrversionensynchronisation

Mehrversionensynchronisationsverfahren (multiversion concurrency control, MVCC) streben eine Reduzierung an Synchronisationskonflikten an, indem für geänderte Objekte zeitweilig mehrere Versionen geführt werden und Lesezugriffe ggf. auf ältere Versionen zugreifen.

12.5.1 Grundlagen

Im einfachsten Fall der Mehrversionensynchronisation wird nur reinen Lesetransaktionen ein Zugriff auf potenziell ältere Objektversionen gewährt, während Änderungstransaktionen stets auf die aktuelle Version von Objekten zugreifen. Alternativ greifen bei Ansätzen der sogenannten *Snapshot Isolation (SI)* (Schnappschusssynchronisation) alle Transaktionen inklusive Änderungstransaktionen auf potenziell veraltete Versionen von Objekten zu.

Wir gehen erst später auf solche SI-Ansätze ein und betrachten zunächst den einfacheren Fall, in dem Änderungstransaktionen stets auf die aktuelle Version eines Objektes zugreifen und für deren Synchronisation praktisch jedes der allgemeinen Synchronisationsverfahren verwendet werden kann [2, 20]. Dabei wird vorausgesetzt, dass für jede Transaktion vorab Wissen darüber vorliegt, ob sie möglicherweise Änderungen vornimmt. Einer reinen Lesetransaktion T wird dabei während ihrer gesamten Laufzeit eine Sicht auf die Datenbank gewährt, wie sie bei ihrem BOT gültig war; Änderungen, die während ihrer Bearbeitung vorgenommen werden, bleiben für T unsichtbar. Um dies zu realisieren, erzeugt jede erfolgreiche Änderung eine neue Version des modifizierten Objekts; die Versionen werden in einem sogenannten *Versionenpool* verwaltet.

Da mit den Versionen jeder Lesetransaktion der bei BOT gültige (und konsistente) DB-Zustand (Schnappschuss) zur Verfügung gestellt wird, ist für Lesetransaktionen keinerlei Synchronisation mehr erforderlich. Weiterhin brauchen sich andere Transaktionen nicht mehr gegen Lesetransaktionen zu synchronisieren. Damit reduziert sich sowohl die Konfliktwahrscheinlichkeit (und damit die Anzahl von Blockierungen und Rücksetzungen) als auch der Synchronisierungsaufwand (Anzahl von Sperranforderungen, Validierungen etc.). Die Serialisierbarkeit bleibt generell gewahrt.

Beispiel 12.8 Für den Schedule in Abb. 12.1a trat mit einem RX-Protokoll ein Sperrkonflikt auf (siehe Beispiel 12.2). In Kombination mit einem Mehrversionenkonzept wird der Lesezugriff von T_2 auf das Objekt y nun ohne Konflikt abgewickelt, da der Zugriff auf die ungeänderte Version erfolgt. Die sich ergebende Serialisierungsreihenfolge lautet jetzt $T_2 < T_3 < T_1$. □

Für die erheblichen Vorteile, die ein Mehrversionenkonzept bietet, muss zum einen in Kauf genommen werden, dass Lesetransaktionen (vor allem lange Leser) nicht immer die aktuellen Daten sehen. Zum anderen ist ein erhöhter Speicherplatzbedarf zur Haltung der Versionen sowie ein zusätzlicher Verwaltungsaufwand für den Versionenpool erforderlich.

Verwaltung eines Versionenpools

Bezüglich der Versionenpool-Verwaltung sind vor allem zwei Aufgaben zu behandeln, nämlich Bestimmung der zu lesenden Versionen sowie die Freigabe nicht mehr benötigter Versionen (garbage collection). Diese Aufgaben lassen sich relativ einfach durch Verwendung von Zeitstempeln lösen. Im zentralen Fall genügt dazu das Führen eines Transaktionszählers *TNC*. Beim Commit einer Änderungstransaktion wird der *TNC* inkrementiert und der Transaktion als Commit-Zeitstempel *cts* zugewiesen (ähnlich wie für BOCC+, Abb. 12.4b). Für jede Version eines geänderten Objektes wird ein Schreibzeitstempel *wts* geführt, der dem Commit-Zeitstempel der ändernden Transaktion entspricht. Für Lesetransaktionen wird dagegen beim Transaktionsbeginn der aktuelle *TNC*-Wert als BOT-Zeitstempel *bts* übernommen. Damit muss einer Lesetransaktion T für den Zugriff auf Objekt x die jüngste Version von x bereitgestellt werden, für die $wts(x) \leq bts(T)$ gilt. Änderungstransaktionen greifen stets auf die aktuellsten Objektversionen zu.

Um feststellen zu können, welche Versionen nicht mehr benötigt werden, wird der BOT-Zeitstempel der ältesten Lesetransaktion *MinBts* geführt. Eine Version x_i von Objekt x kann gelöscht werden, falls es eine neuere Version x_j gibt, sodass gilt:

$$wts(x_i) < wts(x_j) \leq MinBts \,.$$

Beispiel 12.9 In obigem Beispiel (Schedule von Abb. 12.1a) seien folgende Initialwerte gegeben: $wts(x_0) = 0, wts(y_0) = 0, TNC = 0$.

Die Lesetransaktion T_2 erhält den BOT-Zeitstempel $bts(T_2) = 0$; zugleich wird *MinBts* auf diesen Wert gesetzt. Für den Zugriff auf y wird daher die ungeänderte Version y_0 mit $wts(y_0) = 0$ ausgewählt. Beim Commit von T_3 wird *TNC* auf 1 inkrementiert und als Commit-Zeitstempel für T_3 zugewiesen ($cts(T_3) = 1$). Für die neue Version von Objekt x (x_1) gilt $wts(x_1) = 1$. Beim Commit von T_1 werden analog *TNC* auf 2 erhöht und eine neue Version y_1 mit $wts(y_1) = 2$ erzeugt. Am Ende von T_2 wird *MinBts* angepasst und überprüft, welche Versionen freigegeben werden können. Da zu diesem Zeitpunkt keine Lesetransaktion mehr läuft, wird *MinBts* auf den Wert ∞ gesetzt. Die alten Versionen x_0 und y_0 werden freigegeben, da in beiden Fällen neuere Versionen existieren, deren Schreibzeitstempel kleiner-gleich *MinBts* sind.   □

Leistungsuntersuchungen zeigten, dass mit solchen Mehrversionenverfahren die Leistungsfähigkeit in konflikträchtigen Anwendungen signifikant verbessert werden kann [9, 19]. In mit realen DB-Lasten vorgenommenen Untersuchungen zeigte sich zudem, dass die überwiegende Mehrzahl der Objektzugriffe ($> 90\,\%$) auf die aktuelle Version und die Mehrzahl der restlichen Zugriffe auf die nächstältere Version entfallen [19]. Der Umfang des Versionenpools kann daher meist klein gehalten werden. Eine zunehmende Zahl relationaler DBS unterstützt daher einen Mehrversionenansatz, u. a. Oracle, MS SQL-Server und Postgres. Auch für In-Memory-DBS ist die reduzierte Konfliktwahrscheinlichkeit des Mehrversionensynchronisationsansatzes von großem Vorteil; zudem lässt sich durch die im Hauptspeicher zugänglichen Objekte mit ihren Versionsnummern eine sehr effiziente Implementierung erreichen [27, 12, 28].

Snapshot Isolation

In den realen Implementierungen wird meist die eingangs erwähnte MVCC-Variante der *Snapshot Isolation* [6] unterstützt, bei der auch Änderungstransaktionen auf die bei Transaktionsbeginn gültigen Objektversionen oder auf die von ihnen selbst erzeugten Änderungen zugreifen. Die Synchronisation zwischen Änderungstransaktionen erfolgt dann ähnlich einer BOCC-artigen Synchronisation am Transaktionsende, wobei eine Änderungstransaktion T nur erfolgreich beendet werden kann, wenn ihr Write-Set disjunkt ist zu den Write-Sets der während der Laufzeit von T beendeten Transaktionen. Diese Strategie wird auch als *First Commiter Wins* bezeichnet. Mit diesem Ansatz werden zwar die meisten Mehrbenutzeranomalien vermieden, jedoch keine Serialisierbarkeit gewährleistet [6]. Eine in [8] vorgeschlagene Erweiterung (*Serializable Snapshot Isolation*) prüft zusätzlich Lese-Schreib-Abhängigkeiten zwischen Änderungstransaktionen und kann dadurch Serialisierbarkeit erzielen. Eine Implementierung davon erfolgte in PostgreSQL [35].

Bei der Übertragung einer Mehrversionensynchronisation auf verteilte Umgebungen ist vor allem zu klären, wie eine korrekte Vergabe von BOT- und Commit-Zeitstempeln gewährleistet werden kann, um Lesetransaktionen einen konsistenten DB-Schnappschuss zur Verfügung zu stellen. Hierfür bestehen wiederum zentralisierte als auch verteilte Realisierungsmöglichkeiten.

12.5.2 Mehrversionenansätze mit zentralisierter Kontrolle

Eine einfache Lösung dieses Problems besteht darin, den Zähler *TNC* auf einem dedizierten Knoten zu führen und die BOT- und Commit-Zeitstempel dort anzufordern. Der Commit-Zeitstempel wird dabei erst zugewiesen, nachdem das Durchkommen der Änderungstransaktion sichergestellt ist (nach Phase 1 des Commit-Protokolls). Er wird in der zweiten Commit-Phase allen Teiltransaktionen zur Vergabe der Versionsnummern für geänderte Objekte mitgeteilt. Am zentralen Knoten können auch für jeden Rechner die BOT-Zeitstempel der ältesten Lesetransaktionen (*MinBts*) vermerkt werden. Diese Angaben müssen nicht immer aktuell sein, sondern die Rechner können die betreffenden Änderungen asynchron (z. B. gebündelt mit Zeitmarkenanforderungen) mitteilen. Ebenso kann der zentrale Knoten das globale Minimum asynchron an die einzelnen Rechner weiterleiten, damit dort die nicht mehr benötigten Versionen ermittelt werden können.

Die Nutzung einer zentralisierten Zeitstempelverwaltung erfolgte bei der Realisierung einer Mehrversionensynchronisation für die Key Value Stores BigTable und HBase [34, 23]. Für BigTable wurde im Rahmen der *Percolator*-Implementierung [34] ein zentraler Timestamp-Service für die Zuteilung eindeutiger BOT- und Commit-Zeitstempel genutzt. Zur Synchronisation werden Zeitstempel sowie Sperren in eigenen Spalten in den vom BigTable-Subsystem geführten Tabellen verwendet. Die Synchronisation der Änderungstransaktionen erfolgt nicht zentralisiert, sondern verteilt im Rahmen des Zwei-Phasen-Commit. Dabei brechen sich Transaktionen in Phase 1 ab, wenn sie für beabsichtige Änderungen eine bereits erfolgte oder geplante Änderung mit jüngerem Zeitstempel feststellen. Für Lesetransaktionen entfällt das Commit-Protokoll, jedoch müssen sie ggf. auf die Freigabe einer noch in Vorbereitung befindlichen Änderung einer Transaktion mit kleinerem Commit-Zeitstempel als ihrem BOT-Zeitstempel warten.

Die HBase-basierte Implementierung von Snapshot Isolation in [23] ist dagegen vollständig zentralisiert. Neben der Vergabe der BOT- und Commit-Zeitstempel erfolgt auch die BOCC-artige Erkennung von Synchronisationskonflikten an einem zentralen Knoten. Hierzu wird einfach geprüft, ob für ein von einer Änderungstransaktion T gelesenes Objekt eine Version existiert, deren aktuelle Version jünger ist als der BOT-Zeitstempel von T. Wenn dies nicht der Fall ist, entspricht der BOT-Zustand der Datenbank (bis auf eigene Änderungen) dem bei EOT gültigen Zustand, d. h., es gibt keine Konflikte mit anderen Änderungstransaktionen. Anderenfalls wird die Änderungstransaktion abgebrochen.

12.5.3 Verteilte Mehrversionensynchronisation

Die zentralisierten Ansätze sind vergleichsweise einfach realisierbar, weisen jedoch wieder die bekannten Nachteile hinsichtlich Verfügbarkeit und Knotenautonomie auf. Zudem entstehen zusätzliche Kommunikationsverzögerungen zum Start und Abschluss von Transaktionen. Die Hauptschwierigkeit bei vollständig verteilten MVCC-Realisierungen liegt darin, Lesetransaktionen einen konsistenten DB-Schnappschuss zur Verfügung zu stellen, obwohl zur Zeitstempelvergabe keine zentralen, monoton wachsenden Zähler mehr geführt werden können. Die lokale Vergabe global eindeutiger Zeitstempel, bestehend aus lokaler Uhrzeit und Knoten-ID, ist problematisch, da nur innerhalb eines Rechners – nicht jedoch rechnerübergreifend – monoton wachsende Zeitstempel gewährleistet sind. Eine Folge davon ist, dass für eine Lesetransaktion mit lokal bestimmtem BOT-Zeitstempel t an anderen Rechnern eventuell noch nicht alle Versionen mit einem Zeitstempel kleiner als t erzeugt worden sind. Zudem gibt es wiederum das Problem unsicherer Änderungen aufgrund verteilter Änderungstransaktionen. Schließlich müssen Rechner eventuell viele alte Objektversionen vorhalten, um Anforderungen externer Transaktionen mit sehr altem BOT-Zeitstempel bedienen zu können.

Beispiel 12.10 Im Schedule von Abb. 12.6 wird die globale Lesetransaktion T_1 in Rechner 1 zum lokalen Zeitpunkt t gestartet. Ihre Teiltransaktion in Rechner 2 startet zum Zeitpunkt t', der aufgrund unsynchronisierter Uhrzeiten jedoch vor t liegt. Somit kann in Rechner 2 eine (lokale) Änderungstransaktion T_2 noch vor dem lokalen Zeitpunkt t die für die Transaktion T_1 relevante Änderung von Objekt z vornehmen. Es muss daher entweder der Lesezugriff $r(z)$ für T_1 bis zum Zeitpunkt t auf Rechner 2 verzögert werden oder T_2 müsste einen größeren Commit-Zeitstempel als t erhalten.   □

Die effektive Realisierung einer verteilten Mehrversionensynchronisation erfordert eine Synchronisation der lokalen Uhrzeiten bzw. Zeitstempelvergabe. Hierzu können z. B. Protokolle zur Synchronisation der physischen Uhrzeiten eingesetzt werden, die eine maximale Abweichung der Uhren um eine bestimmte, kleine Zeitspanne garantieren, z. B. das Network Time Protocol (www.ntp.org). Alternativ kann analog zu dem Lamport-Ansatz [26] eine Verwendung logischer Uhrzeiten eingesetzt werden, die sich auf Ba-

Abb. 12.6 MVCC-Problem
mit unsynchronisierter Zeitstempelvergabe

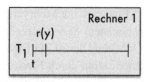

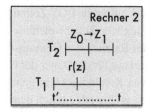

sis zwischen den Rechnern ohnehin ausgetauschter Nachrichten synchronisieren. So kann bei der Vergabe der Commit-Zeitstempel darauf geachtet werden, dass diese größer sind als die BOT-Zeitstempel aller zuvor an einem Rechner ausgeführten (externen) Lesetransaktionen (damit würde das Problem in obigem Beispiel ohne Verzögerung für die Lesetransaktion behandelt werden). Weiterhin muss ein lokal vergebener Commit-Zeitstempel größer sein als die Commit-Zeitstempel, die zuvor aufgrund von verteilten Commit-Ausführungen globaler Änderungstransaktionen bekannt wurden.

Eine mögliche Realisierung sieht vor, für eine globale Änderungstransaktion T bei Transaktionsende am Heimat- oder Koordinatorknoten zunächst nur einen vorläufigen, lokalen Commit-Zeitstempel (precommit timestamp), $pcts(T)$, festzulegen, der in Phase 1 des Commit-Protokolls an die beteiligten Rechner propagiert wird. Der endgültige Commit-Zeitstempel wird nach Rückmeldung der beteiligten Knoten bestimmt, sodass er größer ist als alle an den involvierten Rechnern bekannten BOT- und Commit-Zeitstempel. Der endgültige Commit-Zeitstempel, $cts(T)$, wird in der zweiten Commit-Phase an die beteiligten Rechner mitgeteilt.

Eine solche Vergabe von Commit-Zeitstempeln hat Auswirkungen auf Lesetransaktionen, da die Auswahl einer Objektversion vom endgültigen Commit-Zeitstempel abhängt. Weiterhin sind die Änderungen einer Transaktion, die noch keinen endgültigen Commit-Zeitstempel besitzt, unsicher, da die Transaktion möglicherweise noch abgebrochen wird. Die unsicheren Änderungen einer globalen Änderungstransaktion T mit vorläufigem Commit-Zeitstempel $pcts$ sind relevant für Lesetransaktionen T_j, für die gilt: $bts(T_j) > pcts(T)$. Hier empfiehlt es sich wiederum, die Lesezugriffe so lange zu blockieren, bis der Transaktionsausgang sowie der endgültige Commit-Zeitstempel für T feststeht.

Zur Freigabe von alten Objektversionen muss der BOT-Zeitstempel der ältesten Lesetransaktion im System bekannt sein. Hierzu ist es bei verteilter Realisierung des Mehrversionenansatzes erforderlich, dass jeder Knoten seinen lokalen *MinBts*-Wert systemweit propagiert (z. B. gebündelt mit Nachrichten für das Commit-Protokoll). Damit kann in jedem Rechner eine Approximation des globalen Minimums geführt werden.

Eine verteilte Mehrversionensynchronisation wurde u. a. in Googles verteiltem Datenbanksystem *Spanner* realisiert, das eine Skalierbarkeit für Millionen von Knoten unter Einhaltung der ACID-Eigenschaften anstrebt [10, 29]. Es wird dabei eine enge Uhrensynchronisation durch Einsatz von Atomuhren und GPS mit einer maximalen Abweichung *Eps* von unter 10 ms unterstützt. Reine Lesetransaktionen lesen damit an jedem Knoten die zu ihrem BOT-Zeitpunkt gültige Version, wobei eine Verzögerung um die maximal mögliche Zeitabweichung *Eps* in Kauf genommen wird. Änderungstransaktionen werden im Rahmen des Commit-Protokolls mit Sperren synchronisiert. Die Sperren werden dabei nur für die Dauer der Commit-Verarbeitung gehalten, wodurch die Wahrscheinlichkeit von Konflikten klein gehalten wird. Die Commit-Zeitmarke einer verteilten Transaktion ist größer oder gleich dem Maximum der von jeder Teiltransaktion kommenden Prepare-Zeitpunkte. In [13] wird ein alternativer Ansatz zur verteilten Mehrversionensynchronisation mit synchronisierten Uhren vorgestellt. Dabei wird für Änderungstransaktionen eine verteilte BOCC-artige Synchronisation zur Sicherstellung der Snapshot Isolation realisiert, ähnlich wie in Abschn. 12.4.3 besprochen.

12.6 Deadlock-Behandlung

Eine mit Sperrverfahren einhergehende Interferenz ist die Gefahr von Verklemmungen oder Deadlocks, deren charakterisierende Eigenschaft eine zyklische Wartebeziehung zwischen zwei oder mehr Transaktionen ist. Im verteilten Fall können diese Verklemmungen zwischen Transaktionen verschiedener Rechner auftreten, sodass es zu sogenannten *globalen Deadlocks* kommt.

Beispiel 12.11 In einer Bankanwendung kann es zu einem globalen Deadlock zwischen zwei Überweisungstransaktionen kommen, die auf dieselben Konten K_1 (an Rechner R_1) und K_2 (an Rechner R_2) zugreifen wollen (Abb. 12.7). Dabei beabsichtigt die in R_1 gestartete Transaktion T_1 eine Überweisung von K_1 nach K_2, die Transaktion T_2 in R_2 eine Überweisung von K_2 nach K_1. T_1 erwirbt zunächst eine Schreibsperre auf K_1 und führt die Kontoänderung durch, danach startet sie eine Teiltransaktion in R_2, um auf K_2 zuzugreifen. Die entsprechende Sperranforderung führt jedoch zu einem Konflikt, da T_2 bereits eine Schreibsperre auf K_2 erworben hat. T_2 hat unterdessen eine Teiltransaktion in R_1 gestartet, um Konto K_1 zu ändern; diese Teiltransaktion gerät jedoch in einen Konflikt mit T_1. Beide Transaktionen blockieren sich nunmehr gegenseitig; die Situation kann nur durch Rücksetzung einer der Transaktionen behoben werden.   □

Zur Deadlock-Behandlung in zentralisierten sowie in Verteilten DBS kommen einige generelle Strategien in Betracht: Verhütung, Vermeidung, Timeout, Erkennung sowie hybride Strategien. Diese Alternativen werden im Folgenden näher diskutiert. Besonderheiten für Verteilte DBS ergeben sich vor allem bezüglich der Deadlock-Erkennung.

Abb. 12.7 Beispiel eines globalen Deadlocks

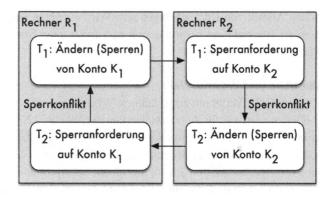

12.6.1 Deadlock-Verhütung und -Vermeidung

Die *Deadlock-Verhütung* (prevention) ist dadurch gekennzeichnet, dass die Entstehung von Deadlocks verhindert wird, ohne dass dazu Maßnahmen während der Abarbeitung und dem Objektzugriff der Transaktionen erforderlich sind. In diese Kategorie fallen v. a. die sogenannten *Preclaiming*-Sperrverfahren, bei denen eine Transaktion alle benötigten Sperren bereits bei BOT anfordern muss. Verklemmungen können dabei umgangen werden, indem jede Transaktion ihre Sperren in einer global festgelegten Reihenfolge anfordert, da dann keine zyklischen Wartebeziehungen entstehen können. Für Beispiel 12.11 müssten so beide Transaktionen die Konten in derselben Reihenfolge sperren, z. B. zunächst K_1 und dann K_2. Durch den Sperrkonflikt für K_1 würde die zweite Transaktion blockiert werden, bis die erste Transaktion beendet wird und die Sperre freigibt. Ein Deadlock und eine Rücksetzung würden somit verhindert.

Das Kernproblem der Deadlock-Verhütung ist jedoch, dass bei Beginn einer Transaktion i. Allg. nur Obermengen der zu referenzierenden Objekte (z. B. ganze Relationen) bekannt sind. Der somit verursachte Grad an Sperrkonflikten ist jedoch in der Regel inakzeptabel. Im verteilten Fall kommt als weiterer Nachteil hinzu, dass für nicht lokal verwaltete Objekte vor Transaktionsbeginn eigene Kommunikationsvorgänge für die Sperranforderungen erforderlich sind. Wegen dieser Schwächen hat der Preclaiming-Ansatz für DBS keine praktische Relevanz. Wir gehen daher im Weiteren davon aus, dass Sperren stets während der Transaktionsverarbeitung (unmittelbar vor einem Objektzugriff) angefordert werden.

Bei der *Deadlock-Vermeidung* (avoidance) werden potenzielle Deadlocks im Voraus erkannt und durch entsprechende Maßnahmen vermieden; im Gegensatz zur Verhütung ist also eine Laufzeitunterstützung zur Deadlock-Behandlung erforderlich. Die Vermeidung der Deadlocks erfolgt generell durch Zurücksetzen von möglicherweise betroffenen Transaktionen. Ein einfacher Vermeidungsansatz wäre, im Falle eines Sperrkonfliktes die in Konflikt geratene Transaktion bzw. den Sperrbesitzer abzubrechen, sodass keine Blockierungen auftreten. Dieser „Immediate Restart"-Ansatz scheidet jedoch aufgrund der hohen Anzahl von Rücksetzungen aus. Wir betrachten stattdessen Alternativen, welche weniger Rücksetzungen verursachen und Zeitmarken bzw. Zeitintervalle zur Deadlock-Vermeidung verwenden.

Wait/Die und Wound/Wait

Zwei einfache Verfahren zur Deadlock-Vermeidung sind *Wait/Die* und *Wound/Wait* [37]. Bei ihnen wird wie für Zeitmarkenverfahren (Abschn. 12.3) jeder Transaktion T bei BOT eine global eindeutige Zeitmarke $ts(T)$ zugewiesen, wobei hier die Kombination aus lokaler Uhrzeit und Knoten-ID ausreicht. Im Gegensatz zu den Zeitmarkenverfahren erfolgt jetzt die Synchronisation jedoch mit einem Sperrprotokoll. Die Transaktionszeitmarken werden lediglich im Falle eines Sperrkonfliktes herangezogen, um Deadlocks zu vermeiden. Dies kann erreicht werden, wenn vorgeschrieben wird, dass bei einem Sperrkonflikt stets nur die ältere (bzw. die jüngere) der beteiligten Transaktionen warten darf und anderenfalls der Konflikt durch Rücksetzung einer Transaktion aufgelöst wird. Denn dann kann sich keine zyklische Wartebeziehung mehr bilden.

Die bei Wait/Die bzw. Wound/Wait verwendete Behandlung von Sperrkonflikten zeigt Abb. 12.8. Im *Wait/Die-Verfahren* (Abb. 12.8 oben) darf die die Sperre anfordernde Transaktion T_i nur dann warten, wenn sie älter ist als die Transaktion T_j, welche die Sperre besitzt. Ist dagegen T_i jünger als T_j, so muss T_i „sterben" (*die*), d. h., sie wird zurückgesetzt. Damit warten bei diesem Ansatz stets ältere Transaktionen auf jüngere, jedoch nicht umgekehrt. Im Wound/Wait-Verfahren (Abb. 12.8 unten) dagegen warten stets jüngere Transaktionen auf ältere. Ist die anfordernde Transaktion T_i älter als der Sperrbesitzer T_j, so wird jedoch nicht die anfordernde Transaktion, sondern der Sperrbesitzer abgebrochen („verwundet", *wound*). Es handelt sich dabei also um einen preemptiven Ansatz[1]. Beide Strategien vermeiden Deadlocks ohne zusätzliche Kommunikationsvorgänge, da die Zeitstempel lokal zugewiesen und die Zeitstempelvergleiche im Konfliktfall lokal durchgeführt werden können. Es kann allerdings zu Rücksetzungen kommen, ohne dass ein Deadlock vorliegt.

Beispiel 12.12 Für den Schedule in Abb. 12.1a tritt mit einem RX-Protokoll ein Sperrkonflikt auf (Beispiel 12.2), es liegt jedoch kein Deadlock vor. Für Wait/Die wird der Sperrkonflikt dennoch durch Rücksetzung von T_2 aufgelöst, da T_2 jünger als T_1 ist. Für Wound/Wait dagegen wartet T_2 auf die Sperrfreigabe durch T_1. $\quad\square$

Beispiel 12.13 Für den in Abb. 12.7 gezeigten Deadlock (Beispiel 12.11) sei T_1 älter als T_2, d. h., $ts(T_1) < ts(T_2)$. Bei Wait/Die wartet T_1 beim Sperrkonflikt in Rechner R_2, da sie älter als T_2 ist. Dagegen muss T_2 beim Sperrkonflikt in R_1 sterben. Bei Wound/Wait

---

[1] Bei Wound/Wait kann auf das Zurücksetzen des Sperrbesitzers verzichtet werden, wenn (lokal) erkannt wird, dass diese Transaktion nicht blockiert ist, da dann kein Deadlock möglich ist. Insbesondere kann das Zurücksetzen entfallen, wenn die Transaktion sich bereits in der Commit-Behandlung befindet und die Sperren daher ohnehin bald freigibt.

```
1 if ts (Tᵢ)<ts (Tⱼ) then
2 |   wait (Tᵢ);
3 else
4 |   rollback (Tᵢ)      // „Die"
5 end
```

Wait/Die

```
1 if ts (Tᵢ)<ts (Tⱼ) then
2 |   rollback (Tⱼ)      // „Wound"
3 else
4 |   wait (Tᵢ);
5 end
```

Wound/Wait

Abb. 12.8 Konfliktbehandlung bei Wait/Die und Wound/Wait (Sperranforderung von T_i gerät in Konflikt mit T_j)

wird beim Sperrkonflikt von T_1 in R_2 der jüngere Sperrbesitzer T_2 verwundet, also zurückgesetzt. In beiden Fällen wird der Deadlock also durch Rücksetzen der jüngeren Transaktion T_2 aufgelöst. □

Bei Wait/Die und Wound/Wait werden im Gegensatz zu den Zeitmarkenverfahren (Abschn. 12.3) ältere Transaktionen bevorzugt, da im Falle einer Rücksetzung stets die jüngere der am Konflikt beteiligten Transaktionen zurückgesetzt wird. Daher empfiehlt es sich generell, bei Wait/Die und Wound/Wait nach einer Rücksetzung die ursprüngliche Zeitmarke beizubehalten, um die Wahrscheinlichkeit weiterer Rücksetzungen zu begrenzen. Die Bevorzugung älterer Transaktionen ist besonders ausgeprägt bei Wound/Wait, wo sogar der Sperrbesitzer abgebrochen wird, falls er jünger ist als die anfordernde Transaktion. Bei Wait/Die ist das Durchkommen älterer Transaktionen auch gesichert, jedoch nimmt mit zunehmendem Alter die Wahrscheinlichkeit von Blockierungen zu. Bei Wait/Die sollte eine zurückgesetzte Transaktion T_2 auch erst dann wieder gestartet werden, wenn die in Konflikt stehende, ältere Transaktion T_1 beendet ist. Denn anderenfalls würde beim erneuten Zugriff auf das betreffende Objekt wiederum ein Abbruch von T_2 erfolgen. Diese Gefahr besteht bei Wound/Wait nicht, da hier der (jüngere) Sperrbesitzer zurückgesetzt wird. Bei einem erneuten Zugriff auf das Objekt während der Wiederausführung erfolgt für die jüngere, anfordernde Transaktion jedoch keine Rücksetzung, sondern sie kann auf die Sperrfreigabe warten.

In der Simulationsstudie [4] zeigte Wound/Wait ein konsistent besseres Leistungsverhalten als Wait/Die. Der Wound/Wait-Ansatz wird in Google Spanner zur Deadlock-Vermeidung genutzt [10].

Dynamische Zeitmarken und Zeitintervalle

Wait/Die und Wound/Wait basieren beide auf statischen Zeitmarken, da sie während der Ausführung der Transaktion nicht mehr geändert werden. In [5] wurde die Verwendung *dynamischer Zeitmarken* vorgeschlagen, wobei Transaktionen zunächst ohne Zeitmarke gestartet werden. Erst wenn der erste Konflikt mit einer anderen Transaktion erfolgt, wird eine Transaktionszeitmarke bestimmt. Dabei kann stets eine Zeitmarke gewählt werden, sodass der Konflikt ohne Rücksetzung überstanden wird. Damit überlebt eine Transaktion zumindest den ersten Sperrkonflikt, womit die Anzahl von Rücksetzungen gegenüber der Verwendung statischer Zeitmarken reduziert wird.

Beispiel 12.14 Für den Schedule in Abb. 12.1a verursachte Wait/Die die Rücksetzung von T_2, obwohl kein Deadlock vorlag (Beispiel 12.13). Diese Rücksetzung kann mit dynamischen Zeitmarken vermieden werden, da die Zuordnung der Zeitmarken für T_1 sowie T_2 erst vorgenommen wird, wenn es aufgrund des Lesezugriffs von T_2 zum Sperrkonflikt mit T_1 kommt. Im Falle von Wait/Die weist man T_2 zu diesem Zeitpunkt eine kleinere Zeitmarke als T_1 zu, sodass T_2 auf die Sperre warten kann, anstatt zurückgesetzt zu werden. □

Eine Verallgemeinerung der Nutzung dynamischer Zeitmarken stellt die Verwendung von Zeitintervallen dar [5]. Dabei wird jeder Transaktion anstelle einer Zeitmarke ein Zeitintervall zugeordnet, das die mögliche Position der Transaktion in der Serialisierungsreihenfolge eingrenzt. Das zunächst unendliche Zeitintervall wird bei jedem Sperrkonflikt dynamisch verkleinert. Ein leeres Zeitintervall, das eine Rücksetzung erzwingt, ergibt sich für eine Transaktion erst bei einem Sperrkonflikt mit einer Transaktion mit disjunktem Zeitintervall, welches in falscher zeitlicher Relation zum eigenen Intervall steht. Durch geschickte Wahl der Zeitintervalle kann das Ausmaß unnötiger Rücksetzungen jedoch i. Allg. geringer als mit statischen oder dynamischen Zeitintervallen gehalten werden [31]. Dafür ergibt sich eine höhere Komplexität der Realisierung.

12.6.2 Timeout-Verfahren

Bei diesem sehr einfachen und billigen Verfahren wird eine Transaktion zurückgesetzt, sobald ihre Wartezeit auf eine Sperre eine festgelegte Zeitschranke (Timeout) überschreitet. Da ein Deadlock von alleine nicht verschwindet, wird irgendwann der Timeout überschritten, sodass jeder Deadlock aufgelöst wird. Das Hauptproblem mit diesem Ansatz ist die geeignete Wahl des Timeout-Wertes. Wird er hoch angesetzt, werden Deadlocks erst nach längerer Zeit aufgelöst, sodass die betroffenen Transaktionen unnötig lange blockiert sind. Ein kleiner Wert dagegen kann zu einer hohen Anzahl unnötiger Rücksetzungen von Transaktionen führen, ohne dass also ein Deadlock vorliegt. Ein akzeptabler Mittelwert hängt von vielen sich ändernden Faktoren ab wie der Lastzusammensetzung, Konfliktwahrscheinlichkeit und der Verfügbarkeit und Auslastung der Rechner und Kommunikationsverbindungen.

Abb. 12.9 Beispiel eines Wartegraphen

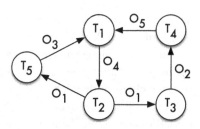

Mehrere Leistungsstudien zeigten, dass der Timeout-Ansatz nur im Falle geringer Kon-
flikthäufigkeit hinreichend stabil ist, ansonsten jedoch eine sehr hohe Anzahl von Rücksetzungen verursacht [4, 21]. Dennoch wird der Timeout-Ansatz aufgrund seiner einfachen
Realisierbarkeit in vielen kommerziellen DBS eingesetzt.

12.6.3   Deadlock-Erkennung

Bei der *Deadlock-Erkennung* (detection) werden sämtliche Wartebeziehungen akti-
ver Transaktionen explizit in einem *Wartegraphen* (*wait-for graph*) protokolliert und
Verklemmungen durch Zyklensuche in diesem Graphen erkannt. Im Gegensatz zum
Serialisierungs- oder Abhängigkeitsgraphen sind im Wartegraphen nur aktive Transaktionen berücksichtigt, die an einem Sperrkonflikt beteiligt sind. Die Auflösung eines
Deadlocks geschieht durch Rücksetzung einer oder mehrerer der am Zyklus beteiligten
Transaktionen. Die Deadlock-Erkennung ist zwar im Vergleich zu Vermeidungs- oder Ti-
meout-Strategien am aufwendigsten, dafür kommt sie mit den wenigsten Rücksetzungen
aus. Dies bewirkte in quantitativen Untersuchungen [4] die beste Leistungsfähigkeit für
zentralisierte DBS, wo die Deadlock-Erkennung auch relativ einfach realisiert werden
kann [3, 22].

Beispiel 12.15 Abbildung 12.9 zeigt ein Beispiel eines Wartegraphen. Die Kanten zwischen den Transaktionen sind mit dem Objekt gekennzeichnet, für das der Konflikt auftrat.
Für die Sperranforderung von T_2 auf Objekt O_1 liegt ein Konflikt mit zwei Transaktionen
vor, z. B. aufgrund gewährter Lesesperren. In dem gezeigten Szenario liegen zwei Dead-
locks vor: $T_1 \rightarrow T_2 \rightarrow T_3 \rightarrow T_4 \rightarrow T_1$ sowie $T_1 \rightarrow T_2 \rightarrow T_5 \rightarrow T_1$. Die Rücksetzung
von T_2 würde beide Deadlocks auflösen.   □

Die Zyklensuche kann bei jedem Sperrkonflikt vorgenommen werden (continous deadlock detection) oder in periodischen Zeitabständen. Im ersteren Fall wird ein Deadlock
zum frühestmöglichen Zeitpunkt aufgelöst; zudem vereinfacht sich die Suche, da i. Allg.
nur ein Teil des Graphen zu berücksichtigen ist. Bei der periodischen Zyklensuche ist
stets der ganze Graph zu durchsuchen, dafür kann der Aufwand durch eine seltenere Ausführung begrenzt werden. Allerdings ergibt sich dann wieder eine verzögerte Auflösung
von Deadlocks ähnlich wie bei einem Timeout-Ansatz. Bei der Auswahl der „Opfer" kön-

nen verschiedene Kriterien herangezogen werden, z. B. Minimierung des Arbeitsverlustes oder Einfachheit der Opferbestimmung. Wird bei einem Sperrkonflikt jeweils sofort eine Deadlock-Erkennung vorgenommen, kann ein neuer Deadlock einfach durch Rücksetzung der in den Konflikt geratenen Transaktion umgangen werden. Dies ist im verteilten Fall jedoch nicht mehr möglich.

Die Deadlock-Erkennung in Verteilten DBS ist weitaus aufwendiger als in zentralisierten DBS, da Kommunikationsvorgänge zur Mitteilung von Wartebeziehungen notwendig werden. Zudem ist es schwierig, überhaupt eine korrekte Deadlock-Erkennung zu realisieren, da jeder Knoten nur bezüglich lokaler Transaktionen die aktuelle Wartesituation kennt. Warteinformationen bezüglich externer Transaktionen sind dagegen aufgrund zeitlicher Verzögerungen bei der Übertragung i. Allg. veraltet. So konnte für viele Verfahrensvorschläge gezeigt werden, dass sie „falsche" Deadlocks (Phantom-Deadlocks) erkennen und somit Transaktionen zurücksetzen, ohne dass ein Deadlock vorliegt [7]. Vielfach werden auch globale Deadlocks mehrfach erkannt, was ebenfalls zu unnötigen Rücksetzungen führt.

Im Folgenden diskutieren wir verschiedene zentrale und verteilte Ansätze zur globalen Deadlock-Erkennung.

Zentrale Deadlock-Erkennung

Hierbei wird in einem zentralen Knoten ein globaler Wartegraph geführt und auf Zyklen durchsucht. Um den Kommunikations-Overhead einzugrenzen, schickt jeder Rechner die bei ihm entstehenden Wartebeziehungen in periodischen Zeitabständen an den zentralen Knoten (Nachrichtenbündelung). Dieser vervollständigt damit seinen Wartegraph und startet die Zyklensuche. Da der globale Wartegraph wegen der Nachrichtenverzögerungen i. Allg. nicht auf dem aktuellsten Stand ist, werden Deadlocks nicht nur verspätet entdeckt, es können auch Phantom-Deadlocks erkannt und damit unnötige Rücksetzungen verursacht werden. Die Sonderrolle des für die Deadlock-Erkennung zuständigen Rechners bewirkt zudem ähnliche Probleme bezüglich Verfügbarkeit und Rechnerautonomie wie bei einem zentralen Sperrverfahren. Nach einem Ausfall des zentralen Knotens könnte jedoch leicht ein anderer dessen Funktion übernehmen bzw. auf ein Timeout-Verfahren umgestellt werden.

Eine zentrale Deadlock-Erkennung wurde in *Distributed Ingres* vorgenommen [38].

Verteilte Deadlock-Erkennung

Eine verteilte Deadlock-Erkennung vermeidet die Abhängigkeiten zu einem zentralen Knoten, ist dafür jedoch wesentlich schwieriger zu realisieren. Insbesondere kann es zur Mehrfacherkennung globaler Deadlocks kommen und Warteinformationen sind ggf. über mehrere Rechner zu propagieren, bis ein globaler Deadlock erkannt wird. Ein Überblick zu den zahlreichen Verfahrensvorschlägen findet sich in [14, 24]. Wir beschränken uns hier auf die Beschreibung des im Prototyp R* implementierten Verfahrens von Obermarck [32, 30]. Es hat den großen Vorteil, dass lediglich eine Nachricht benötigt wird, um globale Deadlocks aufzulösen, an denen zwei Rechner beteiligt sind. Dies ist der wichtigste Typ von globalen Deadlocks, da typischerweise die meisten Deadlocks (> 90 %) nur Zykluslänge 2 aufweisen [17]. Eine zentrale Deadlock-Erkennung hätte bereits zur Übertragung der Wartebeziehungen einen höheren Aufwand erfordert.

Das *Obermarck-Verfahren* geht davon aus, dass in jedem Rechner ein spezieller Prozess („deadlock detector") mit der Deadlock-Erkennung beauftragt ist und mit den entsprechenden Prozessen der anderen Rechner kommuniziert. Jeder dieser Prozesse führt einen lokalen Wartegraphen, in dem sämtliche Wartebeziehungen lokaler und externer Transaktionen hinsichtlich der an diesem Rechner verwalteten Objekte geführt werden. Damit lassen sich lokale Deadlocks sofort und ohne Kommunikation erkennen. Im Wartegraphen wird ein spezieller Knoten **EXTERNAL** geführt, der Wartebeziehungen zu Teiltransaktionen auf anderen Rechnern kennzeichnet. Für eine externe Teiltransaktion T_j wird stets eine Wartebeziehung **EXTERNAL** $\rightarrow T_j$ aufgenommen, da möglicherweise an anderen Rechnern auf Sperren von T_j gewartet wird. Eine Wartebeziehung $T_i \rightarrow$ **EXTERNAL** wird ferner eingeführt, sobald Transaktion T_i eine externe Teiltransaktion startet, da diese möglicherweise in einen Konflikt gerät. Ein *potenzieller* globaler Deadlock wird durch einen Zyklus im lokalen Wartegraphen angezeigt, an dem der **EXTERNAL**-Knoten beteiligt ist:

$$\textbf{EXTERNAL} \rightarrow T_1 \rightarrow T_2 \rightarrow \ldots \rightarrow T_n \rightarrow \textbf{EXTERNAL} \,.$$

Um festzustellen, ob tatsächlich ein globaler Deadlock vorliegt, wird die Warteinformation an den Rechner weitergeleitet, an dem Transaktion T_n die Teiltransaktion gestartet hatte. Nach Empfang solcher Warteinformationen vervollständigt der zuständige Prozess seinen Wartegraphen und führt darauf eine Zyklensuche durch. Zur Erkennung eines globalen Deadlocks kann dazu erneut die Weiterleitung der erweiterten Warteinformation an einen anderen Rechner erforderlich sein. Wird ein vollständiger Zyklus festgestellt, erfolgt die Rücksetzung einer der beteiligten Transaktionen. Dabei sollte, wenn möglich, eine lokale Transaktion ausgewählt werden, um den Deadlock möglichst schnell zu beheben [30].

Ein Problem mit dem skizzierten Verfahren liegt darin, dass sich im Falle eines globalen Deadlocks an jedem der beteiligten Rechner ein Zyklus mit dem **EXTERNAL**-Knoten ergibt. Wenn jetzt jeder dieser Rechner seine Warteinformation zur globalen Deadlock-Erkennung wie oben beschrieben weitergibt, führt dies jedoch zu einem unnötig hohen Kommunikationsaufwand sowie zur mehrfachen Erkennung eines globalen Deadlocks. Zur Abschwächung dieses Problems wird jeder Transaktion T wiederum eine global eindeutige Zeitmarke $ts(T)$ mitgegeben. Die Weiterleitung der Warteinformation in obiger Situation wird damit nur dann vorgenommen, wenn $ts(T_n) < ts(T_1)$ gilt. Damit wird bei einem globalen Deadlock mit zwei Rechnern gewährleistet, dass nur einer der beiden Rechner die Warteinformation weiterleitet. Bei mehr als zwei Rechnern ist es jedoch weiterhin möglich, dass ausgehend von mehr als einem Rechner die Warteinformation weitergegeben wird.

Beispiel 12.16 Für den in Abb. 12.7 gezeigten Deadlock (Beispiel 12.11) bildet sich in Rechner R_1 folgender Zyklus:

$$\text{EXTERNAL} \rightarrow T_2 \rightarrow T_1 \rightarrow \text{EXTERNAL} ,$$

in R_2 dagegen

$$\text{EXTERNAL} \rightarrow T_1 \rightarrow T_2 \rightarrow \text{EXTERNAL} .$$

Wenn $ts(T_1) < ts(T_2)$ gilt, dann sendet lediglich R_1 seine Warteinformation an R_2, nicht jedoch umgekehrt. In R_2 wird der Wartegraph vervollständigt und der Zyklus $T_1 \rightarrow T_2 \rightarrow T_1$ entdeckt. Der Deadlock wird durch Rücksetzen der lokalen Transaktion T_2 aufgelöst.   □

Der Obermarck-Algorithmus benötigt maximal $N \cdot (N - 1)/2$ Nachrichten für einen sich über N Rechner erstreckenden globalen Deadlock. Für $N = 2$ fällt also lediglich eine Nachricht an. Allerdings kann es zur Erkennung „falscher" Deadlocks kommen, da die Wartegraphen der einzelnen Rechner i. Allg. unterschiedliche Änderungszustände reflektieren [14].

12.6.4 Hybride Strategien

Die Diskussion der vorgestellten Verfahren zur Deadlock-Behandlung zeigt, dass alle Vor- und Nachteile aufweisen. So sprechen vor allem Gründe der Einfachheit sowie das Umgehen zusätzlicher Nachrichten für eine Deadlock-Vermeidung oder einen Timeout-Ansatz. Diese verursachen jedoch u. U. eine hohe Anzahl unnötiger Rücksetzungen. Erkennungsansätze dagegen erlauben i. d. R. die geringste Anzahl von Rücksetzungen, sind jedoch schwierig zu realisieren und führen Kommunikationsaufwand ein. Vielversprechend erscheinen daher hybride Ansätze, um die Vorteile der einzelnen Verfahrensklassen zu vereinen.

Ein möglicher Ansatz hierzu sieht eine explizite Erkennung von lokalen Deadlocks vor, die also nur Objekte eines Rechners betreffen. Zur Behandlung globaler Deadlocks dagegen wird auf einen einfachen und billigen Vermeidungs- oder Timeout-Ansatz zurückgegriffen. Eine solche Vorgehensweise bewahrt den Vorteil der Einfachheit und vermeidet Kommunikation zur Deadlock-Behandlung. Außerdem ist davon auszugehen, dass die meisten Deadlocks nur Transaktionen eines Rechners berühren (und somit explizit erkannt werden), da ein Deadlock wie erwähnt meist nur zwei Transaktionen betrifft und häufig eine hohe Lokalität im Referenzverhalten erreicht wird. Daher ist eine hybride Strategie z. B. mit einem Timeout-Ansatz zur Auflösung globaler Deadlocks umso angebrachter, je höher die erzielbare Lokalität ist.

12.7 Übungsaufgaben

Übung 12.1 (Schmutzige vs. unsichere Änderungen)
Erläutern Sie den Unterschied zwischen schmutzigen und unsicheren Änderungen. Wieso ist bei optimistischer Synchronisation kein Zugriff auf schmutzige Änderungen möglich?

Übung 12.2 (Vergleich von Synchronisationsverfahren)
An einem Rechner sei folgender Schedule von drei Transaktionen mit Zugriff auf ausschließlich lokale Objekte gegeben, wenn keine Synchronisation erfolgt:

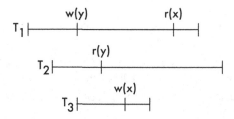

Bestimmen Sie für jedes der folgenden Synchronisationsverfahren die vorkommenden Blockierungen und Rücksetzungen sowie die sich ergebende Serialisierungsreihenfolge:

(a) Zeitmarkenverfahren (Basic Timestamp Ordering),
(b) BOCC,
(c) FOCC,
(d) RX-Sperrverfahren mit Wait/Die-Deadlock-Vermeidung,
(e) RX-Sperrverfahren mit Wound/Wait-Deadlock-Vermeidung,
(f) RX-Sperrverfahren mit Deadlock-Erkennung,
(g) RX-Sperrverfahren mit Mehrversionensynchronisation und Deadlock-Erkennung.

Übung 12.3 (Deadlock-Erkennung)
Wenden Sie den Algorithmus von Obermarck zur Erkennung des folgenden Deadlocks an. Geben Sie jeden Zwischenschritt an. Es gelte $ts(T_1) < ts(T_2) < ts(T_3)$).

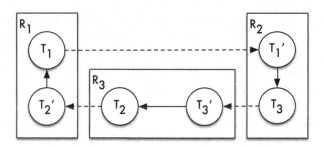

Literatur

1. Adya, A., Gruber, R., Liskov, B., Maheshwari, U.: Efficient optimistic concurrency control using loosely synchronized clocks. In: Proc. ACM SIGMOD Conf., 23–34 (1995)

2. Agrawal, D., Sengupta, S.: Modular synchronization in multiversion databases: Version control and concurrency control. In: Proc. ACM SIGMOD Conf., 408–417 (1989)

3. Agrawal, R., Carey, M.J., DeWitt, D.J.: Deadlock detection is cheap. ACM SIGMOD Record **13**(2), 19–34 (1983)

4. Agrawal, R., Carey, M.J., McVoy, L.W.: The performance of alternative strategies for dealing with deadlocks in database management systems. IEEE Trans. Software Eng. **13**(12), 1348–1363 (1987)

5. Bayer, R., Elhardt, K., Heigert, J., Reiser, A.: Dynamic timestamp allocation for transactions in database systems. In: DDB, 9–20 (1982)

6. Berenson, H., Bernstein, P.A., Gray, J., Melton, J., O'Neil, E.J., O'Neil, P.E.: A critique of ANSI SQL isolation levels. In: Proc. ACM SIGMOD Conf., 1–10 (1995)

7. Bernstein, P.A., Hadzilacos, V., Goodman, N.: Concurrency Control and Recovery in Database Systems. Addison-Wesley (1987)

8. Cahill, M.J., Röhm, U., Fekete, A.D.: Serializable isolation for snapshot databases. ACM Trans. Database Syst. **34**(4) (2009)

9. Carey, M.J., Muhanna, W.A.: The performance of multiversion concurrency control algorithms. ACM Trans. Comput. Syst. **4**(4), 338–378 (1986)

10. Corbett, J.C., Dean, J., Epstein, M., Fikes, A., Frost, C., Furman, J.J., Ghemawat, S., Gubarev, A., Heiser, C., Hochschild, P., Hsieh, W., Kanthak, S., Kogan, E., Li, H., Lloyd, A., Melnik, S., Mwaura, D., Nagle, D., Quinlan, S., Rao, R., Rolig, L., Saito, Y., Szymaniak, M., Taylor, C., Wang, R., Woodford, D.: Spanner: Google's globally distributed database. ACM Trans. Comput. Syst. **31**(3), 8:1–8:22 (2013)

11. Cristian, F.: Probabilistic clock synchronization. Distributed Computing **3**(3), 146–158 (1989)

12. Diaconu, C., Freedman, C., Ismert, E., Larson, P.Å., Mittal, P., Stonecipher, R., Verma, N., Zwilling, M.: Hekaton: SQL server's memory-optimized OLTP engine. In: Proc. ACM SIGMOD Conf., 1243–1254 (2013)

13. Du, J., Elnikety, S., Zwaenepoel, W.: Clock-SI: Snapshot isolation for partitioned data stores using loosely synchronized clocks. In: 2013 IEEE 32nd International Symposium on Reliable Distributed Systems (SRDS) (2013)

14. Elmagarmid, A.K.: A survey of distributed deadlock algorithms. ACM SIGMOD Record **15**(3), 37–45 (1986)

15. Eswaran, K.P., Gray, J., Lorie, R.A., Traiger, I.L.: The notions of consistency and predicate locks in a database system. Commun. ACM **19**(11), 624–633 (1976)

16. Gray, J.: Notes on data base operating systems. In: Advanced Course: Operating Systems, 393–481 (1978)

17. Gray, J., Homan, P., Korth, H.F., Obermarck, R.: A straw man analysis of the probability of waiting and deadlock in a database system. In: Berkeley Workshop, 125 (1981)

18. Härder, T.: Observations on optimistic concurrency control schemes. Inf. Syst. **9**(2), 111–120 (1984)

19. Härder, T., Petry, E.: Evaluation of a multiple version cheme for concurrency control. Inf. Syst. **12**(1), 83–98 (1987)

20. Härder, T., Rahm, E.: Datenbanksysteme – Konzepte und Techniken der Implementierung. 2. Auflage, Springer-Verlag (2001)

21. Jenq, B.P., Twichell, B.C., Keller, T.W.: Locking Performance in a Shared-Nothing Parallel Database Machine. IEEE Trans. Knowl. Data Eng. **1**(4), 530–543 (1989)

22. Jiang, B.: Deadlock Detection is Really Cheap. ACM SIGMOD Record **17**(2), 2–13 (1988)

23. Junqueira, F., Reed, B., Yabandeh, M.: Lock-free transactional support for large-scale storage systems. In: Proc. DSN Workshop on Hot Topics in System Dependability (HotDep'11), 176–181 (2011)

24. Knapp, E.: Deadlock Detection in Distributed Databases. ACM Comput. Surv. **19**(4), 303–328 (1987)

25. Kung, H.T., Robinson, J.T.: On Optimistic Methods for Concurrency Control. ACM Trans. Database Syst. **6**(2), 213–226 (1981)

26. Lamport, L.: Time, Clocks, and the Ordering of Events in a Distributed System. Commun. ACM **21**(7), 558–565 (1978)

27. Larson, P.Å., Blanas, S., Diaconu, C., Freedman, C., Patel, J.M., Zwilling, M.: High-performance concurrency control mechanisms for main-memory databases. PVLDB **5**(4), 298–309 (2011)

28. Lee, J., Kwon, Y.S., Färber, F., Muehle, M., Lee, C., Bensberg, C., Lee, J.Y., Lee, A.H., Lehner, W.: SAP HANA distributed in-memory database system: Transaction, session, and metadata management. In: ICDE, 1165–1173 (2013)

29. Malkhi, D., Martin, J.P.: Spanner's concurrency control. ACM SIGACT News **44**(3), 73–77 (2013)

30. Mohan, C., Lindsay, B.G., Obermarck, R.: Transaction Management in the R* Distributed Database Management System. ACM Trans. Database Syst. **11**(4), 378–396 (1986)

31. Noe, J.D., Wagner, D.B.: Measured performance of time interval concurrency control techniques. In: VLDB, 359–367 (1987)

32. Obermarck, R.: Distributed deadlock detection algorithm. ACM Trans. Database Syst. **7**(2), 187–208 (1982)

33. Peinl, P.: Synchronisation in zentralisierten Datenbanksystemen: Algorithmen, Realisierungsmöglichkeiten und quantitative Analyse, *Informatik-Fachberichte*, vol. 161. Springer (1987)

34. Peng, D., Dabek, F.: Large-scale incremental processing using distributed transactions and notifications. In: Proc. OSDI, 251–264 (2010)

35. Ports, D.R.K., Grittner, K.: Serializable snapshot isolation in PostgreSQL. PVLDB **5**(12), 1850–1861 (2012)

36. Rahm, E.: Optimistische Synchronisationskonzepte in zentralisierten und verteilten Datenbanksystemen. Informationstechnik **30**(1), 28–47 (1988)

37. Rosenkrantz, D.J., Stearns, R.E., II, P.M.L.: System level concurrency control for distributed database systems. ACM Trans. Database Syst. **3**(2), 178–198 (1978)

38. Stonebraker, M.: Concurrency control and consistency of multiple copies of data in distributed ingres. IEEE Trans. Software Eng. **5**(3), 188–194 (1979)

39. Thomasian, A., Rahm, E.: A new distributed optimistic concurrency control method and a comparison of its performance with two-phase locking. In: ICDCS, 294–301 (1990)

40. Weikum, G., Vossen, G.: Fundamentals of Transactional Information Systems: Theory, Algorithms, and Practice of Concurrency Control and Recovery. Morgan Kaufman (2004)

Replikation 13

Replikation bedeutet im Bereich der Datenbanken die kontrollierte, mehrfache Speicherung von Teilen des Datenbestandes. Während im logischen Entwurf mehrfache Speicherung unter dem Gesichtspunkt der Redundanz und der mit ihr verbundenen Probleme vorwiegend negativ gesehen wird, kann eine kontrollierte, interne Redundanz gerade in verteilten Szenarien sowohl die Performanz als auch die Zuverlässigkeit von Systemen erhöhen.

Die Unterstützung der Replikation von Datenbeständen kann durch unterschiedliche Verfahren gewährleistet werden. Wir beginnen in Abschn. 13.1 mit den allgemeinen Prinzipien der Replikation. In Abschn. 13.2 diskutieren wir dann die Freiheitsgrade bei der Wahl der Replikationsunterstützung. Anschließend stellen wir die drei wichtigen Verfahrensklassen zur Aktualisierung von und Synchronisation auf replizierten Datenbanken vor: sogenannte Write-All-Ansätze (Abschn. 13.3), Primary-Copy-Verfahren (Abschn. 13.4) sowie Voting-Ansätze (Abschn. 13.5). Danach gehen wir noch auf speziellere Ansätze zur Unterstützung replizierter Datenbanken ein. Der Einsatz von sogenannten DB-Schnappschüssen zur Definition von Replikaten wird in Abschn. 13.6 behandelt. Die Nutzung einer DB-Kopie zum Katastrophen-Recovery wird in Abschn. 13.7 diskutiert. Geo-Replikation betrifft den Sonderfall, dass bewusst geografisch weit verteilte Knoten für Replikate gewählt werden, und wird in einem eigenen Abschn. 13.7.3 behandelt. Der Einsatz von Datenreplikation in lokal verteilten Mehrrechner-DBS (Parallelen DBS) wird in Abschn. 6.4 diskutiert.

13.1 Replikation in verteilten Datenbanksystemen

Hauptziel beim Einsatz replizierter Datenbanken ist die Steigerung der Verfügbarkeit eines Verteilten DBS, denn repliziert an mehreren Knoten gespeicherte Daten bleiben auch nach Ausfall eines der Rechner erreichbar. Daneben wird auch eine Verbesserung der Leistungsfähigkeit angestrebt, insbesondere für Lesezugriffe. So lassen sich viele Kom-

© Springer-Verlag Berlin Heidelberg 2015   285
E. Rahm, G. Saake, K.-U. Sattler, *Verteiltes und Paralleles Datenmanagement*, eXamen.press,
DOI 10.1007/978-3-642-45242-0_13

Abb. 13.1 Beispiel replizierter
Datenhaltung

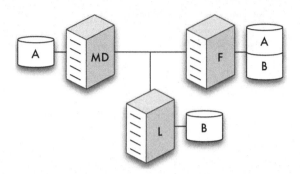

munikationsvorgänge einsparen, indem man Objekte repliziert an allen Knoten speichert, an denen sie häufig referenziert werden (Unterstützung von Lokalität). Zum anderen erhöht die Wahlmöglichkeit unter mehreren Kopien das Potenzial zur Lastbalancierung, sodass die Überlastung einzelner Rechner eher vermeidbar ist. Unter diesen Gesichtspunkten bieten natürlich vollredundante Datenbanken, bei denen jeder Knoten eine Kopie der gesamten Datenbank führt, die größten Vorteile; insbesondere können prinzipiell alle Lesezugriffe lokal abgewickelt werden.

Beispiel 13.1 In der Bankanwendung seien die Konten unter den einzelnen Filialen partitioniert, zusätzlich sei jeder Kontosatz in der Bankzentrale in Frankfurt repliziert gespeichert (Abb. 13.1). Dies unterstützt zum einen eine lokale Verarbeitung in den jeweiligen Zweigstellen; zudem können in der Zentrale Auswertungen über mehrere Filialen hinweg lokal berechnet werden. Des Weiteren kann nach Ausfall eines Rechners (prinzipiell) weiterhin auf alle Konten zugegriffen werden.   □

Allerdings verursacht das Führen replizierter Daten nicht nur einen erhöhten Speicherplatzbedarf, sondern vor allem hohe Änderungskosten, um alle Replikate bei einer Modifikation zu aktualisieren. Dieser Aktualisierungsaufwand ist in ortsverteilten Systemen wegen der teuren Kommunikation besonders hoch, sodass in der Regel nur eine partielle Replikation in Betracht kommt. Replizierte Datenbanken führen ferner zu einer signifikanten Erhöhung der Implementierungskomplexität von Verteilten DBS, da die Existenz von Replikaten dem Benutzer gegenüber transparent gehalten werden soll. Diese Forderung nach Transparenz bezeichnet man als *Replikationstransparenz.* Das DBS hat somit dafür zu sorgen, dass Änderungen automatisch auf alle Kopien übertragen werden, damit diese untereinander konsistent bleiben. Weiterhin sollte den Transaktionen auch eine konsistente Version der Daten zur Verfügung stehen. Hierzu sind Erweiterungen im Synchronisationsprotokoll erforderlich, um zu verhindern, dass Leser unterschiedliche Änderungszustände zu sehen bekommen und dass Replikate eines Objektes gleichzeitig von mehreren Transaktionen geändert werden.

Die genannten Anforderungen werden von erweiterten Synchronisationsverfahren erfüllt, die das Korrektheitskriterium der *1-Kopien-Serialisierbarkeit (one copy serializabi-*

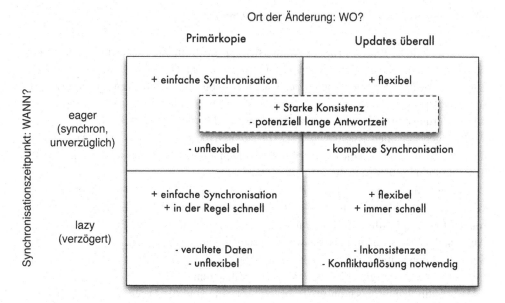

Abb. 13.2 Klassifikation von Replikationsansätzen

lity) [4] unterstützen. Diese lassen nur solche Schedules zu, welche zu serialisierbaren Schedules auf einer nichtredundanten Datenbank äquivalent sind. Das DBS muss weiterhin dafür sorgen, dass die Datenbankkonsistenz auch im Fehlerfall gewahrt bleibt, insbesondere nach Netzwerkpartitionierung. Wenn z. B. in einem Hotelreservierungssystem mit replizierter Datenhaltung eine Netzwerkpartitionierung auftritt, könnte es ohne Zusatzmaßnahmen vorkommen, dass zwei Kunden dasselbe Zimmer für dieselbe Nacht buchen. Schließlich verlangt die Unterstützung replizierter Datenbanken Erweiterungen im physischen Datenbankentwurf sowie bei der Query-Optimierung und -Verarbeitung.

13.2 Klassifikation von Replikationsansätzen

Ansätze zur Replikation können danach klassifiziert werden, ob Änderungen nur auf einer *Primärkopie* oder auf allen Replikaten (*update anywhere*) durchgeführt werden dürfen (also das *Wo?*) und ob die Änderung sofort (*eager replication*) oder verzögert (*lazy replication*) erfolgt (die Frage *Wann?*). Eine echte sofortige Änderung ist natürlich schon physikalisch unmöglich; stattdessen erfolgt die Änderung *unverzüglich* im Rahmen einer ACID-Transaktion mit Commit-Protokoll. Eine verzögerte Änderung ist vom Commit der ändernden Transaktion *entkoppelt*.

Abbildung 13.2 verdeutlicht diese Klassifikation angelehnt an [14, 13]. Die Aufteilung in vier Klassen geht zurück auf Gray et al. [11].

13.2.1 Synchrone Aktualisierung mit Primärkopie

Die unverzügliche bzw. *synchrone* Aktualisierung mit Primärkopie zeichnet einen Knoten als Verwalter einer *Primärkopie* des replizierten Datenbestandes aus. Alle anderen Knoten verwalten Sekundärkopien des Datenbestandes. Im Englischen wird dieser Ansatz knapp mit *eager primary copy* charakterisiert. Der Knoten mit der Primärkopie führt alle Änderungstransaktionen in seiner Regie aus und legt damit auch die Reihenfolge der Änderungen auf allen Replikaten fest. Die Sekundärkopien müssen diese Änderungen dann nachvollziehen. Da dies unverzüglich erfolgen muss, erfolgt dies als verteilte ACID-Transaktion unter Führung der Primärkopietransaktion.

Unverzügliche Änderung mit Primärkopie kann prinzipiell analog einer üblichen verteilten Transaktion erfolgen. Die Primärkopie legt dabei die Reihenfolge der Änderungen fest, etwa mittels Anforderungen von Sperren. Ein striktes 2PL-Protokoll (siehe Abschn. 12.2) kann dann beispielsweise Serialisierbarkeit erzwingen. Die Commits der Subtransaktionen müssen mit einem Commit-Protokoll synchronisiert werden. Ein derartiges Protokoll ist vergleichsweise einfach zu realisieren.

Durch die Synchronisation im Transaktionsschutz sind die Daten aller Replikate immer aktuell und können lokal ohne Konsistenzprobleme gelesen werden. Bei Ausfall der Primärkopie kann eine Sekundärkopie die Rolle der Primärkopie übernehmen, da der Datenbestand immer überall identisch ist. Problematisch ist allerdings eventuell der Ausfall der Primärkopie während der Abstimmung etwa in einem 2PC.

Die direkte Nutzung einer Primärkopie behindert außerdem die Replikationstransparenz, da ändernde Transaktionen nur dort ausgeführt werden können. Allerdings kann die Zuordnung von Transaktionen und Primärkopien auf Rechner auch automatisch erfolgen. Primärkopien für verschiedene Objekte können auf unterschiedlichen Rechnern liegen. Trotzdem kann dieser Ansatz, insbesondere in geografisch verteilten Systemen, zu langen Reaktionszeiten führen.

Bei Ansätzen mit Primärkopie ist die Verwaltung der Primärkopie ein Flaschenhals im System, insbesondere wenn der betreffende Rechner ausfällt. Hier bietet es sich an, den Datenbestand zu partitionieren und die zugehörigen Primärkopien auf unterschiedlichen Knoten zu platzieren. Unbestreitbarer Vorteil der Nutzung von Primärkopien ist die relativ einfache Realisierung der lokalen Mehrbenutzersynchronisation auf den Primärkopien.

13.2.2 Synchrone Aktualisierung mit verteilten Änderungen

Da eine Primärkopie ein Flaschenhals ist, ist es nahe liegend, stattdessen Änderungen überall auf allen Replikaten zuzulassen und unverzügliche Konsistenz mit einem angepassten Transaktionsprotokoll zu erzwingen. Ein derartiger Ansatz wird knapp mit *eager update anywhere* charakterisiert.

Transaktionen werden nun wie andere verteilte Transaktionen ausgeführt, die Tatsache, dass es sich bei den Daten um Replikate handelt, ist dabei sekundär. Die Konsistenzeigenschaften entsprechen denen von korrekten verteilten ACID-Transaktionen. Historisch wurden derartige Verfahren als erste propagiert.

Da die Replikatzugriffe der Transaktionen nicht über eine Primärkopie synchronisiert werden, können bei einigen Sperrprotokollen verteilte Deadlocks auftreten. Deadlock-Behandlung inklusive der Probleme von Timeout-Ansätzen wird in Kap. 12 behandelt. Erkennung verteilter Deadlocks ist rechenaufwendig; die Lösung mit Timeouts erfordert eine sorgfältige Bestimmung der optimalen Timeout-Werte, um das System nicht durch zu viele Timeout-Abbrüche (Wert zu klein gesetzt) oder lange Blockaden (Wert zu groß gesetzt) zu behindern. Nachteilig in allen Ansätzen mit unverzüglicher Aktualisierung ist die potenzielle Behinderung durch lange Wartezeiten, insbesondere bei Ausfällen einzelner Knoten. Diese Nachteile haben dazu geführt, dass Gray et al. [11] diese Ansätze als nicht skalierbar einschätzt.

13.2.3 Verzögerte Aktualisierung mit Primärkopie

Die bisher vorgestellten Varianten erreichten Konsistenz dadurch, dass Aktualisierung der Replikate unverzüglich unter Transaktionsschutz erfolgte. Der Aufwand einer verteilten korrekten Transaktionssynchronisation ist allerdings hoch, und Szenarien mit zu erwartenden Knotenausfällen reagieren hier besonders sensibel.

Eine Lösung dieses potenziellen Performanzproblems ist die Entkopplung der Aktualisierung von der Transaktionsausführung der Originaländerung. Als ersten Ansatz betrachten wir hier die entkoppelte Aktualisierung mittels der Koordination über eine Primärkopie. Im Englischen wird dies als *lazy primary copy* charakterisiert.

Lesetransaktionen werden wieder lokal auf allen Replikaten zugelassen. Änderungstransaktionen werden von der Primärkopie bearbeitet. Beim Abschluss einer Primärkopietransaktion werden die Änderungen in einer Nachricht an die Replikate zusammengefasst und den Replikaten als Aktualisierungsauftrag geschickt, wobei die eigentliche Änderungstransaktion auf der Primärkopie bereits ein Commit machen darf. Die Schreibaufträge werden dann von den Kopien verzögert, aber in der Originalreihenfolge durchgeführt. Hierbei müssen natürlich Vorkehrungen wie Zeitstempelvergabe oder eindeutige fortlaufende Transaktionsnummern dafür sorgen, dass diese Reihenfolge tatsächlich vollständig in der richtigen zeitlichen Ordnung nachgespielt wird.

Da die Primärkopie faktisch ein normales Transaktionsmanagement fahren kann, sind die Daten dort korrekt nach dem ACID-Prinzip. Allerdings treten Probleme mit der Korrektheit auf, sobald Primärkopien auf unterschiedlichen Rechnern für verschiedene Objekte liegen und dort potenziell unterschiedliche Serialisierungsfolgen entstehen können. Sobald alle Änderungen nachgespielt werden, gilt dies auch für die Replikate. Die Propagierung der Änderungen erfolgt außerhalb des Transaktionsschutzes, sodass besonderer Wert auf sichere Kommunikation ohne Verluste gelegt werden muss.

Nachteilig ist bei diesem Ansatz natürlich, dass die Daten der Replikate hinter denen der Primärkopie hinterherhinken; die strenge Konsistenz ist nicht mehr gegeben. Dies führt zu verschiedenen Formen abgeschwächter Konsistenz, wie etwa der *eventual consistency*, auf die wir in Abschn. 15.1.3 zurückkommen werden. Ein weiteres Problem ist der mögliche Ausfall des Primärkopieknotens. In diesem Fall muss ein anderer Knoten die Rolle der Primärkopie übernehmen – dieser Rechner weiß aber nicht den Bearbeitungsstand der aktuellen Transaktion auf dem ausgefallenen Rechner und kann daher eine mit Commit abgeschlossene Transaktion verpassen.

Auch die Schnappschussansätze, bei denen ein durch eine Anfrage definierter Schnappschuss der Datenbank repliziert wird und die wir in Abschn. 13.6 behandeln werden, fallen in diese Klasse von Verfahren.

13.2.4 Verzögerte Aktualisierung mit verteilten Änderungen

Die liberalste Variante ist die entkoppelte Aktualisierung mit verteilten Änderungen. Im Englischen bezeichnen wir dies als *lazy update anywhere*. Eine Transaktion vollzieht die Änderung lokal auf ihrem Replikat und erstellt eine Nachricht an alle Replikate mit den vollzogenen Änderungen.

Naturgemäß kann keine Serialisierbarkeit global gewährleistet werden, da die lokalen Änderungen unabhängig voneinander mit Commit bestätigt werden und daher im Konfliktfall potenziell unterschiedliche Reihenfolgen unvermeidbar sind. Konflikte, die auftreten, müssen durch geeignete Verfahren aufgelöst werden. Transaktionen in diesem Ansatz genügen nicht dem ACID-Prinzip!

Entkoppelte Aktualisierung mit verteilten Änderungen ist sicher der flexibelste und performanteste Ansatz, wenn keine Konflikte auftreten. Transaktionen können lokal Änderungen durchführen und Daten wieder freigeben, kein Flaschenhals kann zu erhöhten Wartezeiten führen.

Hauptproblem (neben der verletzten Isolationseigenschaft der Serialisierbarkeit) sind wieder die potenziell veralteten Daten.

13.2.5 Klassifikation pessimistischer Replikationsstrategien

Die synchronen Replikationsstrategien werden auch als *pessimistische Replikationsstrategien* bezeichnet. Derartige Verfahren werden wir in diesem Kapitel vorrangig diskutieren. Die pessimistische Grundannahme ist, dass Konflikte vermehrt auftreten beziehungsweise sehr kritisch sind und es daher wichtig ist, sie von vornherein zu vermeiden.

Optimistische Verfahren hingegen gehen von seltenen Konflikten aus, bei denen eine Reparatur effizienter ist als der Overhead, die Konflikte von vornherein zu vermeiden. Derartige Verfahren werden in Abschn. 15.2 diskutiert.

Pessimistische Verfahren haben eine lange Tradition. Abbildung 13.3 klassifiziert die bekannten pessimistischen Replikationsstrategien nach ihren Eigenschaften.

Die Klasse der *Write-All-Ansätze* führt eine synchrone Änderung auf allen, gleichberechtigten Kopien aus (Abschn. 13.3). Andere Ansätze arbeiten über ausgewählte Kopien.

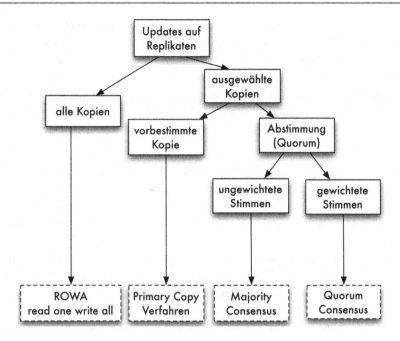

Abb. 13.3 Klassifikation pessimistischer Replikationsstrategien

Eine Klasse von Verfahren bestimmt eine *Primärkopie* als Koordinator der Änderungs-durchführung (Abschn. 13.4). Beide Ansätze reagieren sensibel auf Partitionierungen des Kommunikationsnetzwerks. Quorum-Verfahren erlauben es, durch Abstimmungen we-nigstens in dem Teil des Netzwerks fortzufahren, in dem sich eine (gewichtete oder unge-wichtete) Mehrheit der Replikate befindet (Abschn. 13.5).

13.3 Write-All-Ansätze

Die bekannteste Variante der Replikation ist die sogenannte Write-All-Read-Any- bzw. *Read-Once-Write-All-(ROWA-)*Strategie. Sie verlangt die synchrone Änderung aller Re-plikate vor Abschluss einer Änderungstransaktion. Dadurch ist gesichert, dass jedes Re-plikat auf dem aktuellen Stand ist, sodass zum Lesen jedes beliebige Replikat ausgewählt werden kann. Die Auswahl kann im Hinblick auf minimale Kommunikationskosten oder zur Unterstützung von Lastbalancierung erfolgen. Weiterhin ergibt sich für Lesezugriffe eine erhöhte Verfügbarkeit, da diese durchführbar sind, solange wenigstens eine Kopie erreichbar bleibt.

Diese Vorteile gehen jedoch auf Kosten der Änderungstransaktionen. Zum einen ist es beim Einsatz eines verteilten Sperrverfahrens erforderlich, vor jeder Änderung eine Schreibsperre auf allen Kopien zu erwerben, was einen enormen Zusatzaufwand an Kommunikation einführen kann. Die betroffenen Knoten sind ferner alle im Commit-Protokoll zu beteiligen. Bei einem Zwei-Phasen-Commit-Protokoll (Abschn. 11.3) werden zunächst in Phase 1 die Änderungen an alle Knoten übertragen und dort protokolliert, bevor in der zweiten Commit-Phase die Replikate selbst aktualisiert und die Sperren freigegeben werden. Ein weiterer Schwachpunkt liegt darin, dass die Verfügbarkeit für Änderer schlechter ist als bei fehlender Replikation! Denn eine Änderung ist nicht mehr möglich, sobald einer der Rechner ausfällt, an dem ein Replikat des zu ändernden Objekts gespeichert ist.

Beispiel 13.2 Für die Situation aus Beispiel 13.1 (Abb. 13.1) können mit dem ROWA-Protokoll in der Zentrale F sämtliche Lesezugriffe ohne Kommunikation auf der lokalen Kopie abgewickelt werden. Ebenso erfordert in den Filialen der Lesezugriff auf lokale Konten (A in MD, B in L) keine Kommunikation. Jede Änderung eines Kontosatzes erfordert dagegen das Sperren sowie synchrone Aktualisieren beider Kopien. Nach einem Ausfall der Zentralen können daher nur noch Lesezugriffe erfolgen; der Ausfall eines Filialrechners verhindert weitere Änderungen von Konten der entsprechenden Filiale. Lesezugriffe auf lokale Kopien sind nach einem Rechnerausfall weiterhin möglich.   □

Zur Abschwächung des Verfügbarkeitsproblems wurde die *Write-All-Available*-Variante vorgeschlagen [4], bei der nur die Replikate der verfügbaren Rechner gesperrt und aktualisiert werden müssen. Für einen ausgefallenen Rechner werden die nicht vorgenommenen Modifikationen eigens protokolliert und nach Wiedereinbringen des Rechners nachgefahren. Dieses Verfahren eignet sich allerdings nicht bei Netzwerkpartitionierungen, da hierbei ein Auseinanderlaufen der in verschiedenen Teilnetzen vorgenommenen Änderungen droht. Ferner bleibt natürlich der hohe Mehraufwand für Änderer bezüglich Sperranforderungen und Commit-Protokoll.

13.4 Primary-Copy-Verfahren

Primary-Copy-Verfahren [3, 20] zielen auf eine effizientere Bearbeitung von Änderungen ab, indem eine Änderungstransaktion bei einer Modifikation nur eines der Replikate, die sogenannte *Primärkopie* (primary copy), zu ändern braucht. Die Aktualisierung der anderen Replikate wird dann asynchron vom Primary-Copy-Rechner aus durchgeführt, i. Allg. erst nach Ende der ändernden Transaktion („as soon as possible"). Dabei können Nachrichten eingespart werden, indem der Primärkopienrechner mehrere Änderungen gebündelt an die kopienhaltenden Rechner weiterleitet. Dies geht dann jedoch zulasten einer verzögerten Anpassung der Replikate. Im Allgemeinen werden die Primärkopien unterschiedlicher Objekte an verschiedenen Knoten gespeichert sein, um einen zentralen Engpass zu vermeiden. Zur Reduzierung von Kommunikationsvorgängen empfiehlt sich dabei natürlich die Zuordnung einer Primärkopie an den Rechner, an dem das Objekt am häufigsten geändert wird.

Insgesamt bestehen mehrere Alternativen bei der Realisierung eines Primary-Copy-Protokolls. Ein eher unüblicher Ansatz basiert auf einer verzögerten Aktualisierung nach Abschn. 13.2.3 und besteht darin, wie beim ROWA-Protokoll Änderungssperren verteilt bei allen kopienhaltenden Rechnern anzufordern. Am Transaktionsende wird jedoch nur die Primärkopie synchron aktualisiert, sodass eine schnellere Bearbeitung von Änderungstransaktionen als mit dem ROWA-Ansatz erreicht wird. Nach Aktualisierung der Primärkopie geht die Schreibsperre dann quasi in den Besitz des Primary-Copy-Rechners über, der diese bis nach der Aktualisierung der Replikate hält. Das verteilte Sperren aller Kopien bringt den Vorteil mit sich, dass Leser wie im ROWA-Verfahren ein beliebiges Replikat referenzieren (sperren) können, nicht also notwendigerweise die Primärkopie. Die verzögerte Aktualisierung der Replikate kann dafür vermehrte Sperrkonflikte verursachen.

Die Alternative zu diesem Ansatz besteht darin, Schreibsperren nur noch zentral beim jeweiligen Primary-Copy-Rechner anzufordern, um den Aufwand verteilter Schreibsperren zu umgehen. Für Leser besteht jetzt jedoch das Problem, dass die lokalen Kopien aufgrund der verzögerten Aktualisierung möglicherweise veraltet sind. Für die Behandlung der Lesezugriffe bestehen im Wesentlichen drei Alternativen, die sich dadurch unterscheiden, wo die Objektzugriffe erfolgen und wo die Sperren angefordert werden (zentral beim Primary-Copy-Rechner oder verteilt/lokal):

1. *Lesezugriff auf Primärkopie*
   In diesem Ansatz referenzieren und sperren Lesetransaktionen die Primärkopie, um den aktuellsten, konsistenten DB-Zustand zu sehen. Damit werden jedoch die Replikate kaum noch genutzt, sodass dieser Ansatz nur in Kombination mit einem der anderen von Interesse erscheint.

2. *Lesezugriff auf lokale Kopien, Sperranforderung beim Primärkopienrechner*
   Im Gegensatz zur vorherigen Alternative werden nur die Lesesperren zentral beim Primärkopienrechner angefordert, der Objektzugriff erfolgt dagegen lokal. Damit kann der Kommunikationsumfang für Leseoperationen reduziert und der Primärkopienrechner entlastet werden. Bei der Anforderung der Lesesperre kann gleichzeitig überprüft werden, ob die für den Lesezugriff vorgesehene Objektkopie bereits auf dem aktuellen Stand ist. Falls nicht, kann entweder auf den Abschluss der Aktualisierung gewartet oder auf eine bereits aktualisierte Kopie ausgewichen werden (z. B. die Primärkopie).

3. *Lokale Abwicklung von Lesezugriffen*
   In diesem Ansatz greifen Leser auf lokale Objekte zu, ohne eine Synchronisierung über den Primärkopienrechner vorzunehmen. Die Aktualität der lokalen Kopien ist dabei nicht mehr gewährleistet, wenngleich die Daten i. Allg. höchstens wenige Sekunden veraltet sein dürften [10]. Gravierender ist jedoch, dass Leser in diesem Fall eine inkonsistente Sicht auf die Datenbank haben, da sie i. d. R. für verschiedene Objekte unterschiedliche Änderungszustände sehen.[1] Dies kann nur in einfachen Fällen um-

---

[1] Allerdings wird in der Praxis selbst in zentralisierten DBS Lesetransaktionen aus Leistungsgründen meist keine konsistente DB-Sicht gewährt, da Lesesperren i. Allg. nur kurz gehalten werden.

gangen werden, z. B. wenn eine Transaktion nur ein Objekt oder nur Objekte mit lokaler Primärkopie referenziert. Anderenfalls bleibt für Lesetransaktionen, die den Zugriff auf eine konsistente DB-Version benötigen, eine der beiden vorgenannten Möglichkeiten. Alternativ dazu ist es möglich, das Synchronisationsverfahren so zu erweitern, dass Leser zwar u. U. einen leicht veralteten, aber dennoch konsistenten DB-Zustand sehen (etwa im Rahmen eines Mehrversionenkonzepts [22]).

Beispiel 13.3 Für die Situation aus Beispiel 13.1 (Abb. 13.1) nehmen wir an, dass die Primärkopien der Kontosätze an den jeweiligen Filialrechnern liegen, das heißt, MD hält die Primärkopie von A und L von B. Damit können in diesen Rechnern sämtliche Lese- und Schreibzugriffe auf lokale Konten ohne Kommunikation abgewickelt werden. Kommunikation fällt lediglich für die Kontenzugriffe in der Zentrale F an. Dort vorzunehmende Kontoänderungen erfordern Kommunikation zum Sperren und Aktualisieren der jeweiligen Primärkopie.

Die Behandlung von Lesezugriffen in F differiert für jede der drei Strategien. Strategie 1 verlangt das Sperren und Lesen der Primärkopie und somit Nachrichten für Objektzugriff und Commit, während Strategie 2 lediglich Nachrichten für die Sperranforderung und -freigabe erfordert. Mit Strategie 3 greift F unsynchronisiert auf die lokalen, möglicherweise veralteten Objektkopien zu, was für globale Auswertungen durchaus ausreichend sein kann. □

Im Falle einer Netzwerkpartitionierung können in der Partition mit dem jeweiligen Primary-Copy-Rechner Objekte weiterhin gelesen und geändert werden. In den anderen Partitionen ist i. Allg. kein weiterer Zugriff möglich; lediglich bei der obigen Strategie 3 ist ein Lesezugriff auf die ggf. veralteten Kopien zulässig.

Der Ausfall eines Rechners macht die an ihm vorliegenden Primärkopien unerreichbar, sodass keine Änderungen bis zur Reintegration des Knotens mehr möglich sind. Um diese lange Unterbrechung zu vermeiden, kann vorgesehen werden, einen neuen Primärkopienrechner zu bestimmen. Dies setzt jedoch voraus, dass die neue Primärkopie auf den neusten Stand gebracht werden kann. Im Falle einer Netzwerkpartitionierung ist dabei darauf zu achten, dass für ein Objekt höchstens in einer der Partitionen ein neuer Primärkopienrechner bestimmt wird (z. B. in der Partition mit mehr als der Hälfte aller Kopien).

13.5 Votingverfahren

Votingverfahren verlangen, dass vor dem Zugriff auf ein repliziert gespeichertes Objekt zunächst eine ausreichende Anzahl an Stimmen (*votes*) gesammelt werden muss. Wir diskutieren zunächst die einfachste Variante des *Mehrheitsvotierens* [21]. Danach wird die Verallgemeinerung gewichteter Votingverfahren vorgestellt.

Es liegt dabei jedoch meist eine Wahlmöglichkeit für den Programmierer vor, ob eine derartige Einschränkung der Konsistenz zugelassen wird.

13.5.1 Mehrheitsvotieren (Majority Consensus)

Bei diesem Ansatz erfordert das Ändern eines Objektes, dass die Transaktion eine Mehrheit der Replikate mit einer Schreibsperre belegt und diese Replikate ändert.[2] Da zu einem Zeitpunkt nur eine Transaktion die Mehrheit der Replikate sperren kann, ist sichergestellt, dass ein Objekt nicht gleichzeitig von mehreren Transaktionen geändert wird. Zum Lesen wird ebenfalls eine Mehrheit der Replikate gesperrt und davon ein aktuelles Replikat referenziert. Die Aktualität der Replikate kann z. B. durch Änderungszähler festgestellt werden. Offenbar ist durch das Sperren einer Mehrheit immer gewährleistet, dass mindestens eines der Replikate auf dem aktuellen Stand ist. Der Vorteil des Verfahrens ist, dass ein Objekt auch nach einem Rechnerausfall oder einer Netzwerkpartitionierung noch referenzierbar ist, solange eine Mehrheit der Replikate erreichbar ist.

Beispiel 13.4 In Abb. 13.4 existieren drei Kopien von Objekt A. Das Lesen oder Ändern eines Objektes erfordert beim Mehrheitsvotieren somit den Erwerb einer Lese- bzw. Schreibsperre an mindestens zwei Knoten. Abbildung 13.4 zeigt die Situation, nachdem eine Transaktion Objekt A an den Knoten R_1 und R_2 geändert und den Änderungszähler auf 7 inkrementiert hat. Eine Transaktion in R_3, die jetzt auf A zugreifen will, muss entweder an R_1 oder R_2 eine Sperre erwerben, um eine ausreichende Mehrheit zu erhalten. Durch Vergleich der Änderungszähler kann der Zugriff auf die lokale, jedoch veraltete Version von A in R_3 verhindert werden.

Fällt einer der Rechner aus, kann weiterhin auf Objekt A zugegriffen werden, da mit zwei „überlebenden" Knoten noch eine Mehrheit vorliegt. Ebenso kann bei einer Netzwerkpartitionierung die Verarbeitung in einer aus zwei Knoten bestehenden Partition fortgeführt werden. □

Der Hauptnachteil des Mehrheitsvotierens liegt darin, dass jeder Objektzugriff Kommunikation erfordert, um eine Mehrheit zu bilden. Dies gilt auch für Lesezugriffe auf eine lokal vorhandene Kopie, welche z. B. mit dem ROWA-Protokoll ohne Kommunikation abgewickelt werden konnten. Der Schreibaufwand liegt zwischen dem des Primary-Copy-

Abb. 13.4 Einsatz von Änderungszählern beim Mehrheitsvotieren

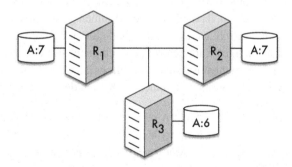

---

[2] In diesem Fall kann die Sperre als „Stimme" interpretiert werden.

Ansatzes und dem des ROWA-Verfahrens. Für den häufigen Spezialfall mit zwei Kopien (Beispiel Abb. 13.1) ist das Mehrheitsvotieren ungeeignet, da es für sämtliche Zugriffe die Involvierung beider Rechner verlangt.

13.5.2 Gewichtetes Votieren (Quorum Consensus)

Diese Nachteile können durch verallgemeinerte Votingverfahren abgeschwächt werden [9]. Dabei wird jedem Replikat eines Objektes ein bestimmtes Gewicht (Stimmenanzahl) zugeordnet. Zum Lesen eines Objektes muss nun eine Transaktion erst eine bestimmte Anzahl von Stimmen sammeln (*Lese-Quorum*), ebenso zum Schreiben (*Schreib-Quorum*). Wenn v die Gesamtanzahl der für ein Objekt vergebenen Stimmen (votes) ist und r bzw. w das Lese-Quorum (read quorum) bzw. Schreib-Quorum (write quorum), dann müssen folgende beiden Bedingungen erfüllt sein:

$$w > v/2 \tag{13.1}$$

$$r + w > v \tag{13.2}$$

Die erste Bedingung garantiert, dass ein Objekt nicht gleichzeitig von mehr als einer Transaktion geändert wird. Weiterhin kann bei einer Netzwerkpartitionierung die Bedingung in höchstens einer der Partitionen erfüllt werden, sodass parallele Änderungen eines Objekts in mehreren Partitionen ausgeschlossen sind. Die zweite Bedingung verhindert, dass ein Objekt zur gleichen Zeit gelesen und geändert wird. Weiterhin ist damit sichergestellt, dass jedes Lese-Quorum mindestens ein Replikat enthält, das zum Schreib-Quorum des letzten Änderungszugriffs gehörte und damit auf dem aktuellsten Stand ist.

Das anfangs beschriebene Mehrheitsvotieren ergibt sich offenbar als Spezialfall, wenn man jedem Replikat das gleiche Gewicht zuordnet (z. B. 1 Stimme) und r und w eine einfache Mehrheit darstellen. Durch unterschiedliche Gewichtung der Replikate und Festlegung von r und w kann man aber nun in flexibler Weise sowohl die Kosten eines Lesebzw. Schreibzugriffs als auch die Verfügbarkeit im Fehlerfall bestimmen. So kann man z. B. an einem Rechner einen besonders schnellen Zugriff auf ein Objekt ermöglichen, indem man dem dort gespeicherten Replikat eine hohe Anzahl von Stimmen zuordnet. Je kleiner r (bzw. w) gewählt wird, desto schneller sind Lesezugriffe (Schreibzugriffe) auszuführen, da dann weniger Stimmen gesammelt werden müssen. Entsprechend erhöht sich dadurch auch die Verfügbarkeit der Leseoperation (Schreiboperation), da dann die notwendigen Stimmen oft noch eingeholt werden können, selbst wenn ein(ige) Rechner nicht erreichbar ist (sind). Allerdings geht wegen obiger Bedingung 13.2 die Bevorzugung von Leseoperationen immer auf Kosten der Schreibzugriffe und umgekehrt.

Beispiel 13.5 Objekt A sei an vier Rechnern R_1 bis R_4 repliziert; die Stimmenverteilung sei <2, 1, 1, 1>, d. h., R_1 hält 2 Stimmen, die anderen Rechner jeweils eine ($v = 5$). Wählt man $r = 3, w = 3$ sind zwei bis drei Rechner involviert, um einen Lese- oder Schreibzugriff abzuwickeln. Durch die Bevorzugung von R_1 genügen zwei Rechner, sobald R_1 an dem Quorum beteiligt ist. Der Objektzugriff ist auch noch nach Ausfall jedes der Rechner möglich. Solange R_1 verfügbar bleibt, ist der Zugriff auch noch nach Ausfall von zwei der drei anderen Rechner möglich.

Will man Lese- gegenüber Schreibzugriffen bevorzugen, kann man z. B. $r = 2, w = 4$ wählen. Damit können Lesezugriffe in R_1 lokal abgewickelt werden; dafür sind mindestens drei Rechner (darunter stets R_1) an einem Schreibzugriff zu beteiligen. Nach Ausfall von R_1 ist das Objekt nicht mehr änderbar.   □

Die Flexibilität des Votingansatzes wird daran deutlich, dass sich durch spezielle Wahl der Parameter nicht nur das Mehrheitsvotieren, sondern auch das ROWA-Verfahren sowie eines der Primary-Copy-Protokolle als Spezialfälle ergeben:

- Ein ROWA-Verfahren erhält man, indem man jedem Replikat eine Stimme zuordnet und $r = 1$ und $w = v$ (= Anzahl der Replikate) wählt. Dieser Fall unterstützt lokale Lesezugriffe, was beim Mehrheitsvotieren nicht möglich ist.
- Ein Primary-Copy-Verfahren ergibt sich, wenn man der Primärkopie eine Stimme zuweist und allen anderen Replikaten keine Stimme und $r = w = 1$ wählt. Dieses Verfahren verlangt, dass Lesevorgänge an die Primärkopie gerichtet werden. Lokale Kopien ohne Stimmen können wiederum für Lesezugriffe ohne Konsistenzzusicherung genutzt werden.

Auch der Fall von nur zwei Kopien kann mit dem verallgemeinerten Votingverfahren besser als beim Mehrheitsvotieren behandelt werden. Wählt man etwa die Stimmenverteilung <2, 1> und $r = w = 2$, dann kann das Lese- bzw. Schreib-Quorum lokal am ersten Knoten erreicht werden. Ein Objektzugriff am zweiten Rechner erfordert stets Kommunikation, um ein ausreichendes Quorum zu bilden. Die zweite Kopie kann dennoch sinnvoll sein, um den Objektzugriff selbst lokal durchzuführen (sofern die Aktualität der Kopie festgestellt wurde). In unserer Bankanwendung (Beispiel 13.1) könnten so in jeder Filiale lokale Konten ohne Kommunikation gelesen und geändert werden. In der Zentrale wird zwar für jeden Kontozugriff Kommunikation zur Sperrbehandlung notwendig, dafür kann die Verarbeitung selbst auf den lokalen Kopien erfolgen.

Ein Hauptproblem bei Votingverfahren liegt in der geeigneten Wahl der Stimmenvergabe sowie der Lese- und Schreib-Quoren [7].

13.6 Schnappschussreplikation

Die Forderung, sämtliche Replikate eines Objektes stets auf demselben Stand zu halten, verursacht v. a. in geografisch verteilten Systemen sehr hohe Änderungskosten. Weiterhin führen die erweiterten Synchronisationsanforderungen i. Allg. Mehraufwand an Kommunikation ein. Diese Kosten können durch eine schwächere Form der Datenreplikation, sogenannte Schnappschüsse (Snapshots), signifikant reduziert werden [1]. Ein *Schnappschuss* entspricht dabei einer materialisierten Sicht, die durch eine DB-Anfrage spezifiziert wird.

Das Ergebnis der Anfrage wird als eigenständiges DB-Objekt unter einem benutzerspezifizierten Namen gespeichert. Der Zugriff auf einen Schnappschuss erfolgt mit der jeweiligen DB-Anfragesprache, wobei jedoch in der Basisversion nur Lesezugriffe zugelassen werden.

Eine mögliche Schnappschussdefinition in der Bankanwendung sieht folgendermaßen aus:

```
CREATE SNAPSHOT DISPOKREDIT AS
   SELECT KNR, KTONR, KTOSTAND
   FROM KONTO
   WHERE KTOSTAND < 0
REFRESH EVERY DAY
```

Diese Anweisung ermittelt alle überzogenen Konten und speichert das Ergebnis in einer eigenen Relation DISPOKREDIT. Das Ergebnis entspricht einer Kopie auf einer Teilmenge der KONTO-Relation, deren Gültigkeit sich auf den Auswertungszeitpunkt bezieht (Schnappschuss). In [1] wurde vorgesehen, dass der Benutzer bei der Definition eines Schnappschusses (mit der **REFRESH**-Option) ein „Auffrischen" der Kopie in bestimmten Zeitabständen verlangen kann (stündlich, täglich, wöchentlich etc.). Neben einer derart automatischen Aktualisierung kann auch über eine eigene **REFRESH**-Anweisung die Schnappschussaktualisierung explizit veranlasst werden. Für unser Beispiel wird dies erreicht durch die Anweisung:

```
REFRESH SNAPSHOT DISPOKREDIT
```

Das Schnappschusskonzept ist relativ einfach und effizient realisierbar und dennoch flexibel. Zur Spezifikation eines Schnappschusses steht die volle Auswahlmächtigkeit der DB-Anfragesprache zur Verfügung, sodass die „Kopien" keineswegs auf Teilmengen der Datenbank beschränkt sind, sondern auch aggregierte Informationen, Verknüpfungen mehrerer Relationen etc. enthalten können. Ebenso kann der Benutzer bzw. DB-Administrator die Aktualisierungsintervalle in flexibler Weise an die Bedürfnisse der jeweiligen Anwendung anpassen. Weiterhin wird ein sehr gutes Leistungsverhalten unterstützt, da Zugriffe auf einen lokal gespeicherten Schnappschuss ohne Kommunikation erledigt werden und eine Lastbalancierung unterstützen (Entlastung des Rechners mit der „Primärkopie"). Weiterhin wird durch die relativ seltene Aktualisierung von Schnappschusskopien der Änderungsaufwand sehr klein gehalten. Ein weiterer Vorteil liegt darin, dass das Synchronisationsproblem replizierter Datenbanken entfällt, da auf Schnappschussrelationen nur Leseoperationen zulässig sind.

Auf der anderen Seite ist natürlich die „Qualität" einer Schnappschusskopie geringer als die einer Kopie bei allgemeinen replizierten Datenbanken. Insbesondere sind auf einem Schnappschuss keine Änderungsoperationen möglich und die Informationen sind i. d. R. veraltet (wenn auch in einem kontrollierten Maß). Dies reduziert auch den Wert der Kopie im Fehlerfall (Ausfall des Rechners mit der Primärkopie). Dennoch ist diese schwächere Form der Replikation für viele Anwendungen ausreichend. Man denke etwa an Verzeichnisse wie Ersatzteillisten bei KFZ-Betrieben, Buchkataloge in Bibliotheken oder Telefonbücher. Auf solche Daten wird häufig und vorwiegend lesend zugegriffen, sodass sich eine Replikation zur Einsparung von Kommunikation lohnt. Zudem reicht in diesen Fällen eine periodische Aktualisierung der Kopien vollkommen aus.

Die skizzierte Form von Schnappschussreplikation wurde im Prototyp R* realisiert [1]. Effiziente Techniken zur Aktualisierung von Schnappschüssen werden in [16] vorgestellt.

Als konkretes Beispiel eines kommerziellen Systems mit Schnappschussreplikation wollen wir kurz die Replikationslösung von Oracle betrachten. Oracle unterstützt verschiedene Varianten:

- *Nur-Lese-Schnappschüsse* (Read-only Snapshots),
- *Änderbare Schnappschüsse* (Updatable Snapshots) sowie
- *Multi-Master-Replikation.*

Daneben gibt es noch eine sogenannte Prozedurale Replikation, die wir hier aber nicht betrachten.

Bei der Nur-Lese-Schnappschuss-Replikation wird eine Mastertabelle zu einer oder mehreren entfernten Datenbanken kopiert. Änderungen der Mastertabelle werden in den Schnappschusstabellen erst nach einem Refresh sichtbar, wobei eine asynchrone Replikation möglich ist. Der Schnappschussknoten bestimmt dabei Refresh-Häufigkeit und -Zeitpunkt: Es wird das Pull („Hol")-Prinzip realisiert. Wie oben beschrieben besteht die Schnappschussdefinition aus einer SQL-Anfrage, sodass hier auch Filterungen und Verdichtungen vorgenommen werden können. Allerdings sind auf den Schnappschusstabellen nur Leseoperationen möglich.

Oracle unterscheidet zwischen einfachen und komplexen Schnappschüssen. Einfache Schnappschüsse dürfen kein **DISTINCT**, keine Aggregationsfunktionen, kein **GROUP BY**, keine Mengen- und Verbundoperationen enthalten, können aber inkrementell aktualisiert werden (sogenannter *Fast Refresh* – nur Änderungen werden übertragen). Alle anderen Schnappschusstabellen sind komplex und werden durch eine Vollübertragung aktualisiert. Fast Refreshs erfordern das Anlegen eines Schnappschuss-Logs auf dem Primärknoten. Hierbei handelt es sich um eine Tabelle mit den Primärschlüsseln (oder ROWIDs) der geänderten Tupel. Ein Schnappschuss kann dann wie folgt definiert werden:

```
CREATE SNAPSHOT DISPOKREDIT
    REFRESH FAST
    START WITH SYSDATE NEXT SYSDATE + 1
    AS SELECT KNR, KTONR, KTOSTAND
    FROM KONTO@zentrale.bank.de
    WHERE KTOSTAND < 0';
```

In der **START WITH**...**NEXT**-Klausel werden der Zeitpunkt der ersten Aktualisierung sowie das Aktualisierungsintervall (**NEXT**) definiert. SYSDATE steht hierbei für das aktu-

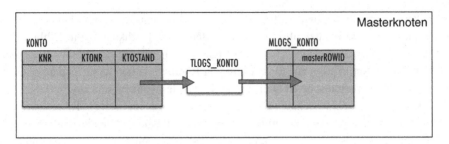

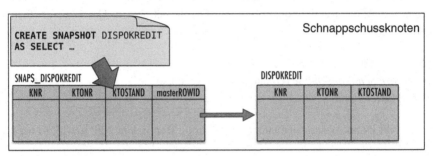

Abb. 13.5 Prinzip der Schnappschussreplikation in Oracle

elle Systemdatum, SYSDATE + 1 entspricht einem Tag, SYSDATE + 1/24 einer Stunde.
Die **REFRESH**-Klausel legt fest, ob es sich um eine inkrementelle (**FAST**) oder eine vollständige (**COMPLETE**) Aktualisierung handelt. Die Angabe in der **FROM**-Klausel beschreibt
die entfernte Tabelle auf dem Primärknoten: Hierzu muss zuvor ein Datenbanklink zum
Knoten zentrale.bank.de definiert werden. Abbildung 13.5 illustriert die Datenstrukturen, die für die Replikation intern angelegt werden. Auf der Primärtabelle wird ein
Trigger definiert, der die geänderten Tupel (d. h. deren ROWIDs oder Primärschlüssel)
im Schnappschuss-Log erfasst. Aus der Schnappschussdefinition auf dem Schnappschussknoten werden eine interne Tabelle (mit dem Präfix SNAP$_) sowie eine darauf aufbauen-
de Sicht abgeleitet, wobei nur Letztere für den Anwender sichtbar ist. Die interne Tabelle
enthält als zusätzliches Attribut nur noch die ROWIDs der Primärtabelle.

Änderbare Schnappschüsse sind vom Prinzip her ähnlich. Allerdings sind hier auch
Änderungen auf den Schnappschussknoten möglich, die beim Refresh zum Masterknoten
propagiert werden. Auch wird die Häufigkeit der Aktualisierung vom Schnappschussknoten bestimmt. Änderbar sind jedoch nur einfache Schnappschüsse entsprechend der
oben beschriebenen Einschränkungen. Außerdem müssen in der Schnappschusstabelle
alle Attribute der Mastertabelle enthalten sein. Die Definition eines Änderbaren Schnappschusses unterscheidet sich nur durch die **FOR UPDATE**-Klausel:

```
CREATE SNAPSHOT DISPOKREDIT
   FOR UPDATE
   ...
```

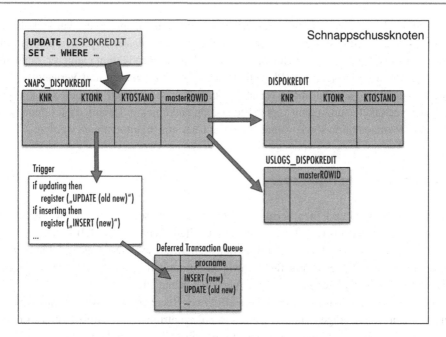

Abb. 13.6 Prinzip der Replikation Änderbarer Schnappschüsse in Oracle

Änderbare Schnappschüsse sind in Oracle durch Trigger und sogenannte *Deferred Transaction Queue* implementiert. Auf der Schnappschusstabelle wird ein Trigger definiert, der alle Änderungen auf dem Schnappschuss in einer Transaktionstabelle sammelt. Beim Refresh werden diese Transaktionen als RPC auf dem Masterknoten ausgeführt und damit die Updates zurückgespielt (Abb. 13.6).

Sind zu einer Mastertabelle mehrere Schnappschüsse definiert, so kann es bei lokalen Änderungen zu Konflikten kommen. Diese müssen auf dem Masterknoten behandelt werden. Oracle bietet hier eine Reihe vordefinierter Konfliktbehandlungsroutinen, erlaubt es aber auch, benutzerspezifische Methoden zu definieren. Zu den vordefinierten Methoden gehören Techniken wie jüngster/ältester Zeitstempel, minimaler/maximaler Wert, Überschreiben durch Update/Ignorieren des Updates sowie Knotenpriorität. Im Fall einer Konflikterkennung, die automatisch erfolgt, kann so der konsolidierte Wert bestimmt werden.

Ein typischer Anwendungsfall für änderbare Schnappschüsse ist die Verwaltung von Kundendaten. Außendienstmitarbeiter können auf ihren mobilen Endgeräten ein Replikat der Kundendatenbank mitnehmen und lokal ändern. Bei der Rückkehr in die Zentrale erfolgt dann der Abgleich der Daten.

Bei der Multi-Master-Replikation erfolgt eine redundante Speicherung einer Tabelle in mehreren Datenbanken. In jeder der Datenbanken sind Änderungen der Daten möglich. Jede Änderung wird dann entsprechend eines definierten Refresh-Intervalls zu den anderen Datenbanken propagiert, die darunterliegende Technik entspricht der bei änderbaren Schnappschüssen eingesetzten Trigger-Lösung. Für Multi-Master-Replikation sowie für fortgeschrittene Szenarien der Schnappschussreplikation (Replikation mehrerer Tabellen) bietet Oracle ein umfangreiches PL/SQL-Paket, das die Definition und Verwaltung von sogenannten Replikationsgruppen erlaubt. Hierbei handelt es sich um eine Gruppe gemeinsam verwalteter und damit replizierter Datenbankobjekte. Details dazu können der Herstellerdokumentation sowie weiterführender Literatur [6] entnommen werden.

13.7 Katastrophen-Recovery

Die Unterstützung einer hohen Verfügbarkeit verlangt eine schnelle Recovery von Transaktionsfehlern, Rechner- oder Externspeicherausfällen. Zentralisierte DBS bieten höchstens eine schnelle Behandlung von Transaktionsfehlern sowie Externspeicherfehlern (z. B. über Spiegelplatten). Rechnerausfälle (sowie Kommunikationsfehler) können i. d. R. am schnellsten durch lokal verteilte Mehrrechner-DBS behandelt werden.

Diese Ansätze unterstützen jedoch kein effektives Recovery von „Katastrophen", worunter man die vollständige Zerstörung eines Rechenzentrums, z. B. aufgrund eines Erdbebens oder eines Terroranschlags, versteht. In diesem Fall sind nämlich i. Allg. neben den Rechnern auch sämtliche Externspeicher mit der Datenbank sowie den Log-Dateien und Archivkopien zerstört. Im Katastrophenfall wird die Verarbeitung auf der letzten Archivkopie an einem anderen Rechenzentrum fortgesetzt.

Dieser Ansatz ist für OLTP-Anwendungen (z. B. zur Flugreservierung oder in Banken) vielfach inakzeptabel, da sämtliche Transaktionen seit Erstellung der letzten Archivkopie verloren sind und es i. Allg. zu lange dauert, bis die Archivkopie installiert ist und die Verarbeitung fortgesetzt werden kann.

Die Realisierung einer Nutzung von Replikaten für das Katastrophen-Recovery wird in [8, 5, 15, 19, 12] diskutiert. Wir behandeln zuerst die allgemeinen Grundlagen des Katastrophen-Recovery, bevor wir in Abschn. 13.7.3 als Spezialfall auf geografisch verteilte Datencenter eingehen.

13.7.1 Systemstruktur

Replizierte Datenbanken bieten hier natürlich eine Lösung, wenn die an einem Rechner (bzw. Rechenzentrum) vorliegenden Daten vollständig an anderen, geografisch verteilten Knoten repliziert sind. Hierzu strebt man eine Lösung mit einer begrenzten Form von Replikation an, bei der eine vollständige Kopie der Datenbank an einem geografisch entfernten Backup-Rechenzentrum geführt wird, mit der im Katastrophenfall die Verarbeitung fortgesetzt werden kann. Die Grundlagen des Katastrophen-Recovery wurden in den 90er-Jahren entwickelt [8, 5, 15, 19, 12]. Heute unterstützen die kommerziellen DBMS von IBM, Oracle und Microsoft durchgängig diese Art der Datenreplikation.

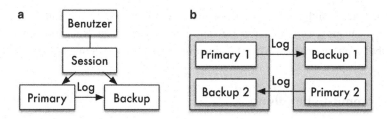

Abb. 13.7 Systemkonfigurationen zur Katastrophen-Recovery, **a** einfaches Backup-System, **b** wechselseitiges Backup-System

Die in diesen Ansätzen unterstellte Systemkonfiguration ist stark vereinfacht in Abb. 13.7a dargestellt. Im Normalbetrieb findet dabei die gesamte DB-Verarbeitung im Primärsystem (Primary) statt, d. h. einem Rechenzentrum mit einem zentralisierten DBS bzw. lokal verteilten Mehrrechner-DBS. Das geografisch entfernte Backup-System ist passiv; es wird nur im Fehlerfall genutzt. Neben einer Kopie der Datenbank werden im Backup-System auch Kontrollinformationen zu den offenen Benutzerdialogen oder Sessions geführt, damit im Fehlerfall ein schnelles Umschalten der Verbindungen möglich wird. Sämtliche Änderungen des Primärsystems werden unmittelbar an das Backup-System übertragen, sodass die DB-Kopie immer auf dem aktuellen Stand gehalten werden kann. Hierzu werden die Log-Daten vom Primärsystem zum Backup-System übertragen, wobei die Log-Daten im Backup-System nochmals gesichert und auf die DB-Kopie angewendet werden. Dieser Ansatz hat den Vorteil, dass im Primärsystem ein geringer Zusatzaufwand anfällt, da dort die Log-Daten ohnehin erstellt werden. Im Backup-System kann die Aktualisierung der Datenbank durch Anwendung von Log-Daten mit bekannten Recovery-Konzepten und mit vergleichsweise geringem CPU-Aufwand erfolgen.

Nach Ausfall des Primärsystems veranlasst der Systemverwalter ein Umschalten auf das Backup-System, wo die Verarbeitung typischerweise nach wenigen Sekunden fortgeführt werden kann.[3] Die Verlagerung der DB-Verarbeitung ins Backup-System kann auch für geplante Unterbrechungen im Primärsystem genutzt werden, etwa zur Hardwareaufrüstung oder Installation neuer Softwareversionen (z. B. für Betriebssystem oder DBS). Weiterhin können Dienstprogramme wie die Erzeugung einer Archivkopie im Backup-System ausgeführt werden und damit das Primärsystem entlasten. Schließlich können auch Lesetransaktionen (z. B. Ad-hoc-Anfragen), die keine aktuelle DB-Sicht benötigen, im Backup-System bearbeitet werden.

Abbildung 13.7b zeigt eine erweiterte Systemkonfiguration, bei der beide Rechenzentren im Normalbetrieb genutzt werden können. Hierzu wird eine Partitionierung von Datenbank und Anwendungen in zwei Teilsysteme vorgenommen, wobei Transaktionen aus Leistungsgründen in jedem Teilsystem weitgehend lokal ausführbar sein sollten. Die bei-

---

[3] Eine automatische Umschaltung zwischen Primär- und Backup-System ist i. Allg. nicht möglich/sinnvoll, da das System z. B. nicht zwischen einem tatsächlichen Ausfall des Primärsystems und einem Ausfall im Kommunikationssystem unterscheiden kann [17, 12].

den Primärsysteme laufen in verschiedenen Rechenzentren und werden durch ein eigenes Backup-System im jeweils anderen Rechenzentrum gegenüber Katastrophen gesichert. Eine solche Konfigurierung wird von einigen Implementierungen unterstützt.

13.7.2 Commit-Behandlung

Eine wesentliche Entwurfsentscheidung bei der Realisierung eines solchen Ansatzes betrifft die Festlegung, ob die Änderungen einer Transaktion sowohl im Primär- als auch im Backup-System zu protokollieren sind, bevor ein Commit möglich ist. Diese Festlegung führt zur Unterscheidung von 1-sicheren (1-safe) und 2-sicheren (2-safe) Transaktionen [19]. Für *2-sichere Transaktionen* ist durch ein verteiltes Commit-Protokoll zwischen Primär- und Backup-System zu gewährleisten, dass die Änderungen einer Transaktion an beiden Systemen gesichert sind, bevor die Commit-Entscheidung getroffen wird.[4] Für *1-sichere Transaktionen* erfolgt dagegen das Commit bereits nach Sicherung der Änderungen im Primärsystem; die Übertragung der Log-Daten an das Backup-System geschieht asynchron. Der Vorteil 2-sicherer Transaktionen liegt darin, dass auch im Katastrophenfall keine Änderungen verloren gehen und die DB-Kopie auf den aktuellsten Zustand gebracht werden kann. Andererseits ergeben sich signifikante Leistungseinbußen, da die Antwortzeit sich um die Übertragungszeit für die Log-Daten sowie die Schreibverzögerung im Backup-System erhöht. Weiterhin ist der Ansatz von der ständigen Verfügbarkeit des Backup-Systems abhängig, sodass sich ohne weitere Vorkehrungen die Verfügbarkeit sogar reduzieren kann. Zur Vermeidung dieser Nachteile unterstützen existierende Systeme eine asynchrone Aktualisierung der Backup-Kopie. Der Verlust einiger weniger Transaktionen im Katastrophenfall wird dabei in Kauf genommen.

Wünschenswert wäre ein hybrider Ansatz zur Unterstützung von 1- und 2-sicheren Transaktionen. Damit könnte für die Mehrzahl der Transaktionen eine effiziente asynchrone Übertragung der Log-Daten vorgenommen werden. „Wichtige" Transaktionen, z. B. Banktransaktionen mit hohem Geldumsatz, könnten dagegen als 2-sicher eingestuft werden, um ihren Verlust zu vermeiden. Bei der Realisierung eines solchen gemischten Ansatzes ist zu beachten, dass im Primärsystem Abhängigkeiten von 2-sicheren Transaktionen zu zuvor beendeten 1-sicheren Transaktionen bestehen können. Diese Abhängigkeiten müssen auch im Backup-System beachtet werden, um die Rekonstruktion eines konsistenten DB-Zustands zu ermöglichen.

Beispiel 13.6 Im Primärsystem habe Transaktion T_2 von Transaktion T_1 geänderte Objekte gelesen und für eigene Änderungen verwendet, sodass die Serialisierungsreihenfolge $T_1 < T_2$ besteht. Wenn T_1 1-sicher, T_2 dagegen 2-sicher ist, ist es aufgrund der verzöger-

---

[4] Hierzu ist kein vollständiges Zwei-Phasen-Commit-Protokoll erforderlich. Es genügt die synchrone Übertragung der Log-Daten in der ersten Commit-Phase [12], sodass lediglich zwei zusätzliche Nachrichten (sowie eine Log-E/A) anfallen.

ten Übertragung der Log-Daten für 1-sichere Transaktionen möglich, dass die Log-Daten von T_1 erst nach denen von T_2 im Backup-System eintreffen. Probleme gibt es, falls das Primärsystem ausfällt, nachdem die Log-Daten von T_2 im Backup-System gesichert sind, jedoch bevor die Log-Daten von T_1 abgeschickt wurden. In diesem Fall würde die alleinige Anwendung der Änderungen von T_2 im Backup-System einen inkonsistenten DB-Zustand erzeugen.   □

Die Lösung dieses Problems erfordert, dass die Log-Daten von 1-sicheren Transaktionen, die im Primärsystem vor einer 2-sicheren Transaktion beendet wurden, im Backup-System gesichert sind, bevor das Commit der 2-sicheren Transaktion erfolgt [19]. Dies ist einfach realisierbar, wenn alle Log-Daten innerhalb eines „Log-Stroms" übertragen werden.[5] In diesem Fall sind die Log-Daten im Backup-System lediglich in der gleichen Reihenfolge anzuwenden, wie sie im Primärsystem generiert wurden.

13.7.3   Geo-Replikation

Die sogenannte *Geo-Replikation* nutzt Replikation im großen Stil, um Verfügbarkeit von Datencentern zu erhöhen. Cloud-Anbieter wie Google, Yahoo etc. setzen diese Art der Replikation ein. Die Daten werden bewusst geografisch weitläufig repliziert, um einerseits die Nähe zu den Nutzern zu nutzen, also auch bei Ausfällen (bis hin zu Katastrophenszenarien) das verteilte System arbeitsfähig zu belassen. Eine typische Verteilung von drei Datencentern wäre etwa Ostküste und Westküste der USA sowie Irland für Nutzer aus Europa. Aus physikalischen (Lichtgeschwindigkeit) und technischen Gründen benötigt ein Kommunikationspaket zwischen Ost- und Westküste der USA schon 45 ms als Übertragungszeit ([18]), sodass eine Verringerung der Anzahl ausgetauschter Nachrichten in Replikationsprotokollen auch eine deutliche Effizienzsteigerung bedeutet.

Agrawal et al. diskutieren in [2] Ansätze zur Geo-Replikation und damit verbundene Fragestellungen. Ein Datencenter allein ist ein typischerweise als verteiltes System lokal aufgebauter Provider unter anderem für Datenbankdienste. Datencenter sind insbesondere durch die Cloud-Dienste einiger Anbieter populär geworden. Multiple Datencenter spiegeln komplette Datencenter an geografisch geeigneten Orten. Alle Dienste eines Datencenters werden also geografisch verteilt gespiegelt bzw. repliziert, ein Client nutzt die Dienste des geografisch benachbarten Datencenters bzw. (für ihn transparent) desjenigen Datencenters mit der aktuell höchsten Verfügbarkeit. In multiplen Datencentern laufen daher Synchronisationsprotokolle auf zwei Ebenen ab – lokale Synchronisation im verteilt realisierten Dienstangebot des lokalen Datencenters und global synchronisiert zwischen den replizierten Datencentern.

---

[5] Hierzu können die Log-Daten im Primärsystem in einem Puffer gesammelt werden, der dann übertragen wird, wenn er gefüllt ist oder das Commit einer 2-sicheren Transaktion ansteht. Damit werden i. Allg. Log-Daten mehrerer Transaktionen gebündelt übertragen.

Die Koordination der beiden Synchronisationsebenen bietet ein Optimierungspotenzial für die Anzahl zu verschickender Synchronisationsnachrichten zwischen den geografisch verteilten Datencentern. Auf beiden Ebenen können identische oder auch unterschiedliche Protokolle gefahren werden. Google nutzt ein Paxos-Protokoll zur konsistenten Aktualisierung der Replikate, eingebettet in ein globales 2PC. Mahmoud et al. [18] hingegen schlagen vor, auf der Ebene der Datencenter lokal das Zwei-Phasen-Commit (Abschn. 11.3) mehrfach ablaufen zu lassen und das Paxos-Protokoll (Abschn. 11.6) zu nutzen, um Konsens zwischen den Datencentern zu erreichen und somit nur über das globale Commit zu entscheiden.

13.8 Übungsaufgaben

Übung 13.1 (Netzwerkpartitionierungen)
Bewerten Sie die vorgestellten Verfahren zur Synchronisation auf replizierten Datenbanken hinsichtlich Verfügbarkeit nach Netzwerkpartitionierungen.

Übung 13.2 (Datenverteilungverteilung)
Auf Objekt A seien an den Rechnern R_1 bis R_4 folgende Zugriffshäufigkeiten (pro Sekunde) gegeben:

	R_1	R_2	R_3	R_4
Lesezugriffe	30	40	50	20
Änderungszugriffe	10	20	–	–

An welchen Knoten empfiehlt sich die Speicherung einer Kopie von A, wenn zur Synchronisation ein ROWA-Protokoll verwendet wird? Es soll dabei nur die Minimierung der Kommunikationskosten erfolgen (keine Lastbalancierung); jede Referenz soll eine eigene Transaktion bilden.

Dies ist eine Worst-Case-Annahme hinsichtlich der Nachrichtenhäufigkeit (warum?), die aus Einfachheitsgründen getroffen werden soll.

Übung 13.3 (Kommunikationsaufwand (ROWA, Primary-Copy))
Auf Objekt A seien die Zugriffshäufigkeiten wie in der vorherigen Aufgabe gegeben. Ferner sei A an den Knoten R_1 bis R_3 repliziert gespeichert. Welche Nachrichtenhäufigkeiten entstehen für diese Last- und Datenverteilung mit dem ROWA-Protokoll sowie den Primary-Copy-Verfahren, wenn jede Referenz eine eigene Transaktion bildet?

Übung 13.4 (Votingverfahren)
Für die in Abb. 13.8 gezeigte Datenverteilung seien für Objekt A die Stimmenverteilung $<2, -, 1>$ mit den Quoren $r = 2$, $w = 2$ und für Objekt B die Stimmenverteilung $<1, 3, 1>$ sowie $r = 2$, $w = 4$ gegeben. Aufgrund eines Fehlers im Netzwerk sei ferner die gezeigte

Abb. 13.8 Aufgabe zu replizierter Datenhaltung

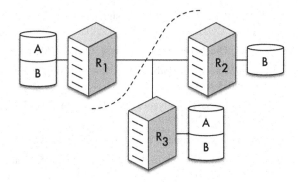

Partitionierung des Systems in zwei Teile eingetreten (Partition P_1 bestehend aus R_1, Partition P_2 mit R_2 und R_3). In welchen Partitionen können die folgenden drei Transaktionen noch bearbeitet werden ($R(x)$ bzw. $W(x)$ bezeichne den Lese- bzw. Schreibzugriff auf Objekt x)?

```
T1: R (A)
T2: R (B), W (B)
T3: R (A), R (B)
```

Durch welche Wahl der Stimmenverteilung und Quoren könnte die Transaktion

```
T4: W (A), W (B)
```

noch bearbeitet werden?

Übung 13.5 (Katastrophen-Recovery)
Das Führen einer DB-Kopie in einem Backup-System zur Katastrophen-Recovery (Abschn. 13.7) weist Ähnlichkeiten mit einem Primary-Copy-Ansatz zur Wartung der Replikation (Abschn. 13.4) auf. Wo liegen die Unterschiede?

Literatur

1. Adiba, M.E., Lindsay, B.G.: Database snapshots. Proc. VLDB Conf., 86–91 (1980)

2. Agrawal, D., El Abbadi, A., Mahmoud, H.A., Nawab, F., Salem, K.: Managing geo-replicated data in multi-datacenters. In: Databases in Networked Information Systems, 23–43. Springer (2013)

3. Alsberg, P., Day, J.D.: A principle for resilient sharing of distributed resources. Proc. ICSE, 562–570 (1976)

4. Bernstein, P.A., Hadzilacos, V., Goodman, N.: Concurrency Control and Recovery in Database Systems. Addison-Wesley (1987)

5. Burkes, D.L., Treiber, R.K.: Design approach for real-time transaction processing remote site recovery. COMPCON, 568–572 (1990)

6. Dye, C.: Oracle Distributed Systems. O'Reilly Media (1999)

7. Garcia-Molina, H., Barbará, D.: How to assign votes in a distributed system. J. ACM **32**(4), 841–860 (1985)

8. Garcia-Molina, H., Polyzois, C.A., Hagmann, R.B.: Two epoch algorithms for disaster recovery. VLDB, 222–230 (1990)

9. Gifford, D.K.: Weighted voting for replicated data. SOSP, 150–162 (1979)

10. Gray, J.: An approach to decentralized computer systems. IEEE Trans. Software Eng. **12**(6), 684–692 (1986)

11. Gray, J., Helland, P., O'Neil, P.E., Shasha, D.: The dangers of replication and a solution. Proceedings of the 1996 ACM SIGMOD International Conference on Management of Data, Montreal, Quebec, Canada, June 4–6, 1996., 173–182 (1996)

12. Gray, J., Reuter, A.: Transaction Processing: Concepts and Techniques. Morgan Kaufmann (1993)

13. Kemme, B., Jiménez-Peris, R., Patiño-Martínez, M.: Database Replication. Synthesis Lectures on Data Management. Morgan & Claypool Publishers (2010). DOI 10.2200/S00296ED1V01Y201008DTM007. http://dx.doi.org/10.2200/S00296ED1V01Y201008DTM007

14. Kemme, B., Jiménez-Peris, R., Patiño-Martínez, M., Alonso, G.: Database replication: A tutorial. In: B. Charron-Bost, F. Pedone, A. Schiper (eds.) Replication: Theory and Practice, *Lecture Notes in Computer Science*, vol. 5959, 219–252. Springer (2010). DOI 10.1007/978-3-642-11294-2_12. http://dx.doi.org/10.1007/978-3-642-11294-2_12

15. King, R.P., Halim, N., Garcia-Molina, H., Polyzois, C.A.: Management of a Remote Backup Copy for Disaster Recovery. ACM Trans. Database Syst. **16**(2), 338–368 (1991)

16. Lindsay, B.G., Haas, L.M., Mohan, C., Pirahesh, H., Wilms, P.F.: A Snapshot Differential Refresh Algorithm. Proc. ACM SIGMOD Conf., 53–60 (1986)

17. Lyon, J.: Tandem's remote data facility. Compcon Spring'90. Intellectual Leverage. Digest of Papers. Thirty-Fifth IEEE Computer Society International Conference., 562–567. IEEE (1990)

18. Mahmoud, H.A., Nawab, F., Pucher, A., Agrawal, D., El Abbadi, A.: Low-latency multi-datacenter databases using replicated commit. PVLDB **6**(9), 661–672 (2013). http://www.vldb.org/pvldb/vol6/p661-mahmoud.pdf

19. Mohan, C., Treiber, K., Obermarck, R.: Algorithms for the management of remote backup data bases for disaster recovery. ICDE, 511–518 (1993)

20. Stonebraker, M.: Concurrency control and consistency of multiple copies of data in distributed ingres. IEEE Trans. Software Eng. **5**(3), 188–194 (1979)

21. Thomas, R.H.: A majority consensus approach to concurrency control for multiple copy databases. ACM Trans. Database Syst. **4**(2), 180–209 (1979)

22. Walter, B.: Using redundancy for implementing low-cost read-only transactions in a distributed database system. INFOCOM, 153–159 (1983)

Transaktionsverarbeitung für Shared Disk

14

Nach unserer Klassifikation in Kap. 3 verkörpert *Shared Disk* (*SD*) einen allgemeinen Architekturtyp von Parallelen DBS. Die Rechner sind dabei lokal angeordnet und in der Regel lose gekoppelt; möglich ist jedoch auch eine nahe Kopplung. In diesem Kapitel diskutieren wir zunächst kurz Merkmale von Shared-Disk-DBS und zu lösende technische Probleme. Danach gehen wir auf einzelne Lösungsansätze zur Transaktionsverarbeitung näher ein, insbesondere zur Synchronisation (Abschn. 14.2), Kohärenzkontrolle (Abschn. 14.3) sowie für Logging und Recovery (Abschn. 14.4). Zudem stellen wir Einsatzmöglichkeiten einer nahen Kopplung vor (Abschn. 14.5).

14.1 Systemeigenschaften und Herausforderungen

Abbildung 14.1 zeigt den Grobaufbau eines lose gekoppelten SD-Systems. Es umfasst N Verarbeitungsrechner mit in der Regel mehreren Prozessoren, die jeweils eine identische Instanz des DBMS ausführen. Die DBMS-Instanzen arbeiten eng zusammen und bieten den Anwendungen gegenüber vollkommene Verteilungstransparenz. Die Rechner sind lokal innerhalb eines Clusters angeordnet und über ein Hochgeschwindigkeitsnetzwerk gekoppelt. Wie von der SD-Architektur gefordert, ist jeder Rechner und damit jede DBMS-Instanz mit allen Externspeichern wie Magnetplatten oder SSDs gekoppelt. Der gemeinsame Zugriff besteht dabei nicht nur auf die physische Datenbank, sondern auch für die Log-Dateien, um nach Rechnerausfällen die Recovery durch überlebende Rechner vornehmen zu können (Abschn. 14.4). Für die Zuordnung von Transaktionsaufträgen und Anfragen zu den Verarbeitungsrechnern ist eine Lastverteilungskomponente vorgesehen, welche den aktuellen Systemzustand bei der Zuordnung von Verarbeitungsaufträgen berücksichtigen sollte, um eine gleichmäßige Auslastung zu erreichen (dynamische Lastbalancierung). Bekannte Verteter von SD-DBS sind unter anderem Oracle RAC, IBM DB2 z/OS und IBM DB2 PureScale, wobei die beiden IBM-Systeme eine nahe Kopplung nutzen.

© Springer-Verlag Berlin Heidelberg 2015   309
E. Rahm, G. Saake, K.-U. Sattler, *Verteiltes und Paralleles Datenmanagement*, eXamen.press,
DOI 10.1007/978-3-642-45242-0_14

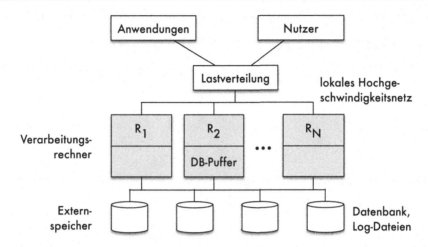

Abb. 14.1 Grobaufbau eines Shared-Disk-Systems

Wesentlich für eine hohe Leistungsfähigkeit sowie Skalierbarkeit von SD-Systemen ist, dass eine große Anzahl von Rechnern mit allen Platten verknüpft werden kann. Anstatt einer direkten Verbindung von Externspeichern an die einzelnen Rechner wird dies besser durch eine nachrichtenbasierte Anbindung der Externspeicher erreicht, v. a. durch Einsatz leistungfähiger Storage Area Networks (SAN) mit Bandbreiten bis zu mehreren GB pro Sekunde [39]. Neben den Magnetplatten können damit auch schnellere SSD-Externspeicher sowie Platten-Caches von allen Rechnern zur Einsparung von Plattenzugriffen genutzt werden. Die nachrichtenbasierte Anbindung von Externspeichern wurde bereits um ca. 1985 in einer der ersten breit genutzten Shared-Disk-Plattformen, den DEC-VaxCluster-Systemen [15] (jetzt: HP OpenVMS Cluster), verfolgt.

Wie bereits in Abschn. 3.3.2 diskutiert, verspricht die SD-Architektur eine hohe Flexibilität und wesentliche Vorteile gegenüber Shared-Nothing-DBS. Insbesondere entfällt die Notwendigkeit, die Datenbank unter den Rechnern aufzuteilen, was für Shared Nothing eine relativ statische Festlegung ist, welche den Ausführungsort von Operationen sowie generell die Leistungsfähigkeit wesentlich bestimmt. Es entfällt damit auch die Notwendigkeit, die DB-Zuordnung nach Rechnerausfällen bzw. bei Hinzunahme weiterer Knoten anzupassen. Eine hohe Flexibilität für Lastverteilung und Parallelverarbeitung ergibt sich daraus, dass bei SD jeder Knoten Zugriff auf alle Daten hat, sodass er jede Transaktion und jede DB-Operation ausführen kann. Somit lässt sich auch in Überlastsituationen leichter eine gleichmäßige Auslastung der Knoten erreichen. Bei Shared Nothing dagegen müssen Knoten selbst bei Überlast Zugriffe auf ihre Daten bearbeiten, es sei denn, die Daten liegen repliziert an mehreren Knoten vor.

Die Nutzung der Freiheitsgrade setzt jedoch geeignete Lösungen für SD-spezifische Probleme voraus. Dies betrifft vor allem die Aufgaben der Synchronisation, Kohärenzkontrolle, Lastverteilung sowie Logging/Recovery. Die systemweite Synchronisation ist offenbar notwendig, um die Serialisierbarkeit und damit die Konsistenz der Daten trotz gleichzeitiger lesende und ändernder DB-Zugriffe aus verschiedenen Rechnern zu gewährleisten. Aufgabe der Kohärenzkontrolle ist, die in den DB-Pufferbereichen der DBMS durchgeführten Änderungen systemweit zu propagieren und zu verhindern, dass Transaktionen auf veraltete (invalidierte) Kopien von DB-Objekten zugreifen. Die korrekte Lösung dieser Aufgabe erfordert bei loser Kopplung ebenso wie die Synchronisation eine nachrichtenbasierte Abstimmung unter den Verarbeitungsrechnern, welche aus Performancegründen mit einem Minimum an Nachrichten und Verzögerungen für Transaktionen erfolgen muss. Wie wir sehen werden, ist es hierzu notwendig, Synchronisation und Kohärenzkontrolle in einem integrierten Protokoll eng aufeinander abzustimmen.

Eine wichtige Rolle bezüglich der Leistungsfähigkeit spielt auch die *Lastverteilung* zur Zuordnung von Transaktionsaufträgen und Anfragen zu Verarbeitungsrechnern (Transaktions- bzw. Query-Routing). Hierzu sollte einerseits unter Berücksichtigung des aktuellen Systemzustandes zur Lastbalancierung eine möglichst gleichmäßige Auslastung der Knoten angestrebt werden. Daneben sollte die Lastverteilung jedoch auch eine Transaktionsverarbeitung mit einem Minimum an Kommunikations- und E/A-Verzögerungen unterstützen. Ein allgemeiner Ansatz hierzu ist ein sogenanntes *affinitätsbasiertes Transaktionsrouting* [40, 27]. Dabei wird eine Lastverteilung angestrebt, sodass Transaktionen verschiedener Rechner möglichst unterschiedliche DB-Bereiche referenzieren. Hierzu gilt es, Transaktionstypen mit einer Affinität zu denselben DB-Bereichen möglichst denselben Verarbeitungsrechnern zuzuweisen, wodurch eine hohe *rechnerspezifische Lokalität* im Referenzverhalten erreicht wird. Voraussetzung hierfür sind durch Monitoring ermittelte Statistiken zum Referenzverhalten und der Zugriffsverteilung von Transaktionstypen.

Die Unterstützung rechnerspezifischer Lokalität durch eine affinitätsbasierte Lastverteilung verspricht wesentliche Vorteile für das Leistungsverhalten eines SD-Systems. Für die DB-Pufferverwaltung jedes Rechners ermöglicht dies verbesserte Trefferraten (weniger Externspeicherzugriffe) und es kommt seltener zu Referenzierung derselben Seiten in verschiedenen Rechnern. Dies vermindert die Zahl repliziert gepufferter Seiten und damit von nach Änderungen invalidierter Seitenkopien. Einige Synchronisationsverfahren für Shared Disk sind auch in der Lage, rechnerspezifische Lokalität zur Reduzierung des Kommunikationsaufwandes zu nutzen (s. u.). Damit ergibt sich auch für diese kritische Funktion ein potenziell verbessertes Leistungsverhalten.

14.2 Synchronisation in Shared-Disk-DBS

Die Leistungsfähigkeit von Shared-Disk-Systemen ist wesentlich von den gewählten Algorithmen zur globalen Synchronisation und Kohärenzkontrolle abhängig, da der Kommunikationsaufwand zur Transaktionsbearbeitung weitgehend durch diese beiden Funktionen bestimmt ist. Obwohl zwischen beiden Aufgaben enge Abhängigkeiten bestehen und integrierte Lösungen anzustreben sind, separieren wir hier aus didaktischen Gründen die Beschreibung der wichtigsten Lösungsansätze. Dies erleichtert zum einen das

Verständnis der grundlegenden Alternativen. Zum anderen kann damit das gesamte Lösungsspektrum, das sich durch die geeignete Kombination der Teillösungen ergibt, besser veranschaulicht werden.

Ein Hauptziel effizienter Synchronisationsprotokolle für Shared Disk ist es, die Anzahl notwendiger Nachrichten zu reduzieren. Selbst bei einem sehr schnellen Kommunikationssystem ist z. B. das Anfordern einer Sperre bei einem anderen Rechner um Größenordnungen langsamer als eine lokale Sperrbearbeitung. Denn allein das Senden und Empfangen der dazu notwendigen Nachrichten verursacht eine weitaus höhere CPU-Belastung, da diese Operationen meist Tausende von Instruktionen erfordern. Für die Leistungsfähigkeit besonders kritisch sind *synchrone Nachrichten*, für die eine Transaktion bis zum Eintreffen einer Antwortnachricht unterbrochen werden muss (z. B. zur Bewilligung einer Sperre). Eine weitere Anforderung an ein geeignetes Synchronisationsprotokoll für Shared Disk ist Robustheit gegenüber Fehlern im System. Insbesondere muss nach Rechnerausfällen eine korrekte Fortsetzung der Synchronisation gewährleistet sein, um eine hohe Verfügbarkeit zu erreichen.

Wir geben zunächst einen Überblick über Synchronisationsverfahren für Shared Disk und besprechen anschliessend die relevantesten Sperrverfahren sowie Möglichkeiten zur Reduzierung von Sperrnachrichten.

14.2.1 Verfahrensüberblick

Abbildung 14.2 klassifiziert die wesentlichen Alternativen zur Synchronisation in SD-Systemen. Ähnlich wie in Verteilten DBS kommen Sperrverfahren oder optimistische Ansätze unter zentraler oder verteilter Kontrolle infrage. Die globale Synchronisation kann

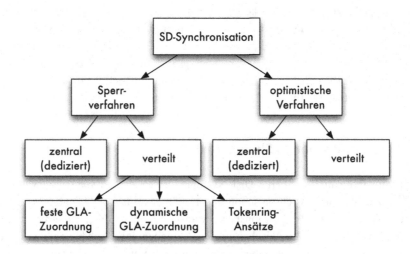

Abb. 14.2 Synchronisationsverfahren für Shared-Disk-Systeme

dabei entweder auf dedizierten Knoten erfolgen oder – im verteilten Fall – auf den Verarbeitungsrechnern selbst, was zu Kommunikationseinsparungen für Transaktionen an den jeweiligen Rechnern führen kann. Zeitmarkenverfahren können für SD ausgeklammert bleiben, da sie bereits für Verteilte DBS als relativ wenig sinnvoll eingestuft wurden (Abschn. 12.3). Für Shared Disk würden sie zudem keine Nachrichteneinsparungen gegenüber Sperrverfahren erlauben, jedoch zu einer erhöhten Anzahl von Transaktionsrücksetzungen führen.

Existierende SD-Systeme (insbesondere von IBM und Oracle) verwenden durchweg Sperrprotokolle zur Synchronisation. Dabei wird meist unterstellt, dass für jedes DB-Objekt ein *Globaler Lock-Manager (GLM)* existiert, der die globalen Sperren für das Objekt verwaltet. Die globale Sperrverantwortung oder *GLA (global lock authority)* kann dabei einem oder mehreren Rechnern zugeordnet werden. In letzterem Fall wird noch unterschieden, ob die Zuordnung fest vorbestimmt wird oder dynamisch erfolgt. Diese Ansätze stehen im Fokus dieses Kapitels. Im Falle einer nahen Kopplung über einen gemeinsamen Halbleiterspeicher kann darin eine globale Sperrtabelle zur Realisierung eines zentralen Sperrverfahres verwaltet werden (Abschn. 14.5).

Ein weiterer Sperransatz basiert auf einer logischen Tokenring-Topologie und verlangt die Gewährung einer Sperre durch mehrere Knoten. Hierzu werden globale Sperranforderungen in jedem Rechner gebündelt und mit einem Token an den jeweils nächsten Knoten in der Ringreihenfolge weitergeleitet. Eine Entscheidung über die Sperrvergabe erfolgt nur bei Tokenbesitz und erfordert somit insgesamt einen kompletten Ringdurchlauf. Die Skalierbarkeit ist dadurch sehr beschränkt. Ein solches Verfahren namens *Pass the Buck* wurde für IMS Data Sharing gewählt, einer der ersten, jedoch auf zwei Knoten beschränkten, SD-Implementierungen [38]. Um nicht jede Sperranforderung global abzustimmen, wurde in einer in jedem Knoten replizierten Hash-Tabelle verwaltet, für welche Hash-Klassen ein Knoten überhaupt Interesse hat. Damit können Sperranforderungen lokal behandelt werden, wenn für die zugehörige Hash-Klasse kein Interesse eines anderen Knotens vorliegt. Änderungen an der Hash-Tabelle können auch nur bei Tokenbesitz erfolgen [33].

Optimistische Synchronisationsverfahren sind prinzipiell interessant für SD, da Kommunikation nur am Transaktionsende zur globalen Validierung anfällt. Somit lassen sich gegenüber Sperrverfahren, bei denen jede Sperranforderung global abgestimmt werden muss, potenziell viele Nachrichten einsparen. Der zentrale Validierungsansatz kann wie für Verteilte DBS in einfacher Weise erfolgen, indem an einem zentralen Knoten am Transaktionsende die Validierung erfolgt, z. B. gemäß BOCC+ (Abschn. 12.4). Für verteilte optimistische Ansätze muss dagegen eine Validierung prinzipiell an jedem Knoten gegenüber den dort ausgeführten Transaktionen erfolgen, was zu einem erheblichen Aufwand führt und die Skalierbarkeit sehr beschränkt. Eine Eingrenzung der zu betrachtenden Knoten wird möglich, wenn (ähnlich der GLA) die Synchronisationszuständigkeiten für Datenbankobjekte unter den Knoten aufgeteilt werden. Damit sind in die Validierung einer Transaktion T nur noch die Knoten zu involvieren, aus deren Zuständigkeitsbereich Objekte von T referenziert wurden. Ein solches Verfahren wurde in [23] vorgeschlagen.

Ein genereller Nachteil der optimistischen Verfahren liegt darin, dass sich die Kohärenzkontrolle weniger gut mit der Synchronisation kombinieren lässt. Denn nur durch die systemweite Bereitstellung der neuesten Objektversionen in der Lesephase von Transaktionen kann deren späteres Scheitern in der Validierung verhindert werden. Die Kohärenzkontrolle fordert somit ein erhebliches Maß zusätzlicher Kommunikationsvorgänge, wodurch die Relevanz optimistischer Verfahren für SD erheblich sinkt. Wir werden diese Verfahren daher nicht weiter vertiefen.

Auch Verfahren der *Mehrversionensynchronisation* lassen sich auf SD-Umgebungen übertragen. Zur systemweit eindeutigen Vergabe von Versionsnummern für geänderte Objekte bestehen ähnliche Möglichkeiten wie für Verteilte DBS (Abschn. 12.5), insbesondere die Nutzung eines zentralen Timestamp-Dienstes oder verteilte Lösungen auf Basis synchronisierter Uhren. Für SD ist es zur Kohärenzknontrolle ohnehin sinnvoll, Versionsnummern für DB-Seiten zu führen (Abschn. 14.3.3), sodass ein Mehrversionenansatz mit der Kohärenzkontrolle abgestimmt werden sollte. Ein solcher Ansatz wurde in Oracle RAC realisiert.

Wir beschreiben zunächst kurz den Einsatz von Sperrverfahren auf einem oder mehreren dedizierten GLM-Rechnern. Danach diskutieren wir den Einsatz sogenannter Autorisierungen zur lokalen Sperrvergabe. Die damit erreichbare Reduzierung des Kommunikationsaufwandes ist prinzipiell für alle Sperrverfahren nutzbar. Danach behandeln wir verteilte Sperrverfahren mit fester und dynamischer GLA-Zuordnung. Bei der Beschreibung der Sperrverfahren unterstellen wir strikte Zwei-Phasen-Sperrprotokolle mit langen Lese- und Schreibsperren. Auf die Behandlung von globalen Deadlocks wird nicht eingegangen, da hierfür die gleichen Techniken wie für Verteilte DBS anwendbar sind (Abschn. 12.6).

14.2.2 Globale Sperrverwaltung auf dedizierten Rechnern

In dedizierten Sperrprotokollen erfolgt die globale Sperrverarbeitung auf einem bzw. mehreren ausgezeichneten Rechnern durch dort ausgeführte GLM-Prozesse. Im Falle eines *zentralen Sperrverfahrens* besitzt ein Rechner die globale Sperrverantwortung für die gesamte Datenbank, sodass nur ein GLM existiert. Der GLM verwaltet eine globale Sperrtabelle, mit der Sperranforderungen und -freigaben aller Rechner bearbeitet werden. Daneben existiert in jedem Verarbeitungsrechner ein *Lokaler Lock-Manager (LLM)*, der sämtliche Sperren der bei ihm laufenden Transaktionen innerhalb einer lokalen Sperrtabelle verwaltet.

Sperranforderungen und -freigaben von Transaktionen werden zunächst an den LLM gestellt, der dann mit dem GLM zusammenarbeitet. Im einfachsten Fall sind sämtliche Sperroperationen an den GLM-Rechner zu schicken, was jedoch einen extrem hohen Kommunikationsaufwand und starke Antwortzeiterhöhungen verursacht. Insbesondere sind zwei Nachrichten pro Sperranforderung erforderlich; die Sperrfreigabe am Transaktionsende kann dagegen mit einer Nachricht erfolgen. Der Aufwand für Sperranforderungen kann durch eine Bündelung mehrerer Anforderungen von Transaktionen desselben LLM reduziert werden.

Ein offenkundiges Problem bei einem zentralen Sperrverfahren ist, dass ein einziger GLM-Rechner leicht zum Engpass wird und somit Durchsatz und Erweiterbarkeit des Systems beeinträchtigt. Dieser Nachteil kann jedoch relativ leicht behoben werden, indem die globale Sperrverantwortung auf mehrere dedizierte Rechner verteilt wird. Ein einfacher Ansatz dazu ist die feste Aufteilung der GLA über eine Hash-Funktion, welche zu jedem Objektbezeichner den zuständigen GLM-Rechner bestimmt. Neben der Engpassgefahr wird damit auch die Verfügbarkeit verbessert, da ein GLM-Ausfall nur noch einen Teil der Datenbank betrifft.

Die Verwendung mehrerer dedizierter Rechner löst natürlich nicht das Problem der hohen Bearbeitungskosten von Sperranforderungen, wenn diese stets vom zuständigen GLM-Rechner zu bearbeiten sind. Eine wirkungsvollere Optimierung ist daher die Anzahl globaler Sperranforderungen zu senken, um sowohl die Antwortzeiten als auch den Kommunikations-Overhead zu verbessern. Hierzu werden wir im nächsten Abschnitt die Nutzung sogenannter Lese- und Schreibautorisierungen vorstellen. Im Falle einer nahen Kopplung kann alternativ eine effizientere Synchronisation durch die Verwaltung der globalen Sperrtabelle in einem speziellen, über eigene Instruktionen ansprechbaren Speicherbereich erreicht werden (Abschn. 14.5).

14.2.3 Nutzung von Lese- und Schreibautorisierungen

Um die Anzahl globaler Sperranforderungen zu reduzieren, ist es notwendig, dass möglichst viele Sperranforderungen und -freigaben ausschließlich lokal – von den LLMs der Verarbeitungsrechner – behandelt werden. Dies kann für nahezu alle SD-Sperrverfahren (nicht nur dedizierten) erreicht werden, indem man die LLM autorisiert, Sperren zeitweise lokal – ohne Abstimmung mit dem GLM-Rechner – zu verwalten. Dabei lassen sich zwei Arten von Autorisierungen unterscheiden, die vom globalen Sperrverwalter den lokalen Sperrverwaltern zugewiesen werden:

- Eine *Schreibautorisierung* ermöglicht es dem lokalen Sperrverwalter (LLM), sowohl Schreib- als auch Lesesperren für das betreffende Objekt lokal zu vergeben. Eine solche Autorisierung wird vom globalen Sperrverwalter erteilt, wenn zum Zeitpunkt einer Sperranforderung kein weiterer Rechner eine Sperre auf dem betreffenden Objekt angefordert hat. Eine Schreibautorisierung kann jeweils nur einem Rechner (LLM) zuerkannt werden. Eine Rückgabe der Schreibautorisierung ist erst erforderlich, wenn ein anderer Rechner dasselbe Objekt referenzieren will.
- Eine *Leseautorisierung* ermöglicht es dem lokalen Sperrverwalter, Lesesperren für das betreffende Objekt lokal zu vergeben. Eine solche Autorisierung wird vom globalen Sperrverwalter erteilt, wenn zum Zeitpunkt einer Sperranforderung kein weiterer Rechner eine Schreibsperre auf dem betreffenden Objekt angefordert hat. Im Gegensatz zur

Abb. 14.3 Einsatz von
Schreib- und Leseautorisierungen

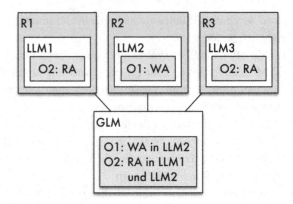

Schreibautorisierung können mehrere Rechner eine Leseautorisierung für dasselbe Objekt halten. Eine Rückgabe der Leseautorisierung(en) ist erst erforderlich, sobald ein Rechner einen Schreibzugriff auf das betreffende Objekt durchführen will.

Beispiel 14.1 Den Einsatz dieser Autorisierungen veranschaulicht Abb. 14.3. Dabei besitzt der lokale Sperrverwalter LLM_2 von Rechner R_2 eine Schreibautorisierung für Objekt O_1, in den Rechnern R_1 und R_3 liegt je eine Leseautorisierung für Objekt O_2 vor. Damit können in R_1 sämtliche Sperranforderungen und -freigaben bezüglich O_1 ohne Kommunikationsverzögerungen behandelt werden, in R_1 und R_3 sind sämtlich Lesesperren auf O_2 lokal gewährbar. Erfolgt jedoch eine Referenz auf O_1 zum Beispiel in Rechner R_1, dann führt die entsprechende Sperranforderung an den globalen Sperrverwalter (GLM) zum Entzug der Schreibautorisierung an R_2. In diesem Fall entstehen für die Sperranforderung in R_1 zusätzliche Verzögerungen und Nachrichten (insgesamt vier Nachrichten). Ebenso kann eine Schreibsperre auf O_2 erst gewährt werden, nachdem die beiden Leseautorisierungen entzogen wurden.   □

Zwischen den eingeführten Autorisierungen und regulären Sperren bestehen wesentliche konzeptionelle Unterschiede. Sperren werden für einzelne Transaktionen angefordert und freigegeben, während die Autorisierungen den Rechnern bzw. LLMs zugewiesen und entzogen werden. Autorisierungen werden daher auch über das Ende der Transaktion hinaus gehalten, deren Sperranforderung zur Erteilung einer Autorisierung führte. Damit soll die lokale Synchronisierung späterer Transaktionsausführungen an dem betreffenden Rechner ermöglicht werden.

Obwohl durch den Entzug von Schreib- bzw. Leseautorisierungen zusätzliche Nachrichten eingeführt werden, zeigen Leistungsuntersuchungen, dass die Nachrichteneinsparungen demgegenüber i. Allg. deutlich überwiegen [29]. Dabei ist die Effektivität der Schreibautorisierungen jedoch davon abhängig, inwieweit sich in den Rechnern ein hohes Maß an rechnerspezifischer Lokalität einstellt bzw. durch eine affinitätsbasierte Lastverteilung unterstützt werden kann. Für häufig referenzierte Objekte wird es eher unwahrscheinlich, dass sie über längere Zeit nur an einem Rechner verarbeitet werden. Vielmehr können für solche Objekte Schreibautorisierungen zu häufigen Entzugsverzögerungen führen. Die Effektivität von Leseautorisierungen ist dagegen weitgehend unabhängig von rechnerspezifischer Lokalität, da diese gleichzeitig an verschiedenen Rechnern gehalten werden können. Allerdings können sie nur für Objekte mit vorwiegend lesendem Zugriff ihre Wirksamkeit entfalten. Da die Kosten eines Entzuges von Lese- und Schreibautorisierungen sehr hoch sind, sollten diese freiwillig aufgegeben werden, wenn sie längere Zeit nicht mehr benötigt wurden.

Lese- und Schreibautorisierungen lassen sich auch wirksam im Rahmen der in der Praxis meist verwendeten *hierarchischen Sperrverfahren* nutzen. Dabei werden Sperren auf unterschiedlichen Granularitätsstufen vergeben, z. B. für Sätze, Seiten oder Satztypen [9, 11]. Ein feines Granulat (z. B. Satzsperren) erlaubt eine geringe Anzahl von Konflikten zwischen Transaktionen und damit eine hohe Parallelität. Auf der anderen Seite entsteht damit ein relativ hoher Verwaltungsaufwand, da sehr viele Objekte zu sperren und eine große Anzahl von Sperreinträgen zu verwalten sind. Grobe Sperrgranulate (z. B. Satztypen) weisen die umgekehrten Eigenschaften auf. Für Shared Disk ist die Unterstützung eines hierarchischen Sperrprotokolls von besonderer Bedeutung. Denn die reduzierte Sperranzahl bei Verwendung grober Sperrgranulate bedeutet auch eine entsprechende Verbesserung in der Anzahl globaler Sperranforderungen. Weitere Kommunikationseinsparungen sind möglich durch Anwendung der Lese- und Schreibautorisierungen auf mehreren Ebenen der Objekthierarchie. Hält z. B. ein Rechner eine Schreibautorisierung (Leseautorisierung) auf einem Satztyp, so gilt diese implizit für alle Seiten und Sätze dieses Satztyps, sodass für sie eine lokale Synchronisation möglich wird. Da diese Autorisierungen für alle Transaktionen eines Rechners gelten, ergeben sich weitergehende Einsparungen als mit hierarchischen Sperren. Denn bei diesen kommt die Verwendung grober Sperrgranulate nur jeweils einer Transaktion zugute.

14.2.4 Verteilte Sperrverfahren mit fester GLA-Zuordnung

Die restlichen Sperrverfahren, die noch zu behandeln sind, verwenden keine dedizierten Rechner zur globalen Synchronisation, sondern führen diese auf allen Verarbeitungsrechnern durch. Ein großer Vorteil liegt darin, dass eine lokale Bearbeitung von Sperranforderungen und -freigaben für diejenigen Objekte möglich wird, für die der Verarbeitungsrechner der Transaktion die globale Sperrverantwortung besitzt. Dies wird sowohl von einer festen als auch der dynamischen Zuordnung der GLA unterstützt.

Ein einfacher Ansatz zur GLA-Allokation ist wieder die Nutzung einer Hash-Funktion, die jeden Objektbezeichner auf einen der N Rechner (GLM) abbildet. Damit sind jedoch nur relativ geringe Kommunikationseinsparungen möglich, da im Durchschnitt nur eine von N Sperranforderungen lokal behandelt werden kann. Der Anteil lokaler Sperren lässt sich jedoch deutlich erhöhen, wenn GLA-Aufteilung und Lastverteilung aufeinander abgestimmt werden. Dies erfordert eine *logische GLA-Zuordnung*, bei der jeder Rech-

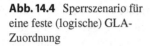

Abb. 14.4 Sperrszenario für eine feste (logische) GLA-Zuordnung

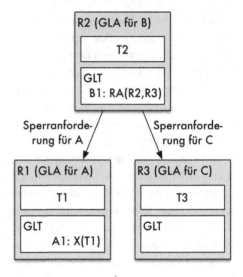

ner die globale Sperrverantwortung für eine logische DB-Partition, z. B. bestehend aus Satztypen oder horizontalen Fragmenten (Abschn. 5.1.1), erhält.[1] Die GLA-Verteilung ist bei der festen Zuordnung vorab bestimmt und allen Rechnern bekannt. Zur Reduzierung von Kommunikationsaufwand sollte eine auf die GLA-Zuordnung abgestimmte affinitätsbasierte Lastverteilung erfolgen, sodass Transaktionen vorzugsweise an den Rechnern bearbeitet werden, an denen die meisten ihrer Sperren lokal bearbeitet werden können. Die damit unterstützte und auf die GLA-Verteilung ausgerichtete rechnerspezifische Lokalität bewirkt direkte Kommunikationseinsparungen und im Idealfall eine weitgehend lokale Transaktionsverarbeitung.

Beispiel 14.2 Abbildung 14.4 verdeutlicht die Nutzung einer logischen GLA-Zuordnung für drei Knoten, wobei jeder Rechner (bzw. dessen GLM) einen Teil der globalen Sperrtabelle bzgl. der ihm zugeordneten Objekte verwaltet. So können in Rechner R_2 sämtliche Sperren auf der lokalen Partition B ohne Kommunikation behandelt werden. Anforderungen für Objekte der Partitionen A und C dagegen sind an die zuständigen Rechner R_1 bzw. R_3 zu stellen. Idealerweise werden Transaktionen an dem Knoten bearbeitet, in dessen Partition die meisten der benötigten Objekte liegen. □

GLA-basierte Sperrverfahren können mit Schreib- und Leseautorisierungen erweitert werden, ähnlich wie in Abschn. 14.2.3 vorgestellt. Damit wird auch an Verarbeitungsrechnern, die nicht die GLA für ein Objekt besitzen, eine lokale Synchronisierung möglich, sofern eine ausreichende Autorisierung vorliegt. Allerdings wird, insbesondere durch Schreibautorisierungen, der Nutzen einer lokalen GLA abgeschwächt, weil dann auch im

---

[1] Der Ansatz mit einer festen logischen GLA-Zuordnung wurde in [22] unter der Bezeichnung *Primary-Copy-Sperrverfahren* vorgeschlagen.

GLA-Rechner bei einer extern vergebenen Autorisierung keine lokale Synchronisation erfolgen könnte. Schreibautorisierungen und die Nutzung einer lokalen GLA bauen beide auf einer rechnerspezifischen Lokalität (in je einem Rechner) auf und sollten daher nicht zusammen verwendet werden. Die GLA-Zuordnung ist im Gegensatz zu Schreibautorisierungen stabil und nicht davon abhängig, dass ein Objekt in nur einem Rechner referenziert wird. Zudem entfallen Nachrichten und Verzögerungen wie beim Entzug von Schreibautorisierungen, da die GLA-Zuordnung nicht entzogen wird. Leseautorisierungen für ein Objekt sind dagegen gleichzeitig an mehreren Knoten möglich, erfordern keine rechnerspezifische Lokalität und können somit Abhängigkeiten zur günstigen Partitionierbarkeit der Transaktionslast und der Datenbank reduzieren. Leseautorisierungen empfehlen sich daher (für vorwiegend gelesene Objekte) auch in Kombination mit GLA-Verfahren [29].

Beispiel 14.3 Im Beispiel von Abb. 14.4 liegt für Objekt B_1 aus der von Rechner R_2 kontrollierten Partition B eine Leseautorisierung für Rechner R_2 und R_3 vor. Damit können die in diesen Rechnern laufenden Transaktionen T_2 und T_3 Lesesperren auf B_1 lokal erwerben und freigeben (die Transaktionssperren werden in nichtgezeigten lokalen Sperrtabellen verwaltet). Für Objekt $A1$ können Transaktionen wie T_1 in Knoten R_1 aufgrund der lokalen GLA Lese- und Schreibsperren lokal vergeben und freigegeben werden. Die Vergabe einer Schreibautorisierung für A_1, z. B. an Knoten R_3, würde dagegen die Zugriffe in R_1 verlangsamen und der angestrebten GLA-bezogenen Unterstützung von Lokalität entgegen wirken. □

Die Festlegung einer logischen GLA-Zuordnung ähnelt der Bestimmung einer DB-Allokation in Verteilten DBS bzw. Shared-Nothing-Systemen und kann hierfür auf ähnlichen Verfahren aufbauen, z. B. über Bereichsfragmentierungen. Es ist jedoch zu beachten, dass die GLA-Zuordnung nur für Synchronisationszwecke verwendet wird, dass jedoch weiterhin jeder Rechner auf die gesamte DB zugreifen kann. Dies erleichtert zum einen die Anpassung der Partitionierung, z. B. bei geänderter Rechneranzahl oder stark wechselndem Lastprofil, da hiermit keine physische Umverteilung der Daten einhergeht. Zudem bleibt das hohe Lastbalancierungspotenzial der Shared-Disk-Architektur bestehen, da weiterhin jeder Knoten alle DB-Operationen ausführen kann.

Oracle RAC unterstützt ein Sperrverfahren mit fester GLA-Zuordnung, die nach einem Rechnerausfall und bei Hinzunahme eines Rechners automatisch angepasst werden kann. Die GLA-Zuordnung wird repliziert an jedem Knoten vorgehalten, im Rahmen eines Global Resource Directory. Die initiale GLA-Zuordnung erfolgt dabei über eine Hash-Verteilung. Jedoch wird auch eine dynamische Anpassung der GLA durch ein sogenanntes *Dynamic Resource Mastering* unterstützt. Hierzu kann durch den Administrator ein Beobachtungsintervall (z. B. von 10 min) gestartet werden, in dem pro Objekt protokolliert wird, in welchem Rechner es am häufigsten referenziert wird. Übersteigt der Anteil von Referenzen an einem anderen Rechner signifikant den Anteil an dem aktuellen GLA-Rechner („Resource Master") erfolgt eine Migration der GLA zu dem Rechner mit den meisten Zugriffen.

14.2.5 Verteilte Sperrverfahren mit dynamischer GLA-Zuordnung

Die Festlegung einer geeigneten GLA-Verteilung entfällt bei Ansätzen mit dynamischer GLA-Zuordnung. Hierbei wird keine vordefinierte GLA-Zuordnung angewendet, sondern derjenige Rechner, der ein Objekt erstmalig referenziert, erhält automatisch die globale Sperrverantwortung. Da jeder Rechner weiß, für welche Objekte er die GLA hält, können für diese Objekte alle Sperranforderungen und -freigaben lokal bearbeitet werden. Für die sonstigen Objekte muss jedoch erst herausgefunden werden, ob und an welchem Rechner bereits ein zuständiger GLM vorliegt. Diese *GLM-Lokalisierung* erfordert i. Allg. zusätzliche Nachrichten gegenüber einem Ansatz mit fester GLA-Zuordnung, die allen Rechnern bekannt ist.

Nachdem ein Rechner die GLA für ein Objekt erhalten hat, behält er die GLM-Funktion i. Allg. mindestens so lange, bis die von ihm vergebenen Sperren wieder freigegeben sind. Dies garantiert, dass die Sperrfreigabe vom gleichen Rechner vorgenommen wird wie die Sperrvergabe, sodass eine erneute GLM-Lokalisierung entfällt. Nach Freigabe der letzten Transaktionssperre kann die GLA für das Objekt auch aufgegeben werden, sodass bei späterer Referenz ein neuer GLM-Rechner bestimmt wird. Alternativ dazu kann die GLA beibehalten werden, um nachfolgende Referenzen am gleichen Rechner ohne Verzögerungen bearbeiten zu können. Sollte der spätere Zugriff auf das Objekt von einem anderen Rechner aus erfolgen, kann eine *GLA-Migration* an diesen Rechner vorgesehen werden, um dort eine lokale Verarbeitung zu ermöglichen. Generell wird es durch die Dynamik der GLA-Zuordnungen für die Lastverteilung schwieriger als bei fester GLA-Zuordnung, ein hohes Maß an lokaler Sperrverarbeitung zu unterstützen.

Zur GLM-Lokalisierung kann – ähnlich wie bei fester GLA-Zuordnung – die Verteilungsinformation repliziert an jedem Knoten geführt werden. Damit muss jedoch jede Änderung in der GLA-Zuordnung im ganzen System propagiert werden, was einen erheblichen Aufwand verursachen kann. Günstiger erscheint daher, die GLA-Zuordnung in einem nichtreplizierten Directory zu verwalten. Das Directory kann dabei zentral an einem Knoten oder partitioniert an mehreren Rechnern vorliegen. Im letzteren Fall kann etwa wieder über eine Hash-Funktion festgelegt werden, welcher Rechner für ein Objekt die GLA-Zuordnung führt. Diese Indirektion führt jedoch zu bis zu vier Nachrichten für eine Sperranforderung. Denn zunächst ist der zuständige Directory-Knoten zu konsultieren, um den GLM-Rechner zu ermitteln (zwei Nachrichten), bevor die eigentliche Sperre angefordert werden kann.[2] Die Anpassung der Directory-Information bei Aufgabe oder Migration der GLA erfordert i. Allg. ebenfalls zusätzliche Nachrichten.

Die Kosten der GLM-Lokalisierung sind jedoch auch stark davon abhängig, für welche Objektgranularitäten die GLA-Zuordnung erfolgt. Insbesondere kann im Rahmen eines hierarchischen Sperrprotokolls die GLA-Vergabe auf grobe Granulate wie Satztypen beschränkt werden. Damit können in dem Rechner, der die GLA für einen Satztyp (Relation)

---

[2] Einsparungen ergeben sich, wenn Transaktionsrechner, Directory-Knoten und GLM-Rechner nicht verschieden sind.

Abb. 14.5 Sperrszenario mit dynamischer GLA-Zuordnung, **a** erste Sperranforderung für Rel. A (in R1), **b** Sperranforderung für Rel. A in R3 (4 Nachrichten)

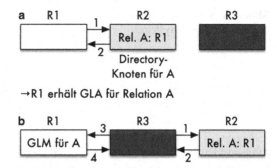

→R1 erhält GLA für Relation A

bekommen hat, sämtliche zugehörigen Seiten und Sätze lokal synchronisiert werden. An anderen Rechnern wird eine GLM-Lokalisierung zudem nur für Satztypen erforderlich; für die untergeordneten Objekte ist damit der zuständige GLM-Rechner bereits ermittelt. Allerdings kann die Verwendung grober GLA-Granulate leicht zu einer ungleichmäßigen Unterstützung der lokalen Sperrvergabe sowie ungleicher Verteilung des Sperraufwandes an den einzelnen Rechnern führen.

Beispiel 14.4 Im Szenario von Abb. 14.5 wird Relation A zunächst in R_1 erstmalig referenziert. Dazu wird der für A zuständige Directory-Rechner R_2 konsultiert, wobei festgestellt wird, dass für A noch kein GLM vorliegt. Deshalb überträgt R_2 die GLA für A an R_1 und erweitert seine Directory-Information entsprechend. In R_1 können die Sperren für A fortan lokal bearbeitet werden. Im weiteren Verlauf der Transaktionsverarbeitung soll Relation A in Rechner R_3 referenziert werden (Schritt b). Für die zugehörige Sperranforderung werden vier Nachrichten erforderlich, nämlich zwei zur GLM-Lokalisierung und zwei zum Sperrerwerb selbst. Wenn keine Sperren für A mehr vergeben bzw. angefordert sind, kann $R1$ die GLA aufgeben, wozu die Directory-Information in R_2 zurückzusetzen ist. Bei einer Migration der GLA für A, z. B. nach R_3, ist die Directory-Information in R_2 ebenso anzupassen. □

Ein solcher Ansatz mit dynamischer GLA-Zuordnung wurde für die Synchronisation in VaxCluster-Systemen entwickelt, und zwar durch den sogenannten Distributed Lock Manager (DLM) des VMS-Betriebssystems, der auch von Shared-Disk-DBS genutzt wurde [35, 13]. Die GLM-Lokalisierung erfolgt dabei über ein hash-partitioniertes Directory.

14.3 Kohärenzkontrolle

Jede DBMS-Instanz eines Shared-Disk-Systems führt einen DB-Puffer im lokalen Hauptspeicher, um die Anzahl von Externspeicherzugriffen gering zu halten. Da jeder Rechner auf die gesamte DB zugreifen kann, ist es möglich, dass Kopien derselben DB-Seiten gleichzeitig in mehreren Knoten gepuffert werden. Dies führt jedoch zu einem Invalidie-

Abb. 14.6 Seiteninvalidierungen in Shared-Disk-Systemen

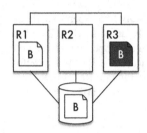

rungsproblem, da bei einer Seitenänderung im DB-Puffer eines Rechners Kopien der Seite
in anderen Knoten einen veralteten Zustand aufweisen (Pufferinvalidierung). Im Beispiel
von Abb. 14.6 verursacht die Änderung einer Seite B in Rechner R_3 eine Pufferinvalidierung in R_1. Die ursprüngliche Seitenversion auf Externspeicher ist ebenso veraltet. Die
Behandlung solcher invalidierten Seiten ist die Aufgabe der Kohärenzkontrolle, wobei sicherzustellen ist, dass jeder Transaktion die aktuellen DB-Objekte zur Verfügung gestellt
werden. Dies ist mit möglichst wenig Kommunikationsaufwand und geringer Antwort-
zeiterhöhung zu erledigen.

Ähnliche Kohärenzprobleme bestehen bei Multiprozessoren auf Ebene der Hardware-
Caches [37] sowie in anderen verteilten Systemen, insbesondere in Workstation/Server-
Systemen und verteilten Cache- und DSM-(Distributed-Shared-Memory-)Systemen [32].
In Shared-Nothing-Systemen stellt sich die Kohärenzproblematik nicht, da jeder Knoten
i. Allg. nur Seiten der lokalen DB-Partition puffert, sodass es zu keiner replizierten Pufferung von Seiten kommt. Ähnlichkeiten bestehen jedoch zu replizierten Datenbanken
(Kap. 13), wo auch an mehreren Knoten replizierte DB-Objekte zu warten sind. Diese Replikation ist jedoch statisch und vorgeplant sowie auf Ebene der Externspeicher, während
für Shared Disk eine dynamische Replikation auf Hauptspeicherebene vorliegt.

Die replizierte Speicherung von DB-Seiten in mehreren Puffern unterstützt das Lastbalancierungspotenzial von SD, da somit dieselben Objekte in verschiedenen Knoten parallel bearbeitet werden können. Andererseits ergibt sich damit systemweit betrachtet i. d. R.
eine Verringerung der Trefferraten gegenüber zentralisierten DBS bzw. Shared-Nothing-
Systemen. Denn dort wird eine Seite nur einmal gepuffert, sodass bei gleicher Gesamt-
hauptspeichergröße insgesamt mehr unterschiedliche Seiten gepuffert werden können.
Pufferinvalidierungen führen zu einer weiteren Verschlechterung des E/A-Verhaltens, da
veraltete Kopien nicht wiederverwendet werden können. Die Anzahl von Pufferinvalidierungen steigt sowohl mit der Änderungsrate, der Puffergröße sowie der Rechneranzahl (da
$N - 1$ von N Rechnern Invalidierungen verursachen können). Letztere Abhängigkeit kann
für änderungsintensive Lasten zu einer beeinträchtigten Skalierbarkeit von SD-Systemen
führen. Diese Gefahr besteht insbesondere, wenn durch die Lastverteilung keine Lokalität im Zugriffsverhalten unterstützt wird, sodass einzelne DB-Bereiche gleichermaßen in
allen Rechnern referenziert werden.

Aufgabe der Kohärenzkontrolle in Shared-Disk-Systemen ist somit die mit der dynamischen Hauptspeicherreplikation von DB-Seiten einhergehenden Inferenzen zu behandeln.
Hierzu sind im wesentlichen zwei Teilaufgaben zu erfüllen:

- Erkennen bzw. Vermeiden von Pufferinvalidierungen: Da auf veraltete (invalidierte) Objekte im DB-Puffer eines Rechners nicht zugegriffen werden darf, müssen diese Pufferinvalidierungen entweder erkannt bzw. von vornherein vermieden werden.
- Propagieren von DB-Änderungen: Änderungen werden zunächst im Hauptspeicher eines Rechners vorgenommen, müssen jedoch den Transaktionen aller Rechner zugänglich gemacht werden. Dies erfordert die Propagierung von Änderungen zwischen den Rechnern. Der Austausch geänderter Seiten kann über die gemeinsamen Externspeicher/Platten erfolgen oder direkt über das Kommunikationsnetz. Ebenso müssen die Änderungen natürlich auch in die auf Externspeicher vorliegende physische Datenbank eingebracht werden, entweder bereits am Ende einer Änderungstransaktion (Force-Strategie) oder verzögert (Noforce).

Für beide Teilprobleme bestehen mehrere Lösungsalternativen, die in den beiden nachfolgenden Abschnitten zunächst überblicksartig vorgestellt werden. Danach stellen wir die wichtigsten Ansätze zur Erkennung bzw. Vermeidung von Pufferinvalidierungen näher vor, wobei wir jeweils die Kombination mit Sperrverfahren sowie die Propagierung von Änderungen diskutieren.

14.3.1 Behandlung von Pufferinvalidierungen

Zur Erkennung/Vermeidung von Pufferinvalidierungen bestehen im Wesentlichen die in Abb. 14.7 gezeigten Alternativen. Erkennungsansätze sind dadurch charakterisiert, dass bei ihnen – im Gegensatz zu Vermeidungsstrategien – Pufferinvalidierungen möglich sind, diese jedoch entdeckt und aus dem Puffer entfernt werden. Von besonderem Interesse dabei sind On-Request-Invalidierungs-Ansätze (Abschn. 14.3.3), die eng mit Sperrverfahren

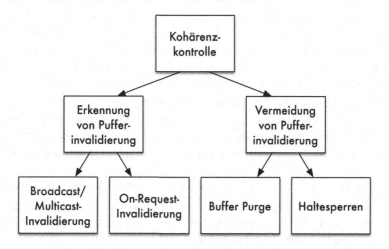

Abb. 14.7 Alternativen zur Erkennung/Vermeidung von Pufferinvalidierungen

integriert sind. Dabei wird bei der Anforderung einer globalen Sperre – ohne Mehraufwand an Kommunikation – entschieden, ob eine gepufferte Objektkopie noch gültig ist oder nicht.

Bei der *Broadcast-Invalidierung* dagegen wird am Ende jeder Änderungstransaktion eine Broadcast-Nachricht an alle anderen Rechner verschickt, in der mitgeteilt wird, welche Seiten von der Transaktion geändert wurden. Daraufhin überprüft jeder Rechner, ob in seinem Puffer Kopien der geänderten Seiten vorliegen und entfernt diese gegebenenfalls, da sie nun veraltet sind. Damit werden invalidierte Seiten frühzeitig aus dem Puffer eliminiert und der Zugriff auf sie verhindert. Von Nachteil ist jedoch der sehr hohe Kommunikationsaufwand, der quadratisch mit der Rechnerzahl N zunimmt. Denn zum einen wächst der Kommunikationsbedarf pro Transaktion proportional mit N, zum anderen steigt die Transaktionsrate linear mit N. Zudem ergeben sich erhebliche Verzögerungen von Änderungstransaktionen, da sie ihre Schreibsperren erst freigeben können, nachdem alle Rechner das Eintreffen und die Bearbeitung der Broadcast-Nachricht quittiert haben. Denn eine frühere Sperrfreigabe würde es ermöglichen, dass die Sperre an einem anderen Rechner erworben und eine veraltete Seitenkopie im Puffer referenziert wird. Auch dadurch wird die Skalierbarkeit und Relevanz des Ansatzes stark limitiert.

Eine Broadcast-Invalidierung wurde in dem ursprünglich auf zwei Knoten beschränkten IMS Data Sharing eingesetzt, in Verbindung mit einer Force-Strategie zum Ausschreiben geänderter Seiten [38]. Im Rahmen der nah gekoppelten IBM-Systeme Parallel Sysplex (für IMS und DB2) und DB2 PureScale wird eine hardwareseitig beschleunigte Multicast-Variante in Kombination mit Force eingesetzt (siehe Abschn. 14.5.3). Dabei erfolgt für eine geänderte Seite gezielt die Benachrichtigung nur derjenigen Knoten, in denen Kopien der Seite vorliegen.

Ein einfacher Ansatz zur Vermeidung von Pufferinvalidierungen ist *Buffer Purge*. Dabei werden bereits am Ende einer Transaktion die von ihr referenzierten DB-Seiten aus dem Puffer eines Rechners entfernt, um ihre Invalidierung durch Transaktionen anderer Rechner zu vermeiden. Ein solcher Ansatz führt jedoch zu einem sehr schlechten E/A-Verhalten, da im Puffer nur noch Lokalität innerhalb von Transaktionen zur Einsparung von Externspeicherzugriffen nutzbar ist. Ferner müssen wie bei einer Force-Ausschreibstrategie sämtliche Änderungen am Transaktionsende in die physische Datenbank durchgeschrieben werden. Der Buffer-Purge-Ansatz führt aufgrund dieser Beschränkungen meist zu einem inakzeptablen Leistungsverhalten und soll hier nicht weiter betrachtet werden. Eine effektivere Methode zur Vermeidung von Pufferinvalidierungen ist der Einsatz von Haltesperren. Dabei bleiben Seiten über das Transaktionsende hinaus gepuffert, jedoch werden sie durch spezielle Haltesperren (retention locks) vor ihrer Invalidierung geschützt.

Von den in Abb. 14.7 gezeigten Verfahren sind somit bei loser Kopplung die Ansätze der On-Request-Invalidierung und der Haltesperren am aussichtsreichsten, zumal sie sich beide gut mit Sperrverfahren vereinen lassen. Wir werden deren Realisierung daher in Abschn. 14.3.3 und Abschn. 14.3.4 vertiefen.

14.3.2 Update-Propagierung

Für das zweite Teilproblem der Kohärenzkontrolle, der Propagierung von Änderungen zwischen Rechnern, bestehen ebenfalls mehrere Alternativen, die in Abb. 14.8 klassifiziert sind. Dabei gibt es zunächst eine wesentliche Abhängigkeit zur eingesetzten Ausschreibstrategie des DBMS für geänderte Seiten im DB-Puffer, nämlich ob ein Force- oder Noforce-Ansatz [12] Verwendung findet. Auf der zweiten Stufe unterscheiden wir – für Noforce – wie die Verantwortlichkeit zur Update-Propagierung (über das Konzept der Page-Owner) aufgeteilt ist. Schliesslich unterscheiden wir noch, ob geänderte Seiten über die gemeinsamen Externspeicher oder direkt über das Verbindungsnetzwerk zwischen Rechnern ausgetauscht werden. Bei naher Kopplung können geänderte Seiten auch über gemeinsame Halbleiterspeicher ausgetauscht werden (Abschn. 14.5). Die Alternativen werden nachfolgend näher erläutert.

Force vs. Noforce

Die *Force-Strategie* verlangt, dass alle von einer Transaktion geänderten Seiten spätestens am Transaktionsende in die physische Datenbank auf Externspeicher ausgeschrieben werden. Dieser Ansatz bedingt für Magnetplatten als Externspeicher i. Allg. ein sehr ungünstiges Leistungsverhalten, da die Schreibvorgänge zu signifikanten Antwortzeitverschlechterungen sowie hohem E/A-Overhead führen können. Auf der anderen Seite vereinfacht sich die Behandlung von Rechnerfehlern, da die Änderungen aller erfolgreichen Transaktionen bereits auf dem Externspeicher vorliegen, sodass eine Redo-Recovery entfällt. Für SD ergibt sich ferner eine erhebliche Vereinfachung der Kohärenzkontrolle.

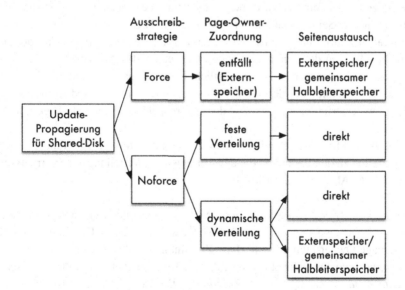

Abb. 14.8 Alternativen zur Propagierung von Änderungen

Denn das Durchschreiben der Änderung garantiert, dass die letztgültige Version geänderter Seiten in der physischen Datenbank auf Externspeicher vorliegt! Da jeder Rechner direkten Zugriff auf die physische Datenbank hat, ist bei Force das Problem der Update-Propagierung somit bereits durch die Ausschreibstrategie gelöst. Der Austausch geänderter Seiten zwischen Rechnern erfolgt also stets über die gemeinsamen Externspeicher.

Aus Performancegründen erscheint dieser Ansatz jedoch allenfalls bei Verwendung schneller Externspeicher wie SSDs akzeptabel. Bei naher Kopplung kann ein Force-Ansatz zusätzlich an Attraktivität gewinnen, wenn geänderte Seiten in nichtflüchtige Halbleiterspeicher geschrieben werden, über die auch Änderungen schnell zwischen Knoten ausgetauscht werden. Diese Vorgehensweise wird für die IBM-Systeme Parallel Sysplex und DB2 PureScale verfolgt (siehe Abschn. 14.5.3).

Die *Noforce*-Alternative erlaubt bei loser Kopplung ein signifikant besseres Leistungsverhalten als Force, da geänderte Seiten erst verzögert und asynchron ausgeschrieben werden, sodass die Ausschreibverzögerungen am Transaktionsende wegfallen. Die E/A-Häufigkeit wird reduziert, da auch für Schreibvorgänge Lokalität im Puffer genutzt werden kann, um mehrere Änderungen verschiedener Transaktionen zu akkumulieren. Dafür ist jetzt für SD eine aufwendigere Crash-Recovery (Abschn. 14.4) sowie komplexere Kohärenzkontrolle zu unterstützen. Da die physische DB i. Allg. nicht auf dem aktuellen Stand ist, muss ermittelt werden, an welchen Rechnern die aktuellen Versionen geänderter Seiten vorliegen. Daneben ist eine explizite Update-Propagierung zwischen Rechnern erforderlich.

Page-Owner-Zuordnung

Zur Update-Propagierung zwischen Rechnern bei Noforce wird üblicherweise das Konzept des *Page-Owners* eingesetzt. Dabei fungiert für jede (gegenüber der physischen Datenbank) geänderte Seite genau einer der Rechner als Page-Owner, der im Wesentlichen zwei Aufgaben wahrnimmt. Zum einen versorgt er andere Rechner auf Anforderung mit der aktuellen Version der Seite. Zum anderen ist er für das Ausschreiben der geänderten Seite auf den Externspeicher verantwortlich. Beide Aufgaben entfallen offenbar, wenn sich die aktuelle Version der Seite in der physischen DB befindet, sodass in diesem Fall kein Page-Owner erforderlich ist (bzw. der Externspeicher könnte als Page-Owner betrachtet werden).

Gemäß Abb. 14.8 unterscheiden wir zwei Varianten für die Zuordnung der Page-Owner-Funktion zu den Rechnern, die den Varianten zur Verteilung der Sperrverantwortlichkeiten/GLA (Abschn. 14.2.1) ähneln:

- *Verteilte, feste Page-Owner-Zuordnung:* Mehrere bzw. alle Rechner können als Page-Owner auftreten, wobei vorab festgelegt ist, für welche logische DB-Partition ein Rechner die Page-Owner-Funktion hat. Diese Zuordnung ist allen Rechnern bekannt, sodass der für eine Seite zuständige Page-Owner ohne Kommunikation ermittelt werden kann.
- *Verteilte, dynamische Page-Owner-Zuordnung:* Der Rechner, an dem eine Seite zuletzt geändert wurde, wird zum Page-Owner. Der Vorteil gegenüber der festen Zuordnung

liegt darin, dass geänderte Seite nicht erst zum zuständigen Page-Owner transferiert werden müssen. Dafür ist jedoch der Page-Owner für eine bestimmte Seite i. Allg. zunächst zu lokalisieren, um die aktuellste Version der Seite bei ihm anfordern zu können.

Von diesen Alternativen ist die dynamische Page-Owner-Zuordnung am universellsten einsetzbar; ihre Realisierung wird in den nachfolgenden Kapiteln noch genauer betrachtet. Die feste Page-Owner-Verteilung lässt sich effektiv mit einer festen GLA-Verteilung zur Synchronisation kombinieren (siehe Abschn. 14.3.3).

Prinzipiell könnte auch einem zentralen Knoten die (fest zugeteilte) Page-Owner-Funktion für die gesamte Datenbank zugeteilt werden (analog zu einem zentralen Sperransatz). Ein solcher Ansatz würde jedoch einen offensichtlichen Engpass einführen und bleibt daher unberücksichtigt.

Alternativen für Seitentransfers
Das letzte Klassifikationsmerkmal in Abb. 14.8 ist ebenfalls nur für Noforce relevant und betrifft den Austausch geänderter Seiten zwischen Rechnern. Die beiden wesentlichen Alternativen hierbei sind ein Austausch geänderter Seiten über die gemeinsamen Externspeicher sowie der direkte Austausch über das Kommunikationsnetz. Wie Abb. 14.9 verdeutlicht, ist dabei der Seitenaustausch über Plattenexternspeicher signifikant langsamer als der direkte Transfer. Denn im ersteren Fall schreibt der Page-Owner nach Eintreffen einer Seitenanforderung (page request) zunächst die Seite aus und signalisiert dann dem anfordernden Rechner, dass die Seite von Externspeicher gelesen werden kann. Somit sind neben zwei Nachrichten zwei synchrone Plattenzugriffe erforderlich, sodass Verzögerungen von ca. 25–30 ms zu erwarten sind. Beim direkten Seitentransfer dagegen entfallen die Externspeicherzugriffe, da die Seite bereits in der Antwortnachricht auf die Seitenanforderung zurückgeliefert wird. Ein solcher Seitenaustausch dürfte innerhalb von 1–5 ms abgewickelt werden. Ein noch weitaus schnellerer Seitenaustausch in unter 100 Mikrosekunden wird durch optimierte Kommunikationsprotokolle wie *Remote Direct Memory Access (RDMA)* über Infiniband-Switches ermöglicht, wobei ein direkter Zugriff auf den Hauptspeicher eines anderen Rechners unter Umgehung des Betriebssystems genutzt wird.

Direkte Seitentransfers erlauben auch eine Verbesserung des E/A-Verhaltens, da es schneller möglich ist, eine Seite im Hauptspeicher eines anderen Rechners anzufordern, als eine Seite von Platte zu lesen. Diese Seitentransfers können dabei im Prinzip auch für ungeänderte Seiten genutzt werden, sofern bekannt ist, an welchen Rechnern sie vorliegen. In *Oracle RAC* wurde der in früheren SD-Implementierungen praktizierte Seitenaustausch über Platte durch einen direkten Seitenaustausch im Rahmen der sogenannten *Cache Fusion* ersetzt, wodurch eine wesentliche Performanceverbesserung erzielt wurde [17].

Allerdings kann der Seitenaustausch über Externspeicher erheblich beschleunigt werden, wenn die gemeinsamen Platten mit einem nichtflüchtigen Platten-Cache ausgestattet sind oder SSD-Speicher genutzt werden. Denn damit ergibt sich eine erhebliche Beschleunigung der Externspeicherzugriffe mit einer Gesamtverzögerung im Bereich von ca. 5 ms.

Abb. 14.9 Austausch geänderter Seiten, **a** über Externspeicher, **b** direkt

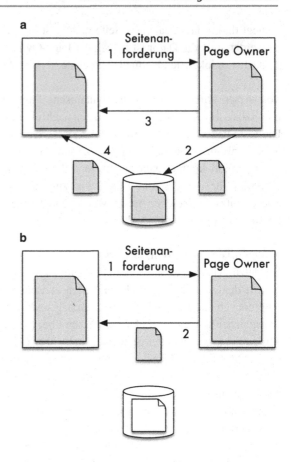

Noch kürzere Transferzeiten sind möglich bei naher Kopplung über einen schnellen, gemeinsamen Halbleiterspeicher (Abschn. 14.5).

Der Austausch geänderter Seiten über Externspeicher bringt zudem erhebliche Vorteile hinsichtlich der Crash-Recovery mit sich. Denn damit ist nach einem Rechnerausfall gewährleistet, dass eine Redo-Recovery auf die Änderungen des ausgefallenen Rechners beschränkt wird, welche in dessen lokaler Log-Datei protokolliert sind. Denn die Änderungen anderer Rechner sind aufgrund des Seitenaustauschs über Externspeicher bereits in der physischen DB enthalten. Bei direktem Seitenaustausch dagegen enthält die physische Datenbank i. Allg. noch nicht die Änderungen anderer Rechner (Abb. 14.9b). Diese müssen daher im Rahmen der Crash-Recovery ebenfalls wiederholt werden, was die Anwendung einer globalen Log-Datei verlangt (Abschn. 14.4).

Neben Seitentransfers *vom* Page-Owner zu einem anfordernden Rechner können auch Seitentransfers *zum* Page-Owner notwendig werden. Dies ist bei fester Page-Owner-Zuordnung notwendig, wenn die Änderung außerhalb des Page-Owner-Rechners stattfand. Für diese Transfers kommt nur die direkte Übertragung in Betracht, da ansonsten kein

Page-Owner mehr benötigt würde. Damit ist ein Seitenaustausch über Externspeicher nur bei dynamischer Page-Owner-Zuordnung sinnvoll (Abb. 14.8).

14.3.3 On-Request-Invalidierung

Eine effiziente Kohärenzkontrolle kann für Sperrverfahren erreicht werden, wenn die globale Sperrtabelle auch um Informationen zur Erkennung von Pufferinvalidierungen erweitert wird. Dies erlaubt es dem GLM, bei der Bearbeitung einer Sperranforderung („on request"), die vor jedem Objektzugriff erforderlich ist, darüber zu entscheiden, ob eine in dem Rechner gepufferte Kopie der Seite noch aktuell ist [22]. Damit können veraltete Seiten – im Gegensatz zu einer Broadcast-Invalidierung – völlig ohne zusätzliche Kommunikationsvorgänge und Antwortzeitverschlechterungen erkannt werden. Die Information zur Erkennung von Pufferinvalidierungen ist bei Änderung einer Seite anzupassen. Auch dies kann ohne Zusatzkommunikation zusammen mit der Freigabe der Schreibsperre vorgenommen werden. Von Nachteil gegenüber der Broadcast-Invalidierung ist, dass invalidierte Seiten erst bei erneutem Zugriffswunsch entdeckt und somit später aus dem Puffer entfernt werden. Auch die Update-Propagierung für Noforce kann gut mit Sperrverfahren kombiniert werden, indem Angaben zum Page-Owner in die globale Sperrtabelle aufgenommen und zusammen mit der Sperrbearbeitung angepasst werden.

Ein einfacher Ansatz zur Erkennung invalidierter Seiten, der u. a. bereits für die VaxCluster eingesetzt wurde [15], ist die Verwendung einer Versionsnummer bzw. eines Änderungszählers pro Seite. Wir werden diesen Ansatz im Folgenden in Kombination mit einer Update-Progagierung für Noforce sowohl für eine dynamische als auch eine feste Page-Owner-Zuordnung vorstellen. Wir unterstellen dabei jeweils einen direkten Seitenaustausch zwischen Rechnern.

Dynamische Page-Owner-Zuordnung

Wir erweitern die globale Sperrinformation für geänderte Seiten um den Zeitstempel der letzten erfolgreichen Änderung und um den aktuellen Page-Owner. Damit wird sowohl die Erkennung invalidierter Seiten als auch die Lokalisierung des Page-Owners ohne zusätzliche Nachrichten ermöglicht. Für jede Seite wird die bei jeder Änderung inkrementierte Versionsnummer auch im Seitenkopf geführt. Bei Freigabe der Schreibsperre für eine erfolgreich durchgeführte Änderung wird der aktuelle Wert der Versionsnummer dem GLM mitgeteilt und in der globalen Sperrtabelle gespeichert. Ebenso wird die Page-Owner-Angabe mit der Freigabe einer Schreibsperre gesetzt. Bei der Anforderung einer Sperre ist zunächst zu prüfen, ob eine Kopie der Seite lokal gepuffert ist und – wenn ja – mit welcher Versionsnummer. Der GLM kann dann bei der Sperrbearbeitung durch Zeitstempelvergleich feststellen, ob die Kopie invalidiert ist oder nicht. Zugleich kann er feststellen, ob ein anderer Rechner als Page-Owner für die Seite vorliegt (und die Seitenversion auf Externspeicher damit nicht aktuell ist), um die Seite dort direkt für die Transaktion anzufordern. Diese Anforderung erfolgt auch, wenn keine Version der Seite im anfordernden Rechner gepuffert ist.

Beispiel 14.5 Im Beispiel von Abb. 14.10 ist die Seite B zunächst ungeändert im Hauptspeicher der beiden Rechner R_1 und R_3 gepuffert. Nachdem der GLM einer Transaktion in R_3 eine Schreibsperre gewährt hat, liegt in der globalen Sperrtabelle der in Abb. 14.10a gezeigte Sperreintrag für B vor. Es ist darin vermerkt, dass eine X-Sperre an Rechner R_3 gewährt ist; die Felder für die Versionsnummer (VN) und den Page-Owner (PO) sind unbelegt, da noch keine Änderung erfolgte. Nach erfolgreicher Änderung der Seite in R_3 wird dort die Versionsnummer von 17 auf 18 erhöht und dieser Wert mit Freigabe der X-Sperre dem GLM mitgeteilt. Dieser übernimmt die Versionsnummer sowie R_3 als Page-Owner für B in die globale Sperrtabelle (Abb. 14.10b). Bei einer Sperranforderung von R_1 (Abb. 14.10c) wird dem GLM mitgeteilt, dass die lokale Kopie von B die Versionsnummer 17 aufweist. Der GLM erkennt damit die Pufferinvalidierung in R_1. Da R_3 als Page-Owner geführt ist, stellt der GLM direkt die Seitenanforderung an ihn; zugleich wird die Aufgabe der Page-Owner-Funktion verlangt, da in R_1 eine Änderung der Seite beabsichtigt ist. Rechner R_3 überträgt daraufhin die Seite an R_1 und signalisiert gleich-

Abb. 14.10 On-Request-Invalidierung mit dynamischer Page-Owner-Zuordnung, **a** erste Änderung von Seite B in R3, **b** Freigabe der Schreibsperre durch R3, **c** Sperr- und Seitenanforderung durch R1

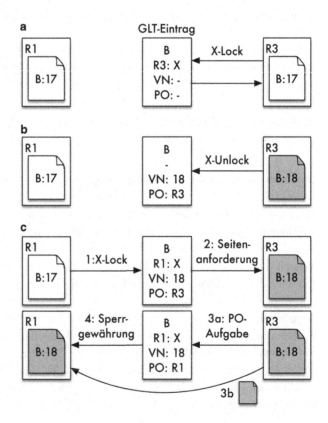

zeitig die Aufgabe der Page-Owner-Funktion an den GLM. Der GLM trägt R_1 als neuen Page-Owner ein und teilt dies R_1 mit der Gewährung der Schreibsperre mit (Nachricht 4). Damit konnte sowohl die Erkennung der Pufferinvalidierung als auch die Wartung der PO-Information ohne eigene Nachrichten, in Kombination mit den Sperrnachrichten, erfolgen. □

Wie das Beispiel zeigt, bedingt die Änderung einer Seite in verschiedenen Rechnern bei dynamischer Page-Owner-Zuordnung eine Migration der Page-Owner-Funktion. Dies verlangt nicht nur Anpassungen in der globalen Sperrtabelle, sondern auch in den Verarbeitungsrechnern, da sie wissen müssen, für welche Seiten sie die Page-Owner-Funktion besitzen. Somit wird ein expliziter Entzug der Page-Owner-Funktion notwendig, bevor ein neuer Rechner als Page-Owner auftreten kann. Die Migration der Page-Owner-Funktion lässt sich – wie im Beispiel – vielfach mit dem Seitentransfer vom alten zum neuen Page-Owner kombinieren, sodass zusätzliche Verzögerungen weitgehend vermieden werden. Da der Seitentransfer mit der Sperrgewährung verknüpft ist, wird in der globalen Sperrtabelle in diesem Fall ein Rechner bereits bei der Gewährung einer Schreibsperre als Page-Owner eingetragen (R1 in Schritt c des Beispiels). Bei erstmaliger Änderung einer Seite im System genügt die Anpassung der Page-Owner-Angabe bei Freigabe der Schreibsperre.

Die in der globalen Sperrtabelle vorliegenden Angaben zur Kohärenzkontrolle sind im Falle der On-Request-Invalidierung auch dann zu führen, wenn für die betreffenden Seiten zeitweilig keine Sperranforderungen vorliegen. Damit stellt sich das Problem, die Größe der globalen Sperrtabelle zu begrenzen. Wenn in der globalen Sperrtabelle die genaue Pufferbelegung aller Rechner geführt würde, könnte ein Sperreintrag gelöscht werden, sobald die Seite in keinem der Rechner mehr gepuffert ist. Wird aus Aufwandsgründen auf die Wartung der genauen Pufferbelegung verzichtet, können in periodischen Abständen Sperreinträge gelöscht werden, auf die schon längere Zeit nicht mehr zugegriffen wurde. Damit dadurch keine relevanten Informationen verloren gehen, kann der GLM zuvor die betroffenen Seiten in einer Broadcast-Nachricht bekanntgeben, damit die Rechner geänderte Seiten (als Page-Owner) ausschreiben bzw. noch vorliegende, veraltete Kopien entfernen können. Diese Broadcast-Nachrichten verursachen nur einen geringen Aufwand und beeinflussen nicht die Antwortzeiten laufender Transaktionen.

Feste Page-Owner-Zuordnung

Die feste Zuordnung der Page-Owner-Funktion zu mehreren Rechnern verlangt, dass eine Seitenänderung an den zuständigen Rechner übertragen wird, damit dieser anderen Rechnern die aktuellen Objektversionen zur Verfügung stellen kann. Dieser Mehraufwand gegenüber einer dynamischen Page-Owner-Zuordnung kann jedoch durch eine noch bessere Kombination von Synchronisation und Kohärenzkontrolle kompensiert werden. Dies trifft vor allem für Sperrverfahren zu, bei denen die globale Sperrverantwortung fest unter den Verarbeitungsrechnern aufgeteilt wird. Wird nämlich für die Page-Owner-Zuordnung

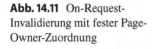 **Abb. 14.11** On-Request-Invalidierung mit fester Page-Owner-Zuordnung

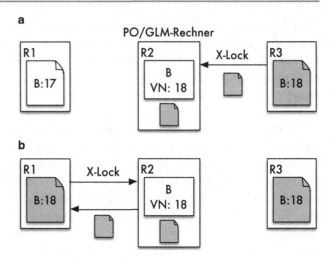

die gleiche DB-Aufteilung wie für die GLA-Zuordnung gewählt, lassen sich sämtliche Seitentransfers mit Sperrnachrichten kombinieren:

- Seitentransfers zum Page-Owner können mit der Nachricht zur Freigabe der Schreib-sperre kombiniert werden.
- Seitentransfers vom Page-Owner zum anfordernden Rechner können mit der Nachricht zur Gewährung einer Sperre kombiniert werden.

Besonders bedeutsam im Vergleich zu dynamischer Page-Owner-Zuordnung ist der zweite Punkt, da nun Seitenanforderungen keine zusätzlichen Verzögerungen mehr verursachen. Weiterhin sind in der globalen Sperrtabelle keine Angaben mehr zum aktuellen Page-Owner zu führen.

Beispiel 14.6 Abbildung 14.11 zeigt für unser Beispiel die Propagierung geänderter Seiten bei einer solchen auf die GLA-Verteilung abgestimmten, festen Page-Owner-Zuordnung. Dabei sei Rechner R_2 sowohl GLM als auch Page-Owner für Seite B. Damit wird mit der Freigabe der Schreibsperre durch R_3 die geänderte Seite an R_2 übergeben und dort im Puffer aufgenommen. Bei der Sperranforderung von R_1 wird die Invalidierung durch Zeitstempelvergleich erkannt und die aktuelle Seite direkt mit der Sperrgewährung zurückgeliefert. Ein Vergleich mit Abb. 14.10 zeigt, dass zwei Nachrichten eingespart werden und die mit der Sperranforderung zusammenfallende Seitenanforderung wesent-lich schneller bearbeitet wird. Dafür ist der Aufwand der Seitenübertragung bei Freigabe der Schreibsperre in Kauf zu nehmen.   □

Bezogen auf die Anzahl zur Kohärenzkontrolle benötigter Nachrichten ist das Verfah-ren optimal, da weder zur Erkennung von Pufferinvalidierungen noch zur Update-Propa-gierung zusätzliche Nachrichten anfallen. Weiterhin können Seitenanforderungen mit minimalem Aufwand bearbeitet werden. Demgegenüber verursachen die Seitenübertragungen zum Page-Owner einen Zusatzaufwand, da natürlich die Übertragung einer „großen" Nachricht einen höheren Kommunikationsaufwand verursacht als eine einfache Nachricht zur Sperrfreigabe. Dieser Aufwand ist am ehesten gerechtfertigt, wenn für die Page-Owner- und GLA-Zuordnung eine übereinstimmende logische DB-Partitionierung und eine daraufhin abgestimmte affinitätsbasierte Lastverteilung Anwendnung finden. Denn dann lässt sich Lokalität im Referenzverhalten nicht nur zur Einsparung von Sperrnachrichten, sondern auch zur Einsparung von Seitentransfers nutzen. Idealerweise erfolgen die meisten Zugriffe auf eine DB-Partition bereits am zuständigen GLA/Page-Owner-Rechner. Für diese Zugriffe entfallen somit die Seitenanforderungen, da der eigene Rechner als zuständiger Page-Owner bereits die aktuelle Seite hat oder diese von der physischen DB gelesen werden kann. Für Änderungen, die am zuständigen Rechner erfolgen, entfallen ebenso die Seitentransfers bei Freigabe der Schreibsperre. Ein weiterer Pluspunkt ist, dass die Anzahl der Pufferinvalidierungen reduziert wird, da diese nur noch für Seiten möglich sind, die zur Partition eines anderen Rechners gehören.

14.3.4 Einsatz von Haltesperren

Ein besserer Vermeidungsansatz als Buffer Purge ist, Seiten nach Transaktionsende im Puffer zu belassen, sie jedoch durch spezielle Haltesperren (retention locks) vor der Invalidierung durch andere Rechner zu schützen [10, 24, 4, 5]. Somit muss für jede gepufferte Seite entweder eine reguläre Transaktionssperre oder eine Haltesperre bestehen. Eine durch eine Haltesperre geschützte Seite kann nicht unbemerkt in einem anderen Rechner geändert werden, da die hierfür erforderliche Schreibsperre mit der in der globalen Sperrtabelle vermerkten Haltesperre in Konflikt gerät. Der Konflikt führt dazu, dass der GLM die Aufgabe der Haltesperre verlangt. Durch Eliminieren der Seite vor Freigabe der Haltesperre wird die Invalidierung der Seite verhindert.

Das Konzept der Haltesperren lässt sich vorteilhaft mit der Verwendung von Lese- und Schreibautorisierungen (Abschn. 14.2.3) verknüpfen. Denn diese Autorisierungen werden für gesperrte Objekte auch nach Transaktionsende vom jeweiligen Rechner beibehalten, um Lokalität im Referenzverhalten zur lokalen Sperrvergabe zu nutzen. Die Autorisierungen sind ebenfalls beim GLM vermerkt und müssen bei einem Konflikt mit anderen Rechnern explizit zurückgenommen werden. Da Haltesperren sich auf Seiten beziehen, können diese nun durch Schreib- und Leseautorisierungen auf Seitenebene realisiert werden. Daraus resultieren zwei Arten von Haltesperren, die neben der Vermeidung von Pufferinvalidierungen auch die lokale Vergabe und Freigabe von Seitensperren erlauben:

- Die *WA-Haltesperre* (write authorization) bezieht sich auf geänderte Seiten im Puffer. Sie kann nur in einem Rechner vorliegen und garantiert, dass kein anderer Rechner die Seite gepuffert hat bzw. Zugriffe auf die Seite vornehmen kann. Sie gewährleistet die

Gültigkeit einer gepufferten Seitenkopie und erlaubt eine lokale Vergabe/Freigabe von Lese- und Schreibsperren.

- Die *RA-Haltesperre* (read authorization) kann gleichzeitig in mehreren Rechnern vorliegen und garantiert, dass kein anderer Rechner die Seite ändert bzw. eine WA-Haltesperre besitzt. Sie garantiert die Aktualität einer gepufferten Seitenkopie und gestattet die lokale Behandlung von Lesesperren.

Zur Update-Propagierung beschränken wir unsere Diskussion auf den kompliziertesten Fall, nämlich Noforce mit dynamischer Page-Owner-Zuordnung sowie dem direkten Austausch geänderter Seiten. Dabei führt der GLM neben den Sperrangaben zusätzlich noch den Page-Owner in der globalen Sperrtabelle. Aufgrund der Semantik der WA-Haltesperre kann bei ihrem Vorliegen eine Seite nur in einem Rechner gepuffert sein, der zugleich der Page-Owner ist. Allerdings kann nach Entzug einer WA-Haltesperre durch eine angeforderte Lesesperre die Seite beim Page-Owner verbleiben, in dem die WA- in eine RA-Sperre konvertiert wird. In diesem Falle bleibt die Page-Owner-Funktion bei dem ursprünglichen Rechner. Parallel zur Freigabe der WA-Sperre und der Gewährung der Lesesperre kann der direkte Austausch der Seite vom Page-Owner durchgeführt werden.

Beispiel 14.7 Das zur Illustrierung der On-Request-Invalidierung verwendete Szenario soll nun auch zur Verdeutlichung des Haltesperreneinsatzes dienen (Abb. 14.12). Zunächst lag eine ungeänderte Kopie der Seite B in den Rechnern R_1 und R_3 vor, was jetzt erfordert, dass diese Rechner eine RA-Haltesperre für die Seite halten. Die Durchführung einer Seitenänderung in R_3 verlangt daher zunächst den Entzug der RA-Haltesperre in R_1, wobei die Seite vor Rückgabe der Haltesperre aus dem Puffer eliminiert wird, um ihre Invalidierung zu vermeiden (Abb. 14.12a). R_3 erhält vom GLM eine Schreibautorisierung/WA-Haltesperre und wird damit auch zum Page-Owner für B. Die Freigabe der Schreibsperre ist eine lokale Aktion in R_3. Die Anforderung einer Lesesperre in R_1 (Abb. 14.12b) führt zum Entzug der WA-Haltesperre in R_3, der zugleich mit einer Seitenanforderung verbunden ist. Da nur eine Lesesperre angefordert wurde, konvertiert $R3$ die WA- in eine RA-Sperre und behält die Seite sowie die Page-Owner-Funktion. Parallel zur Rückgabe der WA-Sperre sowie der daraufhin vom GLM-Rechner erfolgten Gewährung einer RA-Sperre an R_1 überträgt R_3 die Seite B direkt an R_1. Soll in R_1 danach Seite B doch geändert werden, müsste zuvor die RA-Sperre in R_3 entzogen werden. In diesem Fall würde auch die Page-Owner-Funktion von R_3 nach R_1 migrieren, ohne dass damit ein Seitentransfer verbunden ist, da in R_1 die aktuelle Seite schon vorliegt.   □

Die Beispiele zeigen zur Illustrierung der Funktionsweise Worst-Case-Szenarien im Hinblick auf den Nachrichtenbedarf, während bei entsprechender Lokalität im Referenzverhalten jedoch viele Nachrichten entfallen. Bei den Haltesperren ist zudem zu beachten, dass nur wenige Nachrichten über die zur Synchronisation mit Lese-/Schreibautorisierungen benötigten hinaus erforderlich sind. Die zur Vermeidung der

Abb. 14.12 Haltesperreneinsatz mit direktem Austausch geänderter Seiten, **a** Änderung von Seite B in R3 erfordert RA-Entzug, **b** Lesezugriff in R1 führt zu WA-Entzug und Seitentransfer

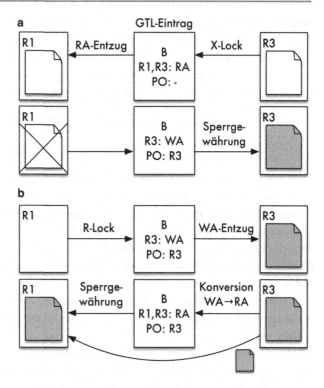

Pufferinvalidierungen erforderliche vorsorgliche Eliminierung von gepufferten Seiten fällt stets zusammen mit dem Entzug einer Lese-/Schreibautorisierung. Auch fallen der Entzug der Page-Owner-Funktion sowie Seitenanforderungen meist mit dem Entzug von Autorisierungen/Haltesperren zusammen. Um das Ausmaß der aufwendigen Entzugsvorgänge zu reduzieren, ist eine freiwillige Rückgabe einer Haltesperre angebracht, sobald die Seite aus dem Puffer verdrängt wird und damit schon längere Zeit nicht mehr referenziert wurde.

14.3.5 Zusammenfassende Bewertung

Die Beschreibung der Verfahren zur Kohärenzkontrolle zeigte das Zusammenspiel zwischen Erkennung/Vermeidung von Pufferinvalidierungen, Propagierung von Änderungen sowie der Synchronisation. Eine enge Abstimmung dieser Teilaufgaben im Rahmen eines integrierten Ansatzes erlaubt dabei erhebliche Einsparungen im Kommunikationsumfang. Insgesamt ergibt sich durch die Alternativen zur Synchronisation (Abschn. 14.2.1) und Kohärenzkontrolle ein breites Spektrum möglicher Kombinationen, von dem wir nur einige vielversprechende Ansätze erläutert haben. Die Einschätzungen zur Leistungsfähigkeit basieren auch auf quantitativen Leistungsanalysen, u. a. [10, 40, 24, 8, 5, 6, 29].

Tab. 14.1 Empfehlenswerte Kombinationen zur Synchronisation und Kohärenzkontrolle in lose ge-koppelten SD-DBS

Nr	Synchronisation	Behandlung Invalidierungen	Page-Owner-Ansatz
1	Zentrale/dedizierte GLM	Haltesperren	Dynamische Verteilung
2	Feste logische GLA-Zuordnung	On-Request-Invalidierung	Feste Verteilung (wie für GLA)
3	Dynamische GLA-Zuordnung	On-Request-Invalidierung	Dynamische Verteilung

Zur Synchronisation empfehlen sich vor allem Sperrverfahren mit Nutzung Globaler Lock-Manager (GLM), auch da sie eine effiziente Integration der Kohärenzkontrolle erlauben. Zur Behandlung von Pufferinvalidierungen eignen sich bei loser Kopplung wie besprochen primär die Ansätze der On-Request-Invalidierung sowie der Haltesperren. Bezüglich der Update-Propagierung sind Noforce-Ansätze mit direkten Seitentransfers am effizientesten. Der Austausch geänderter Seiten über Externspeicher (sowie Force) sind nur bei schnellen Externspeichern wie SSDs ausreichend schnell.

Tabelle 14.1 zeigt drei aus unserer Sicht empfehlenswerte Kombinationen von Sperrverfahren und Kohärenzkontrolle bei loser Kopplung. Der Einsatz von Haltesperren kommt vor allem für Sperrverfahren in Betracht, die Lese- und Schreibautorisierungen verwenden. Weil der Einsatz von Schreibautorisierungen der Nutzung einer lokalen GLA entgegenläuft (Abschn. 14.2.4), erscheinen Haltesperren vor allem für zentrale bzw. dedizierte Sperrverfahren von Interesse (Kombination 1). In diesem Fall kommt vor allem eine dynamische Page-Owner-Zuordnung infrage, da sich die dedizierten GLM-Rechner weniger als Page-Owner eignen. *Oracle RAC* nutzt ein dieser Kombination ähnliches Verfahren mit Haltesperren und dynamischem Page-Ownership, jedoch in Verbindung mit einem verteilten Sperrverfahren mit fester GLA-Zuordnung. Bei fester, logischer GLA-Zuordnung unter den Verarbeitungsrechnern ist eine sehr effiziente Kohärenzkontrolle möglich mit einer On-Request-Invalidierung sowie mit einer festen Page-Owner-Zuordnung, die mit der GLA-Verteilung übereinstimmt (Kombination 2). Bei dynamischer GLA-Zuordnung kann der Einsatz von Schreibautorisierungen die Nutzung einer lokalen GLA ebenfalls beschränken, sodass auch hier eine On-Request-Invalidierung Vorteile gegenüber Haltesperren verspricht (Kombination 3). Eine feste Page-Owner-Zuordnung ist hierbei weniger interessant, da sie sich nicht mit der dynamischen GLA-Zuordnung kombinieren lässt.

Von diesen Alternativen sprechen wesentliche Vorteile für den Ansatz mit übereinstimmender logischer GLA- und Page-Owner-Zuordnung (Kombination 2), wenngleich die Festlegung einer geeigneten DB-Partitionierung vorzunehmen ist. Die stabile Zuordnung der Verantwortlichkeiten erleichtert eine affinitätsbasierte Lastverteilung zur Unterstützung von rechnerspezifischer Lokalität, welche für alle Sperrverfahren wesentlich zur Einsparung von Kommunikationsvorgängen ist. Zudem entfällt der hohe Aufwand für Migrationsvorgänge von Haltesperren (Schreibautorisierungen) bzw. zur Lokalisierung des GLM. Die Kohärenzkontrolle kann ohne jegliche Zusatznachrichten gelöst werden, wobei auch Seitentransfers stets mit Sperrnachrichten kombinierbar sind. Bei dynamischer Page-Owner-Zuordnung verursachen Seitenanforderungen dagegen zusätzliche Verzögerungen.

Bei einer *nahen Rechnerkopplung* (siehe Abschn. 14.5) kann eine zentrale Sperrverwaltung wesentlich beschleunigt werden, sodass Kombination 1 in diesem Fall attraktiver wird. Ferner können geänderte Seiten schnell über einen gemeinsamen Halbleiterspeicher (globalen Puffer) ausgetauscht werden. Das Leistungsverhalten wird somit wesentlich unabhängiger vom Referenzverhalten der Last sowie der Lastverteilung. Dennoch bleibt auch hier eine affinitätsbasierte Lastverteilung bedeutsam, da sie zumindest das E/A-Verhalten beeinflusst (lokale Trefferraten, Ausmaß an Pufferreplikation und Invalidierungen). Nachteile der nahen Kopplung sind jedoch hohe Hardwarekosten sowie eine potenziell beeinträchtigte Skalierbarkeit auf zahlreiche Rechner.

14.4 Logging und Recovery

Jeder Verarbeitungsrechner protokolliert die DB-Änderungen der bei ihm ausgeführten Transaktionen in eine *lokale Log-Datei*. Mit der lokalen Log-Datei können dann sowohl Rücksetzungen einzelner Transaktionen als auch die Recovery nach Ausfall eines Rechners vorgenommen werden. Das Führen der lokalen Log-Datei kann mit den aus zentralisierten DBS bekannten Techniken erfolgen [9, 11]. Die Behandlung von Plattenfehlern und ggf. auch von Rechnerausfällen verlangt jedoch zusätzlich die Erstellung einer *globalen Log-Datei*, in der sämtliche Änderungen im System in chronologischer Reihenfolge protokolliert sind. Dies ist erforderlich, da eine bestimmte Seite i. Allg. an mehreren Rechnern geändert wird. Zur Rekonstruktion des neuesten Seitenzustands im Fehlerfall sind daher die an verschiedenen Rechnern vorgenommenen Änderungen in der ursprünglichen Reihenfolge zu wiederholen.

Beispiel 14.8 Im Szenario von Abb. 14.13 werden die drei DB-Seiten B_1, B_2 und B_3 von drei Transaktionen verschiedener Rechner geändert, wobei die Serialisierungsreihenfolge $T_1 < T_2 < T_3$ sein soll. So ändert zunächst T_1 die Seiten B_1 und B_2 (neue Versionen B_1' und B_2') in Rechner R_1, danach T_2 die Seiten B_2 und B_3 in R_2; abschließend ändert T_3 in R_3 alle drei Seiten. Die Änderungen werden jeweils in den lokalen Log-Dateien der Rechner protokolliert. Die physische DB enthält noch die alten Seitenversionen, da unterstellt wurde, dass geänderte Seiten direkt zwischen den Rechnern ausgetauscht werden. Nach einem Ausfall der gezeigten DB-Platte sind somit alle Änderungen seit dem letzten Einlesen zu wiederholen. Dies verlangt die Anwendung der Log-Daten aller lokalen Log-Dateien in der ursprünglichen Reihenfolge, wie es mit einer globalen Log-Datei unterstützt wird. □

Selbst die Crash-Recovery erfordert bei direktem Austausch geänderter Seiten zwischen Rechnern die Anwendung der globalen Log-Datei. Fällt etwa R_3 aus, so sind die

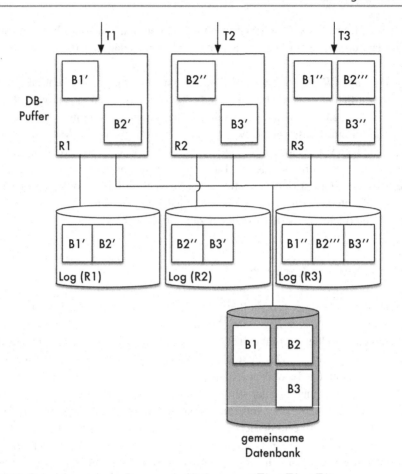

Abb. 14.13 Beispielszenario zur Recovery in SD-Systemen ($T1 < T2 < T3$)

dort ausgeführten Änderungen erfolgreicher Transaktionen zu wiederholen. Dazu genügt es jedoch nicht, lediglich die lokalen Log-Daten anzuwenden, da die Änderungen in R_3 auf zuvor ausgeführten Änderungen der anderen Rechner basieren, die jedoch noch nicht in der physischen Datenbank reflektiert sind. Daher müssen diese zuvor auch wiederholt werden, wie mit einem globalen Log möglich.

Die direkte Erstellung einer globalen Log-Datei auf Plattenspeicher ist i. Allg. zu aufwendig, da zusätzliche Schreibvorgänge am Transaktionsende notwendig würden und zudem das aktuelle Log-Ende aufgrund der hohen Schreibfrequenz leicht zum Engpass würde. Daher ist es vorzuziehen, die globale Log-Datei asynchron zur Transaktionsverarbeitung durch Mischen der lokalen Log-Dateien zu erstellen. Dies sollte möglichst im laufenden Betrieb erfolgen ohne das manuelle Starten eines Dienstprogrammes.

Um ein korrektes Mischen zu ermöglichen, sind die Log-Sätze der lokalen Log-Dateien mit geeigneten Zeitstempeln oder Änderungszählern zu kennzeichnen. Dies entspricht der Problematik, monoton wachsende Commit-Zeitstempel bzw. Transaktionsnummern in verteilten DBS zu vergeben, und kann durch eine Synchronsiation der lokalen Uhren erreicht werden (Abschn. 12.5). In [20, 7] wurde dazu vorgeschlagen, an jedem Rechner einen lokalen Commit-Zähler zu führen, der mit den Zählern anderer Rechner synchronisiert wird. Hierzu wird entsprechend der Lamport-Methode zur Uhrensynchronisation in verteilten Systemen [18] bei jedem Seitentransfer von Rechner A nach B der aktuelle Zählerstand von A mit übergeben. Liegt er über dem Zählerstand von B, wird dieser auf den höheren Wert von Rechner A gebracht. Dadurch ist sichergestellt, dass alle Seitenänderungen in B einen höheren Zeitstempel erhalten als die zuvor in A vorgenommenen Änderungen. Ein in IBM SD-Systemen verfolgter Ansatz ist die Nutzung einer speziellen Hardwareuhr (Sysplex Timer), welche von allen Rechnern zugreifbar ist und systemweit eindeutige Zeitstempel liefert, die in die Log-Sätze zur globalen Sortierung aufgenommen werden.

Die Recovery nach Ausfall eines Rechners muss, um eine möglichst störungsfreie Fortsetzung der Verarbeitung zu erlauben (Freigabe gehaltener Sperren u. ä.), von einem überlebenden Rechner mit der lokalen Log-Datei des ausgefallenen durchgeführt werden. Dabei sind alle durch den Rechnerausfall verloren gegangenen DB-Änderungen erfolgreich beendeter Transaktionen zu rekonstruieren. Diese Redo-Recovery muss – wie das Beispiel gezeigt hat – ggf. mit einer globalen Log-Datei erfolgen. Transaktionen, die durch den Rechnerausfall unterbrochen wurden, sind mit der lokalen Log-Datei zurückzusetzen (Undo-Recovery), wobei ggf. gehaltene Sperren freizugeben sind. Während der Crash-Recovery müssen außerdem ggf. verloren gegangene Datenstrukturen rekonstruiert werden, um eine korrekte Fortsetzung von Synchronisation und Kohärenzkontrolle zu gewährleisten. Die Einzelheiten dafür hängen natürlich stark von den jeweils verwendeten Protokollen ab [19, 25].

Die *Katastrophen-Recovery* für SD-Systeme kann im Prinzip wie in Abschn. 13.7 dargestellt mit einem geografisch entfernten Backup-System erfolgen. Dabei empfiehlt sich jedoch die Übertragung der globalen Log-Daten, um die DB-Kopie im Backup-System nachführen zu können. Dies setzt eine Onlineerzeugung der globalen Log-Datei voraus.

14.5 Nah gekoppelte Shared-Disk-Systeme

Ziel einer nahen Rechnerkopplung ist, den hohen Kommunikationsaufwand einer losen Kopplung zu reduzieren, indem bestimmte Funktionen über globale Halbleiterspeicher bzw. Spezialprozessoren realisiert werden (Abschn. 3.2.3). Dabei soll der Zugriff auf die gemeinsam benutzten Systemkomponenten sehr schnell sein, damit er zur Umgehung von Prozesswechselkosten synchron, d. h. unter Belegung des Prozessors, durchgeführt werden kann. Dies erfordert in der Regel spezielle Maschinenbefehle für den Zugriff.

Wir diskutieren zunächst, welche generellen Nutzungsmöglichkeiten für eine nahe Kopplung in SD-Systemen bestehen. Danach betrachten wir dazu verschiedene Realisierungsalternativen, insbesondere die Verwendung von instruktions- und seitenadressierbaren Halbleiterspeichern sowie von Spezialprozessoren. Abschließend besprechend wir die nah gekoppelte SD-Architektur IBM Parallel Sysplex sowie den DB2-PureScale-Ansatz, der eng an Parallel Sysplex angelehnt ist.

14.5.1 Einsatzformen der nahen Kopplung

Die allgemeinste Einsatzform eines gemeinsamen Speichers liegt darin, die *Kommunikation* über ihn abzuwickeln. In diesem Fall, werden die „Nachrichten" vom Sender in den gemeinsamen Speicher geschrieben; das „Empfangen" der Nachricht erfolgt durch Lesen von diesem Speicher. Der Lesezugriff erfolgt entweder periodisch oder aufgrund einer speziellen Signalisierung seitens des ersten Rechners. Eine solche speicherbasierte Kommunikation kann bei entsprechend schnellen Zugriffszeiten (z. B. wenigen Mikrosekunden) vor allem bei sehr großen Datentransfers wesentlich effizienter als ein allgemeines Kommunikationsprotokoll sein. Die Realisierung sollte durch das Betriebssystem erfolgen, sodass der Ansatz nicht nur der DB-Verarbeitung zugute kommt. Weiterhin bleibt dann dem DBS die nahe Kopplung vollkommen verborgen; d. h., nachrichtenbasierte Protokolle für Synchronisation, Kohärenzkontrolle etc. können weiterhin eingesetzt werden.

Eine andere allgemeine Einsatzmöglichkeit ist die Nutzung seitenadressierbarer Halbleiterspeicher zur Verbesserung des E/A-Verhaltens. Besonders interessant sind hierfür nichtflüchtige Halbleiterspeicher, da mit ihnen sowohl Lese- als auch Schreibzugriffe auf die Platten eingespart werden können. Insbesondere können solche Halbleiterspeicher zur permanenten *Allokation ganzer Dateien* verwendet werden, um für sie sämtliche Plattenzugriffe zu umgehen. Aufgrund der hohen Speicherkosten ist dies nur für leistungskritische Dateien kosteneffektiv, z. B. Log-Dateien oder häufig geänderte DB-Dateien. Die Alternative besteht in der Pufferung von DB-Seiten im Rahmen eines *globalen DB-Puffers*. Für Seiten, die in einem solchen Puffer vorliegen, kann der Lesezugriff auf Platte eingespart werden. Ferner können bei Nichtflüchtigkeit Schreibzugriffe zunächst nur in den Puffer erfolgen, von wo aus die Seitenkopien auf Platte asynchron aktualisiert werden. In SD-Systemen kann der globale Puffer auch zum schnellen Austausch geänderter Seiten genutzt werden.

Die nahe Kopplung kann für eine Reihe weiterer, SD-spezifischer Nutzungsformen eingesetzt werden, wobei eine Unterstützung durch die DBMS-Realisierung erforderlich ist. So können in einem gemeinsamen Halbleiterspeicher globale Datenstrukturen für folgende Aufgaben genutzt werden:

- Die globale Synchronisation lässt sich fast wie in zentralisierten DBS realisieren, wenn eine globale Sperrtabelle im gemeinsamen Speicher geführt wird, mit der sämtliche Sperranforderungen bearbeitet werden. Damit kann ein aufwendiges, nachrichtenbasiertes Protokoll vermieden werden, was signifikante Leistungsverbesserungen verspricht. In ähnlicher Weise können zur Kohärenzkontrolle benötigte Angaben in globalen Datenstrukturen verwaltet werden.

- Die Realisierung einer dynamischen Lastverteilung wird erleichtert, wenn dazu benötigte Informationen zur aktuellen Last- und Verteilsituation im gemeinsamen Speicher verwaltet werden. Ferner können dort zur besseren Lastbalancierung gemeinsame Auftragswarteschlangen geführt werden, auf die jeder Rechner zugreifen kann.

- Bei nichtflüchtigem Speicher kann die Erstellung einer globalen Log-Datei vereinfacht werden, indem die Log-Daten aller Rechner direkt im Speicher gesammelt werden. Aufgrund der hohen Zugriffsgeschwindigkeit fallen die Verzögerungen dafür kaum ins Gewicht, sodass eine direkte Erstellung des globalen Logs möglich wird.

14.5.2 Realisierungsalternativen

Zur Ausgestaltung der nahen Kopplung bestehen mehrere Möglichkeiten, welche die prinzipiellen Nutzungsformen in unterschiedlichem Maße abdecken. Dies sind der Einsatz von Spezialprozessoren sowie von instruktions- oder seitenadressierbaren Halbleiterspeichern, die jeweils von allen Knoten über spezielle Maschinenbefehle ansprechbar sind. Eine nahe Kopplung über Spezialprozessoren liegt vor, wenn bestimmte globale Systemfunktionen in Hardware oder Mikrocode realisiert werden, um ihre schnellere Bearbeitung zu erreichen. Die Grenzen zur nahen Kopplung über gemeinsame Halbleiterspeicher sind dabei fließend, da der Spezialprozessor natürlich auch einen Speicher nutzt. Umgekehrt kann ein gemeinsamer Halbleiterspeicher von einem „intelligenten" Kontroller verwaltet werden, der spezielle Funktionen an seiner Schnittstelle anbietet, die in Hardware bzw. Mikrocode realisiert werden.

Eine Verwendung von *Spezialprozessoren* für SD-Systeme erfolgte schon früh zur hardwaregestützten Synchronisation durch die sogenannte „Limited Lock Facility", einer Mikrocode-Option für IBM-Platten-Kontroller [2]. Sperranforderungen und -freigaben erfolgten dabei über spezielle Kanalbefehle, häufig kombiniert mit E/A-Operationen. Dieser Ansatz wurde im Reservierungssystem TPF genutzt [34]. Der Overhead zur Synchronisation ist durch die Verwendung der E/A-Schnittstelle jedoch immer noch relativ hoch (keine synchronen Aufrufe). Zudem weist der Ansatz nur eine geringe Funktionalität auf (nur exklusive Sperren auf Rechnerebene), sodass ein Großteil des Sperrprotokolls zusätzlich durch Software in den Verarbeitungsrechnern zu realisieren ist.

Beim *Einsatz gemeinsamer Halbleiterspeicher* und ihrer Kontroller ergeben sich größere Freiheitsgrade, wobei prinzipiell alle im vorherigen Abschnitt genannten Nutzungsoptionen einer nahen Kopplung bestehen. Im Einzelnen hängt das Einsatzspektrum davon ab, ob die für einige Aufgaben erforderliche Nichtflüchtigkeit gewährleistet wird und in welcher Form der gemeinsame Speicher adressierbar ist. Eine volle Instruktionsadressierbarkeit des gemeinsamen Halbleiterspeichers wäre zwar sehr flexibel, führt jedoch zu den gleichen Skalierbarkeits- und Verfügbarkeitsproblemen wie der gemeinsame Hauptspeicher in eng gekoppelten Systemen (Abschn. 3.2.3), sodass ein solcher Ansatz wenig sinnvoll erscheint.

Die Daten *seitenadressierbarer Halbleiterspeicher* sind wie für Magnetplatten nicht direkt manipulierbar. Der Datenzugriff verlangt vielmehr, die betroffenen Seiten in den Hauptspeicher zu bringen. Änderungen erfolgen zunächst in den Seitenkopien im Hauptspeicher und müssen explizit zurückgeschrieben werden. Damit ergibt sich für diese Speicher eine größere Isolierung gegenüber Hardware- und Softwarefehlern als bei Instruktionsadressierbarkeit, insbesondere gegenüber Rechnerausfällen.

Die seitenorientierte Zugriffsschnittstelle begrenzt jedoch auch die Nutzungsmöglichkeiten. Denn im Wesentlichen wird nur eine Verbesserung des E/A-Verhaltens möglich, ähnlich wie es solche Speicher bereits in zentralisierten Systemen zulassen (Allokation ganzer Dateien, zusätzliche Pufferung von Seiten) [28]. Außerdem können diese Effekte auch ohne nahe Kopplung durch Nutzung von Platten-Caches und Solid-State-Disks (SSD) erreicht werden, auf die alle Rechner Zugriff haben. So können SSDs zur permanenten Allokation von Dateien genutzt werden, während Platten-Caches die Realisierung eines globalen Dateipuffers ermöglichen. Über die Platten-Caches können geänderte Seiten auch wesentlich schneller zwischen den Rechnern als über Magnetplatte ausgetauscht werden. Eine nahe Kopplung liegt dabei nicht vor, da die Zugriffszeiten auf diese Speicher im Bereich von 1–5 ms pro Seite liegen, sodass kein synchroner Zugriff möglich ist.

Synchrone Seitenzugriffe werden jedoch von sogenannten *erweiterten Hauptspeichern* unterstützt [31], die u. a. in Mainframes mit Zugriffszeiten von 10–50 Mikrosekunden pro Seite Verwendung finden bzw. fanden.[3] Die Seitentransfers zwischen Hauptspeicher und erweiterten Hauptspeichern erfolgen durch eigene Maschinenbefehle. Die Verwaltung des erweiterten Hauptspeichers geschieht wie für den Hauptspeicher in erster Linie durch das Betriebssystem, also nicht durch eigene Kontroller wie für SSDs und Platten-Caches. Bei nichtflüchtiger Auslegung dieser Speicher und Kopplung mit allen Verarbeitungsrechnern können alle Einsatzformen von SSDs und Platten-Caches auch realisiert werden, jedoch mit verbessertem Leistungsverhalten. In [8, 41] wurde die Verwendung eines solchen gemeinsamen, seitenadressierbaren Halbleiterspeichers für Shared-Disk-Systeme untersucht; die Architektur wurde als *Shared Intermediate Memory (SIM)* bezeichnet. Für den SIM-Ansatz wurden signifikante Leistungsvorteile gegenüber lose gekoppelten SD-Systemen ermittelt, vor allem aufgrund eines verbesserten E/A-Verhaltens sowie des schnellen Austauschs geänderter Seiten.

Für eine weitergehende Nutzung eines gemeinsamen Halbleiterspeichers sind neben Seitenzugriffen zusätzliche Operationen zur Verwaltung globaler Datenstrukturen erforderlich. Wir werden dazu im nächsten Abschnitt die Realisierung des IBM Parallel Sysplex betrachten. Ein dazu verwandter Ansatz ist die in [26, 31] vorgeschlagene Verwendung eines *Globalen Erweiterten Hauptspeichers (GEH)*. Der GEH unterstützt dabei neben Seitenzugriffen als zusätzliches Zugriffsgranulat sogenannte Einträge, um einfache globale Datenstrukturen zu realisieren. Die Eintragsgröße kann dabei das Mehrfache eines Einheitsgranulats (z. B. ein Doppelwort) sein. Neben Lese- und Schreiboperationen

---

[3] In IBM-Mainframes wird der „Expanded Storage" genannte Erweiterungsspeicher im 64-Bit-Betriebssystem z/OS, das im Jahr 2000 eingeführt wurde, nicht mehr unterstützt.

auf Einträgen existiert eine Compare&Swap-Operation auf dem Einheitsgranulat, um Zugriffe mehrerer Rechner auf GEH-Datenstrukturen synchronisieren zu können. Eintragszugriffe können wesentlich schneller als Seitenzugriffe abgewickelt werden (z. B. 1–5 Mikrosekunden). Damit kann der GEH nicht nur zur E/A-Optimierung, sondern auch zur effizienten Synchronisation über eine globale Sperrtabelle genutzt werden. Dies ergibt ein weit besseres Leistungsverhalten als mit einem nachrichtenbasierten Protokoll [31, 30].

14.5.3 IBM Parallel Sysplex und DB2 PureScale

Parallel Sysplex ist eine nah gekoppelte Shared-Disk-Architektur, die 1994 von IBM für Mainframe-Umgebungen eingeführt wurde [21]. Es können damit bis zu 32 IBM-z/OS-Großrechner gekoppelt werden, die leistungsstarke Multiprozessoren darstellen (derzeit mit je bis zu 120 Cores und 3 TB Hauptspeicher). Die nahe Kopplung erfolgt über eine spezielle *Coupling Facility (CF)*, auf die alle Rechner mit eigenen Maschinenbefehlen synchron zugreifen und welche u. a. zur globalen Sperrverwaltung und Kohärenzkontrolle verwendet wird (s. u.).

Der Grobaufbau der Parallel-Sysplex-Architektur ist in Abb. 14.14 gezeigt. Die nachrichtenbasierte Kommunikation zwischen den Rechnern erfolgt über Kanalverbindungen (channel to channel), wobei zur Reduzierung des Kommunikationsaufwandes spezielle Betriebssytemdienste (Cross-system Extended Services, XES) genutzt werden. Die Anbindung der Platten an die Verarbeitungsrechner geschieht über Glasfaserverbindungen, welche auch größere Distanzen von mehreren Kilometern zulassen. Der Sysplex ist durch zwei spezielle Hardwareeinheiten gekennzeichnet, den Sysplex Timer sowie die Coupling Facility, die mit allen Rechnern über Glasfaserleitungen verbunden sind. Der *Sysplex Timer* stellt allen Rechnern die aktuelle Uhrzeit zur Verfügung, womit u. a. die Log-Daten der Rechner gekennzeichnet werden, um ihr korrektes Mischen zu einem

Abb. 14.14 Grobarchitektur IBM Parallel Sysplex

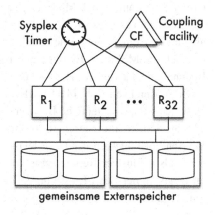

globalen Log zu ermöglichen (Abschn. 14.4). Die Coupling Facility dient zur schnellen Realisierung shared-disk-spezifischer Kontrollaufgaben. Aus Fehlertoleranzgründen können von beiden Komponenten mehrere Exemplare konfiguriert werden. Mehrere Coupling Facilities dienen auch zur Umgehung von Engpässen, da sie im Normalbetrieb gleichberechtigt nutzbar sind. Zur schnellen Katastrophen-Recovery können mehrere Parallel-Sysplex-Systeme mit replizierter Datenhaltung in unterschiedlichen Konfigurationen (Active/Active, Active/Query etc.) geografisch verteilt gekoppelt werden (Geographically Dispersed Parallel Sysplex, GDPS) [16].

Die *Coupling Facility (CF)* entspricht einem gemeinsamen Halbleiterspeicher, der von speziellen Mikroprozessoren verwaltet wird und auf den ein synchroner Speicherzugriff möglich ist. Intern besteht die CF aus drei Bereichen, welche für unterschiedliche Aufgaben genutzt werden:

- Ein Sperrbereich (lock structure) dient zur Verwaltung globaler Sperrtabellen, mit denen eine systemweite Synchronisation auf gemeinsamen Ressourcen realisiert wird.
- Ein Pufferbereich (cache structure) ermöglicht die globale Speicherung von Datenseiten in einem schnellen Zwischenspeicher. Zudem werden Funktionen zur Kohärenzkontrolle angeboten.
- Ein Listenbereich (list structure) gestattet die Verwaltung globaler Listenstrukturen, insbesondere für gemeinsame Auftragswarteschlangen und globale Statusinformationen. Damit wird vor allem die Realisierung einer dynamischen Lastbalancierung erleichtert.

Die CF-Zugriffe erfolgen über Betriebssystemfunktionen, die von Subsystemen wie Datenbanksystemen (DB2, IMS) oder Transaktionsmonitoren (CICS, IMS TM) genutzt werden. Sowohl für DB2 als auch für IMS wird für „Data Sharing" (Shared Disk) die Sperrbehandlung und Kohärenzkontrolle über die CF abgewickelt.

Zur *Synchronisation* wird in der *CF Lock Structure* nur eine reduzierte Sperrinformation auf Rechnerebene verwaltet, während die detaillierten Transaktionssperren und Wartebeziehungen durch die lokalen Lock-Manager auf den Rechnern, den sog. IRLM (Internal Resource Lock Manager), verwaltet werden. Die globalen Sperrangaben beziehen sich dabei auf Hash-Klassen, in welche zu sperrende Objekte über eine Hash-Funktion abgebildet werden. Die in der Lock Structure geführte Hash-Tabelle umfasst in der Regel mehrere Millionen Einträge und registriert das exklusive oder lesende Interesse der Rechner an Objekten der Hash-Klasse.

Im Beispiel von Abb. 14.15 hat Rechner 1 exklusives Interesse an der letzten gezeigten Hash-Klasse. Als alleiniger Besitzer einer Hash-Klasse kann der Rechner wie im Falle einer Schreibautorisierung (Abschn. 14.2.3) für bei ihm laufende Transaktionen lokal Sperren auf Objekten der Hash-Klasse vergeben. Für die zweite Hash-Klasse ist Rechner 2 als exklusiver Besitzer eingetragen, jedoch gibt es konkurrierendes Leseinteresse an Objekten der Hash-Klasse durch Rechner 1. In diesem Fall fungiert der Besitzerknoten als globaler Lock-Manager, der die Sperren über ein nachrichtenbasiertes Verfahren

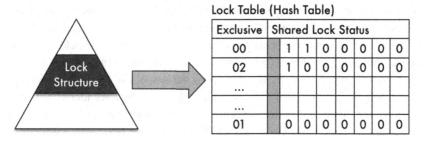

Lock Table (Hash Table)

Exclusive	Shared Lock Status						
00	1	1	0	0	0	0	0
02	1	0	0	0	0	0	0
...							
...							
01	0	0	0	0	0	0	0

Abb. 14.15 Globale Sperrinformation in der Coupling Facility (Quelle: [3])

vergibt. Bezüglich der ersten Hash-Klasse besteht im Beispiel Leseinteresse durch zwei Rechner, wodurch Konflikte ausgeschlossen sind. In diesem Fall können die Rechner wie für Leseautorisierungen (Abschn. 14.2.3) sämtliche Lesesperren auf Objekten der Hash-Klasse lokal vergeben und freigeben. Für DB2 erfolgt die Sperrvergabe im Rahmen eines hierarchischen Verfahrens mit Sperren auf mehreren Granularitätsstufen wie Segmenten (Table Spaces), Seiten oder Sätzen [14, 36]. Hält z. B. ein Knoten eine Leseberechtigung für ein Segment, können damit alle Seiten und Sätze dieses Segments lokal ohne weitere Verzögerungen bearbeitet werden.

Die globalen Sperrangaben in der CF gestatten einem Rechner die schnelle Feststellung (innerhalb von ca. 10 μs), ob überhaupt ein Konflikt mit einem anderen Rechner möglich ist sowie die Registrierung von exklusiven Zugriffsrechten bzw. Leseinteresse. Konflikte werden nur selten erwartet, sodass die weitaus meisten Sperren nach dem CF-Zugriff lokal synchronisiert werden können. Nur im Fall von über die CF erkannten Konfliktsituationen erfolgt eine Synchronisation über ein nachrichtenbasiertes Verfahren mit dem jeweiligen globalen Lock Manager.

Zur *Kohärenzkontrolle* wird ein Force-Ansatz verwendet, bei dem am Transaktionsende geänderte Seiten in einen CF-Pufferbereich geschrieben werden. Dies erforderte gemäß [14] im Jahr 1997 noch etwa 175 μs pro Seite, nach IBM-Angaben derzeit jedoch nur noch etwa 16–20 μs und ist damit mehr als 200-mal schneller als das Ausschreiben einer Seite auf Magnetplattenspeicher. Zur Erkennung veralteter Seiten wird jede in einem Rechner und in der CF gepufferte Seite mit ihrer Pufferposition in einer CF-Tabelle registriert. Zudem wird in jedem Rechner hardwareseitig ein Bitvektor (local cache vector) geführt, um für lokal gepufferte Seiten eine potenzielle Invalidierung anzuzeigen. Das Setzen dieser Bits wird durch die CF beim Ausschreiben einer geänderten Seite B in den CF-Pufferbereich veranlasst. Dies erfolgt durch eine spezielle Hardwaresignalisierung, welche, ohne einen Prozesswechsel auszulösen, veranlasst, dass das Invalidierungsbit für B in allen Rechnern gesetzt wird, in denen noch die alte Version von B gepuffert ist.

In den Rechnern wird durch Abfragen des Invalidierungsbits vor einem Pufferzugriff der Zugriff auf veraltete Seiten umgangen. Die aktuelle Version der Seite kann dann oft vom CF-Pufferbereich eingelesen werden. Dies ist nicht nur deutlich schneller als ein Einlesen von Plattenspeichern, sondern auch schneller als ein Seitentransfer über das

Netzwerk mit einem allgemeinen Kommunikationsprotokoll. Durch die CF-Unterstützung kann die Kohärenzkontrolle trotz einfacher Verfahren wie Force und broadcast- bzw. multicast-artiger Invalidierung insgesamt mit einem moderaten Overhead gelöst werden. Zur weiteren Reduzierung des Overheads kann die Überwachung von Seiteninvalidierungen für Segmente umgangen werden, die (zeitweise) nur von einem Rechner genutzt werden bzw. auf denen nur gelesen wird [14]. Durch das Ausschreiben geänderter Seiten in den CF-Pufferbereich bleibt die Version der Seiten auf den Plattenspeichern zunächst ungeändert. Aufgrund der begrenzten Größe des CF-Pufferbereiches sind daher geänderte Seiten kontinuierlich vom CF (über die Hauptspeicher der Rechner) auf die Plattenspeicher auszuschreiben („Cast Out").

Die skizzierten Verfahren insbesondere zur Kohärenzkontrolle führen zu einer erheblichen Zugriffsdichte auf die CF. Einerseits ist wegen Force jede geänderte Seite in den CF-Pufferbereich zu schreiben. Zudem ergeben sich viele Lesezugriffe auf den CF-Pufferbereich. Hinzu kommen die CF-Belastungen für die Bearbeitung von Sperraufrufen und Multicast-Invalidierungen. Aufgrund der sehr kurzen Zugriffszeiten können dennoch sehr hohe Transaktionsraten mit Zehntausenden von Transaktionen pro Sekunde ohne Engpässe erreicht werden. Dies gilt umso mehr, da pro CF mehrere Prozessoren nutzbar sind sowie mehrere CF-Einheiten konfiguriert werden können.

Zur *dynamischen Lastbalancierung* wird von den Transaktionsmonitoren CICS und IMS ein entsprechendes Transaktionsrouting unter Nutzung von Auslastungsinformationen in der CF unterstützt. Dabei erfolgt eine Zusammenarbeit mit einem Workload-Manager (WLM) des z/OS-Betriebssystems, um aktuelle Auslastungsinformationen sowie globale Leistungsvorgaben bei der Lastverteilung zu berücksichtigen. Ein dynamisches affinitätsbasiertes Routing von Transaktionen, um eine möglichst hohe rechnerspezifische Lokalität im Zugriffsverhalten und entsprechend wenige Pufferinvalidierungen zu erreichen, wird jedoch nicht verfolgt.

DB2 PureScale

Seit dem Jahr 2009 wird mit DB2 PureScale der Shared-Disk-Ansatz für DB2 auch auf Unix-(Linux-, AIX-)Clustern unterstützt, vorrangig für OLTP-Anwendungen [1]. Es können dabei bis zu 128 Rechner genutzt werden, wobei die Realisierung der shared-disk-spezifischen Aufgaben der Synchronisation und Kohärenzkontrolle sich eng an dem Parallel Sysplex orientiert. Insbesondere werden der Coupling Facility entsprechende zentrale Einheiten, sogenannte „Cluster Caching Facilities" (Primär- und Standby-Version), zur Verwaltung der globalen Sperrinformationen sowie eines globalen Pufferbereiches für geänderte Seiten genutzt. Der Zugriff auf diese Knoten erfolgt per RDMA-Kommunikation (Remote Direct Memory Access) über Infiniband- oder 10-Gigabit-Ethernet-Verbindungen, womit eine Sperranforderung in 10–15 Mikrosekunden und ein Seitenzugriff in unter 100 Mikrosekunden durchführbar sein sollen. Wie im Parallel Sysplex wird nur eine grobe Sperrinformation zentral geführt. Zur Kohärenzkontrolle wird eine Force-Strategie (Ausschreiben geänderter Seiten in den globalen Cache) sowie eine RDMA-basierte Multicast-

Invalidierung für alte Seitenversionen verwendet. Die Aufgaben des Sysplex Timer werden nunmehr softwareseitig realisiert.

14.6 Übungsaufgaben

Übung 14.1 (Zentrale Sperrverfahren)
In Verteilten DBS wurden zentrale Sperrverfahren als ungeeignet eingestuft. Warum kommen sie für Shared Disk eher in Betracht?

Übung 14.2 (Lese- und Schreibautorisierungen)
Auf ein Objekt O ergebe sich folgende Verteilung von R- und X-Sperranforderungen in den Rechnern $R1$, $R2$ und $R3$, wobei jede Sperranforderung durch eine andere Transaktion verursacht sei.

Zeitpunkt	R1	R2	R3
t1	X		
t2	R		
t3	X		
t4		R	
t5			R
t6	R		
t7		R	
t8			R
t9			X

Mit einem einfachen zentralen Sperrprotokoll sind 18 Nachrichten zur Behandlung der 9 Sperranforderungen erforderlich. Wie viele Nachrichten werden benötigt, falls Lese- und Schreibautorisierungen unterstützt werden? Wie ändert sich die Nachrichtenzahl, wenn auch die Nachrichten zur Sperrfreigabe berücksichtigt werden? Eine Sperre soll dabei mit 1 Nachricht (unquittiert) freigegeben werden.

Übung 14.3 (Synchronisation mit fester GLA-Zuordnung)
Für das Beispiel in Aufgabe 14.2 soll ein verteiltes Sperrverfahren mit fester logischer GLA-Zuordnung eingesetzt werden, wobei $R1$ die GLA für das Objekt halte. Wie viele Nachrichten sind für die Anforderung sowie Freigabe der Sperren erforderlich

- ohne Leseautorisierungen,
- mit Leseautorisierungen?

Übung 14.4 (Dynamische GLA-Zuordnung)
Für das Beispiel in Aufgabe 14.2 soll ein verteiltes Sperrverfahren mit dynamischer GLA-Zuordnung eingesetzt werden.

- Wie viele Nachrichten sind für die Anforderung sowie Freigabe der Sperren erforderlich, wenn $R3$ der für das Objekt zuständige Directory-Knoten ist und die GLA am ersten GLM-Rechner verbleibt?
- Ist die Verwendung von Leseautorisierungen sinnvoll?

Übung 14.5 (On-Request-Invalidierung und Autorisierungen)
Eine On-Request-Invalidierung verlangt vor dem Objektzugriff die Prüfung durch den GLM, ob eine gepufferte Seite noch aktuell ist. Mit Lese- und Schreibautorisierungen sollen jedoch Sperren lokal vergeben werden, um Kommunikation mit dem GLM einzusparen. Funktioniert die On-Request-Invalidierung auch bei Einsatz dieser Autorisierungen?

Übung 14.6 (On-Request-Invalidierung)
Seite B sei in $R2$ und $R3$ in der gültigen, gegenüber dem Externspeicher ungeänderten Version gepuffert.

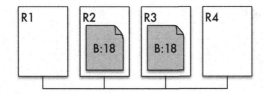

In dieser Situation sollen nacheinander folgende Operationen ausgeführt werden:

1. Schreibzugriff auf B in Rechner $R1$,
2. Lesezugriff auf B in Rechner $R4$,
3. Schreibzugriff auf B in Rechner $R2$.

Zur Erkennung von Pufferinvalidierungen sollen Versionsnummern für geänderte Seiten verwendet werden (Ausgangswert 18), zur Update-Propagierung ein Noforce-Ansatz mit direkten Seitentransfers. Untersuchen Sie die Bearbeitung obiger Aktionen für die folgenden beiden Protokolle:

(a) zentrales Sperrprotokoll (ohne Autorisierungen) mit dynamischer Page-Owner-Zuordnung,
(b) verteiltes Sperrverfahren mit fester GLA-Zuordnung (ohne Leseautorisierungen) und fester, mit der GLA-Zuordnung übereinstimmender Page-Owner-Zuordnung ($R2$ sei der GLA-Rechner für B).

Geben Sie in beiden Fällen die anfallenden Zwischenschritte an, insbesondere Änderungen der Sperreinträge, Versionsnummern, der Page-Owner-Zuordnung sowie notwendige Seitentransfers. Wie viele Nachrichten für Sperranforderungen und -freigabe sowie Seitentransfers und wie viele Externspeicherzugriffe werden in beiden Fällen für die drei Seitenzugriffe benötigt?

Übung 14.7 (Haltesperren)
Geben Sie an, wie das Beispiel in Aufgabe 14.6 bearbeitet wird, falls ein zentrales Sperrprotokoll mit Haltesperren (Lese- und Schreibautorisierungen) eingesetzt wird. Zu Beginn liege eine RA-Haltesperre in $R2$ und $R3$ vor. Der Seitenaustausch soll wiederum über das Kommunikationsnetz erfolgen. Wie ist der hohe Nachrichtenbedarf zu erklären?

Übung 14.8 (Nahe Kopplung und Mehrversionensynchronisation)
Zur Unterstützung einer Mehrversionensynchronisation für SD-DBS sind insbesondere Lesetransaktionen die zu ihrem Transaktionsbeginn gültigen DB-Objekte zur Verfügung zu stellen. Wie könnte eine nahe Kopplung, wie z. B. im Parallel Sysplex, helfen, diese Funktionalität zu realisieren?

Literatur

1. Barshai, V., Chan, Y., Lu, H., Sohal, S.: Delivering Continuity and Extreme Capacity with the IBM DB2 pureScale Feature. IBM Redbooks (2012)

2. Behman, S., DeNatale, T., Shomler, R.: Limited lock facility in a dasd control unit. Ttch. Report TR Ot **859** (1979)

3. Bruni, P., Bracey, M., Goolamhussen, R., Kalyanasundaram, R., Steegmanso, B.: DB2 9 for z/OS: Resource Serialization and Concurrency Control. IBM Redbooks (2009)

4. Carey, M.J., Franklin, M.J., Livny, M., Shekita, E.J.: Data caching tradeoffs in client-server dbms architectures. Proc. ACM SIGMOD Conf., 357–366 (1991)

5. Dan, A., Yu, P.S.: Performance analysis of coherency control policies through lock retention. Proc. ACM SIGMOD Conf., 114–123 (1992)

6. Dan, A., Yu, P.S.: Performance analysis of buffer coherency policies in a multisystem data sharing environment. IEEE Trans. Parallel Distrib. Syst. **4**(3), 289–305 (1993)

7. Dan, A., Yu, P.S., Jhingran, A.: Recovery analysis of data sharing systems under deferred dirty page propagation policies. IEEE Trans. Parallel Distrib. Syst. **8**(7), 695–711 (1997)

8. Dias, D.M., Iyer, B.R., Robinson, J.T., Yu, P.S.: Integrated concurrency-coherency controls for multisystem data sharing. IEEE Trans. Software Eng. **15**(4), 437–448 (1989)

9. Gray, J., Reuter, A.: Transaction Processing: Concepts and Techniques. Morgan Kaufmann (1993)

10. Härder, T., Rahm, E.: Quantitative Analyse eines Synchronisationsalgorithmus für DB-Sharing. MMB, 186–201 (1985)

11. Härder, T., Rahm, E.: Datenbanksysteme – Konzepte und Techniken der Implementierung. 2. Auflage, Springer-Verlag (2001)

12. Härder, T., Reuter, A.: Principles of Transaction-Oriented Database Recovery. ACM Comput. Surv. **15**(4), 287–317 (1983)

13. Joshi, A.M.: Adaptive Locking Strategies in a Multi-node Data Sharing Environment. VLDB, 181–191 (1991)

14. Josten, J.W., Mohan, C., Narang, I., Teng, J.Z.: DB2's use of the coupling facility for data sharing. IBM Systems Journal **36**(2), 327–351 (1997)

15. Kronenberg, N.P., Levy, H.M., Strecker, W.D.: VAXclusters: A Closely-Coupled Distributed System. ACM Trans. Comput. Syst. **4**(2), 130–146 (1986)

16. Kyne, F., Clitherow, D., Schindel, S.: GDPS Family: An Introduction to Concepts and Capabilities. IBM Redbooks (2013)

17. Lahiri, T., Srihari, V., Chan, W., MacNaughton, N., Chandrasekaran, S.: Cache fusion: Extending shared-disk clusters with shared caches. Proc. VLDB Conf., 683–686 (2001)

18. Lamport, L.: Time, Clocks, and the Ordering of Events in a Distributed System. Commun. ACM **21**(7), 558–565 (1978)

19. Mohan, C., Narang, I.: Recovery and coherency-control protocols for fast intersystem page transfer and fine-granularity locking in a shared disks transaction environment. VLDB, 193–207 (1991)

20. Mohan, C., Narang, I.: Data base recovery in shared disks and client-server architectures. ICDCS, 310–317 (1992)

21. Nick, J.M., Moore, B.B., Chung, J.Y., Bowen, N.S.: S/390 cluster technology: Parallel sysplex. IBM Systems Journal **36**(2), 172–201 (1997)

22. Rahm, E.: Primary copy synchronization for DB-Sharing. Inf. Syst. **11**(4), 275–286 (1986)

23. Rahm, E.: Design of optimistic methods for concurrency control in database sharing systems. ICDCS, 154–161 (1987)

24. Rahm, E.: Synchronisation in Mehrrechner-Datenbanksystemen – Konzepte, Realisierungsformen und quantitative Bewertung, *Informatik-Fachberichte*, vol. 186. Springer (1988)

25. Rahm, E.: Recovery concepts for data sharing systems. FTCS, 368–377 (1991)

26. Rahm, E.: Use of global extended memory for distributed transaction processing. Proceedings of the 4th Int. Workshop on High Performance Transaction Systems, Asilomar, CA (1991)

27. Rahm, E.: A framework for workload allocation in distributed transaction processing systems. Journal of Systems and Software **18**(2), 171–190 (1992)

28. Rahm, E.: Performance evaluation of extended storage architectures for transaction processing. Proc. ACM SIGMOD Conf., 308–317 (1992)

29. Rahm, E.: Empirical performance evaluation of concurrency and coherency control protocols for database sharing systems. ACM Trans. Database Syst. **18**(2), 333–377 (1993)

30. Rahm, E.: Evaluation of closely coupled systems for high performance database processing. ICDCS, 301–310 (1993)

31. Rahm, E.: Hochleistungs-Transaktionssysteme. Konzepte und Entwicklungen moderner Datenbankarchitekturen. Vieweg (1993)

32. Rahm, E.: Kohärenzkontrolle in verteilten Systemen. Datenbank Rundbrief **11**, 45–48 (1993)

33. Rahm, E.: Mehrrechner-Datenbanksysteme. Addison-Wesley (1994)

34. Scrutchin, T.W.: TPF: Performance, capacity, availability. COMPCON, 158–160 (1987)

35. Snaman, W.E., Thiel, D.W.: The vax/vms distributed lock manager. Digital Technical Journal **5**(2), 44 (1987)

36. Spruth, W.G., Rahm, E.: Sysplex-Cluster-Technologien für Hochleistungs-Datenbanken. Datenbank-Spektrum **3**, 16–26 (2002)

37. Stenström, P.: A survey of cache coherence schemes for multiprocessors. IEEE Computer **23**(6), 12–24 (1990)

38. Strickland, J.P., Uhrowczik, P.P., Watts, V.L.: IMS/VS: An evolving system. IBM Systems Journal **21**(3), 490–510 (1982)

39. Tate, J., Beck, P., Ibarra, H.H., Kumaravel, S., Miklas, L.: Introduction to Storage Area Networks and System Networking. IBM Red Book (2012)

40. Yu, P.S., Cornell, D.W., Dias, D.M., Iyer, B.R.: Analysis of affinity based routing in multi-system data sharing. Perform. Eval. **7**(2), 87–109 (1987)

41. Yu, P.S., Dan, A.: Performance evaluation of transaction processing coupling architectures for handling system dynamics. IEEE Trans. Parallel Distrib. Syst. **5**(2), 139–153 (1994)

Konsistenz in Cloud-Datenbanken 15

Die bisher diskutierten Verfahren zur Konsistenzsicherung in Verteilten Datenbanksystemen zielen auf strikte Konsistenz, also kurz gefasst auf die Gewährleistung der ACID-Eigenschaften unter allen Umständen. Derartige Verfahren skalieren jedoch oft nur eingeschränkt und begrenzen die Leistungsfähigkeit der betroffenen Systeme. Daher wurden und werden gerade in Cloud-Anwendungen abgeschwächte Konsistenzforderungen und zugehörige Verfahren diskutiert, die besser skalieren, aber Einschränkungen in der Konsistenz bedeuten.

Der erste Abschn. 15.1 motiviert und detailliert den Einsatz abgeschwächter Konsistenzforderungen in Cloud-Szenarien. Replikationstechniken, die durch derartige abgeschwächte Konsistenzforderungen ermöglicht werden, werden in Abschn. 15.2 behandelt. Abschließend wird die Realisierung derartiger Verfahren in kommerziellen Cloud-Datenbanken thematisiert (Abschn. 15.3).

15.1 Konsistenzanforderungen in Cloud-Szenarien

Gerade in Cloud-Szenarien – aber nicht nur dort – werden die klassischen ACID-Forderungen oft als zu rigide angesehen. Wir diskutieren zuerst von ACID abweichende Eigenschaften und betrachten dann das sogenannte CAP-Theorem, das gern zur Motivation abgeschwächter Konsistenzforderungen herangezogen wird.

15.1.1 Von ACID zu BASE

Die ACID-Eigenschaften fordern für klassische Transaktionen die Einhaltung von Atomarität, Konsistenz, Isolation und Dauerhaftigkeit. Alle diese Forderungen sind natürlich weiterhin anzustrebende Ziele in der Datenhaltung, aber in verteilten Systemen nicht einfach zu erreichen. Insbesondere Atomarität („ganz-oder-gar-nicht") und Isolation bzw.

© Springer-Verlag Berlin Heidelberg 2015   353
E. Rahm, G. Saake, K.-U. Sattler, *Verteiltes und Paralleles Datenmanagement*, eXamen.press,
DOI 10.1007/978-3-642-45242-0_15

Tab. 15.1 ACID vs. BASE

ACID	BASE
Starke Konsistenz	Schwache Konsistenz
Fokus: Isolation	Fokus: Verfügbarkeit
Pessimistische Synchronisation	Optimistische Synchronisation
Globales Commit	Entkoppelte lokale Commits

Konsistenz können hundertprozentig nur durch Verfahren erzielt werden, die schlecht skalieren oder empfindlich gegenüber bestimmten Ausfällen reagieren.

Brewer argumentiert in [2][1], dass in vielen Szenarien statt der klassischen ACID-Eigenschaften die BASE-Anforderungen im Mittelpunkt stehen. *BASE* steht hierbei für *Basically Available*, *Soft-state* und *Eventual Consistency*. Hier sind die drei folgenden Ziele gemeint:

- Basically available. Die Erreichbarkeit hat in vielen Cloud-Anwendungen höchste Priorität. So sollten die Daten eines Onlinehandels immer erreichbar sein, um Kunden 24 h am Tag Zugriff auf das Onlineangebot zu geben.
- Soft state. In klassischen Datenbankanwendungen ist die Einhaltung eines konsistenten globalen Zustands („State") eines der zentralen Ziele. In vielen Webanwendungen ist dagegen ein globaler konsistenter Zustand zwar erstrebenswert, aber nicht unbedingte Notwendigkeit. Kurzzeitige Inkonsistenzen bei replizierten Datenbeständen und approximative Antworten, die auf nichthundertprozentigen Aktualisierungen basieren, sind tolerierbar.
- Eventual consistency. Strikte Konsistenz im Sinne, dass alle Clients immer die gleiche Sicht auf verteilte bzw. replizierte Datenbestände haben, ist oft nicht zwingend erforderlich. *Eventuelle Konsistenz* erlaubt, dass einzelne Clients zwischenzeitlich veraltete Daten zu sehen bekommen können, dass aber schlussendlich auf jeden Fall ein konsistenter Zustand erreicht wird.

Tabelle 15.1 zeigt einige der Unterschiede in der Realisierung von ACID- vs. BASE-Systemen auf. Da BASE-Systeme insbesondere die Konsistenzforderung bezüglich der Isolation lockern, können sie einfacher und schneller arbeiten.

15.1.2   Das CAP-Theorem

Das *CAP-Theorem*, das von Brewer im Jahr 2000 in einer Keynote zur Beschreibung der Zielkonflikte in verteilten Systemen genutzt wurde, hat im Bereich skalierbarer verteilter Systeme eine gewisse Berühmtheit erreicht, obwohl es sich gar nicht um ein Theorem im

---

[1] Das eigentliche Zitat beinhaltet nur eine einseitige Kurzfassung. Die inhaltlichen Verweise beziehen sich auf den zugehörigen Foliensatz der Keynote.

Abb. 15.1 CAP-Theorem: Konsistenz, Verfügbarkeit, Partitionierungstoleranz

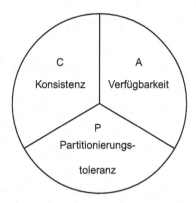

strengen Sinne handelt. Das CAP-Theorem besagt, dass für verteilte Systeme mit gemeinsamen Datenbeständen („networked shared-data systems") von den drei Eigenschaften Konsistenz (C für *Consistency*), Verfügbarkeit (A für *Availability*) und Partitionierungstolerenz (P für *Tolerance for Network Partitions*) nur zwei dieser Eigenschaften gleichzeitig garantiert werden können und deshalb eine aufgegeben bzw. abgeschwächt werden muss.

Das CAP-Theorem entstammt der Keynote [2] und wird seitdem in der Diskussion abgeschwächter Konsistenz in verteilten Szenarien gerne zitiert. Leider ist das CAP-Theorem selbst nicht in dem zitierten Tagungsbandbeitrag, sondern nur in dem zugehörigen Foliensatz zu finden. Zwölf Jahre später diskutiert Brewer die Konsequenzen aus dem CAP-Theorem und aktuelle Tendenzen [3]. Gilbert und Lynch [7] konkretisieren das CAP-Theorem und seine Varianten zwei Jahre nach Brewers Keynote und betrachten unterschiedliche Ausprägungen je nach Annahmen über das zugrunde liegende Netzwerk.

Abbildung 15.1 zeigt die Originalvisualisierung der drei in Konflikt stehenden Eigenschaften im CAP-Theorem. Diese Eigenschaften bedeuten im Einzelnen:

- C (Konsistenz). Alle Teilnehmer sehen gleiche Zustände der Daten, auch im Fall von Updates.
- A (Verfügbarkeit). Alle Teilnehmer finden jederzeit eine Kopie der benötigten Daten, auch in Fehlersituationen wie Verbindung oder Knotenausfällen.
- P (Partitionierungstoleranz). Auch wenn das Netzwerk partitioniert wird (also zwei oder mehr unverbundene Teilnetze entstehen), können alle Systemeigenschaften gewährleistet werden.

Abbildung 15.2 illustriert das durch das CAP-Theorem betrachtete Problem. Auf zwei Knoten sind Replikate eines Datenobjektes D gespeichert. Auf Knoten 1 wird eine Änderung U_1 von D ausgeführt. Zur Sicherung eines konsistenten Zustandes muss diese Änderung zum Knoten 2 propagiert werden, indem eine Nachricht M zu Knoten 2 gesendet und dort verarbeitet wird. Wird anschließend am Knoten 2 auf das Datenobjekt D zugegriffen, so kann der aktualisierte Zustand gelesen werden. Im Fall einer Netzwerkpartitionierung kann allerdings die Nachricht M nicht zugestellt werden. Zur Sicherstellung

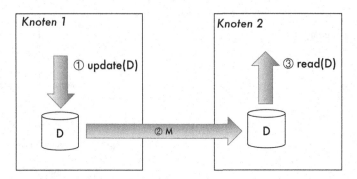

Abb. 15.2 Änderungspropagierung bei replizierten Daten

von Konsistenz könnte man die Folge aus Update und Nachricht $\langle U, M \rangle$ atomar gestalten, d. h. das Update nur dann durchzuführen, wenn es auch propagiert werden kann. Dies schränkt allerdings die Verfügbarkeit ein, da dann bei Netzwerkpartitionierung das Update nicht durchgeführt werden kann. Alternativ könnte man versuchen, das Lesen auf Knoten 2 erst nach dem Empfang von M zu erlauben. Hierfür muss jedoch von Knoten 1 aus kontrolliert werden, wann das Lesen erfolgt, was entweder die Partitionierungstoleranz oder die Verfügbarkeit einschränkt.

In dem späteren Artikel [3] hat Brewer klargestellt, dass die „2 aus 3 Eigenschaften"-Interpretation eine zu starke Vereinfachung ist. Zum einen sind gerade Verfügbarkeit und Konsistenz keine rein binären Eigenschaften: So gibt es beispielsweise zwischen „verfügbar" und „nicht verfügbar" allein durch die Dauer der Nichtverfügbarkeit eine ganze Reihe möglicher Zustände. Zum anderen tritt die Notwendigkeit einer Aufgabe von C oder A nur im Fall einer Netzwerkpartitionierung ein, die eher selten auftritt.

Grundsätzlich ergeben sich als Konsequenz des CAP-Theorems jedoch unterschiedliche Systemklassen, je nachdem welche Forderung abgeschwächt wird.

Abbildung 15.3 visualisiert die drei möglichen Abschwächungen jeweils einer der drei Eigenschaften des CAP-Theorems. Jede dieser Abschwächungen führt zu einer Klasse

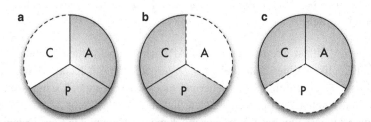

Abb. 15.3 Mögliche Abschwächungen von CAP, **a** eingeschränkte Konsistenz, **b** eingeschränkte Verfügbarkeit, **c** eingeschränkte Toleranz gegen Netzwerkpartitionierungen

von Systemen, die praktische Relevanz haben. Wir werden diese drei Ansätze nun kurz skizzieren, bevor wir einen der drei, der für Cloud-Szenarien typisch ist, vertiefen.

AC-Systeme: Verzicht auf Partitionierungstoleranz

Abbildung 15.3c skizziert die erste der drei Varianten, in der Verfahren eingesetzt werden, die sensibel auf Netzwerkpartitionierungen reagieren.

Volle Verfügbarkeit und strikte Konsistenz fordern gleiche Sicht auf die Daten zusammen mit ständiger Verfügbarkeit trotz potenziellem Knoten- oder Verbindungsausfall. Wenn Partitionierungstoleranz nicht durch die Verfahren garantiert wird, müssen entweder alle Knoten miteinander verbunden sein oder alle Knoten befinden sich in einer atomar ausfallenden Einheit (wenn Ausfall, dann von allen Knoten).

Typische Lösungen aus dieser Systemklasse sind das 2PC-Protokoll oder Cache-Validierungsprotokolle. So garantiert das 2PC bei Updates die konsistente Aktualisierung aller Replikate, im Partitionierungsfall kann jedoch kein Commit erreicht werden.

Beispiele für Architekturen und Systeme, die diesem Ansatz folgen, gibt es einige. Einzelne Datenbanken, die als zentraler Server in einem verteilten System eingebunden sind, sind eine einfache Architekturvariante ohne Replikation. Cluster-Datenbanken sind eng gekoppelt und haben ein vollständiges Verbindungsnetz, in dem Partitionen nicht auftreten können.

CP-Systeme: Verzicht auf Verfügbarkeit

Hinter der Variante in Abb. 15.3b steht der Ansatz, dass es in bestimmten Szenarien besser sein kann, dass das komplette System vorübergehend nicht verfügbar ist, als dass man die Verteilungstransparenz aufgibt. Im Falle einer Netzwerkpartitionierung wird einfach gewartet, bis die Knoten und damit deren Daten wieder verfügbar sind.

Technisch werden u. a. pessimistische Protokolle genutzt, wie etwa Sperrprotokolle. Im Fall einer Netzwerkpartitionierung sind Minderheitspartitionen nicht verfügbar und nicht arbeitsfähig. Klassische verteilte Datenbanken mit Primärkopie- oder Quorum-Replikation arbeiten unter diesen Annahmen.

AP-Systeme: Verzicht auf Konsistenz

Für hoch skalierbare Cloud-Datenbanken wird oft die in Abb. 15.3a beschriebene Variante angestrebt. Die Verfügbarkeit hat auch im Fall von Netzwerkpartitionierung die höchste Priorität. Dies wird auf Kosten der Konsistenz erreicht, indem etwa Updates auf Replikaten auch dann zugelassen werden, wenn die Netzwerkverbindung zwischen den Knoten der Replikate unterbrochen ist. Hierzu werden oft optimistische Strategien verfolgt, die im Konfliktfall (Replikate werden in unterschiedlicher Weise geändert) spezielle Konfliktauflösungsstrategien erfordern.

Derartige Strategien werden in vielen Cloud-Architekturen genutzt, sodass wir sie im Folgenden detailliert behandeln werden.

15.1.3   Abgeschwächte Konsistenzmodelle

Der Verzicht auf strikte Konsistenz ist eine der Möglichkeiten, auf das CAP-Theorem zu reagieren. Allerdings möchte man (auch in verteilten) Datenbankanwendungen nicht völlig ohne ein Konsistenzkriterium auskommen. Hier kann man nun verschiedene Konsistenzgrade festlegen, die eine Abschwächung der diesbezüglichen Datenkonsistenz ermöglichen.

Für die Erläuterungen zu den Konsistenzgraden nutzen wir das Szenario in Abb. 15.4. Drei Teilnehmer A, B und C haben Zugriff auf ein Datenbankobjekt D, das in einer verteilten Datenbank repliziert verwaltet wird. Teilnehmer A ändert den Zustand von D vom initialen Wert D_0 auf den neuen Zustand D_1, der an alle Replikate propagiert werden muss. Teilnehmer C möchte den Wert von D lesen.

- Mit *strong consistency* wird die strikte Konsistenz des ACID-Modells charakterisiert. Nachdem ein Update abgeschlossen ist, liefern alle folgenden Lesezugriffe anderer Prozesse den neuen Wert.
- Schwache Konsistenz, also *weak consistency*, garantiert dagegen nicht, dass bei nachfolgenden Zugriffen tatsächlich D_1 geliefert wird, etwa weil das Update noch nicht zu dem Knoten propagiert wurde, von dem gelesen werden soll. Der neue Wert D_1 wird von den anderen Teilnehmern erst nach gewissen Bedingungen gelesen.
- Unter *eventual consistency*[2] wird eine spezielle Form der schwachen Konsistenz verstanden. Nach einem Update von D_0 auf D_1 werden alle lesenden Prozesse „irgendwann" tatsächlich D_1 zu sehen bekommen: Dies kann garantiert werden, sofern irgendwann keine neuen Updates im System erfolgen.

Eventual Consistency kann mit verschiedenen Formen eingesetzt werden. Diese Varianten werden wir im Folgenden kurz charakterisieren.

Abb. 15.4   Szenario für abgeschwächte Konsistenzmodelle

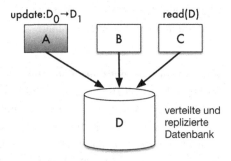

---

[2] Eine passende deutsche Übersetzung hat sich bisher nicht etabliert.

Varianten von Eventual Consistency

Die Aussage, „sehen irgendwann tatsächlich den neuen Wert", als Charakterisierung von Eventual Consistency kann man unterschiedlich konkretisieren und mit weiteren Bedingungen versehen [14]:

- *causal consistency*: Wenn A den Knoten B kontaktiert und damit über das Update informiert hat, wird B dann tatsächlich D_1 lesen. Dies gilt aber nicht für den Knoten C!
- *read-your-writes*: Nach seinem eigenen Update wird A garantiert immer den neuen Wert D_1 lesen. Dies kann beispielsweise realisiert werden, indem alle folgenden Leseoperationen von A vom gleichen Knoten verarbeitet werden, sodass die Propagierung der Updates zu anderen Replikaten keine Rolle spielt.
- *session consistency*: Entspricht read-your-writes innerhalb einer Sitzung.
- *monotonic reads*: Wenn ein Prozess einmal ein D_k gesehen hat, wird er niemals danach ein D_i mit $i < k$ lesen.
- *monotonic writes*: Garantiert die Serialisierung der Schreiboperationen eines Prozesses.

Eventual consistency ist somit nicht nur eine Charakterisierung einer bestimmten abgeschwächten Konsistenz, sondern bildet eine ganze Familie von formalen Charakterisierungen.

15.2 Replikation in Cloud-Datenbanken

Die in Kap. 13 vorgestellten klassischen Replikationsverfahren zielen auf eine *1-Kopie-Konsistenz* – den zugreifenden Prozessen wird die „Illusion" vermittelt, dass sie auf eine einzige Kopie des Datenbestandes zugreifen und somit immer den aktuellsten Wert sehen. Diese Illusion kann nur aufrechterhalten werden, wenn ein Zugriff auf veraltete Werte (etwa in Folge einer Netzwerkpartition) so lange zurückgehalten wird, bis der Wert aktualisiert ist. In diesem Sinne sind derartige Verfahren *pessimistisch*. In verteilten Systemen, in denen der Zugriff über weite Entfernungen, etwa über das Internet, erfolgt oder in denen mobile Computer teilnehmen, bedeutet dies eine nicht zu unterschätzende Beschränkung der Verfügbarkeit.

Optimistische Verfahren zur Replikation verzichten auf die 1-Kopie-Konsistenz zugunsten der Verfügbarkeit. Als Resultat sind nun Strategien zur Konflikterkennung und -auflösung notwendig.

15.2.1 Optimistische Replikation

Saito und Shapiro [11] haben 2005 einen umfangreichen Survey zu Techniken der optimistischen Replikation veröffentlicht, der eine große Zahl an Systemen vergleicht, die

Techniken der optimistischen Replikation einsetzen. Viele dieser Techniken können auf Cloud-Datenbanken übertragen werden. Wir verzichten an dieser Stelle auf eine vollständige Behandlung der Designvarianten, sondern greifen nur einige Aspekte und konkrete Verfahren heraus, die aktuell in Cloud-Datenbanken von Bedeutung sind.

Optimistische Replikation geht davon aus, dass Konflikte eher selten auftreten. Erste bekannte Einsatzgebiete waren verteilte Dateireplikate etwa in Versionsverwaltungssystemen, bei denen unterschiedliche Programmdateien selten gleichzeitig von unterschiedlichen Entwicklern manipuliert werden. Wenn dann tatsächlich doch ein Konflikt auftritt, kann dieser entdeckt und repariert werden (bei Programmdateien gibt es dann spezifische Formen des Mischens von Programmdateien).

15.2.2 Phasen der optimistischen Replikation

Abbildung 15.5 visualisiert die bei einer optimistischen Replikation notwendigen Schritte.

Der Ablauf beim Ausführen von Änderungen auf Replikaten erfolgt hierbei in fünf Phasen [11]:

1. *Update-Einreichung* (engl. *operation submission*): Teilnehmer am verteilten System reichen ihre Änderungsoperationen unabhängig voneinander ein.
2. *Update-Propagierung* (engl. *propagation*): Die unterschiedlichen Knoten kommunizieren miteinander und tauschen die eingereichten Update-Anforderungen aus. Alle Knoten mit Replikaten kennen jetzt die Änderungsanforderungen.
3. *Reihenfolgebestimmung* (engl. *scheduling*): Die Knoten legen lokal die Reihenfolge fest, in der die Änderungen auf den Replikaten ausgeführt werden. Dies erfolgt nach festgelegten Regeln, das Ergebnis ist aber im Allgemeinen nichtdeterministisch und somit potenziell unterschiedlich auf den einzelnen Knoten.

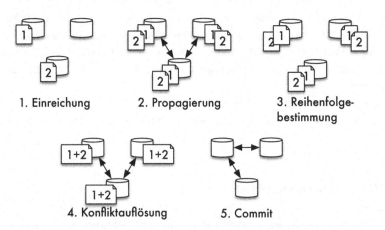

Abb. 15.5 Phasen der optimistischen Replikation

4. *Konfliktauflösung* (engl. *conflict resolution*): Knoten erkennen Konflikte und transformieren die diese verursachenden Operationen zu einem kombinierten Update, der die Semantik der Änderungsanforderungen (wenn möglich) wahrt. Die Konfliktauflösung wird den anderen Knoten vorgeschlagen.

5. *Commit-Phase* (engl. *commitment*): Die Knoten kommen zu einem Konsens über die Update-Reihenfolge sowie die Ergebnisse der Konfliktauflösung. Es erfolgt ein globales Commit.

Der Ansatz und die Phasen der optimistischen Replikation implizieren einige Freiheitsgrade bei der Realisierung von optimistischen Replikationsverfahren [11]:

- *Anzahl der Schreiber.* Ein ausgewählter Masterprozess initiiert alle Änderungsoperationen oder alle Replikatbesitzer initiieren unabhängig Änderungen.
- *Art der Änderungsoperationen.* Hier können physische Objekte komplett überschrieben oder logische Update-Operationen genutzt werden. Es erfolgt also entweder ein Transfer der (neuen) Daten oder der Transfer von Operationen.
- *Reihenfolgebestimmung.* Hier kann man syntaktische Kriterien anwenden, etwa zeitstempelbasierte Verfahren, oder anwendungsspezifische Regeln festlegen.
- *Konfliktbehandlung.* Hier gibt es ein ganzes Spektrum an Designvarianten, das wir im Folgenden ausführlicher diskutieren werden. Auch hier kann man wieder syntaktische von semantischen Ansätzen unterscheiden.
- *Propagierungsstrategie.* Propagierung kann aktiv oder reaktiv betrieben werden. Die Topologie und eventuelle Dynamik des Netzwerks beeinflusst ebenfalls die möglichen Strategien. Ein bekanntes Beispiel ist die *epidemische Propagierung*, die wir in Abschn. 15.2.5 kurz diskutieren werden.
- *Konsistenzkriterium.* Mit einem geeigneten Konsensprotokoll (vergleiche Abschn. 11.2 und darauffolgende Abschnitte) muss Konsens über Reihenfolge, eventuelle Transformationen und Konfliktbehandlung erreicht werden. Je nach Verfahren kann strenge Konsistenz oder *eventual consistency* erreicht werden.

15.2.3 Konflikterkennung und Strategien der Konfliktauflösung

Die Konflikterkennung und -auflösung ist bei der optimistischen Replikation von zentraler Bedeutung. Das Spektrum reicht hierbei von restriktiven Ansätzen, die Konflikte vermeiden, anstatt sie zu bereinigen, bis hin zu semantischen Verfahren, die anwendungsspezifische Lösungsstrategien realisieren. Wir diskutieren im Folgenden einige dieser Ansätze.

Abbildung 15.6 skizziert das Spektrum an Verfahren, die bei Konfliktvermeidung, Konflikterkennung und Konfliktlösung eingesetzt werden können:

- *Vermeidung von Konflikten.* Faktisch kann man Konflikte vermeiden, indem man einen ausgezeichneten Rechner als Replikationsmaster auszeichnet. Dieser legt die Reihen-

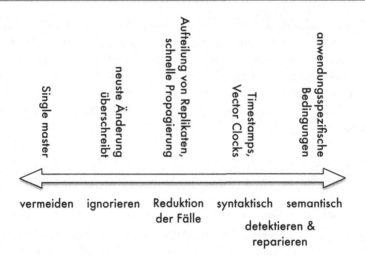

Abb. 15.6 Konfliktstrategien

folge der auszuführenden Updates fest. Dies geht allerdings auf Kosten der Verfügbarkeit und führt zu einem pessimistischen Ansatz.

- *Ignorieren von Konflikten.* Indem neue Änderungsanforderungen einfach das Replikat überschreiben und verspätete Schreiboperationen ignoriert werden, lassen sich auch Konflikte ignorieren. Hierbei besteht jedoch die Gefahr von *lost updates*. Nach dem Autor des Majority-Consensus-Verfahrens, bei dem dies zur Anwendung kommt, wird das Prinzip auch Thomas-Write-Rule genannt.
- *Reduktion der Konfliktfälle.* Verschiedene Ansätze verringern die Wahrscheinlichkeiten von Konflikten. Typische Maßnahmen sind Verkleinerung der Größe von Replikaten und schnellere Änderungspropagierung, die entweder das Replikationsgranulat oder das Zeitfenster für mögliche Konflikte verkleinern.
- *Entdecken und Reparieren: syntaktische Verfahren.* Syntaktische Verfahren zur Konflikterkennung nutzen Metadaten wie Zeitstempel oder die in Abschn. 15.2.4 vorgestellten *Vektoruhren* zur Erkennung von Konfliktsituationen.
- *Entdecken und Reparieren: semantische Verfahren.* Semantische Verfahren nutzen anwendungsspezifische Regeln zur Erkennung und Behandlung von Konflikten. Etwa könnte ein Hotelbuchungssystem konfliktierende Buchungen auf demselben Raumobjekt akzeptieren, sofern die Buchungszeiträume disjunkt sind.

15.2.4 Vektoruhren

Syntaktische Verfahren nutzen typischerweise Zeitstempel oder andere Metainformationen zur Erkennung von Konfliktsituationen oder zur Bestimmung der Ausführungsreihenfolge von Änderungsanforderungen. Zeitstempel allein beinhalten aber in einigen Situationen nicht genügend Information, um echte Konflikte von möglichen Konflikten zu unterscheiden. Wird etwa im Fall einer Netzwerkpartitionierung das gleiche Datenobjekt von zwei Knoten unabhängig voneinander geändert, so kann mit Zeitstempeln nur die Reihenfolge der Änderungen – unter Annahme einer globalen Uhr – erkannt werden, nicht jedoch, dass die Änderungen in Konflikt zueinander stehen. Ein Ausweg sind hierbei die *vector clocks* oder auf Deutsch *Vektoruhren*. Das Prinzip der Vektoruhren wurde von mehreren Gruppen unabhängig vorgeschlagen, um Kausalität in verteilten Berechnungen zu modellieren [10, 6, 9, 12, 1].

Eine Vektoruhr ist eine Verallgemeinerung einer Uhr, die als Update-Zähler einen Wert hochzählt. Anstatt eines einzelnen Zählers gibt es einen Vektor von Zählern. Die Vektoreinträge für ein repliziertes Datenobjekt bestehen aus einem Zähler pro Replikat. Wird ein Replikat auf den Knoten A, B, C gehalten, könnte ein Wert des Vektors $(A\!:\!1, B\!:\!1, C\!:\!2)$ lauten. Als Konvention werden mit 0 besetzte Felder weggelassen, also entspricht $(B\!:\!1)$ dem Vektor $(A\!:\!0, B\!:\!1, C\!:\!0)$. Im Kontext der optimistischen Replikation bedeutet der Vektor $(A\!:\!1, B\!:\!1, C\!:\!2)$, dass der diesen Vektor lesende Prozess weiß, dass A und B bereits ein lokales Update ihres Replikats vorgenommen haben und C bereits zwei Updates. In diesem Kontext werden Vektoruhren dann auch als *Versionsvektoren* bezeichnet.

Im Replikationsprozess hält jeder Teilnehmer für jedes replizierte Datenobjekt eine lokale Vektoruhr. Wird ein Änderungsauftrag lokal ausgelöst, inkrementiert der Teilnehmer seinen Vektorwert um 1. Beim Empfangen von Änderungsaufträgen anderer Teilnehmer werden die lokalen Vektoruhren – nach Prüfung auf Konflikte – durch Maximumbildung aktualisiert.

Vektoruhren erlauben die Bestimmung einer kausalen Reihenfolge zwischen Wissensständen über das replizierte Datenobjekt. Beim Vergleich zweier Vektoren VC_1 und VC_2 können folgende Situationen auftreten:

- Alle Werte der beiden Vektoren sind gleich:

$$\forall i\colon VC_1[i] = VC_2[i]\,.$$

VC_1 und VC_2 beschreiben denselben Zustand, also die gleiche Änderungshistorie.
- Der Vektor VC_2 *dominiert* den Vektor VC_1:

$$\forall i\colon VC_1[i] \leq VC_2[i] \land \exists i\ VC_1[i] < VC_2[i]\,.$$

Der Vektor VC_2 beschreibt einen aktuelleren Zustand als VC_1, steht aber in kausaler Beziehung zu VC_1. Hier ist einfach eine Aktualisierung notwendig, es ist jedoch kein Konflikt aufgetreten.
- Sind die Vektoren weder gleich noch dominiert ein Vektor den anderen, beschreiben beide Vektoren kausal unabhängige Zustände. In diesem Fall liegt ein potenzieller Konflikt vor.

Abb. 15.7 Einsatz von
Vektoruhren zur Konflikterkennung

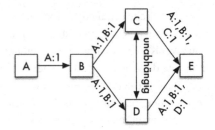

Beispiel 15.1 Abbildung 15.7 beschreibt den Einsatz einer Vektoruhr. Beginnend mit einem Vektor, bei dem alle Werte auf 0 gesetzt wurden, ändern die Prozesse A und B nacheinander das Datenobjekt, sodass der Vektor $(A:1, B:1)$ resultiert.

Die Prozesse C und D erfahren von der Änderung durch B (und damit von der Änderung durch A), initiieren aber unabhängig voneinander auf ihren lokalen Replikaten eine Änderung – eine klassische Konfliktsituation. Die resultierenden Vektoruhren $(A:1, B:1, C:1, D:0)$ und $(A:1, B:1, C:0, D:1)$ sind unabhängig voneinander, da sie weder gleich sind noch eine die andere dominiert.

Der Konflikt wird entdeckt, sobald ein Knoten E die Änderungsanforderungen der Prozesse C und D erhält. □

15.2.5 Epidemische Propagierung

In einem System mit optimistischer Replikation müssen alle Replikate die Änderungsanforderungen tatsächlich erhalten. Das Kommunikationsnetzwerk ist dabei möglicherweise groß, zeitweilig partitioniert und dynamisch.

Eine einfache Propagierungsstrategie nutzt Analogien zu Epidemien, die über lokale „Ansteckung" wie Krankheitserreger ein Netzwerk mit der Änderungsanforderung infizieren. Diese Variante ist als *epidemische Propagierung* (engl. *epidemic propagation*) bekannt.

Epidemische Propagierung basiert auf paarweiser Kommunikation mit zufällig gewählten Partnern, die pro Runde „infiziert", d. h. beispielsweise über Updates informiert werden. Bei n Teilnehmern, bei denen ein Teilnehmer jeweils $O(\log n)$ nichtinfizierte Teilnehmer ansteckt, sind alle Knoten nach $O(\log n)$ Runden angesteckt und haben damit die Änderung erhalten. Die Bestimmung des Änderungsstandes kann über die eingeführten Vektoruhren erfolgen.

Verteilt steuern kann man dies dadurch, dass Knoten bei einer Änderungsanforderung in einen Zustand des *rumor mongering*, also des „Gerüchteverbreitens", geraten und aktiv weitere Knoten ansprechen. Wenn zu viele Knoten das Gerücht schon kennen, lässt die Bereitschaft des derart aktiven Knotens ab (Übergang von einem *hot rumor* zu einem *cold rumor*).

15.3 Konsistenz in kommerziellen Cloud-Datenbanken

Die bisherigen Ausführungen zu Konsistenzfragen in Cloud-Datenbanken und anderen verteilten Datendiensten lassen ein weites Lösungsspektrum erkennen. Im Folgenden werden wir einige konkrete Systeme exemplarisch unter diesem Gesichtspunkt betrachten.

Cassandra

Cassandra [8] ist ein Apache-Projekt, das ursprünglich von Facebook entwickelt wurde, seit 2010 aber ein Apache-Top-Level-Projekt ist. Es handelt sich dabei um ein verteiltes NoSQL-System, das „elastische" Skalierbarkeit – d. h. die Möglichkeit, zur Laufzeit dynamisch Knoten hinzuzufügen – anbietet. Cassandra ist ein horizontal fragmentierter Row Store: Das Datenmodell umfasst Tabellen von Tupeln, für die ein Primärschlüssel definiert werden muss. Dieser (bzw. per Definition die erste Spalte in einem zusammengesetzten Primärschlüssel) wird zur Bestimmung der Partition bei der Partitionierung genutzt. Weiterhin können Indizes definiert werden. Cassandra bietet eine rudimentäre SQL-ähnliche Anfragesprache CQL an, die jedoch nur Ein-Tabellen-Anfragen unterstützt. Weiterhin existiert ein einfaches Transaktionskonzept, das Atomarität und Isolation auf Ebene einzelner Tupel garantiert.

Daten werden repliziert gespeichert, sodass hier das oben beschriebene Konsistenzproblem auftritt. Cassandra löst dies durch „einstellbare" Konsistenz (engl. *tunable consistency*). Welche Konsistenzstufe beim Schreiben und Lesen gefordert ist, kann vom Nutzer für einzelne Operationen oder Anwendungen eingestellt werden. Diese Konsistenzstufen hängen mit dem Replikationsfaktor (der Anzahl der Replikate) zusammen und geben im Prinzip an, wie viele Replikate antworten müssen, damit die Operation erfolgreich ausgeführt werden kann. Somit können die Operationen auch bei Knotenausfällen durchgeführt werden – ausgefallene Knoten werden später repariert. Die wesentlichen Stufen sind dabei für Schreibkonsistenz:

- ALL verlangt, dass das Objekt in das Commit-Log und die Tabelle auf allen Replikaten geschrieben wird, bevor die Operation erfolgreich abgeschlossen ist. Dies ist die höchste Konsistenzstufe bei gleichzeitig geringster Verfügbarkeit.
- EACH_QUORUM verlangt, dass das Objekt in das Commit-Log und die Tabelle auf einer Mehrheit der Replikate in allen Datenzentren (sofern definiert) geschrieben wurde.
- QUORUM schwächt dies ab, indem nur das erfolgreiche Schreiben auf einer Mehrheit der Replikate insgesamt gefordert wird.
- ONE, TWO, THREE fordern, dass das Objekt in das Commit-Log und die Tabelle eines (ONE), zweier (TWO) oder von drei (THREE) Replikaten geschrieben werden kann.
- ANY bestimmt, dass die Schreiboperation auf mindestens einem Knoten erfolgreich war. Dies kann sogar dann erfolgen, wenn keines der Replikate verfügbar ist und die Operationen nur durch einen sogenannten *Hinted Handoff* ausgeführt wurde. Hierbei wird die Schreiboperation vom Koordinator in Form eines *Hints* zwischengespeichert,

bis die Replikate wieder verfügbar sind und die Operation übernehmen können. Dies bietet die geringste Stufe an Konsistenz, sorgt aber für geringste Latenzen.

Vergleichbare Stufen gibt es auch für Lesekonsistenz, wobei hier die entsprechende Anzahl von Replikaten antworten muss, bevor die Daten an die Anwendung zurückgegeben werden. Intern verwendet Cassandra für die Konsistenzsicherung der Replikate das oben beschriebene Paxos-Protokoll.

Amazon DynamoDB

DynamoDB ist Amazons kommerzieller verteilter NoSQL-Datenbankdienst und kann als Nachfolger des in [5] beschriebenen Dynamo-Systems sowie des AWS-Dienstes SimpleDB angesehen werden. DynamoDB unterstützt Tabellen mit schwach strukturierten Tupeln (sogenannte Items). Dabei gibt es kein festes Schema: Eine Tabelle ist eine Sammlung von Tupeln, deren einziges vorgegebenes Feld der Primärschlüssel ist. Darüber hinaus kann für jedes Tupel eine eigene Attributmenge definiert werden. Der Primärschlüssel wird genutzt, um mittels einer Hash-Funktion die Daten auf den verschiedenen DynamoDB-Knoten im Amazon-Cluster zu verteilen. Weiterhin wird der Primärschlüssel für alle Zugriffe auf einzelne Tupel benötigt.

Zum Schreiben und Lesen der Daten bietet DynamoDB eine API für verschiedene Programmiersprachen sowie REST-Aufrufe an. Die grundlegenden Zugriffsoperationen sind dabei:

- `PutItem` fügt einen neuen Datensatz mit der gegebenen Attribut-Wert-Liste ein bzw. ersetzt einen existierenden Datensatz mit gleichem Schlüssel.
- Die `GetItem`-Operation liest alle Felder eines über einen Primärschlüssel identifizierten Datensatzes.
- Mit der `Query`-Operation ist es möglich, für einen festen Primärschlüssel Suchkriterien für den Bereichsschlüssel, also dem zweiten Schlüsselbestandteil, anzugeben. Suchen über beliebige Felder wird nicht unterstützt.
- Ein `Scan` erlaubt einen Lauf über alle Datensätze mit Angabe von Filterkriterien.

Auch in DynamoDB werden Daten repliziert gespeichert. Für Leseoperationen kann mit einem `ConsistentRead`-Parameter daher festgelegt werden, ob starke oder abgeschwächte Konsistenz gefordert wird. Bei starker Konsistenz wird das Ergebnis der aktuellsten Schreiboperation aller Replikate geliefert. Dies kann natürlich zu Verzögerungen bzw. reduzierter Verfügbarkeit im Fehlerfall führen. Alternativ kann daher auch das Lesen (speziell `Query` und `GetItem`) mit Eventual-Consistency-Garantien durchgeführt werden, sodass u. U. die gelesenen Daten nicht die letzten Updates reflektieren. Amazon gibt aber an, dass die Konsistenz zwischen allen Replikaten innerhalb von maximal einer Sekunde hergestellt ist.

Die interne Realisierung von DynamoDB ist nicht öffentlich dokumentiert, daher kann nur auf den Vorgänger Dynamo verwiesen werden. Dynamo basiert auf einer verteilten

Hash-Tabelle mit *Consistent Hashing* (siehe auch Abschn. 6.6.1), wobei Replikate zu den Nachfolgern des Originalknotens im Ring zugewiesen werden. Die Ausfallsicherheit wird durch ein sogenanntes *Sloppy Quorum* erhöht, wonach nur eine bestimmte (definierbare) Anzahl von Replikaten die Lese- bzw. Schreiboperation erfolgreich durchführen müssen. Die dadurch möglicherweise entstehenden unterschiedlichen Versionen werden durch Vektoruhren erkannt – es bleibt die Aufgabe der Anwendung, den Konflikt zu lösen oder einfache Strategien wie die *Thomas-Write-Rule* zu nutzen. Im Fall von temporären Knotenausfällen wird mit sogenannten *Hinted Handoffs* gearbeitet, indem Daten auf anderen Knoten zwischengespeichert werden. Bei Wiederverfügbarkeit werden die Differenzen durch Anwendung von Hash-Bäumen (Merkle-Bäumen) identifiziert und abgeglichen.

Google F1 & Spanner
Nicht alle Cloud-Datenbanken nutzen asynchrone Replikatänderungen mit eingeschränkten Konsistenzgarantien. Das F1-System von Google soll die Skalierbarkeit und Verfügbarkeit von NoSQL-Systemen wie BigTable mit den Konsistenzgarantien von SQL-Systemen, also den klassischen ACID-Eigenschaften, verbinden [13].

F1 setzt auf dem verteilten Datenbanksystem *Spanner* [4] auf. Spanner benutzt ein Paxos-Protokoll mit einem aufgesetzten 2PC-Protokoll, um verteilte Transaktionen unter ACID ablaufen zu lassen. Transaktionen haben einen Commit-Zeitstempel, der eine globale Serialisierungsreihenfolge festlegt. Zusätzlich gibt es einen *global safe timestamp*, der etwa 5–10 s hinter der realen Zeit zurückhängt und der einen Zeitpunkt festlegt, an dem sicher auf Replikaten gelesen werden kann.

Google F1 unterstützt drei Typen von Transaktionen:

- *Snapshot transactions* sind reine Lesetransaktionen, die Daten zu einem bestimmten Schnappschusszeitstempel lesen. Typischerweise entspricht dieser Zeitstempel dem erwähnten *global safe timestamp*.
- *Pessimistic transactions* entsprechen den ACID-Transaktionen des Spanner-Systems.
- *Optimistic transactions* bestehen aus einer (langen) entkoppelten Lesephase, in der die Zeitstempel der gelesenen Objekte gesammelt werden, und einer (kurzen) Prüf- und Schreibphase, die wiederum als ACID-Transaktion von Spanner ausgeführt wird. Diese Prüfphase prüft durch erneutes Lesen die gesammelten Zeitstempel und weist gegebenenfalls die Transaktion bei Konflikten zurück.

Eine der Kernkomponenten von Spanner zur Sicherstellung der Datenkonsistenz über geografisch verteilte Data Center ist die *TrueTime API*. Die globale Zeit wird durch ein System von GPS-Empfängern und Atomuhren in den einzelnen Data Centern gemessen und über Intervalle zur Erfassung der Unsicherheit repräsentiert. Weiterhin ist jedem gespeicherten Datenobjekt ein Zeitstempel zugeordnet. Replikation wird durch ein Paxos-Protokoll unterstützt, indem alle Replikas eine Paxos-Gruppe bilden und eine Schreiboperation das Protokoll initiiert.

15.4   Übungsaufgaben

Übung 15.1 (Konfliktauflösung)
Optimistische Replikation ermöglicht auch semantische Konfliktauflösung spezifisch für
eine konkrete Anwendungsklasse. Diskutieren Sie für die folgenden Anwendungsklassen,
ob und, wenn ja, welche semantischen Konfliktauflösungen möglich wären.

- Programmdateien in Versionsverwaltungssystemen
- Kollaborative Dokumenterstellung
- Reisebuchungen im Internet
- Multiplayer-Onlinerollenspiele
- Soziale Netzwerke
- Restaurantbewertungen
- Routenplanung in der Logistik

Würden in diesen Anwendungen die Daten typischerweise relational gespeichert sein?

Übung 15.2 (Vektoruhren)
Konstruieren Sie je ein Beispiel für den Einsatz von Vektoruhren, in dem

- ein Knoten auf ein veraltetes Replikat zugreift und dann eine Aktualisierung angesto-
  ßen wird,
- drei Knoten jeweils paarweise unvergleichbare Vektoruhrstände aufweisen.

Literatur

1. Baldoni, R., Raynal, M.: Fundamentals of distributed computing: A practical tour of vector
   clock systems. IEEE Distributed Systems Online **3**(2), 12 (2002)
2. Brewer, E.A.: Towards robust distributed systems (abstract). Proceedings of the Nineteenth Annual ACM Symposium on Principles of Distributed Computing, July 16–19, 2000, Portland,
   Oregon, USA., 7 (2000)
3. Brewer, E.A.: CAP twelve years later: How the "rules" have changed. IEEE Computer
   45(2), 23–29 (2012). DOI 10.1109/MC.2012.37. http://doi.ieeecomputersociety.org/10.1109/
   MC.2012.37
4. Corbett, J.C., Dean, J., Epstein, M., Fikes, A., Frost, C., Furman, J., Ghemawat, S., Gubarev,
   A., Heiser, C., Hochschild, P., et al.: Spanner: Google's globally distributed database. ACM
   Transactions on Computer Systems (TOCS) **31**(3), 8 (2013)
5. DeCandia, G., Hastorun, D., Jampani, M., Kakulapati, G., Lakshman, A., Pilchin, A., Sivasubramanian, S., Vosshall, P., Vogels, W.: Dynamo: Amazon's highly available key-value store. Proc.
   SOSP, 205–220 (2007)
6. Fidge, C.J.: Timestamps in message-passing systems that preserve the partial ordering. Proceedings of the 11th Australian Computer Science Conference **10**(1), 56–66 (1988). http://sky.
   scitech.qut.edu.au/~fidgec/Publications/fidge88a.pdf

7. Gilbert, S., Lynch, N.: Brewer's conjecture and the feasibility of consistent, available, partition-tolerant web services. SIGACT News **33**(2), 51–59 (2002). DOI 10.1145/564585.564601. http://doi.acm.org/10.1145/564585.564601

8. Lakshman, A., Malik, P.: Cassandra: structured storage system on a p2p network. 5 (2009)

9. Mattern, F.: Virtual time and global states of distributed systems. Parallel and Distributed Algorithms **1**(23), 215–226 (1989)

10. Parker Jr, D.S., Popek, G.J., Rudisin, G., Stoughton, A., Walker, B.J., Walton, E., Chow, J.M., Edwards, D., Kiser, S., Kline, C.: Detection of mutual inconsistency in distributed systems. Software Engineering, IEEE Transactions on (3), 240–247 (1983)

11. Saito, Y., Shapiro, M.: Optimistic replication. ACM Comput. Surv. **37**(1), 42–81 (2005). DOI 10.1145/1057977.1057980. http://doi.acm.org/10.1145/1057977.1057980

12. Schwarz, R., Mattern, F.: Detecting causal relationships in distributed computations: In search of the holy grail. Distributed computing **7**(3), 149–174 (1994)

13. Shute, J., Vingralek, R., Samwel, B., Handy, B., Whipkey, C., Rollins, E., Oancea, M., Littlefield, K., Menestrina, D., Ellner, S., Cieslewicz, J., Rae, I., Stancescu, T., Apte, H.: F1: A distributed SQL database that scales. VLDB (2013)

14. Vogels, W.: Eventually consistent. Queue **6**(6), 14–19 (2008). DOI 10.1145/1466443.1466448. http://doi.acm.org/10.1145/1466443.1466448

Sachverzeichnis

© Springer-Verlag Berlin Heidelberg 2015

E. Rahm, G. Saake, K.-U. Sattler, *Verteiltes und Paralleles Datenmanagement*, eXamen.press,
DOI 10.1007/978-3-642-45242-0

Printed in the United States
By Bookmasters